Ulich · Pädagogische Interaktion

Dieter Ulich

Pädagogische Interaktion

Theorien erzieherischen Handelns und sozialen Lernens

Beltz Verlag · Weinheim und Basel 1976

CIP-Kurztitelaufnahme der Deutschen Bibliothek

Ulich , Dieter
Pädagogische Interaktion : Theorien erzieher. Handelns u. sozialen Lernens. – Weinheim, Basel : Beltz, 1976.
(Beltz-Studienbuch ; 107)
ISBN 3-407-51107-8

Gesamtherstellung: Beltz, Offsetdruck, 6944 Hemsbach über Weinheim
Printed in Germany

ISBN 3 407 51107 8

Inhaltsverzeichnis

Einleitung

Theorien pädagogischer Interaktion versuchen die Frage zu beantworten, *wie Erziehung geschieht.* Gegenstand dieser Theorien sind jene unmittelbaren Einflußnahmen, die neben Organisationsbedingungen, Curriculumelementen, individuellen pädagogischen Fähigkeiten usw. einen eigenständigen, wenn auch nicht isolierbaren Anteil am Erziehungsergebnis haben. In Erziehungs- und Unterrichtssituationen gehen die Beteiligten in einer bestimmten, von anderen Formen sozialen Verhaltens unterscheidbaren Weise miteinander um: Sie bilden Beziehungen aus, die von spezifischer Qualität sind; sie entwickeln Einstellungen, Sympathien und Antipathien zueinander; sie reagieren in meist vorgeschriebener Weise aufeinander und entwickeln schließlich Vorstellungen über sich selbst, die von der gesamten Interaktionssituation geprägt sind.

Wenn man die Bedingungen, Erscheinungsformen und Wirkungen speziell *pädagogischer* Interaktionen bestimmen will, dann hat man es vor allem mit folgenden Problemen zu tun: Auf welche Weise wird die Persönlichkeitsentwicklung eines Schülers duch die Kommunikationsstruktur in der Schulklasse, durch das Machtgefälle zwischen Lehrer und Schülern und durch die Konkurrenzbeziehung zu den Mitschülern beeinflußt? Wie kanalisieren strukturell vorgegebene soziale Beziehungsmuster aktuelle Interaktionen? Wie entstehen aus Interaktionen stabile Beziehungen und konstante soziale Verhaltensmuster? Welchen Einfluß hat die Form der sozialen Vermittlung auf die Qualität der vermittelten Inhalte? Welche Lernprozesse spielen beim Erwerb von Interaktionserfahrungen und bei der Übernahme bestimmter Kommunikationsstile eine Rolle?

Die Beantwortung derartiger Fragen erfordert, daß man sich darüber klar wird, welche Theorien bisher zur Darstellung und Erklärung pädagogischer Interaktionen verwendet wurden, und welche Vorzüge und Mängel diese Modelle haben. – Ist es aber überhaupt sinnvoll und zulässig, Erziehungsprobleme auf zwischenmenschliche Prozesse einzuschränken, also Erziehung und Unterricht vorwiegend auf der Ebene inter-personeller Einflußprozesse zu beschreiben? Schon die bloße Absicht, pädagogische *Interaktionen* zu analysieren, setzt sich tatsächlich zahlreichen prinzipiellen Einwänden aus. Man befürchtet vor allem, daß ein auf interindividelle Vorgänge gerichteter Theorieansatz tendenziell sowohl gesellschaftliche Konstitutionsbedingungen wie auch wichtige individualpsychologische Korrelate ausklammern würde. Die praktische Relevanz eines derartigen Ansatzes bestünde bestenfalls in einer Verbesserung von Kontrolltechniken, deren Sinn und „objektive" Funktionalität aber gar nicht erst ins Blickfeld gerieten.

Nun kann niemand ernstlich bestreiten, daß Erziehung immer mit interpersonellen Beziehungen zu tun hat, deren Form, Qualität, Dauer und Wirksamkeit entscheidend zum Gelingen der Erziehungsaufgabe beitragen. Ignorieren kann man diese interpersonellen Prozesse nur dann, wenn man entweder eine linear-determinierende, auf Grund bestimmter Voraussetzungen sich zwangsläufig ergebende Umsetzung gesellschaftlicher Normen in individelle Verhaltensmuster erwartet, oder wenn man die Entwicklung stabiler Verhaltensmuster allein mit lerntheoretischen Annahmen erklären will. Dagegen ist zunächst zu sagen, daß gesamtgesellschaftliche Entscheidungsprozesse und normative Setzungen nur durch interpersonelle Vermittlung individuelle Motivationen und Handlungsorientierungen beeinflussen können. Man benötigt also zur Erklärung individuellen Lernens – und dies sei zugleich gegen einen psychologischen Reduktionismus gesagt – differenzierte Annahmen über diejenigen Interaktionsprozesse und interpersonellen Beziehungen, die die Lernsituation eines Individuums erst konstituieren.

Zur Beschreibung und Erklärung pädagogischer Interaktionen taugt weder die beliebte „Strategie des Kolumbus-Eis" (Reduktion aller Probleme auf den „Grundwiderspruch"), noch reicht dazu die input-output-Korrelation von Verhaltensmerkmalen aus, die mit fragwürdigen Stabilitäts-Behauptungen („Gesetzen") begründet wird. Denn einmal erfordert z. B. die Analyse der gesellschaftlichen Funktionen schulischer Sozialisation Kenntnisse darüber, *wie* diese Sozialisation vor sich geht, und das heißt immer auch: wie die *interpersonellen* Prozesse beschaffen sind, die die behaupteten Sozialisationsergebnisse bewirken. Und zum anderen muß man natürlich wissen, wie diese Effekte auf individualpsychologischer Ebene zustandekommen, was wiederum heißt: auf welche Weise die Struktur und Qualität gegebener *interpersoneller* Einflußprozesse zum Aufbau spezifischer individueller Verhaltensmuster beitragen.

Um die „Nahtstellen" zwischen interpersonellen Vermittlungsprozessen und individuellen Lernprozessen aufzeigen zu können, müssen allerdings erst einige Vorarbeiten geleistet werden. Denn die meisten gebräuchlichen Denkmodelle von „Persönlichkeit" und „Lernen" sind nicht dazu geeignet, den interaktiven Charakter von Lernprozessen zu erfassen. Wir werden uns daher im 4. Kapitel des Buches um eine Re-Konzeptionalisierung der individualpsychologischen Ebene der „Wirkungen" von Interaktionen bemühen müssen, bevor wir – ein zentrales Anliegen dieses Buches – Persönlichkeitsentwicklung als einen Prozeß sozialen Lernens analysieren. Ähnliches gilt für den gesellschaftlichen Konstitutionszusammenhang: Auch hier sind die „Nahtstellen" zu den interpersonellen Einflußprozessen unklar, so daß wir uns im 5. Kapitel vor allem mit Strategien zur

Analyse gesellschaftlicher Einflußfaktoren als Interaktionsbedingungen befassen müssen.

Theorien pädagogischer Interaktionen beschreiben zu wollen, ist schon deshalb ein Wagnis, weil die Beziehungen zwischen den genannten Analyseebenen noch reichlich unklar sind. Es ist darüber hinaus schwierig, überhaupt Theorien ausfindig zu machen, die sich ausdrücklich mit pädagogischen Interaktionen beschäftigen. Obendrein sind die wenigen Theorien, die es gibt, wissenschaftstheoretisch so unterschiedlich begründet, daß es kaum möglich ist, sie miteinander zu vergleichen und zu bewerten. Wir stehen also vor dem Problem, Kriterien zu finden oder zu entwickeln, die allgemein genug sind, um auch sehr heterogene Theorien in Beziehung zueinander setzen zu können.

Diese Schwierigkeiten der Kriterien und des Vergleichs haben wir dadurch zu lösen versucht, daß wir einzelne Theorien auf die sie konstituierenden erkenntnisleitenden Paradigmen zurückgeführt haben. Und diese Paradigmen sind tatsächlich im Hinblick auf ihre methodologischen Grundpositionen, ihr jeweiliges Erkenntnisinteresse, ihre anthropologischen Voraussetzungen usw. vergleichbar. Wir versuchen also eine paradigmen-orientierte Darstellung, d.h. wir vergleichen gegenstandsspezifische Theorienansätze auf der Grundlage der sie jeweils determinierenden erkenntnisleitenden Paradigmen. Theorien pädagogischer Interaktion werden von vorneherein als Erscheinungsformen bestimmter grundlegender Denkmodelle und als Resultate bestimmter Erkenntnisstrategien aufgefaßt. Die theoretische Bedeutung (Erkenntnisgehalt und Erklärungswert) sowie die praktische Relevanz einer Theorie pädagogischer Interaktion werden wir durch die Rekonstruktion des jeweils zugrundeliegenden Gegenstandsverständnisses zu beurteilen versuchen.

Welches ist aber nun das Kriterium, nach dem wir verschiedene erkenntnisleitende Paradigmen unterscheiden wollen? Welche Unterscheidungs-Dimension ist für die Analyse von Theorien pädagogischer Interaktion am fruchtbarsten? In der Geschichte der Sozialwissenschaften einschließlich jüngerer Entwicklungen haben sich wiederholt Denkmodelle und Erkenntnisstrategien herausgebildet, die man im Hinblick auf ihr Erkenntnisinteresse grob klassifizieren kann in solche, die die *Invarianz* von Merkmalsstrukturen und Beziehungen feststellen wollen, und solche, die an den *Prozessen* interessiert sind, die der Stabilität zugrundeliegen. Im 1. Kapitel des Buches werden wir diese Frage nach der Stabilität von Interaktionen (aber auch von gesellschaftlichen Strukturen und Persönlichkeitsmerkmalen) und das Problem der Stabilitäts-Begründung zu leitenden Gesichtspunkten der dann folgenden Theorien-Analysen entwickeln. Aussagen über die Invarianz vs. Veränderbarkeit von Merkmalen, Beziehungen und Strukturen bilden für uns die zentrale Dimension der Gegenstandsbestimmung.

Wir wollen also Theorien pädagogischer Interaktion vor allem unter dem Gesichtspunkt untersuchen, auf welche Weise die Stabilität von Interaktionsprozessen und -beziehungen behauptet, analysiert und begründet wird. Antworten

auf diese Fragen erhoffen wir uns von einer Zuordnung der einzelnen Theorien zu den sie mit-konstituierenden Paradigmen. Voraussetzung für eine derartige Analyse ist natürlich, daß die Theorien zunächst von ihrem eigenen Anspruch her, auf der Grundlage des selbst formulierten Problemverständnisses und der selbstgewählten Erkenntnisstrategie dargestellt werden. Von der Auseinandersetzung mit gegenstandsspezifischen Theorien erhoffen wir uns zusätzlich eine Klärung der allgemeinen Voraussetzungen, Ziele und Wege sozialwissenschaftlicher Theorienbildung.
Wenn man nun fragt, *welche* Theorien pädagogischer Interaktion sich für eine Darstellung anbieten, so muß man erstens wissen, welche Theorien im Hinblick auf die oben angedeutete Paradigmenunterscheidung besonders „typisch" für die eine oder andere Richtung sind, und zweitens, welche Theorien innerhalb der Erziehungswissenschaft gegenwärtig besonders einflußreich sind. Entsprechend der Entwicklung in den Sozialwissenschaften bis hin zu den jüngsten Kontroversen kann man zwei hauptsächliche wissenschaftstheoretische Positionen unterscheiden, nämlich die empirisch-analytische und die phänomenologische Position. Bezogen auf den Gegenstand „Pädagogische Interaktion" ist die Theorienentwicklung diskontinuierlich verlaufen. Zwar lassen sich behavioristisch orientierte Interaktionstheorien durchaus dem Gesamtbereich derjenigen sozialwissenschaftlichen Theorien zuordnen, die den Postulaten der empirisch-analytischen Wissenschaftslehre folgen. Dagegen weist die Entwicklung der phänomenologisch orientierten Theorien pädagogischer Interaktion einige Brüche auf. So knüpfen z.B. die Theorien von MOLLENHAUER und WELLENDORF nicht unmittelbar an verwandte Entwürfe aus der frühen geisteswissenschaftlichen Pädagogik an, sondern sie entnehmen wesentliche Elemente der ebenfalls phänomenologisch orientierten Richtung des „Symbolischen Interaktionismus". Wir werden im 2. Kapitel des Buches phänomenologisch orientierte und im 3. Kapitel empirisch-analytisch begründete Theorien besprechen.
Metatheoretische Analysen haben bekanntlich nicht die Wirklichkeit selbst, sondern Theorien *über* die Wirklichkeit zum Gegenstand. Dennoch werden Aspekte und Merkmale der Realität stets auch in metatheoretischen Erörterungen zum Vorschein kommen, denn ein Maßstab der Theorienbeurteilung ist natürlich immer auch die Frage, inwieweit Beschreibungen von Wirklichkeit zutreffend sind bzw. unter welchen Voraussetzungen sie zutreffen können. Der Realität pädagogischer Interaktionen werden wir in allen Teilen des Buches begegnen: im zweiten Kapitel z.B. den schulischen „Ritualen"; im dritten Kapitel der Machtstruktur in der Schulklasse; im vierten Kapitel dem „sozialen Lernen" und im fünften Kapitel dem „Heimlichen Lehrplan". Den Wahrheitsgehalt solcher Realitätsbeschreibungen prüfen wir eher indirekt: Wir analysieren die Art und Weise, in der die Aussagen zustandegekommen sind, einschließlich verborgener Implikationen wie z.B. unbegründeter Invarianz-Behauptungen.
Einzelne Abschnitte des Buches knüpfen an einige meiner früheren Arbeiten an.

Ausgangspunkt des Kapitels 1.2 ist der Aufsatz zur Logik der Sozialisationsforschung (1974c). Kapitel 3.3 enthält einige Annahmen und Passagen aus der Arbeit über Probleme der Macht in pädagogischen Interaktionen (1974a). Im 4. Kapitel werden Thesen aus dem Buch „Urteile über Schüler“ (1973) und Gedanken aus der Arbeit „Interaktion und soziale Erfahrung“ (1974d) weiterentwickelt. Die Kritik an den Funktionsanalysen schulischer Sozialisation (im 5. Kapitel) beruht schließlich auf einer Auseinandersetzung mit FEND (1974e).

Abschließend eine Bemerkung zur Darstellungsform des Buches. Ich habe versucht, zwei Ziele zugleich zu verwirklichen. Zum einen sollte das Buch ein Bericht werden, der die Erörterung wissenschaftstheoretischer Grundfragen mit der Darstellung wichtiger Theorien verbindet. Zum anderen sollte auch auf den gegenwärtigen Diskussionsstand Bezug genommen werden; bestimmte Beiträge werden besonders ins Blickfeld gerückt und weiterdiskutiert. Der Versuch, Prinzipielles und Aktuelles, Bericht und Diskussion zu verbinden, ist nicht immer gelungen. Eine andere Lösung hätte jedoch den Umfang des Buches in unzumutbarer Weise vergrößert.

1. Paradigmen sozialwissenschaftlicher Theorienbildung

In diesem Kapitel sollen Kriterien für die Auswahl, Analyse und Kritik der in den folgenden Kapiteln zu untersuchenden Theorieansätze erarbeitet werden. Ausgangspunkt der Überlegungen ist dabei die Annahme, daß Theorien pädagogischer Interaktion – wie alle gegenstandsspezifischen Theorien – Ausdruck und Explikation bestimmter erkenntnisleitender Paradigmen sind und daher im Rückschluß auf derartige Paradigmen zutreffend rekonstruiert bzw. nur durch Bezugnahme auf solche Paradigmen entwickelt werden können. Diese Bezugnahme ist natürlich allein keine hinreichende Bedingung, aber eine notwendige. Der Erfolg einer metatheoretischen Analyse hängt wesentlich davon ab, ob es gelingt, diejenigen kognitiv-normativen Bezugssysteme ausfindig zu machen, die das implizite oder explizite Gegenstandsverständnis einer Theorie bestimmen.
Im ersten Abschnitt werden wir das Paradigma-Konzept und seine Anwendungsmöglichkeiten vorstellen. Dann werden im zweiten Unterkapitel jene paradigmatischen methodologischen Grundprinzipien behandelt, die im Hinblick auf eine Theorie „pädagogischer Interaktion" die Forschungsstrategie bestimmen müßten. Im 3. Abschnitt werden auf unterschiedlichen Analyseebenen die zur Zeit relevant erscheinenden erkenntnisleitenden Paradigmen dargestellt und zu einem heuristischen Ordnungsschema verbunden, das die Beurteilung von Theorien pädagogischer Interaktion im Hinblick auf das zugrundeliegende Gegenstandsverständnis erlauben soll. Und schließlich werden Folgerungen für die Analyse und Entwicklung von Theorien pädagogischer Interaktion gezogen.

1.1 Die Analyse von Theorien mit Hilfe des Paradigma-Konzeptes

Wenn wir die faktische oder potentielle Bedeutung sozialwissenschaftlicher Forschungsparadigmen für die Analyse pädagogischer Interaktionen aufzeigen wollen, so setzt dies eine Klärung des Paradigma-Konzeptes voraus. Wir werden zunächst die Notwendigkeit erläutern, Theorien in Beziehung zu den sie mitkonstituierenden Paradigmen zu analysieren. Dann werden wir auf das Paradigma-Konzept in der Fassung von KUHN eingehen und seine Bedeutung für die sozialwissenschaftliche Theoriengeschichte aufzeigen. Zuletzt werden wir mit dem Begriffspaar „Stabilität vs. Veränderung" die Hauptdimension sozialwissenschaftlicher Paradigmen-Entwicklung zu charakterisieren versuchen.

1.1.1 Entwicklung der Fragestellung

Der Aufbau von Theorien gilt allgemein als vornehmstes Ziel wissenschaftlicher Tätigkeit. Theorien sind Leistungsnachweise wissenschaftlicher Produktivität und zugleich Ausdruck des „Reifegrades" einer wissenschaftlichen Disziplin. Die Entwicklung empirisch haltbarer Theorien gilt allgemein als der Königsweg wissenschaftlicher Erkenntnisgewinnung, weshalb man natürlich auch in der Erziehungswissenschaft bemüht ist, Aussagensysteme zu erstellen, die jene „interpersonellen Ereignisse" (MOLLENHAUER 1972), als die man Erziehung und Unterricht begreift, adäquat beschreiben und erklären können.
Mit „Theorie pädagogischer Interaktion" soll zunächst jeder Versuch der Deskription, Analyse, Erklärung und Kritik der in Erziehung und Unterricht ablaufenden interpersonellen Prozesse, d.h. deren Erscheinungsformen, Bedingungen und Wirkungen, gemeint sein. Da es nicht möglich ist, den Gegenstand „pädagogische Interaktion" theorie-*unabhängig* zu definieren, müssen wir diesen Begriff vorläufig in seiner ganzen Vieldeutigkeit und Vagheit als quasi umgangssprachliche Bezeichnung stehen lassen.
Es gibt verschiedene Wege, Theorien zu konzipieren, und es gibt unterschiedliche Kriterien, um den Wert von Theorien zu beurteilen. So gibt es neben der zentralen Frage nach der „Wahrheit" oder „Gültigkeit" von Annahmen zunächst weitere Kriterien methodologischer Art: innere Widerspruchsfreiheit der Aussagen, logische Stringenz der Ableitungen, empirische Fruchtbarkeit, hohe Generalisierbarkeit der Aussagen usw. Dann kann man Theorien auch im Hinblick auf ihre „technische" und/oder „emanzipatorische" Relevanz analysieren. Alle diese Fragen werden auch in diesem Buch eine Rolle spielen. Eine *Voraussetzung* für methodologische oder ideologiekritische Analysen ist jedoch die Kenntnis des Gegenstandsverständnisses, das einer Theorie pädagogischer Interaktionen zugrundeliegt.
Was folgt nun daraus, daß wir Theorien pädagogischer Interaktionen von dem ihnen zugrundeliegenden Gegenstandsverständnis her rekonstruieren wollen? Zunächst ist mit „Gegenstandsverständnis" das Ergebnis einer bestimmten Art von Wirklichkeitsauffassung gemeint, die ihrerseits immer auch ein praktisches Verhältnis zur Wirklichkeit impliziert: eine durch Handlung hergestellte, in Handlungsstrukturen „aufgehobene" sowie weitere Handlungen begründende und leitende Beziehung zur Realität. Dieses Gegenstandsbewußtsein erschließt sich uns, wenn wir nach den Modellvorstellungen fragen, die innerhalb einer Theorie zur Repräsentation der untersuchten Wirklichkeitsausschnitte verwendet werden (z.B. Regelkreis-Modell in der Kommunikations-Soziologie, das

„Dampfkessel-Modell" in einigen älteren Motivationstheorien, oder das „Trichter"-Modell in der Sozialisationstheorie). Diese Denkmodelle sind empirisch nicht einholbar, weil sie z. B. nicht „falsifizierbar" sind. Sie können sich allerdings verändern oder anderen Denkmodellen weichen, wenn sich die Wirklichkeitsauffassung oder die Zwecksetzung der Wissenschaft ändern.

Diese Denkmodelle, zentrale Bestandteile der noch zu erläuternden erkenntnisleitenden Paradigmen, geben die selektive Sichtweise wieder, unter der eine Gruppe von Personen (auch Wissenschaftlern) bestimmte Wirklichkeitsbereiche auffaßt und beurteilt. Diesen Konzeptionen liegt stets eine spezifische Qualität von gesellschaftlich und biographisch vermittelter Realitätserfahrung zugrunde. Es drückt sich also im Gegenstandsverständnis auch einer wissenschaftlichen Theorie immer eine in sozialen Beziehungen und Handlungszusammenhängen begründete und auf Handlungen gerichtete Intentionalität aus.

Wo haben wir nach den Modellvorstellungen zu suchen, nach denen in der Erziehungswissenschaft „Gegenstände" wie pädagogische Interaktion aufgefaßt und repräsentiert werden können? Da Erziehung und Unterricht stets, wenn auch unter wechselnden Perspektiven, Gegenstände aller Sozialwissenschaften, also auch der Psychologie und Soziologie, gewesen sind, können wir die gesuchten Modellvorstellungen auch auf der soziologischen, sozialpsychologischen und individualpsychologischen Analyseebene auffinden. Für die Untersuchung pädagogischer Interaktion sind die Gegenstandsbestimmungen auf den genannten Analyseebenen als *vorgängig* und die erziehungswissenschaftliche Modellbildung determinierend anzusehen, da einerseits die diesen Ebenen zuzuordnenden Prozesse und Strukturen pädagogische Handlungen erst konstituieren, und weil zum anderen aus wissenschaftshistorischen Gründen Theorien pädagogischer Interaktion nur in Auseinandersetzung mit herrschenden sozialwissenschaftlichen Denkmodellen entwickelt werden können.

Eine sozialwissenschaftliche Erweiterung der engen Blickrichtung auf die Gestalt der „interpersonellen Ereignisse" ist also aus systematischen Gründen erforderlich. Es besteht unter Erziehungswissenschaftlern weitgehend Übereinstimmung darüber, daß es erziehungswissenschaftliche Theorien und insbesondere Theorien pädagogischer Interaktionen vor allem mit folgenden Problemen zu tun haben:

1. Welches sind die gesellschaftlichen Ziele, Institutionen und Organisationsformen von Erziehung und Unterricht? (Gesellschaftliche Ebene).
2. Wie ist der dort ablaufende Prozeß der interpersonalen Beeinflussung beschaffen? (Interpersonelle Ebene).
3. Was bewirken diese Prozesse und wie bewirken sie es? (Individualpsychologische Ebene).

Alle diese Fragen werden in einem kaum feststellbaren Ausmaß auf der Ebene elementaren Gegenstandsbewußtseins vorentschieden. Die Richtung der Hypothesenbildung, die Festlegung theoretischer Konstrukte, ja sogar die Entwicklung methodologischer Prinzipien werden durch Entscheidungen auf der Ebene elementaren Gegenstandsverständnisses vorgeprägt. Nicht nur marxistische Erkenntnistheorie (vgl. HIEBSCH, 1970), sondern auch neopositivistische Metatheorie muß ihre methodologischen Regeln als normative Transformationen gegenständlicher Aussagen begreifen. Wir werden dies unten am Beispiel des verhaltenstheoretischen Paradigmas und später in Kapitel 2 an symbolisch-interaktionistischen Auffassungen zu demonstrieren versuchen. Wenn also Theorien pädagogischer Interaktion inhaltlich und methodologisch durch herrschende Paradigmen sozialwissenschaftlichen Denkens prädeterminiert sind, dann ist es nicht überflüssig zu fragen, nach welchen Modellvorstellungen gesellschaftliche Konstitutionsprozesse, interpersoneller Einfluß sowie die Wirkungen von Interaktionen (bei einzelnen Individuen) dargestellt werden. Um die obengenannten Fragen nach den Komponenten pädagogischer Interaktionen beantworten zu können, müßte man also gegenstandsspezifische Annahmen eruieren über

a) die Struktur und Dynamik des gesellschaftlichen Konstitutionszusammenhangs,
b) über den spezifischen Prozeßcharakter pädagogischer Einflußnahmen (als „Interaktionen" begriffen), und
c) über die Wirkungsweise der Einflußnahme, vom einzelnen Individuum aus z.B. als „Lernen" oder „Verhaltensänderung" zu bezeichnen.

Die Untersuchung der Wirkungen von pädagogischen Interaktionen setzt nicht nur eine Bestimmung der Wirkungsebene voraus, sondern auch die Identifizierung derjenigen Denkmodelle, nach denen diese Wirkungen beschrieben und erklärt werden. Und eine Untersuchung der gesellschaftlichen Bedingungen von Interaktionen setzt eine Klärung derjenigen Denkmodelle voraus, nach denen die Vermittlung und Umsetzung gesamtgesellschaftlicher Interessen in Interaktionsstrukturen erfaßt wird.

Wenn wir den Einfluß sozialwissenschaftlicher Denkmodelle (Paradigmen) auf die erziehungswissenschaftliche Gegenstandsbestimmung und Theorienbildung untersuchen wollen, so ist dabei allerdings zu berücksichtigen, daß die Variabilität möglicher Denkmodelle auf Grund gesellschaftlicher, wissenschaftstheoretischer und wissenschaftsimmanenter Einflußfaktoren praktisch begrenzt ist. Weder Erkenntnisabsichten, noch gesellschaftliche Zwecksetzungen oder methodologische Grundhaltungen sind beliebig, sondern durch die bisherige Entwicklung der Sozialwissenschaften und gegebene gesellschaftliche Interessenkonstellationen vorgeprägt. Wenn man also erkenntnisleitende Gegenstandsbestimmungen rekonstruieren will, so muß man zugleich diejenigen sozialen Machtkonstellationen innerhalb und außerhalb der Institution „Wissenschaft" zu ihren Ursprüngen zurückverfolgen, die einem bestimmten Gegenstandsverständnis zur Durchsetzung und Anerkennung verholfen haben.

Sozialwissenschaftliche Paradigmen sind also für den Erziehungswissenschaftler keine beliebigen Möglichkeitsbedingungen seiner Erkenntnistätigkeit, von denen er ganz nach subjektivem Gutdünken ein brauchbares Modell auswählen kann. Sondern man entscheidet sich für ein bestimmtes Paradigma nur aus *zwingenden* Gründen (z. B. um an der wissenschaftlichen Autorität eines anerkannten Systems teilzuhaben, um geltende Regeln einzuhalten, um in der Kommunikationsgemeinschaft der Wissenschaftler akzeptiert zu werden, um die eigenen Ideen verbreiten zu können, um selbst Einfluß auszuüben usw.). Durch ihren Gegenstand auf sozialwissenschaftliche Orientierung festgelegt, bewegt sich erziehungswissenschaftliche Theorienbildung immer im Spannungsfeld teils divergierender und teils sogar konkurrierender erkenntnisleitender Paradigmen. Wenn wir die Voraussetzungen gegenstandsspezifischer Theorienbildung klären und verbessern wollen, dann müssen wir

1. herrschende erkenntnisleitende Paradigmen rekonstruieren und das ihnen zugrundeliegende Gegenstandsverständnis bestimmen und
2. aus der Kritik an diesen Denkmodellen mögliche Alternativen entwickeln.

Bevor wir das Konzept des Paradigmas etwas systematischer darstellen, wollen wir das bisher Gesagte in einigen Sätzen zusammenfassen:

1. Jede schon vorliegende oder erst zu entwickelnde Theorie pädagogischer Interaktionen enthält explizite oder implizite Annahmen darüber, was Interaktion sei, welche Bedingungen ihr zugrundeliegen und was sie bewirke.
2. In jeder dieser Annahmen drückt sich ein spezifisches Gegenstandsverständnis aus, das für die Theorienbildung konstitutiv ist.
3. Die inhaltliche Bedeutung theoretischer Sätze muß (zumindest *auch*) von den oft verborgenen anthropologischen, sozialphilosophischen und normativen Vorannahmen her erschlossen werden, die sich im Gegenstandsverständnis ausdrücken.
4. Die wichtigste Aufgabe einer metatheoretischen Analyse von gegenstandsspezifischen Theorien besteht folglich darin, das zugrundeliegende Gegenstandsverständnis zu eruieren.
5. Dies soll dadurch geschehen, daß wir Theorieansätze entsprechend den drei Analyseebenen verschiedenen jeweils dominierenden oder auch als Alternativen unterscheidbaren erkenntnisleitenden Paradigmen zuordnen (vgl. unten Abb. 1).
6. Paradigmen sind Möglichkeitsbedingungen gegenstandsspezifischer Theorienbildung und damit notwendige Voraussetzungen, um überhaupt zu gegenstandsspezifischen theoretischen Aussagen zu gelangen.

1.1.2 Das Paradigma-Konzept nach KUHN *und seine Bedeutung in den Sozialwissenschaften*

Welches sind nun die tatsächlich wirksamen Grundvorstellungen von „pädagogischer Interaktion" (z.B. das Gespräch, oder eine innige Gefühlsbeziehung, oder aber das Ideal außengesteuerter Verhaltenskontrolle)? Mit Hilfe welchen Modells von Gesellschaft, von Interaktion und von Persönlichkeit erschließen sich konkrete pädagogische Interaktionen dem Zugriff der Theorie? Auf welchen gemeinsamen Übezeugungen und Annahmen beruht die Erkenntnistätigkeit einer Gruppe von Wissenschaftlern? Wie kann man die konkrete historisch gesellschaftliche Bedingtheit und Funktionalität von erkenntnisleitenden Denkmodellen identifizieren?

Zur Beantwortung derartiger Fragen wurde in der Wissenschaftsgeschichte das Konzept des „Paradigmas" entwickelt (vgl. KUHN, 1967, 1969; auch BÜHL, 1974; DIEDERICH, 1974; LAKATOS u. MUSGRAVE, 1974; MULLINS, 1973; WEINGART, 1973). Dieser Begriff umfaßt jene Konstitutionsbedingungen der Gegenstandsbestimmung, die als gemeinsame Werthaltungen, als Verpflichtungen gegenüber anerkannten Sätzen, als Modelle und „Muster-Beispiele" die erkenntnisleitende „disziplinäre Matrix" einer relativ einheitlichen Gruppe wissenschaftlicher Experten ausmachen, die sich mit ungefähr identischen Problemstellungen beschäftigen.

Den Zugang zum Paradigma-Konzept von KUHN kann man sich dadurch erleichtern, daß man sich zunächst den Wandel des *Modell*-Begriffes vergegenwärtigt, wie er durch grundlegende Artikel im „Handbook of Research on Teaching" (1963) und im „*Second* Handbook of Research on Teaching" (1973) dokumentiert ist. Mit dem Begriff „Modell" oder „Paradigma" bezeichnete GAGE 1963 „jene Denkweisen, mit deren Hilfe Forschungen vorstrukturiert werden können. Diese Forschungsmuster – wohl auch Schemata – können bei der Entwicklung einer Theorie helfen. Hat man für seinen Forschungsansatz erst einmal ein Paradigma gewählt, so hat man die ausschlaggebende Entscheidung darüber getroffen, welche Arten von Variablen und Beziehungen zwischen Variablen man untersuchen will. Paradigmen legen ... das Forschungsprogramm fest". Ein Paradigma sei so zu wählen, daß es allgemeingültig, d.h. auf inhaltlich beliebig definierbare Variablen und Variablenzusammenhänge anwendbar sei. Anhand der Beispiele, die GAGE aus Lernpsychologie und Sozialpsychologie sowie Unterrichtsforschung gibt, wird deutlich, daß es sich bei Paradigmen lediglich um formale Klassifikationen von Begriffen handelt, die durch bestimmte graphische Anordnungen, Verbindungspfeile usw. in eine inhaltlich meist nicht näher definierte Relation zueinander gebracht werden. Paradigmen sind im Verständnis von GAGE *symbolische Repräsentationen* hypothetischer Variablenzusammenhänge.

Gegen diese Auffassung von Paradigma wenden 10 Jahre später NUTHALL und

SNOOK ein, daß derartige deskriptive symbolische Modelle weder die Forschung entscheidend beeinflußt hätten, noch eine Grundlage für Entscheidungen über tatsächliche Unterrichtsorganisationen geliefert hätten. NUTHALL und SNOOK wollen ihrerseits nur solche Gegenstandsauffassungen als Paradigmen (bzw. hier: *Modelle*) bezeichnen, die nachweislich wirksamen Einfluß auf die Interpretation, Untersuchung und Gestaltung von Unterricht haben oder hatten. „Jedes Modell erhebt von seiner Grundlage her den Anspruch, zu bestimmen, wie Unterricht verstanden und interpretiert werden sollte". „Da es – wenn überhaupt – nur wenig allgemein anerkannte, gesicherte Kenntnis über Unterricht gibt, konkurrieren diese Modelle untereinander als gegensätzliche Auffassungen der praktischen Tätigkeit des Unterrichtens". Infolgedessen sei die Erarbeitung und Annahme eines neuen Modells weniger eine Frage der empirischen Stichhaltigkeit einer (neuen) Theorie, als vielmehr die Folge einer Änderung normativ begründeter „Meinungen". Als gegenwärtig einflußreiche Modelle des Unterrichtens nennen NUTHALL und SNOOK das behavioristische Modell der „Verhaltenskontrolle", das Modell des „Entdeckungslernens" und das emanzipatorisch orientierte Modell des Lernens durch „rationale" Einsicht. Solche Modelle werden als „einflußreiche Grundpositionen mit ganz bestimmten Funktionen bei der Lenkung und Strukturierung von Forschung" aufgefaßt, die als „interpretierende Bezugssysteme" dienen und dazu tendieren, „ihre eigenen Begriffe, ihre eigenen Regeln für die Sammlung und Strukturierung von Daten und schließlich (was von höchster Bedeutung ist) ihre eigenen Entscheidungskriterien dafür mit sich zu bringen, welche wissenschaftlichen Fragestellungen überhaupt der Erforschung wert sind".

Diese von KUHN beeinflußte Auffassung erlaubt es, wissenschaftliche Denkmodelle an ihre Konstitutionsbedingungen rückzubinden, wodurch die Identifizierung einflußreicher gesellschaftlicher und institutioneller Erwartungen zumindest prinzipiell möglich wird. Der Preis dafür scheint jedoch eine Vernachlässigung der Frage nach dem *Wahrheitsgehalt* der Aussagen zu sein, die unter der Leitung eines bestimmten Paradigmas zustandegekommen sind. Ohne dieses Problem hier lösen zu können, bleibt jedenfalls die wichtige Einsicht festzuhalten, daß sich in der wissenschaftlichen Interpretation, ja schon in der Art der Erfahrung eines bestimmten Objektbereiches, in den vorherrschenden Denkmodellen, Analogien und Metaphern sowie in der „methodologischen Orientierung der jeweils dominierenden Problemsicht" ein bestimmtes Gegenstandsbewußtsein offenbart, das Erkenntnistätigkeit und Theoriebildung sowohl kognitiv wie normativ beeinflußt (KUHN, 1969; vgl. auch KEUPP, 1974, S. 119f.).

Ein Paradigma enthält Grundentscheidungen im Hinblick auf bestimmte Annahmen, denen man als „gesicherten" vertrauen kann; es enthält Grundentscheidungen im Hinblick auf leitende „Werte" wie z.B. „Genauigkeit" und „Wahrheit", und Grundentscheidungen im Hinblick auf bestimmte „symbolische Verallgemeinerungen" (wie z.B. das Regelkreis-Modell). Gemeinsame Bindungen und

Verpflichtungen einer wissenschaftlichen Gruppe machen es dann möglich, „einen bestimmten Gegenstand auch in gemeinsamen Begriffen und Denkfiguren abzubilden" (KEUPP, ebd.; zum ganzen: KUHN, 1969, S. 294–298).
Wichtig ist nun, daß die als „disziplinäre Matrix" bezeichneten „kognitiven Orientierungskomplexe als Handlungs*normen* wirksam sind" (WEINGART, 1973, S. 33) und insofern einer soziologischen Untersuchung offenstehen. Die Verfestigung wissenschaftlicher Paradigmen zu dogmen-artigen Leitbildern sowie die Prozesse des Paradigmen-Wandelns über Paradigmen-Konkurrenz sind soziale Prozesse, die sich „nur graduell, aber nicht prinzipiell von den Prozessen sozialer Verfestigung anderer kultureller Muster" unterscheiden (ebd.). Eine „scientific community" ist sowohl ein Argumentations- wie ein Handlungszusammenhang (a. a. O., S. 21). Untersuchungen gerade wissenschaftlicher Wandlungsprozesse ergeben eindeutig, daß nicht „Wahrheitsliebe" oder „Genauigkeit" wirksame Normen für das Verhalten von Wissenschaftlern sind, sondern daß es theoretische und methodologische Modelle, Regeln, Standards und Theorien sind, denen man den Status sozialer Normen zusprechen muß, weil sie die für den Wissenschaftsprozeß maßgeblichen Orientierungskomplexe darstellen. Dem entspricht, daß die kognitiven Elemente der disziplinären Matrix (z. B. zentrale theoretische Annahmen) nur über die soziale Geltungs-Durchsetzung Wahrheit beanspruchen können. „Die ‚rationale' Wirksamkeit kognitiver Elemente, d. h. ihre Transformation zu ‚sozialen' Normen, bedarf der *sozialen* Durchsetzung, d. h. der Akzeptierung durch eine Gruppe bzw. der Bildung einer ‚scientific community' als Geltungsbasis" (WEINGART, a. a. O., S. 21).
Das Medium zur Demonstration und Bekräftigung der gemeinsamen inhaltlichen und methodologischen Verpflichtungen sind die „Muster-Beispiele", über die eine wissenschaftliche Gemeinschaft verfügt, und die, solange das Paradigma seinen Geltungsanspruch durchsetzen kann, als „stillschweigendes Wissen" durch Lehrbücher, Lehrveranstaltungen, akademische Prüfungen usw. tradiert und damit immer mehr verfestigt werden (KUHN, a. a. O.). KUHN (1969) möchte den Begriff des Paradigmas für diese „Muster-Beispiele" reservieren und die anderen Grundüberzeugungen über Werte, Modelle, Annahmen und symbolische Verallgemeinerungen unter dem Begriff „disziplinäre Matrix" zusammenfassen, deren wichigste Bestandteile allerdings die genannten „Muster-Beispiele" sind. Die Muster-Beispiele sind zugleich Medium und Produkt der Selbstauslegung der zu einer Gruppe gehörenden Wissenschaftler (zu den Abgrenzungskriterien vgl. KUHN, 1969). Die Muster-Beispiele stellen typische Problemlösungen dar, anhand derer Fragestellung, Vorgehensweise und Ergebnisformulierung einer wissenschaftlichen Disziplin bzw. Untergruppe demonstriert werden. Die gemeinsamen Beispiele ermöglichen durch das Erkennen von Ähnlichkeiten, durch Einsicht in Strukturen und durch Einübung in wissenschaftliche Tätigkeiten maximalen Transfer, der *nicht* auf der Anwendung abstrakter Regeln beruht, sondern auf der Einsicht in den *Prozeß* wissenschaftlichen Erkennens (KUHN,

1969, S. 300ff.). Wenn der Studierende und Forschende alle ihm begegnenden Problemsituationen nach dem Muster der gemeinsamen Beispiele auffaßt und löst, dann hat er „eine von der Zeit getestete und von der Gruppe lizensierte Sichtweise angenommen" (ebd.).

Bevor wir zur Illustration des bisher Gesagten ein Paradigma skizzieren, sei noch einmal kurz das in unserem Zusammenhang wesentlichste Merkmal des Paradigmas hervorgehoben: Ein Paradigma enthält „eine bestimmte, auf einer spezifischen gesellschaftlichen Erfahrung aufbauende Interpretationsweise ... der Wissenschaft" (THOM, 1971, S. 466), deren Funktionsfähigkeit und praktische Wirkung sich durch die Art entscheidet, wie das Paradigma „Verhalten innerhalb geltender sozialer Orientierungsmuster anleiten und zur Lösung von gesellschaftlichen Problemen beitragen kann. Da die Beurteilung der Angemessenheit von Lösungen entscheidend von den faktischen Macht- und Gewaltverhältnissen in einem gesellschaftlichen System abhängig ist, sind auch Paradigmen in diesem Zusammenhang zu beurteilen" (KEUPP, a.a.O., S. 121). Die Durchsetzbarkeit von historisch relativen, selektiv wirkenden Paradigmen ist also eine empirisch entscheidbare Frage, deren Beantwortung von der Bindung der Paradigmen an reale Verteilungsstrukturen von Macht und Einfluß in gegebenen Gesellschaften abhängt. Man würde allerdings die mögliche Eigendynamik von wissenschaftlichen Paradigmen übersehen, wollte man vorherrschende Paradigmen vorweg und ausschließlich als Ausdruck bzw. Stabilisierungsfaktor herrschender gesellschaftlicher Interessenkonstellationen definieren.

Die Rolle von Paradigmen als erkenntnisleitender Prinzipien wollen wir nun an einem Beispiel demonstrieren, nämlich am „verhaltenstheoretischen Paradigma" (in Analogie zum Modell der „Verhaltenskontrolle" bei NUTHALL und SNOOK). Dabei werden in idealtypisierender und zugleich kritischer Absicht bestimmte Merkmale gegenüber anderen besonders hervorgehoben. – Wir verstehen einen Verhaltenswissenschaftler wie z.B. SKINNER nur dann, wenn wir uns in das normative Bezugssystem der Theorie „einzuleben" versuchen, uns also deren konstitutives Paradigma vergegenwärtigen. Wir veranschaulichen die Behauptung KUHNs (1969, S. 294), daß die einzelnen Bestandteile der „disziplinären Matrix" (hier: der behavioristischen Psychologie) „ein Ganzes mit gemeinsamer Funktion" für die Theorienbildung darstellen, indem wir das verhaltenstheoretische Paradigma in unterschiedliche Bestandteile bzw. analytisch trennbare Schritte aufschlüsseln:

a) Ein erster forschungs*logischer* Grundsatz besteht in der Behauptung, „daß das Verhalten Gesetzen folgt" (z.B. HOLLAND u. SKINNER 1971, S. 277). Diese Behauptung ist der Ausgangspunkt der „Wissenschaft vom Verhalten" und strukturiert somit die Art der Erkenntnisgewinnung (und Erkenntnisverwendung) vor.
b) Daraus folgt als ebenfalls forschungs*logische* Aufgabe die der kausal-analyti-

schen Bedingungsanalyse: Um Gleichförmigkeiten des Verhaltens feststellen und als Ausdruck von Gesetzmäßigkeiten interpretieren zu können, werden die für die Untersuchung ausgewählten oder experimentell geschaffenen Sachverhalte, Ereignisse und Merkmale *vorweg* dem S-R-Raster definitorisch unterworfen, d.h. nach den Kategorien „Reiz" und „Reaktion" klassifiziert.

c) Daraus wiederum folgt die forschungs*technologische* Festlegung von „unabhängigen" und „abhängigen" Variablen, die durch einen bestimmten Versuchsplan geschieht und den gezielten Einsatz bestimmter experimenteller und statistischer Kontrolltechniken erlaubt.

d) Die genannten Grundsätze bedingen, daß die *Beziehungen* zwischen „Subjekt" und „Objekt", im Human-Experiment also zwischen Vl und Vp(n), in ganz bestimmter Weise festgelegt werden: Die Vp verhält sich „verabredungsgemäß" als „*Norm-Versuchsperson*", die die experimentelle Situation als unveränderbar und undurchschaubar passiv hinnimmt und nur solche Reaktionen von sich gibt, die ihr vom Vl nahegelegt bzw. zugestanden werden (vgl. HOLZKAMP, 1972, S. 52ff.).

e) Forschungslogik, Forschungstechnologie und spezifische Subjekt-Objekt-Beziehungen im Experiment strukturieren natürlich auch die *Art der erhaltenen Ergebnisse* vor. Eine in der Variabilität möglicher Handlungsdimensionen und Handlungen radikal eingeschränkte Versuchsperson gibt nur noch organismische Reaktionen von sich, oder genauer: sie verhält sich eben so wie jemand, der in Situationen gebracht wurde, in denen man nur noch organismus-ähnliche Reaktionen (wie Knopf drücken, Schweiß absondern, einfache Worte nachsprechen usw.) abgeben kann (HOLZKAMP, a.a.O.).

f) Das dem Paradigma zugrundeliegende spezifische *Gegenstandsbewußtsein* wird noch deutlicher, wenn man zwei weitere Eigenheiten der verhaltenstheoretischen Vorgehensweise analysiert:

   1. In der Generalisierung der an der „Norm-Versuchsperson" gewonnenen Ergebnisse auf alle (sonst) vergleichbaren Menschen geschieht eine Gleichsetzung von „Organismus" und „Mensch", die auf der Unterschlagung des „Verabredungs"- bzw. Zwangs-Charakters der experimentellen *sozialen* Situation beruht und dennoch quasi-anthropologische Dignität beansprucht (vgl. HOLZKAMP, a.a.O., S. 55).
   2. Die in Prognosen umgesetzten Erkenntnisse von „Gesetzmäßigkeiten" erlauben Handlungsanweisungen, die auf eine Reproduktion der experimentellen Subjekt-Objekt-Beziehungen hinauslaufen können (vgl. „shaping of behavior") und insofern eine ähnliche Gleichsetzung von „Organismus" und „Mensch" implizieren – mit natürlich noch viel weitreichenderen Konsequenzen.

Das verhaltenstheoretische Paradigma im *engeren Sinne*, also das „Muster-Beispiel", muß wohl in der experimentellen Versuchsanordnung gesehen werden, die allgemein als „SKINNER-Box" bekannt ist. Wenn man einmal die Funktionsweise dieser Versuchsanordnung verstanden hat, kann man die wichtigsten Annahmen der Theorie ohne Schwierigkeiten nachvollziehen. In behavioristisch orientierten Verhaltenswissenschaften ist das Paradigma wissenschaftlicher Erkenntnistätigkeit generell das Experiment. Dies läßt sich zumindest für die Psychologie gut belegen. Man denke nur an den berühmten „PAWLOWschen Hund", an die fast ebenso berühmten Affen-Experimente von KÖHLER, an SHERIFS Experiment über den „autokinetischen Effekt", an TOLMANS Experimente über „latentes Lernen", an die Entdeckung der „informellen Gruppen" im Experiment von MAYO u. a., an viele andere „epoche-machende" Experimente in der Lernpsychologie und Sozialpsychologie. Die Geschichte der Psychologie ist eine Geschichte von Experimenten (vgl. z. B. die Lehrbücher von MEILI/ROHRACHER, 1968; HECKHAUSEN, 1969; HILGARD/ATKINSON, 1967). Ihre herausragende Stellung verdanken die Experimente der Überzeugung der meisten Psychologen, daß Experimente tatsächlich typische Problemlösungen darstellen, die zugleich spezifische Erkenntnisweisen demonstrieren.

1.1.3 Ein Kriterium zur Unterscheidung von Paradigmen

Vergegenwärtigen wir uns nach diesem Beispiel noch einmal das Ziel unserer Überlegungen zum Paradigma-Konzept: Mit Hilfe des Paradigma-Konzeptes wollen wir allgemeine und vorherrschende Bezugssysteme ausmachen, die als normative und kognitive Leitprinzipien in Rechnung zu stellen sind, wenn man, unter der Voraussetzung eines prinzipiell sozial-wissenschaftlichen Vorgehens, „pädagogische Interaktion" als Gegenstand erziehungswissenschaftlicher Forschung und Theorienbildung bestimmen will. Dazu muß nun die im eben skizzierten Beispiel angesprochene verhaltenstheoretische Perspektive zu einer allgemeineren sozialwissenschaftlichen Sichtweise erweitert werden. *Sozialwissenschaften* versuchen eine systematische Darstellung und Erklärung jener Gleichförmigkeiten des Handelns, die durch die sozialen Beziehungen zwischen den Menschen und die dadurch bedingten strukturellen Zusammenhänge konstituiert werden. Soziale Regelhaftigkeiten sind also der gemeinsame Gegenstandsbereich der Sozialwissenschaften.

Wie können wir nun über diese allgemeinste Gegenstandsbestimmung hinaus die möglichen Arten erkenntnisleitender Paradigmen näher bestimmen? Welche Aspekte sozialer Beziehungen und Strukuren sind Ausgangspunkte der Paradigmen-Bildung? Bereits aus der Alltagserfahrung wissen wir, „daß sich soziales und gesellschaftliches Zusammenleben in dauerhaften und verläßlichen Formen abspielt. Zugleich wissen wir auch, daß diese sozialen Lebensformen wandelbar sind. Diese Wandelbarkeit gilt es ebenso zu erklären wie die Stabilität" (KRECKEL, 1972, S. 9). „Stabilität" und „Wandelbarkeit" sind also jene allgemeinsten

Attribute möglicher Erkenntnisgegenstände, die die Grunddimensionen sozialwissenschaftlicher Paradigmenbildung konstituieren. Freilich sind nicht alle Sozialwissenschaftler gleichermaßen an der Untersuchung von Veränderbarkeit wie an der Untersuchung von Stabilisierung interessiert, so daß sich im Hinblick auf die Unterscheidung von Paradigmen als allgemeinstes Differenzierungskriterium das vorrangige Interesse an der Untersuchung von Veränderung gegenüber dem Interesse an der Untersuchung von Stabilisierung ergibt.
Paradigmen unterscheiden sich also in der Art und Weise, wie jene obengenannten Gleichförmigkeiten des Handelns näher bestimmt und erklärt werden, nämlich entweder mehr durch Bezugnahme auf die konstituierenden (sozialen) *Prozesse* oder mehr durch Betonung stabilisierender *Strukturen*, die nicht weiter in die sie hervorrufenden Prozesse aufgelöst werden (vgl. auch KRECKEL, 1972). Man kann also grob zwei Arten von Paradigmen unterscheiden:

a) *„Stabilitäts-orientierte Paradigmen":* Diese Paradigmen betrachten Gleichförmigkeiten als empirische Regelmäßigkeiten, die Ausdruck „zugrundeliegender" Strukturen sind. Das Untersuchungsinteresse richtet sich auf die Feststellung von *Invarianzen* auf makro-sozialer (gesellschaftlicher), mikrosozialer (inter-personeller) und intra-personaler Ebene. Es wird nach den Bedingungen von Stabilität und nach den Voraussetzungen stabiler und konstanter gesellschaftlicher Verhältnisse, interpersoneller Beziehungsstrukturen und individueller Persönlichkeitsmerkmale gefragt. Dabei wird die Existenz und Erkennbarkeit derartiger Invarianzen zumindest hypothetisch unterstellt. Der Erkenntnisprozeß kommt zum Abschluß, wenn Gesetze formuliert werden können: Regelmäßigkeiten werden als sich-wiederholende und insofern erwartbare Beziehungen zwischen bestimmten Sachverhalten, Ereignissen und Merkmalen erklärt.
b) *„Veränderungs-orientierte Paradigmen":* Diese Paradigmen betrachten Gleichförmigkeiten als sozial induzierte Regelhaftigkeiten, die man nicht durch Gesetzmäßigkeiten erklären kann, weil diese beobachtete Gleichförmigkeiten nur *konstatieren* und insofern nichts über die Konstitutionsbedingungen der Regelmäßigkeiten aussagen. Das Untersuchungsinteresse richtet sich auf die tatsächlichen Stabilisierungsprozesse, die immer auch potentielle Veränderungsprozesse sind. Es interessieren vor allem die Bedingungen und Möglichkeiten von Veränderungen und Veränderbarkeit auf makro-sozialer, mikro-sozialer und individual-psychologischer Ebene. Gleichförmigkeit wird als soziale und gesellschaftlich *produzierte* Regelhaftigkeit aufgefaßt, deren Konstitutionsbedingungen selbst untersucht werden müssen.

Das Interesse an der bloßen Konstatierung von Invarianzen, die als nicht weiter analysierbare „Entitäten" betrachtet werden, erzeugt natürlich andere Probleme und Erkenntnisstrategien, als das Interesse an der Aufklärung der sozialen und gesellschaftlichen Konstitutionsbedingungen beobachtbarer Gleichförmigkeiten.

Die beiden Arten von Paradigmen implizieren „nicht nur unterschiedliche Weisen der *Interpretation* des ‚Gegebenen', sondern *vorgängig* schon eine differente Qualität von *Erfahrung*" (KECKEISEN, 1974, S. 19).
Da ein wesentliches Unterscheidungsmerkmal der beiden Paradigmen offenbar *methodologischer* Art ist, wollen wir diesen Unterschied im folgenden Abschnitt 1.2 unter dem Begriffspaar „Gesetz" vs. „soziale Regel" schärfer herausarbeiten. Ohne das Verständnis dieser grundlegenden Erklärungsprinzipien könnten wir im Abschnitt 1.3 nicht, wie geplant, sechs Forschungsparadigmen skizzenhaft entfalten, die dann endlich die kognitiven und normativen Bezugsrahmen für die Entwicklung einer Theorie pädagogischer Interaktion abgeben.
Die Bedeutung von Paradigmen als Rahmenbedingungen von Erkenntnistätigkeit kann zusammenfassend folgendermaßen beurteilt werden:

1. Theorien als generalisierte Aussagen über soziale Gleichförmigkeiten sind immer auch Produkt und zugleich Ausdruck herrschender paradigmatischer Grundvorstellungen vom „Gegenstand" sowie der anerkannten Methodologie. Insofern ist die „Wahrheit" und Gültigkeit von Theorien immer auch abhängig von der Geltung und Durchsetzbarkeit der zugrundeliegenden Paradigmen.
2. Wissenschaftliche Theorien kann man also nur dann verständlich darstellen und zutreffend kritisieren, wenn man auch diejenigen Paradigmen identifiziert hat, die auf Grund der jeweils herrschenden Wissenschaftspraxis die normativen und kognitiven Bezugssysteme der Theorienbildung abgeben.
3. Das Paradigma-Konzept verweist auf die Interdependenz von Problemwahl und Erkenntnistätigkeit und von Methodologie und Gegenstandsaussagen, *ohne* diese Interdependenz allerdings erklären zu können. Das Paradigma-Konzept zeigt lediglich die Richtung auf, in die eine wissenschaftshistorische Analyse gehen müßte.
4. Leider gibt es jedoch für den Bereich der Sozialwissenschaften fast keine derartigen wissenschaftshistorischen Analysen. Ansätze und Hinweise dazu finden sich bei BRUDER (1971), KECKEISEN (1974), BEN-DAVID u. COLLINS sowie KRANTZ (in WEINGART, 1974), KEUPP (1974, S. 132ff.) und NOLTE u. STAEUBLE (1972).
5. Auf Grund der genannten und noch weiterer Probleme hat das Paradigma-Konzept in diesem Buch vor allem heuristische Funktion. Es dient als Orientierungshilfe bzw. als programmatische Aufforderung, die in einigen Fällen zur Entwicklung von „Such-Rastern" führen wird. So werden wir z.B. versuchen, die Theorie von MOLLENHAUER (1972) durch die Herausarbeitung des zugrundeliegenden Gegenstandsverständnisses – Erziehung als „Gespräch" – zu kritisieren. Auf ähnliche Weise versuchen wir das paradigmatische Gegenstandsverständnis sozialpsychologischer Interaktionstheorien zu eruieren und entdecken dabei als „Muster-Beispiel" den wechselseitigen Austausch von Belohnungen bzw. Bestrafungen.

1.2 Methodologische Grundprinzipien: Gesetz und soziale Regel

Ob ein Untersuchungsgegenstand in den Sozialwissenschaften als eher „stabil“, also aus invarianten Strukturprinzipien erklärbar, oder als „veränderbar“, also durch aktive Handlungsprozesse hervorgebracht, aufgefaßt wird, ist immer auch eine Frage der Methodologie. Die Methodologie einer Wissenschaft ist die normative Theorie der Erkenntnistätigkeit (im angezielten Gegenstandsbereich); daher sind die Aussagen über einen Gegenstand immer auch prädeterminiert durch die Art, in der sie zustandegekommen sind. Zugleich sind methodologische Strategien Transformationen von Gegenstandsaussagen, weil jegliche Erkenntnistätigkeit Voraunahmen über Wirklichkeit voraussetzt, die ihrerseits die Entwicklung einer Methodologie vorstrukturieren. Diese wechselseitige Beziehung zwischen Gegenstandsbestimmung und Methodologie wird im folgenden Abschnitt 1.2.1 etwas anschaulicher werden.
Aufgrund des großen Einflusses empirisch-analytischer Methodologie auf die Theorienbildung werden wir uns im folgenden zunächst um die Extrapolation des dort zugrundeliegenden Gegenstandsverständnisses bemühen. Mit diesem Problem eng verbunden ist die Frage, auf welche Weise, mit Hilfe welcher Annahmen und mit welchem Erfolg dort die Stabilität sozialen Verhaltens und sozialer Strukturen erklärt wird. Wir werden zu zeigen versuchen, daß das Gegenstandsverständnis der empirisch-analytischen Methodologie nur unbefriedigende Antworten auf die Frage nach den stabilitäts-konstituierenden *Prozessen* zuläßt. Unsere These ist also, daß zur Entwicklung von Theorien pädagogischer Interaktion die empirisch-analytische Methodologie korrigiert werden müßte. Aus der Kritik am nomothetischen Erklärungsideal versuchen wir dann mit Hilfe des Konzepts „soziale Regel“ probeweise einen Ansatz zu entwickeln, der die Probleme der Erklärung von Stabilität in einem anderen Licht erscheinen läßt und zu einer Neu-Interpretation bestimmter methodologischer Postulate führen könnte.

1.2.1 Regelmäßigkeit und Gesetz in empirisch-analytischen Sozialwissenschaften

Oben war gesagt worden, daß es gemeinsames Ziel aller empirisch-analytischen Sozialwissenschaften sei, verallgemeinernde Aussagen über Gleichförmigkeiten sozialen Handelns und deren Bedingungen zu machen (vgl. Opp, 1970, u. Ulich, 1972, S. 35–50 u. 185–291). Die generellen Aussagen dienen dazu, beobachtete Gleichförmigkeiten zu erklären und auf der Basis entsprechender Erwartungen künftige Gleichförmigkeiten vorherzusagen. Zu verallgemeinernden Aussagen gelangt man nur dann, wenn man Beobachtetes nicht immer auf ebenfalls nur Beobachtetes zurückführt, sondern wenn man von einzelnen Beobachtungen

abstrahiert und einen allgemeinen Zusammenhang zwischen Sachverhalten behauptet. Welche Rechtfertigung kann es für ein derartiges Vorgehen geben? Wie kann man sich dagegen schützen, daß man bloß willkürlich Interdependenzen konstruiert, die nur deshalb als stabil erscheinen, weil man jenen Konstitutionszusammenhang beschnitten oder ausgeblendet hat, der auch die jeweiligen Bedingungen von *Veränderung* enthält? Müssen Interdependenzen nicht als „an sich gegeben" erscheinen (vgl. TJADEN, 1973, S. 69, auch DICK, 1972), wenn man die Suche nach den sie konstituierenden Sozialaktivitäten z.B. schon auf der Ebene der institutionellen Bedingungen abbricht?
Gewöhnlich hört die Suche nach den Bedingungen von Verhaltensregelmäßigkeiten dann auf, wenn man glaubt, diejenigen invarianten Strukturen gefunden zu haben, die den Regelmäßigkeiten „zugrundeliegen". Die Beziehungen zwischen invarianten Strukturen und den durch sie bedingten Regelmäßigkeiten oder Interdependenzen sind allerdings nicht mehr realer, sondern bloß *logischer* Art: Es werden Zusammenhangsbehauptungen aufgestellt, die a) als Erklärung auf der Wiederhol*theit* realer Interdependenzen von Verhaltensweisen und Ereignissen und b) als Prognose auf der Wiederhol*barkeit* derselben beruhen. Bevor wir auf die Rolle solcher Gesetzesannahmen näher eingehen, wollen wir eine begriffliche Präzisierung empirisch-analytischen Schlußfolgerns versuchen:

a) Wenn sich bestimmte erfahrene bzw. beobachtete Ereignisse, Handlungen, Interaktionen usw. *wiederholen*, dann kann man ihnen das Attribut der Regelmäßigkeit oder Gleichförmigkeit zuschreiben.
b) Als „Ursache" oder Grund der Aufeinanderfolge oder des Zusammenvorkommens von bestimmten Verhaltensweisen, Interaktionsstrukturen usw. kann man die *Stabilität* von Merkmalen (individueller, interaktiver, gesellschaftlicher Art) und Beziehungen zwischen bestimmten Phänomenen sowie die *Konstanz* bestimmter Entwicklungen (individueller, sozialer, historischer Art) annehmen.
c) Regelmäßigkeiten, Stabilität und Konstanz werden schließlich als Ausdruck *gesetzmäßiger* Zusammenhänge interpretiert, was durch die Annahme von der Existenz und Erkennbarkeit invarianter Beziehungen und Strukturen in der Wirklichkeit selbst ermöglicht wird.

Diese nur analytisch differenzierbare Schrittfolge läßt das Vorbild naturwissenschaftlicher Methodologie erkennen. Der von den Naturwissenschaften übernommene Gesetzesbegriff ist auch in den Sozialwissenschaften Ausdruck der Entscheidung, Invarianzen zu erforschen, die man in der Über-Situativität, Über-Zeitlichkeit und Unveränderbarkeit von Merkmalen, Ereignissen und Beziehungen zu entdecken hofften. Innerhalb der empirisch orientierten Pädagogik oder Pädagogischen Psychologie gilt das Erklärungsideal des „Gesetzes" als weithin akzeptiert (vgl. z.B. TAUSCH u. TAUSCH, 1970; SMITH u. HUDGINS, 1971,

S. 33–36). Das Streben nach der Entdeckung von Invarianzen erbrachte z. B. folgende (heute zum Teil überholte) „Gesetze“:

a) Frustration schafft Aggression.
b) Je höher der soziale Rang des Individuums in der Gruppe, desto größer ist seine Übereinstimmung mit den Gruppennormen.
c) Autoritärer Führungsstil vermindert sachbezogene Lernmotivation.

„Gesetze“ sind also Feststellungen über Verknüpfungen zwischen gegebenen und identifizierten Bedingungen und den dadurch bewirkten, ebenfalls identifizierten Effekten. Ein Tatbestand ist dann erklärt, wenn er „als Kovariation eines anderen, also als regelmäßig auftretende Folgebeziehung dargestellt werden kann“ (HÜLST, 1973, S. 32). Die Suche nach uneingeschränkten Generalisierungen, nach Gesetzen mit unbegrenztem Geltungsbereich hat das Ziel, Strukturen und Strukturprinzipien zu entdecken, die *per definitionem* nicht veränderbar sind. „Würden wir Gesetze zulassen, die selbst Veränderungen unterliegen, dann könnten wir Veränderungen niemals durch Gesetze erklären“ (POPPER, 1965, S. 81 f.). Kommt also den Stabilitäten, die in allgemeinsten Gesetzen ausgedrückt sind, gegenüber jeglichem menschlichen Handeln, das etwa „Veränderungen“ bewerkstelligen könnte, eine *ontologisch* begründete Priorität zu? Tatsächlich ist der nach der Methodologie des Kritischen Rationalismus vorgehende Forscher gezwungen, Konstanzannahmen zu machen, die er ontologisch begründen müßte. So muß er zum Zweck der Prognose einen ganz bestimmten Bereich von Bedingungen, also z. B. das Erziehungssystem, als *Konstante* in sein Modell einsetzen, und unter der Voraussetzung der Konstanz pädagogische Handlungsmöglichkeiten erforschen und vorhersagen, die innerhalb des Erziehungssystems ensprechende Wirkungen hervorbringen.
Aussagen über gesetzmäßige Gleichförmigkeiten informieren also über Stabilitäten, oder, wie ALBERT (1967, S. 136) sagt: „Der prognostische Gehalt empirischer Theorien besteht darin, daß sie allgemeine Variabilitätsspielräume für das Geschehen in ihrem Objektbereich festlegen“. Begründet wird diese Festlegung, um dies noch einmal zu wiederholen, mit der generellen Annahme von Invarianzen, die dem Geschehen „zugrundeliegen“. SKINNER z. B. wird von der „Vermutung“ geleitet, „daß das Verhalten Gesetzen folgt“ (s. o.). Damit wird die Regelhaftigkeit von Verhalten – als Folge oder Ausdruck zugrundeliegender Invarianzen – zum *Gegenstand* der Wissenschaft bestimmt. Die Beziehung zwischen Gegenstands-*Untersuchung* und Gegenstands-*Bestimmung* ist wechselseitig, denn einerseits macht die Annahme von Invarianzen oder Gesetzmäßigkeiten als letzten (ontologischen) Erklärungsgründen die Suche nach Verhaltens-*Wiederholungen* notwendig, und andererseits macht die Interpretation von Verhalten als Ausdruck von Regelhaftigkeit den Rekurs auf „Gesetze“ zwingend.
Aus der Bestimmung von Regelhaftigkeit als Gegenstand der Wissenschaft ergeben sich natürlich weitreichende forschungslogische, forschungstechnische

und auch praktische Konsequenzen. Als Beispiel können Interaktionsanalysen dienen, wie sie in Anknüpfung an die z.B. von BALES und HOMANS entdeckten sozialpsychologischen „Gesetzmäßigkeiten" für die Untersuchung von Lehrer-Schüler-Interaktionen entwickelt wurden (vgl. SCHULZ u. a., 1970). Dort werden Aufeinanderfolgen von verbalen Äußerungen notiert und klassifiziert, ohne daß die Inhalte der Äußerungen oder gar die damit jeweils verbundene subjektiv-interaktive Intention beachtet würden. Auf Grund der Kenntnis „gesetzmäßiger" Abfolgen von Interaktionen hofft man dann, Lehrer zur Ausnutzung der Gesetzmäßigkeiten und damit zu einer Verbesserung ihres Unterrichts anhalten zu können. Spezifische Inhalte sowie soziale Konstitutionsbedingungen müssen unbeachtet bleiben, da die Formulierung der erwünschten Gesetze notwendig an die *Wiederholbarkeit* von Ereignissen gebunden ist, wobei die Ursachen der Wiederholbarkeit wiederum nur in formaler Hinsicht interessieren, nämlich ob ihnen invariante Merkmale zukommen.
Nun ist natürlich auch kritischen Rationalisten nicht verborgen geblieben, daß uns die „relativen Invarianzen unseres Kulturmilieus und unserer Gesellschaft zunächst leichter zugänglich sind als eventuell dahinter stehende allgemeine Gesetze" (ALBERT, a.a.O., S. 134). Aussagen über relative Invarianzen sind aber weniger verläßlich als unbeschränkte Generalisierungen, die vorerst „noch nicht zur Verfügung stehen" (a.a.O., S. 137). Deswegen fordert ALBERT, um die raum-zeitliche Beschränkung der nur unvollkommen erfaßten „Quasi-Konstanten" zu überwinden, „gewisse sich in einem bestimmten Raum-Zeit-Gebiet periodisch wiederholende Abläufe, wie z.B. gewisse für bestimmte Bereiche charakteristische Verhaltensweisen ... auf soziale Strukturen zu relativieren, die dafür kausalrelevant sind" (a.a.O., S. 134). Da durch dieses Verfahren der Raum-Zeit-Bezug eliminiert werden soll (a.a.O., S. 137), unterstellt ALBERT offenbar wiederum eine invariante Beziehung zwischen sozialen Strukturen und Verhaltensweisen, auch wenn diese nur Teil einer *im Ganzen* „noch" unbekannten Struktur von Invarianzen ist.

1.2.2 Bedingungen von Regelmäßigkeit und der Begriff der „sozialen Regel"

Nun läßt sich aber zeigen, daß die vermeintlichen Invarianzen selbst vielfach bedingt und vermittelt sind, und zwar durch Handlungen und die durch sie geschaffenen Umstände. Die Beziehungen zwischen gesellschaftlichen Bedingungen und Verhaltensweisen (z.B. Leistungsverhalten) sind Ausdruck von Strukturprinzipien, die, wie etwa das Konkurrenzprinzip, auf einem bestimmten gesellschaftlichen Entwicklungsstand das Verhältnis von Leistungsforderung und Leistungsfähigkeit – und damit auch die momentane „Funktionalität" bestimmter Verhaltensweisen – kennzeichnen. „Dann erweist sich die räumliche und zeitliche Unabhängigkeit, die als Ideal erklärender Gesetzmäßigkeit unterstellt wird, als

heuristische Verzerrung, in der zwar eine Eigenschaft des Systemzusammenhangs der Gesellschaft repräsentiert ist (deren relative Konstanz), die jedoch selbst als unter spezifischen Bedingungen konstituierte immerhin noch begriffen werden könnte" (HÜLST, 1973, S. 37). Die Verdinglichung von Regelmäßigkeit (als einer bloßen Eigenschaft von Handlungen) zu invarianten Entitäten verstellt den Zugang „zur Erfassung derjenigen Tendenzen und Widersprüche, die innerhalb der von den Menschen konstituierten Verhältnise gleichermaßen diese in Bewegung versetzten, die als Resultate menschlicher Praxis zwar objektive Voraussetzung künftiger Praxis, aber nicht notwendig unwandelbare Gesetzmäßigkeit der dauernden Replikation oder Repetition von Handlungen und gesellschaftlichen Beziehungen konstituieren" (a. a. O., S. 44). Offenbar bedürfen also die „Gesetze" und die damit gemeinten Invarianzen selbst der Erklärung.
Die behaupteten Invarianzen sind keine „letzten" Tatbestände, sondern „Ergebnis der historisch gewordenen allgemeinen Struktur der Regelung menschlicher Lebensumstände" (HOLZKAMP, 1972a, S. 457). Da individuelle und gemeinsame Tätigkeiten von Menschen geschichtlichen Charakter haben, sind die Gesetze selbst historischer Natur, soweit sie sich auf vom Menschen geschaffene Sachverhalte beziehen. „Es ist der soziale Prozeß des Zusammenlebens, der die Regeln schafft und aufrecht erhält, und es sind nicht umgekehrt die Regeln, die das Zusammenleben schaffen und erhalten" (BLUMER, 1973, S. 99). Regelmäßigkeiten sind Resultate von Handlungsprozessen; „vorgefundene Regelmäßigkeiten werden als ‚gemacht' verstanden, sie werden auf die Prozesse hin geprüft, die sie immer wieder zustandekommen lassen, auf die Interessen untersucht, denen gerade diese Regelmäßigkeit dient" (FALK/STEINERT, 1973, S. 21). „Stabilität ist erklärungsbedürftig, nicht Veränderung" (ebd.). Dies setzt voraus, daß man zunächst einmal zwischen der „Tatsache" und der „Ursache" von Regelmäßigkeiten unterscheidet (HÜLST, S. 24ff.).
Der Methodologie des kritischen Rationalismus zufolge mußte Regelmäßigkeit immer wieder mit Regelmäßigkeit erklärt werden. Gesetze *konstatieren* bloß Regelmäßigkeit; damit kann diese zu ihrer eigenen Erklärung werden: Es ist so, wie es ist, *weil* es so ist, oder: Die Menschen verhalten sich regelhaft, weil sie es eben tun. Es interessiert lediglich, ob die in der Gesetzesannahme ausgedrückte Erwartung auf Grund beobachteter Wiederholungen begründet ist, und nicht, *warum* diese Annahme begründet ist, warum es also überhaupt zu Wiederholungen kommt.
Einen Schritt weiter kommt man, wenn man den Charakter empirischer Regelmäßigkeit *als sozial induzierter Regelhaftigkeit* näher zu bestimmen versucht. „Sozial induziert" heißt: auf Interaktionserfahrungen zurückgehend, in denen gesellschaftliche Bedingungen der Interaktion und erfahrene soziale Beziehungsstrukturen repräsentiert sind. Regeln und Strategien (z. B. sprachlicher, evaluativer und motivationaler Art) sind Ausdruck vergleichbarer, kollektiver Lebenssituationen und -erfahrungen einer gesellschaftlichen Primär- oder

Sekundärgruppe, die ihrerseits in einer bestimmten Beziehung zu Systemproblemen der Gesellschaft und zu anderen gesellschaftlichen Gruppierungen steht. Diese Regeln und Strategien sind durch Sozialisationsinstanzen und die dort realisierten sozialen Beziehungsstrukturen vermittelt.
Soziale Regeln sind also Bedingungen und immer auch schon Ergebnisse sozialer Interaktionen. Soziale Regeln sollen die Regelmäßigkeiten des Handelns begründen und erklären. Freilich ist nicht jede Handlungsvorschrift in dem hier gemeinten Sinne eine Regel, und auch nicht jeder zusammenhängenden Abfolge von Handlungen muß eine Regel unterliegen. „Wir sind erst sicher, ein regelgeleitetes Verhalten identifiziert zu haben, wenn wir selbst *anstelle* des Handelnden die Verhaltensserie fortsetzen könnten, ohne auf Widerspruch zu stoßen" (HABERMAS, 1967, S. 135). Regeln haben nichts privates an sich; ihrer Entstehung und Wirkung nach sind sie über-individuell bzw. gesellschaftlich in dem Sinne, als a) ihr Befolgen bzw. Nicht-Befolgen *immer* die Intentionen und Bedürfnisse mindestens eines anderen tangieren, und als b) Befolgen bzw. Nicht-Befolgen sanktioniert werden, und sei es nur im Sinne eines Nicht-Beachtens oder Nicht-Verstehens. „Erst durch Legitimationsprozesse können entsprechend auch Regeln stabilisiert und auf Dauer gestellt werden, so daß sie gesamtgesellschaftliche Relevanz erlangen können. Soziale Normen können wir demnach als legitimierte regulative Regeln bezeichnen; soziale Institutionen als legitimierte Situationsdefinitionen" (FALK/STEINERT 1973, S. 39). KEUPP (1972, S. 168 ff.) unterscheidet im Anschluß an DENZIN (1970) drei Typen von Verhaltensregeln:

1. öffentliche, gesetzlich formalisierte Regeln;
2. öffentliche, ritualisierte Regeln;
3. Interaktions- oder relationale Regeln.

Diese Regelsysteme überlagern einander hierarchisch.

Welche weiteren Bestimmungsstücke machen den Begriff der „Regel" aus (vgl. MÜLLER, 1976, u. ÖHLSCHLÄGER, 1974)? Regeln – als zumindest mittelbare Verpflichtungen gegenüber anderen, z. B. über die Einhaltung von Sprach-Regeln – sind insofern sozialer Natur, als ihr Erwerb und ihre Wirkung die Interaktion zwischen mindestens zwei Personen voraussetzt. Das Konzept ‚einer Regel folgen' schließt die „Intersubjektivität der Geltung von Regeln ein" (HABERMAS, ebd.), wobei diese intersubjektive Gültigkeit durchaus nicht nur auf Einsehbarkeit, freiwilligem Konsens und bewußten Lernprozessen beruhen muß, sondern das Ergebnis von Zwang und Dressur sein kann. Allerdings sind Regeln immer *auch* Resultat eigenen Handelns, nämlich Produkte aktiver Aneignungs-, Anpassungs- und Selbstregulationsprozesse. Auf individualpsychologischer Ebene sind Regeln als normative Regelstruktur des Handelns repräsentiert und erschließbar (vgl. Kap. 4). Die – in Interaktionen begründete – Genese von

Regelbewußtsein und regelgeleitetem Handeln ist Gegenstand der Sozialisationsforschung.

Die Konstituierung sowie das Befolgen bzw. Nicht-Befolgen einer Regel hat Ursachen und Konsequenzen, die oft nicht in der Verfügungsgewalt und Kompetenz des einzelnen Handelnden liegen und daher von ihm möglicherweise als quasi naturgesetzlich wahrgenommen und akzeptiert werden. Die mögliche Bewußtlosigkeit gegenüber der sozialen Induziertheit eigenen Handelns ist ein Element der sozialen Induzierung selbst. Der Grad dieser Bewußtlosigkeit hängt z. B. davon ab, ob Interesse daran besteht, gesellschaftliche und institutionelle Strukturen (Arbeitsteilung, Machthierarchie, Kommunikationsstrukturen, Positionsstuktur, Verteilung von Einfluß usw.) als natürlich gewachsen und unveränderlich auszugeben. Die Bewußtlosigkeit ist andererseits nie vollkommen aufzuheben, da ein Gesamt-Zusammenhang aller gesellschaftlichen Teil-Strukturen und -Prozesse der individuellen Erfahrung nicht zugänglich ist und nur durch Abstraktion begriffen werden kann. An der Bewußtlosigkeit sind also nicht nur mögliche gesellschaftliche Interessen beteiligt; sondern dem Versuch, die soziale Induziertheit von Regeln und Normen erfahrbar zu machen, stehen prinzipielle Vermittlungs- und Lernprobleme entgegen.

Wenn ein Individuum neu in eine Institution eintritt, dann wird das Zusammenwirken eines a-historischen Selbstverständnisses der Institutionenträger und der (unverschuldeten) Unfähigkeit der Neulinge, den sozialen Konstitutionszusammenhang ihrer neuen Umwelt und der an sie gestellten Erwartungen zu verstehen, besonders deutlich. So ist z. B. dem Schulanfänger weder die gesellschaftliche Genese der Regeln bewußt, denen er unterworfen wird, noch versteht er die soziale Bedeutung der Interaktionserfahrungen, die er bei dem Versuch macht, sich den Regeln anzupassen (oder auch: sich ihnen zu widersetzen). Er kann nicht einsehen, daß die Art der Lernorganisation (Sitzordnung, Prüfungen, Methoden, Kommunikation usw.) von bestimmten gesellschaftlichen Zielbestimmungen geprägt ist, denen wiederum politische Machtkämpfe und Entscheidungen voraus- und zugrundeliegen. Und dennoch wird der Schüler spätestens am Ende des 1. Schuljahres jene wettbewerbsorientierte (statt: sachorientierte) Lernhaltung eingenommen haben, die allein das weitere Fortkommen in der Schule ermöglicht.

1.2.3 Versuch einer Neuformulierung des Prognose-Problems

Für die folgende Darstellung wollen wir den möglichen Bereich sozial induzierten regelhaften Handelns auf soziales Handeln in solchen Interaktionssituationen beschränken, in denen es darum geht, die Handlungen mindestens eines anderen Interaktionspartners zu verändern, also Einfluß, Macht und Kontrolle auszuüben. Die Intentionen oder Zwecke können dabei von einer Institution oder sonstigen situativen Einflüssen oder auch von Gruppen und einzelnen bestimmt sein. In jedem Fall wollen wir vor allem solches Handeln betrachten, das von der Intention oder von der Wirkung her soziale Abhängigkeiten aufbaut, stabilisiert oder modifiziert. Aussagen über Zusammenhänge innerhalb des bezeichneten Gegenstandsbereichs sind nur möglich, wenn man Kriterien der prognostischen Differenzierbarkeit entwickeln kann, die einen Bezug zur empirischen Wirklichkeit haben (zum Prognose-Problem vgl. LENK, 1972, u. ULICH, 1974c). Die Frage, *worauf* in einer konkreten Interaktionssituation Macht und Kontrolle beruht, oder die Frage, ob Abhängigkeiten eher stabilisiert oder eher abgebaut werden, sind empirisch entscheidbar und müssen im Kategorienapparat der Theorie durch Begriffe vorstrukturiert sein, die diese Fragen überhaupt entscheidbar machen. Hier hilft uns die bereits entwickelte Einsicht weiter, daß – im Gegensatz zum Gesetzesbegriff – der Begriff der sozialen Regel unmittelbar auf soziale Konstitutionsbedingungen (und natürlich auch soziale Funktionen) regelmäßigen sozialen Handelns rückverweist.

Zu diesen Voraussetzungen gehören auch die *Bedingungen der Durchsetzbarkeit von Regeln*, die man genau kennen muß, wenn man regelmäßiges soziales Handeln erklären und vorhersagen will. Dort, wo die *Gründe* sozialer Regelhaftigkeit liegen, nämlich im Bereich politisch-gesellschaftlicher Entscheidungen und Normierungen, gesellschaftlich geregelter Aufgabenverteilungen, Problemlösungen und Bedürfnisbefriedigungen sowie der entsprechenden institutionalisierten Interaktionssituationen, dort also entscheidet sich die Frage, ob sich gewisse Regelmäßigkeiten des Denkens, Urteilens und Handelns in die Zukunft hinein fortsetzen werden. Da die Regelung menschlichen Zusammenlebens immer auf eine *Zukunft* gerichtet ist, die es im Hinblick auf bestimmte Interessen und Bedürfnisse zu sichern gilt, kann man Regeln als „*durchsetzbare Prognosen*" (FALK/STEINERT, S. 39) bezeichnen. In dieser Kurzdefinition ist zum einen der soziale Konstitutionszusammenhang als Herrschaftssystem bestimmt, denn Durchsetzung ist eine Frage der Macht, „auszuüben durch direkte Kontrolle, Akzeptiertwerden (Autorität) oder Legitimation (Herrschaft). Kontrolle ist Durchsetzung durch direkte Aktionen, Autorität durch freiwillige Unterordnung. Wichtiger und realistischer ist aber Herrschaft, die Machtform, die über das verengte Zwei-Personen-Paradigma hinausgeht, Macht durch die Unterstützung Dritter" (ebd.), die z.B. in der Schule in Form von staatlich sanktionierten Schulordnungen institutionalisiert ist. Und zum anderen verweist die genannte Kurzdefinition darauf, daß auf jeder Ebene sozialen Handelns – von der Zweier-Beziehung bis zu gesamtgesellschaftlichen Gruppenbeziehungen – *eigenes* Handeln nur auf Grund von Regel-Kenntnis geplant und *fremdes* Handeln nur auf Grund von Regel-Kenntnis vorhergesehen werden kann, mag der Zweck nun einfühlende Verständigung oder fremdbestimmende Manipulation sein. Regeln sind also deshalb als Prognosen zu verstehen, weil sie Orientierungs- und Entlastungsfunktionen haben, die die Planung und Koordinierung von Handlungen überhaupt erst erlauben.

Die entscheidende Bedeutung des Regel-Begriffes als *Erklärungsbegriff* liegt in folgendem: Wenn man weiß, wie eine Regel beschaffen ist, wie sie wirkt und unter welchen Bedingungen sie durchgesetzt wurde bzw. durchsetzbar ist, dann kann man Handeln voraussagen, das von der Regel betroffen ist. Denn Regeln bestimmen die individuellen und institutionellen „*Definitionen*" von Situationen, sozialen Beziehungen und Verhaltensnormierungen, die auch dem einzelnen Individuum als Orientierungsmaßstäbe dienen. In Gesetzen wird lediglich die Erwartung ausgedrückt, daß das in der Vergangenheit beobachtete Aufeinanderfolgen von Ereignissen in gleicher oder ähnlicher Weise auch in der Zukunft stattfinden werde. Begründet wird diese Erwartung mit der Tatsache der Wiederholung. Mit Hilfe des Regel-Begriffes bzw. der Kenntnis von Regeln kann man *inhaltlich* begründen, inwieweit und warum die im Gesetz ausgedrückte Erwartung real begründet bzw. überhaupt begründbar ist: weil nämlich das vorhergesagte Handeln auf Prognosen beruht, deren Durchsetzbarkeit über die „Wiederholung" überhaupt erst entscheidet.
Im Mittelpunkt der Forschung müßten folgende Fragen stehen:

1. Auf welche Weise und warum folgen Individuen Regeln, die sie als durchgesetzte Prognosen zu Leitlinien des eigenen Handelns gemacht oder zumindest – weil eben durchsetz*bar* – zu akzeptieren gelernt haben?
2. Worauf beruht die Durchsetzbarkeit und soziale Funktion von Regeln? Wenn man dies weiß, kann man Regelmäßigkeiten sozialen Handelns im Hinblick auf ihre wahrscheinliche Stabilität erklären und vorhersagen.

Die Möglichkeit, wissenschaftliche Erklärungen und Prognosen zu machen, hängt also davon ab, ob man jene Prozesse der Bestimmung und Durchsetzung sozialer Regeln identifizieren kann, die regelmäßigem sozialen Handeln zugrundeliegen. Im Bereich sozialen Handelns kann man also *nur dann* wissenschaftlich begründete Prognosen stellen, wenn die folgenden Voraussetzungen gegeben sind:

a) Man kann künftige Handlungssituationen und Handlungen dann genau voraussagen, wenn man weiß, daß die sozialen Bedingungen und sozialen Funktionen der Regel-Geltung und Regel-Durchsetzung sich nicht oder in genau bestimmbarer Weise ändern. Wenn Regeln, die das Auftreten vorherzusagender Ereignisse bewirken, „durchsetzbare Prognosen" sind, dann muß man für die Vorhersage die Bedingungen und Chancen der Durchsetzbarkeit kennen.
b) Diese Chancen kennt man sicher dann am besten, wenn man an der Macht teilhat, künftige Situationen selbst herzustellen, und zwar über die Stabilisierung und Durchsetzung von Regeln, die die Situationen definieren. Weil „durchsetzbar" immer *sozial* durchsetzbar meint, werden solche Prognosen am zutreffendsten sein, die auf der Verfügung über Machtmittel beruhen.

Wenn man also im sozialen Bereich mit Erfolg Prognosen stellen will, dann muß man jene Machtkonstellationen kennen, die das vorhergesagte Ereignis auch herbeizuführen in der Lage sind. Hypothesen sind in dieser Sicht nichts anderes als Aussagen über die Bedingungen und die Wahrscheinlichkeit der Durchsetzbarkeit bestimmter Regeln. Ein bestimmtes regelmäßiges soziales Verhalten ist dann *erklärt*, wenn man (auf verschiedenen Analyseebenen) diejenigen Macht- und Einflußprozesse identifiziert hat, die der Regelgeltung und -durchsetzung zugrundeliegen und insofern das dadurch angeleitete Verhalten „erfolgreich" machen.

Verdeutlichen wir das Gesagte an einem Beispiel: Wenn Schüler sich in den meisten Fällen, in denen ihnen eine Strafe angedroht wird, den Anordnungen des Lehrers fügen, so liegt der Grund für dieses regelmäßige Aufeinanderfolgen von Ereignissen weniger in einem „Gesetz", das als „Erklärung" die beobachtete Regelmäßigkeit auf eine Invarianz zurückführen würde, sondern der Grund liegt im Machtgefälle zwischen Lehrer und Schülern und dessen Stützung durch die Institution Schule. Diese Faktoren sind aber nur solange „invariant", als das in ihnen repräsentierte Regelverständnis nicht aus zwingenden Gründen (z.B. Schulreform) verändert wird. Die Behauptung von „Invarianz" läuft in den Sozialwissenschaften generell auf die Annahme hinaus, daß gesellschaftliche und soziale Macht- und Abhängigkeitsbeziehungen (z.B. Lehrer–Schüler, Eltern–Kind, Produzent–Verbraucher, aber jeweils auch umgekehrt!) unveränderlich sind.

Die Kenntnis eines „Gesetzes" ist also in Wirklichkeit immer die Kenntnis derjenigen konkreten sozialen (Macht-)Beziehungen und Handlungen, die das Auftreten eines (vorhergesagten) Ereignisses bzw. die Kovariation von Ereignissen bewirken. Das kann man an der Formulierung eines typischen „Gesetzes" zeigen. Nehmen wir an, es hätte folgende Form: „Wenn ein Lehrer die Verhaltensbedingung X (z.B. intermittierende Verstärkung) setzt, dann wird sich mit einer Wahrscheinlichkeit w bei den Schülern das Verhalten Y (z.B. bestimmter Lernzuwachs) zeigen." *Setzt* der Lehrer aber überhaupt die genannte Verhaltensbedingung? Unter welchen Voraussetzungen, in welchem sozialen Kontext und zu welchem Zweck *tut* er das? Damit die im Gesetz genannte Antezedenz-Bedingung realisiert werden kann, sind offenbar konkrete Handlungen notwendig, die wiederum nur unter bestimmten Umständen (z.B. Machtkonstellation im Klassenzimmer) möglich und sinnvoll sind. Man gelangt also zu der scheinbar paradoxen Formulierung, daß ein Gesetz nur dann „gilt", wenn die in ihm ausgesagten Handlungen auch tatsächlich ausgeführt werden. Die Bedingungen dafür aber lassen sieh nicht durch weitere Invarianzbehauptungen, nämlich Gesetze höherer Ordnung, abdecken, weil damit gesellschaftliche und individuelle Entwicklung grundlos auf irgendeinem Status quo festgeschrieben würden.

Im vorangegangenen Abschnitt sollte nicht der Eindruck erweckt werden, als handele es sich beim Konzept der sozialen Regel bereits um eine hinreichend begründete „Alternative“ zum Gesetzes-Begriff. Dazu ist der Begriff der Regel vorläufig noch viel zu unklar, da er in ganz unterschiedlichen Theorien für unterschiedliche Zwecke verwendet wird (z.B. bei BANDURA, CHOMSKY und PIAGET, vgl. Kap. 4). Ebenso unklar sind die methodologischen und forschungstechnischen Konsequenzen, die sich aus dem Regel-Begriff im einzelnen ergeben. Es kann hier auch nicht entschieden werden, ob und inwieweit mit den Konzepten „Gesetz“ und „soziale Regel“ Perspektiven der Wirklichkeitsauffassung und -erklärung gemeint sind, die einander unter allen Umständen *ausschließen* müssen. Trotz aller notwendigen Einschränkungen weist der Begriff der sozialen Regel jedoch viel deutlicher als der Gesetzesbegriff auf die Notwendigkeit hin, soziales Handeln als sozial induziertes, regelgeleitetes Handeln zu begreifen, dessen Konstitutionsbedingungen nicht in universellen und „gesetzmäßigen“ Invarianzen liegen können, sondern nur im *realen* Zusammenhang miteinander Handelnder.

Gegenüber empirisch-analytischer Methodologie und dem dort leitenden Erklärungsideal des „Gesetzes“ drückt sich im Begriff der sozialen Regel ein verändertes Gegenstandsverständnis aus, dessen paradigmatischer Charakter sich allerdings erst anhand einzelner gegenstandsspezifischer Theorien zeigen kann. Wir wollen daher im nächsten Abschnitt – quasi als „Vorstufe“ gegenstandsspezifischer Theorienbildung – einige Paradigmen skizzieren, die wir idealtypisch als „stabilitäts-orientierte“ und „veränderungs-orientierte“ Paradigmen klassifizieren. Die ersteren stellen eine Realisierung des Erklärungsideals „Gesetz“ dar, die zweiten lassen sich grob dem Erklärungsideal „soziale Regel“ subsumieren. Diese Paradigmen sind als meta-theoretische (kognitive wie normative) Rahmenbedingungen für die Formulierung von Theorien pädagogischer Interaktion anzusehen. Wir knüpfen also wieder an die Diskussion des Paradigma-Konzepts aus Abschnitt 1.1 an und betrachten die Konsequenzen, die sich aus der Entscheidung für das Gesetzes-Konzept oder für das Regel-Konzept ergeben. Auch die folgenden Überlegungen können natürlich nur heuristischen Wert haben, da die Forschungsparadigmen und ihre Beziehung zum Gesetzes- bzw. Regelkonzept sowie zu den folgenden Theoieansätzen idealtypisch *konstruiert* sind und hinreichender wissenschaftshistorischer Belege noch bedürfen.

1.3 Eine Typologie sozialwissenschaftlicher Denkmodelle

Wenn wir in der Theoriengeschichte der Sozialwissenschaften diejenigen Denkmodelle ausfindig machen wollen, die Dimensionen einer erziehungswissenschaftlichen Gegenstandsbestimmung sein könnten, so müssen wir zunächst das Ziel einer Theorie pädagogischer Interaktionen umreißen. In allgemeinstem und umfassendstem Sinne scheint es Aufgabe jeder Theorie pädagogischer Interaktionen zu sein, die wechselseitigen Zusammenhänge zwischen 1. gesellschaftlichen

und biographischen Voraussetzungen, 2. Interaktionssituationen, -beziehungen und -handlungen sowie 3. individuellen Lernprozessen (als Interaktions-Wirkungen) nachzuweisen.
Die diesen Gegenstandsbereichen entsprechenden Forschungsparadigmen oder Denkmodelle überlagern einander (entsprechend den unterschiedlichen Analyseebenen) hierarchisch (vgl. KECKEISEN, 1974, S. 21): Allgemeine Grundannahmen über Vergesellschaftungsprozesse und gesellschaftliche Strukturprinzipien determinieren die interaktionstheoretische Fragerichtung und schaffen gleichzeitig eine bestimmte Perspektive, unter der Wirkungen von Interaktionen, also Lernprozesse, nach einem bestimmten Persönlichkeits-Modell untersucht werden. Allerdings beeinflußt umgekehrt auch die Art des Persönlichkeits-Modells die Entscheidung, ob überhaupt und auf welche Weise nach den gesellschaftlichen Konstitutionsbedingungen gefragt und nach welchem Paradigma interpersonelle Einflußprozesse verstanden werden.

1.3.1 Typen von erkenntnisleitenden Paradigmen und Ebenen der Analyse

Welche prinzipiellen Lösungswege und Antwortstrategien gibt es also, und welches Gegenstandsverständnis liegt den prototypischen Erklärungsmodellen jeweils zugrunde? Unter Einbeziehung der im letzten Abschnitt angestellten methodologischen Überlegungen und in Fortführung der bereits in Kapitel 1.1.1 vorgenommenen Unterscheidung von Analyse-Ebenen lassen sich in allen Bereichen der Paradigma-Entwicklung jeweils alternative Denkfiguren ausmachen, so daß man zunächst zwei Haupttypen von erkenntnisleitenden Paradigmen postulieren kann:

A: *Stabilitäts-orientierte Paradigmen*: Regelmäßigkeiten werden durch Rückführung auf invariante Bedingungen erklärt. Ziel ist die Erforschung von Invarianzen auf allen Ebenen der Analyse. Invariante Strukturen und Prozesse werden als Grundlage für die Vorhersage und Kontrolle von Verhaltensweisen angesehen.

B: *Veränderungs-orientierte Paradigmen*: Regelmäßigkeiten werden auf prinzipiell veränderliche Konstitutionsbedingungen zurückgeführt. Ziel ist die Erforschung der Konstitutionsbedingungen unter dem Gesichtspunkt ihrer Produziertheit. Grundlage der Vorhersage und Beeinflussung von Verhalten ist die Einsicht in diejenigen Strukturen und Prozesse, die auf Grund gezielter Entscheidungen und Planungen sowie aktiver Handlungen, Eingriffe und identifizierbarer normativer Setzungen als invariant bloß *erscheinen* und daher als prinzipiell veränderlich *erkannt* werden können.

Auf den verschiedenen Analyseebenen lassen sich dann *gegenstandsspezifische Varianten* dieser beiden Grundtypen von Erklärungsmodellen feststellen. Die Ebenen der Analyse und die jeweiligen Ausgangsfragen sind folgende:

1. Auf der *makro-sozialen* Ebene der gesellschaftlichen Konstitutionsbedingungen regelgeleiteten sozialen Handelns werden Bestimmung und Durchsetzung von Regeln und Regelsystemen als Grundlagen der Normierung, Standardisierung und Organisation von Erziehungs- und Unterrichtsprozessen untersucht. Hier geht es um die Frage nach der möglichen Über-Situativität und Stabilität der Geltung und Wirksamkeit von gesellschaftlichen Strukturen (z. B. Schichtung), Verteilungsprozessen (Macht, Güter, Privilegien, Einfluß, „Lebenschancen“) und Institutionen (z..B. Schulsystem).
2. Auf der *mikro-sozialen* Ebene der interpersonalen Beeinflussung werden Prozesse des initiierenden und kontrollierenden sozialen Handelns untersucht. Geltungsansprüche von Regeln werden in Interaktionen durchgesetzt; bestimmte Interaktionsstrukturen werden als Rahmenbedingungen für Interaktionserfahrungen, die Grundlage von Regelbewußtsein sind, geschaffen und aufrechterhalten. Hier geht es um die Frage nach der möglichen Dauerhaftigkeit und Stabilität von sozialen Handungen, Einstellungen, Erwartungen, Beziehungen und Beziehungsstrukturen.
3. Auf der *intra-personalen* Ebene wird die Konstitution von Regelbewußtsein aus bestimmten Rollenerwartungen und Interaktionserfahrungen untersucht. Auf dieser Ebene der „Wirkungen“ von pädagogischen Handlungen interessiert die Frage, ob Persönlichkeitsstrukturen, Motive, „Eigenschaften“, Fähigkeiten usw. Veränderungen der Situation, der sozialen Beziehungen und gesellschaftlicher Bedingungen überdauern können.

Wie werden Regelmäßigkeit und Stabilität auf diesen verschiedenen Ebenen bestimmt und erklärt? Als prinzipielle Lösungsmöglichkeiten kommen folgende Alternativen von Gegenstandsbestimmung, also folgende Paradigmen in Frage:

1.3.2 Die makro-soziale Ebene des gesellschaftlichen Konstitutionszusammenhangs

a) *Stabilitäts-orientierte Gesellschafts-Modelle*: Hier ist an erster Stelle COMTE (1923) zu nennen, der nicht nur das Problem der Stabilität gesellschaftlicher Strukturen zu einem zentralen Gegenstand der Soziologie erklärt hatte, sondern diese Stabilität als Naturgegebenheit bestimmte (vgl KRECKEL, 1972, S. 10f.). Nach dem Vorbild der Naturwissenschaften sollte es Aufgabe der Soziologie sein, die „unwandelbaen Naturgesetze des gesellschaftlichen Lebens zu erfassen“, von denen COMTE annahm, daß sie „die sozio-kulturelle Wirklichkeit in ihrer Statik und Dynamik eindeutig determinierten“ (ebd.). „Er betrachtete insbesondere die hierarchische Gliederung der Gesellschaft als eine derartige unumstößliche Naturnotwendigkeit, deren Wurzeln er in den ‚natürlichen‘ Unterordnungsverhältnissen des Familienlebens, in den Erfordernissen der gesellschaftlichen

Arbeitsteilung und letztlich in einem ‚allgemeinen Instinkt zur Unterwerfung' zu finden glaubte" (ebd.). Ziel der Soziologie sei es, der Einsicht in die gesellschaftlichen Gesetzmäßigkeiten „allgemeine Anerkennung zu verschaffen, um auf diese Weise allen Menschen ein Zusammenleben in vollkommener Harmonie und Solidarität zu ermöglichen" (ebd.). Alle Stabilität und aller Wandel der sozio-kulturellen Wirklichkeit sei auf *invariante* Naturgesetzlichkeiten zurückzuführen, „die jeder menschlichen Zugriffsmöglichkeit entzogen bleiben" (ebd.). Die Forderung nach einer Anerkennung der unveränderbaren sozio-kulturellen Grundordnung zielt natürlich letztlich auf eine tatsächliche Stabilisierung gegebener Verhältnisse durch die Individuen ab.
Auch in neuerer Zeit läßt sich in einigen Gesellschaftsmodellen die Neigung nachweisen, Stabilität auf die Wirksamkeit von Ordnungsprinzipien und Ordnungsstreben zurückzuführen, die sich auf quasi-natürliche Weise, z. B. über eine mehr oder weniger zwanglose Konsensbildung durchsetzen (vgl. ULICH, 1972a). Bestimmte Wertvorstellungen oder „Erfordernisse" werden dabei, etwa in der strukturell-funktionalen Theorie, als *generelle* und *invariante* Möglichkeitsbedingungen jeglicher Gesellschaftsbildung ausgegeben. Das stabile Gleichgewicht einer Gesellschaft wird auf den – durch Sozialisation und soziale Kontrolle abgestützten – Konsens über „Werte" zurückgeführt, „deren harmonische Konstellation Voraussetzung ihrer integrativen Funktion ist" (PRESSEL, 1970, S. 132). Nach den Ursprüngen von „Werten" und Ordnungsprinzipien wird nicht gefragt, wodurch sich indirekt eine ähnliche Naturwüchsigkeit gesellschaftlicher Stabilisierungsprozesse ergibt, wie sie von COMTE explizit behauptet wurde. Die Tendenz, die Stabilität gesellschaftlicher Verhältnisse auf invariante Grundkonstanten zurückzuführen, reicht weit in einzelwissenschaftliche Gegenstandsbestimmungen hinein. So sind z. B. bei HECKHAUSEN (1972; 1975) die „ubiquitären Grundkonstanten" in der Entwicklung des Leistungsmotivs mit ein Produkt seiner evolutionistischen Deutung der Entstehung und konstanten Weiterentwicklung von „Leistungsgesellschaften". Es können also sowohl Strukturen wie auch Entwicklungsprozesse als unveränderlich stabil (z. B. in der Richtung) angesehen werden.

b) *Veränderungs-orientierte Gesellschaftsmodelle*: Hier werden Voraussetzungen und Grundlagen sozialer Ordnungen nicht mit dem Ziel untersucht, als letzte Orientierungsmaßstäbe bestimmte Invarianzen festzustellen. Sondern soziale Ordnungen werden als Produkt menschlichen Handelns aufgefaßt. Entsprechend muß man den soziologiegeschichtlichen Antipoden von COMTE in Karl MARX sehen, dem es darum ging, „‚das ökonomische Bewegungsgesetz der modernen Gesellschaft zu enthüllen', um durch seine Kritik dessen praktische Außerkraftsetzung – und damit die Veränderung der herrschenden soziokulturellen Strukturprinzipien – zu beschleunigen. Denn für MARX ist ein gesellschaftsbestimmendes ‚Bewegungsgesetz' keineswegs eine unabänderliche Gegebenheit, an

die es sich für alle Zeiten resignativ anzupassen gilt. Es wird vielmehr von den in einer Gesellschaft zusammenlebenden und zusammenarbeitenden Menschen hervorgebracht, getragen und schließlich auch wieder aufgehoben. Denn ein solches Gesetz ist in seiner Wirksamkeit an bestimmte historische Bedingungen gebunden, die von den Menschen selbst geschaffen werden, – nämlich an den jeweiligen Stand der technischen Entwicklung und wirtschaftlichen Produktivität in einer Gesellschaft sowie an die sich darauf aufbauenden sozio-kulturellen Lebensverhälnisse … . MARX' Methodologie der empirischen Humanwissenschaften zielte demnach auf die wissenschaftliche Aufdeckung und die praktische Erschaffung von gesellschaftsverändernden Bedingungen ab" (KRECKEL, a. a. O.). Die erfahrbare Stabilität gegebener gesellschaftlicher Verhältnisse ist also nur Ausdruck historisch bestimmter Machtverhältnisse, die z. B. bestimmte gesellschaftliche Verteilungsprozesse für eine gewisse Zeit relativ invariant zu halten vermögen. Die im Laufe der Geschichte durchgesetzten und als wirksam identifizierbaren Regelsysteme sind Resultat der jeweiligen Organisation gesellschaftlicher Beziehungen. Über MARX hinausgehend und von seinen Thesen über die Klassengesellschaft auch abweichend kann man all jene Gesellschaftsmodelle als veränderungs-orientiert bezeichnen, die den historischen Charakter von Gesellschaftsformationen betonen, die die Prozesse der Gesellschaftsbildung in den Mittelpunkt stellen und die von der grundsätzlichen Produziertheit und damit Veränderlichkeit normativer Ordnungen ausgehen. Nicht die Aufrechterhaltung gegebener und auf invariante Prinzipien und „Werte" zurückgehender Stabilitäten ist das zentrale Problem, sondern die Entstehungsbedingungen von Stabilität werden erforscht. Stabile gesellschaftliche Strukturen, Institutionen usw. sind aus Machtkämpfen und politischen Entscheidungen historisch rekonstruierbar, womit ihnen der Zauber des „Natürlichen" genommen werden kann. Ohne bereits etwas über die Art und den Grad der relativen Veränderbarkeit ausgesagt zu haben, scheint zumindest der „Gegenstand" Gesellschaft anders bestimmt zu sein als im Falle der durch COMTE initiierten Interpretation.
Wir werden im 5. Kapitel des Buches wieder auf diese Fragen zurückkommen, wenn wir gesellschaftskritische Funktionsanalysen besprechen, die teils auf stabilitäts- und teils auf veränderungsorientierten Gesellschaftsmodellen basieren.

1.3.3 Die mikro-soziale Ebene der interpersonellen Beeinflussung

a) *Stabilitäts-orientierte Interaktions-Modelle*: Sie geben eine Antwort auf die Fragen, warum soziale Beeinflussungsprozesse konstant verlaufen, warum sich Kommunikationen in geregelten Bahnen abspielen, warum soziale Beziehungen stabil sind, warum sich Interaktionspartner in einer gleichbleibenden, situationsübergreifenden und zeitüberdauernden Weise *selbst* im Bezug auf andere „definieren", wie es zu einem „Ausgleich" zwischen strukturellen Erfordernissen und individuellen Bedürfnissen in Interaktionssituationen kommen kann usw. Die eher „stabilitäts-orientierten" Antworten auf solche Fragen faßt WILSON (1973) in der idealtypischen Konstruktion eines „normativen" Interaktions-Paradigmas zusammen.

Die Stabilität von Interaktionsbeziehungen und Interaktionsstrukturen wird dort generell damit erklärt, daß Individuen das Bedürfnis haben, sich so zu verhalten, wie man es von ihnen erwartet. Individuen sind einerseits mit bestimmten Dispositionen (Bedürfnissen, Motiven, Fähigkeiten usw.) ausgestattet und andererseits bestimmten Rollenerwartungen ausgesetzt, die mit Sanktionen abgestützt sind. Es besteht eine feste Verbindung zwischen der Situation des Handelnden und seinem Handeln in dieser Situation (WILSON, a. a. O., S. 56). Interaktionen sind durch Rollenerwartungen bestimmt, die den Handlungsspielraum des einzelnen zwar einschränken, ihm andererseits aber auch die Möglichkeit geben, sich im Hinblick auf die Rollenerwartungen „richtig" zu verhalten, wodurch Selbstbestätigung erlangt werden kann. „Wenn soziale Interaktion dauerhaft und beständig sein soll, müssen die verschiedenen Teilnehmer Situationen und Handlungen in gleicher Weise definieren" (ebd. S. 57), was nur auf Grund einer Institutionalisierung von Verhaltenserwartungen und -kontrollen möglich ist.

Das Problem der Stabilität von Beziehungen und Interaktionen wird dann als gelöst betrachtet, wenn bestimmte Formen von Interdependenz und Abhängigkeit zwischen den Interaktionspartnern so verwirklicht sind, daß eine überdauernde Struktur entstehen kann. HABERMAS faßt in kritischer Absicht diese Voraussetzungen in drei Theoremen zusammen (1968, S. 12ff.):

1. Das „*Integrations-Theorem*" besagt, „daß in stabil eingespielten Interaktionen auf beiden Seiten eine Kongruenz zwischen Wertorientierungen und Bedürfnisdispositionen besteht: Der institutionell hergestellten Komplementarität der Erwartungen und des Verhaltens entspricht eine Reziprozität der Bedürfnisbefriedigung (Gratifikation)".

2. Das „*Identitäts-Theorem*" besagt, „daß in stabil eingespielten Interaktionen auf beiden Seiten eine Kongruenz zwischen Rollendefinitionen und Rolleninterpretationen besteht: Das relevante Verhalten der Interagierenden ist durch die Rollenvorschrift in der Weise gleichsinnig determiniert, daß die handelnden Subjekte tatsächlich oder virtuell jeweils ihren Platz mit dem Partner tauschen können".

3. Das „*Konformitäts-Theorem*" besagt, „daß eine stabil eingespielte Interaktion auf einer Kongruenz zwischen geltenden Normen und wirksamen Verhaltenskontrollen beruht: Eine institutionalisierte Wertorientierung (Rolle) entspricht einem internalisierten Wert (Motiv) in der Weise, daß geltende Normen mit hinreichender Wahrscheinlichkeit auch faktisch erfüllt werden".

Letztlich wird die Stabilität von Interaktionen und Interaktionsprinzipien also „erklärt" mit der prästabilierten Harmonie der auf Herrschaftsstrukturen und Arbeitsteilung beruhenden Verteilung von Positionen, die im Hinblick auf übergeordnete Systemzwecke adäquat einander (horizontal und vertikal) zugeordnet sind (vgl. DAVIS u. MOORE 1973). Man kann zwar nach Rollenerwartungen und Bedürfnissen sowie deren Verhältnis zueinander fragen; die Positionsgliederung selbst kann jedoch bestenfalls Gegenstand von Funktionsanalysen werden, die deren systemerhaltende Wirkung untersuchen. Rollenerwartungen scheint Legitimität per definitionem zuzukommen, sie werden als Interaktionsbedingungen nicht weiter hinterfragt.
Im 3. Kapitel des Buches werden wir in den sozialpsychologischen Interaktionstheorien Erscheinungsformen des stabilitätsorientierten Interaktions-Paradigmas kennenlernen.

b) *Veränderungs-orientierte Interaktions-Modelle*: Die wichtigsten Annahmen hierzu werden im „interpretativen Paradigma" zusammengefaßt, das soziale Interaktion als einen Prozeß des Aushandelns und gemeinsamen Definierens und Interpretierens von Normen, Bedeutungen und Handlungsabsichten auffaßt (vgl. WILSON, a.a.O.). Die Regelmäßigkeit von Interaktionen und die Stabilität von Interaktionsstrukturen und -beziehungen läßt sich hier nicht mehr auf die vorgegebene Komplementarität von Rollenerwartungen und entsprechenden Unterordnungsbedürfnissen der Individuen zurückführen. Es geht nicht mehr „um den einfachen Prozeß der Ausführung einer vorgeschriebenen Rolle, sondern darum, auf der Grundlage der Rolle, die einem von anderen zugeschrieben wird, das eigene Handeln zu entwerfen und zu verwirklichen. Der Handelnde nimmt nicht einfach einen Status ein, für den es einen wohlgeordneten Satz von Regeln oder Normen gibt" (TURNER, 1962, S. 23). Die an einer Interaktion Beteiligten beziehen ihre intentionalen Handlungsabsichten und ihr subjektiv bedeutungs- und sinnvolles Handeln aufeinander und versuchen, sich abzustimmen. Dazu ist notwendig, die Absichten und Handlungen der jeweiligen anderen ebenfalls als subjektiv sinngerichtet und zugleich für die eigenen Intentionen relevant zu antizipieren, d.h. sich in den anderen einzufühlen. Die Beziehungen zwischen Interaktionspartnern sind also (zumindest auch) Ergebnis eines vorläufigen und revidierbaren Konsens über geteilte Bedeutungen, Normen und Handlungsziele. Das Wirklichkeitsverständnis des einzelnen und seine Interpretation von Interaktionen und Beziehungen sind Produkt ausgehandelter Definitionen einschließlich der Selbst-Definition.
Die Stabilität von Interaktionsbeziehungen hängt davon ab, wie tragfähig der vorläufige Konsens über Bedeutungen und Ziele zwischen den Interaktionspartnern ist. Dies wiederum hängt davon ab, inwieweit der einzelne seine eigenen Intentionen in diesem Konsens repräsentiert bzw. „aufgehoben" sieht, inwieweit Bedeutungen und Normen dem Prozeß der Re-Interpretation im Hinblick auf

ihre Situations-Adäquatheit standhalten, inwieweit Einigung und Kontrolle z.B. aufgrund eingebauter Machtstrukturen nicht doch als überwiegend strukturell vorgeprägt erkannt werden und somit der Prozeß des freiwilligen Aushandelns mißlingen bzw. nur noch fiktiven Spiel-Charakter haben muß.

Dennoch können aus der Sicht dieses Paradigmas Regelmäßigkeiten und Stabilitäten nicht vollständig auf solche strukturellen Determinanten zurückgeführt werden, die zum einen in der Interaktionssituation positionsspezifische Rollenerwartungen hervorbringen und zum andern in der familiären Sozialisation zur Internalisierung von Bedürfnissen führen, die nach Rollenübernahme streben. Strukturelle Stabilität (z.B. von Beziehungen) wird nicht auf stabile Strukturen zurückgeführt, sondern ist aus den diesen zugrundeliegenden Handlungen rekonstruierbar. Die Stabilität von Interaktionen ist nicht (allein) dadurch erklärbar, daß die individuellen Bedürfnisdispositionen den institutionalisierten Wertvorstellungen entsprechen. Für die Sicherung des Fortgangs von Interaktionen müssen die Partner fähig sein, „auf die von den eigenen verschiedenen Bedürfnispositionen des anderen einzugehen und auch unter Bedingungen unvollständiger Komplementarität, d.h. nur teilweiser Befriedigung eigener Bedürfnisse, zu interagieren" (KRAPPMANN, 1971, S. 169).

Es wird also postuliert, daß Interaktionssituationen *notwendig* über Freiheitsgrade verfügen müssen, daß soziale Beziehungen und Interaktionen Spielräume der Interpretation enthalten müssen, wenn befriedigendes Zusammenleben überhaupt möglich sein soll. Freilich ist damit noch nicht gesagt, unter welchen Bedingungen diese Freiheitsgrade *faktisch* realisierbar sind. Außerdem bleibt ungeklärt, welche Werte und Normen überhaupt Gegenstand von „Interpretationen" sein können, die auf *interpersonaler* Ebene stattfinden können. Normen und Bedeutungen befinden sich sicher nicht nur in den Köpfen individueller Interpreten, sondern sie entsprechen eher gesellschaftlichen Struktur- und Ordnungsprinzipien, die aus realen politischen Machtkämpfen hervorgegangen sind und keineswegs durch „Aushandeln" auf interpersonaler Ebene verändert werden können. Das interpretative Paradigma zur Erklärung regelmäßiger und stabiler Interaktionen reicht also nicht dazu aus, die Konstitutionsbedingungen der beschriebenen Definitions- und Interpretationsprozesse zu erfassen.

Im 2. Kapitel des Buches werden wir die Überzeugungskraft des „interpretativen Paradigmas" weiterdiskutieren können, weil wir uns dort mit zwei seiner Erscheinungsformen, nämlich den Theorien von WELLENDORF und MOLLENHAUER auseinandersetzen.

1.3.4 Die intrapersonale Ebene der Konstitution von Regelbewußtsein

a) *Stabilitäts-orientierte Persönlichkeits-Modelle*: In den meisten bekannten Persönlichkeitstheorien werden Regelmäßigkeiten individuellen Handelns auf konstante Bedingungen „im" Individuum zurückgeführt. Regelmäßigkeiten des

Handelns werden als Ausdruck und Folge intra-individueller Invarianzen (Merkmale, Merkmalszusammenhänge, Strukturen) interpretiert. Schon in der alltäglichen Interaktion gehen wir ja davon aus, daß das Verhalten eines Menschen von seinen Fähigkeiten, Motiven und Einstellungen *verursacht* wird. Wir suchen die „invarianten" Eigenschaften einer Person, um ihr Handeln in *unterschiedlichen* Situationen und gegenüber *verschiedenen* Personen vorhersehen zu können. Tatsächlich scheint die Annahme „konstanter" Wesensmerkmale beim Anderen eine Voraussetzung dafür zu sein, daß wir zu ihm stabile Beziehungen aufbauen können.

Auch die wissenschaftliche Psychologie, insbesondere Persönlichkeitspsychologie, differentielle Psychologie, klinische Psychologie und Psychologische Diagnostik beschäftigen sich „mit der Erforschung von Persönlichkeitsdimensionen, Strukturen oder Eigenschaften, um individuelles Verhalten situationsunabhängig vorhersagen zu können. Das vorherrschende Paradigma der Persönlichkeitsforschung war während des letzten halben Jahrhunderts und bis in die Gegenwart hinein orientiert an der Suche nach Persönlichkeitsdimensionen oder „traits", die als relativ stabile und konstante Attribute kausal auf das Verhalten und Erleben einwirken. In dieser Weise wurde die Persönlichkeit hypostatisiert als eine Kollektion von Dispositionen, die das Verhalten transsituativ beeinflussen" (Bierbrauer, 1974, S. 322ff.).

Dieses statische Strukturmodell der Persönlichkeit erschließt eine Grundkonstellation relativ invarianter Wesenseigenschaften aus regelmäßig wiederkehrenden Verhaltensweisen und Merkmalen und „erklärt" diese beobachtete Regelmäßigkeit mit eben der Grundkonstellation, die nur durch Abstraktion von Beobachtungen gewonnen wurde – ein Zirkel, der sich auch auf den anderen beiden Analyseebenen ergeben kann, wenn man eine bloß abstrahierende Begriffsbildung schon für eine Kausal-Erklärung hält. Das skizzierte Paradigma, das wir das „dimensions-analytische Struktur-Modell der Persönlichkeit" nennen wollen, tritt in verschiedenen Erscheinungsformen auf:

a) als „naive Verhaltenstheorie" des Alltagsmenschen in seinen täglichen sozialen Beziehungen und Umgangsweisen (vgl. Laucken, 1974);
b) als „pragmatische Alltagstheorie" bzw. „implizite Persönlichkeitstheorie" professioneller Diagnostiker, also z. B. von Führungskräften in Verwaltung und Wirtschaft, vom Erzieher, insbesondere beim Lehrer bisher untersucht (vgl. Ulich/Mertens 1973, Keupp 1975);
c) als „Krankheitsmodell" in der Psychopathologie einschließlich Verhaltenstherapie (Keupp, 1974; Bierbrauer, 1974);
d) als Persönlichkeits-Modell in der psychologischen Persönlichkeitsforschung (vgl. Lersch u. Thomae, 1960).

In allen der genannten Modellvorstellungen hat die Konstanz von Verhaltens-Merkmalen ihre Ursachen „im" Individuum, wobei situative und andere Einflüsse natürlich nicht vollständig ausgeschlossen werden. Die Regelmäßigkeit des Handelns ist Ergebnis einer intra-individuellen Strukturbildung. Das Individuum erscheint als abstrakt-isolierter Träger konstanter Eigenschaften, die ihn zu bestimmten Verhaltensweisen „befähigen" oder „bewegen" (motivieren). Diese Sichtweise versperrt die Analyse der *sozialen* Konstituiertheit der „Eigenschaften". Einen Ausweg gibt es nur, wenn man die behaupteten stabilen Persönlichkeitsstrukturen in die sie konstituierenden *interpersonalen* Prozesse rückverwandelt, und zwar sowohl im Hinblick auf – längsschnittlich gesehen – die Genese der „Eigenschaften" wie auch ihre Funktion in aktuellen Handlungssituationen, die immer auch zugleich *soziale* Handlungssituationen sind. Daß damit der „Gegenstand" Individuum anders bestimmt wird, sehen wir im folgenden Abschnitt.

b) *Veränderungs-orientierte Persönlichkeits-Modelle*: Ausgangspunkt ist hier die Einsicht, daß viele in der Umgangssprache verwendeten Eigenschafts-Begriffe spezifische soziale Beziehungen ausdrücken. An Begriffen wie Ehrlichkeit, Pünktlichkeit, Hilfsbereitschaft, aber auch an den von der Forschung besonders untersuchten „Fähigkeiten" wie Intelligenz und Leistungsmotiviertheit läßt sich dies ohne Schwierigkeiten nachweisen (näheres in Kapitel 4). Entsprechend sind „Eigenschaften" vor allem determiniert durch die spezifische soziale Beziehung, innerhalb und aufgrund der sie erschlossen werden. Eigenschaftsbegriffe sind Urteile über Verhaltensweisen, die in einer sozialen Situation erwartungsgemäß oder erwartungswidrig gezeigt werden, wobei die soziale Situation immer durch ein irgendwie geartetes mehr oder weniger stabiles Machtgefälle gekennzeichnet ist, das die Basis für die stellungnehmenden Urteile, also die „Be-Eigenschaftung" abgibt.

Welche Eigenschaften benannt werden, hängt davon ab, welche soziale Beziehung zwischen den Interaktionspartnern *besteht*: Ein Lehrer kann einen Schüler öffentlich als „intelligent", einen anderen als „faul" bezeichnen, der Schüler kann sich öffentlich überhaupt keine „Be-Eigenschaftung" des Lehrers erlauben, und wenn, dann nur solche, die seiner Stellung als Schüler adäquat sind. Soweit in Interaktionen Abhängigkeitsbeziehungen irgendwelcher Art bestehen, sind immer auch die Möglichkeiten, erfolgreich Einfluß auszuüben und Sanktionen zu erteilen, ungleich verteilt. Die in einer Interaktionssituation bestehende Machtstruktur bestimmt nicht nur das Ausmaß, in dem die Mitglieder sich gegenseitig Eigenschaften zuschreiben können, sondern auch die Dimensionen der Eigenschaften. Ist z.B. die Abhängigkeit in Konkurrenzbeziehungen begründet, so werden vor allem bestimmte Leistungsbegriffe zur Be-Eigenschaftung verwendet werden.

Allgemeiner kann man sagen: Die Verwendung von Eigenschaftsbegriffen ist sowohl dem Umfang wie dem Inhalt nach von Beziehungs- und Situationsdefinitionen abhängig. Wie sich jemand in sozialen Beziehungen und Situationen zu anderen selbst erlebt, so bestimmt er auch seine und die Eigenschaften der

anderen. Eigenschaftsbegriffe sind abstrahierende soziale Bewertungen, die nur zu pragmatischen Zwecken auf *einer* Seite des Interaktions- und Bewertungsprozesses, nämlich dem be-eigenschafteten Individuum, festgemacht werden können: um nämlich dessen momentane Rolle oder Stellung im Interaktionssystem zu kennzeichnen. In Wirklichkeit wird jede „Eigenschaft" durch sinnhaft strukturierte Interaktion konstituiert: Individuen schreiben sich gegenseitig normativ bestimmte Qualitäten zu, die die Funktion haben, bestimmte soziale Beziehungen aufzubauen, zu verfestigen oder ausnahmsweise auch einmal zu modifizieren.
Welche Konsequenzen ergeben sich aus dieser Umformulierung des „Eigenschafts"-Problems für die Bestimmung des Gegenstands „Persönlichkeit" (als der Ebene der „Wirkungen" von pädagogischen Handlungen)? Zunächst gilt es festzustellen, daß beobachtbare Regelmäßigkeiten von Handlungen *Produkte sozialer Interaktionserfahrungen* sind, die mittelbar in kognitiven, evaluativen und affektiven Stellungnahmen der Person gegenüber ihrer Umwelt wirksam werden. Handlungen werden also insofern regelmäßige Formen annehmen, als die für diese Handlungen konstitutiven Interaktionsbeziehungen als stabil erlebt werden bzw. – ontogenetisch betrachtet – als stabile Interaktionsstrukturen und -beziehungen z.B. in der Familie internalisiert wurden. Die Konstanz von Verhalten und Verhaltensmerkmalen ist also in der dauerhaften – auch unbewußten – Wirksamkeit bestimmter Interaktionsbeziehungen und der diesen entspringenden Selbstdefinition begründet. „Persönlichkeit" ist nun der Inbegriff solcher Interaktionserfahrungen, die, ontogenetisch betrachtet, jene sich bei einer Person wiederholenden kognitiven, evaluativen und affektiven Stellungnahmen als zusammengehörig erklären können.
Dieses „sozio-genetisch orientierte Prozeß-Modell der Persönlichkeit" ist im Gegensatz zum dimensions-analytischen Struktur-Modell der Persönlichkeit noch kaum ausformuliert und rekrutiert sich aus sehr heterogenen theoretischen Ansätzen, die jedoch alle eine mehr oder weniger enge Orientierung am Symbolischen Interaktionismus gemeinsam haben. Damit ist schon eine Verbindung zwischen dem „interpretativen Paradigma" zur Erklärung von Interaktionsprozessen und dem „sozio-genetischen Prozeß-Modell der Persönlichkeit" angedeutet, die uns noch an einigen Stellen des Buches beschäftigen wird. Wir werden die Diskussion unterschiedlicher Persönlichkeits-Modelle im 4. Kapitel des Buches wieder aufnehmen, um dort schließlich zu einer Re-Konzeptionalisierung der individual-psychologischen „Wirkungs"-Ebene von pädagogischen Interaktionen zu gelangen, die uns erlaubt, Lernen und Verhaltensänderung als Konsequenzen interpersoneller Einflußnahmen zu begreifen.

1.3.5 Zusammenfassung

In diesem Kapitel sind wir davon ausgegangen, daß ein Erziehungswissenschaftler, der eine Theorie pädagogischer Interaktionen entwickeln will, diejenigen sozialwissenschaftlichen Denkmodelle kennen muß, die sein eigenes Vorverständnis vom „Gegenstand", seine Methodologie und seine Hypothesenbildung prägen werden. Diese Forderung hatten wir mit der Annahme begründet, daß allgemeine Paradigmen Möglichkeitsbedingungen aller gegenstandsspezifischen Theorienbildung seien. Den potentiellen oder faktischen Einfluß solcher Denkmodelle auf die erziehungswissenschaftliche Gegenstandsbestimmung wollen wir nun anhand von zwei Schemata zusammenfassend veranschaulichen. Wir beginnen dabei mit einem Schema, das die im letzten Abschnitt entwickelte Typologie wiedergibt (Abb. 1).

	Forschungs-Paradigmen	
Gegenstands-Bereiche (Analyse-Ebenen)	Stabilitäts-orientierte Paradigmen	Veränderungs-orientierte Paradigmen
Makro-soziale Ebene des gesellschaftlichen Konstitutions-Zusammenhangs	Stabilitäts-orientiertes Gesellschafts-Modell: Gesellschaftliche „Natur-Gesetze" (COMTE)	Veränderungs-orientierte Gesellschaftsmodelle: Gesellschaftlich-historisch hervorgebrachte „Bewegungs-Gesetze" (MARX)
Mikro-soziale Ebene der inter-personalen Beeinflussung	Stabilitäts-orientierte Interaktions-Modelle: „normatives Paradigma"	Veränderungs-orientierte Interaktions-Modelle: „interpretatives Paradigma"
Intra-personale Ebene der Konstitution von Regel-Bewußtsein	Stabilitäts-orientierte Persönlichkeits-Modelle: das „dimensions-analytische Struktur-Modell der Persönlichkeit"	Veränderungs-orientierte Persönlichkeits-Modelle: das „sozio-genetische Prozeß-Modell der Persönlichkeit"

Abb. 1: Typologie sozialwissenschaftlicher Forschungs-Paradigmen

In den forschungsleitenden Paradigmen sind nun, wie in Abschnitt 1.2 bereits ausgeführt, bestimmte Erklärungsprinzipien als methodologische Grundprinzipien mitenthalten. Wir erweitern also unsere zusammenfassende Betrachtung, indem wir in einem weiteren Schema den Zusammenhang zwischen Erklärungsmodellen und weiteren methodologischen Grundbestimmungen aufzeigen (Abb. 2).

	Forschungs-Paradigmen (als Erklärungs-Modelle)	
Methodologische Grund-Bestimmungen	Stabilitäts-orientierte Paradigmen	Veränderungs-orientierte Paradigmen
Forschungs-Interesse	Feststellung von Invarianzen	Untersuchung der Konstitutionsbedingungen und Veränderbarkeit v. Invarianzen
Forschungs-Gegenstand	Regelmäßigkeit als Ausdruck von Gesetzmäßigkeiten	Regelmäßigkeiten als sozial induzierte Regelhaftigkeiten
Erkenntnis-Strategie	Gesetz	Soziale Regel
Method. Richtungen (Vertreter)	Empirismus, Kritischer Rationalismus u.a.	Phänomenologie, ideologiekritische Hermeneutik, histor.-material. Analyse

Abb. 2: Der Zusammenhang zwischen Forschungsparadigmen und weiteren methodologischen Grundbestimmungen

Auf welche Weise wirken sich nun die dargestellten Paradigmen und methodologischen Bestimmungen *als* kognitive und normative Bezugssysteme für die erziehungswissenschaftliche Erforschung von pädagogischen Interaktionen aus? Wir versuchen diesen hypothetischen Einfluß deutlich zu machen, indem wir im Anschluß an die Unterscheidung zwischen stabilitäts-orientierten und veränderungs-orientierten Paradigmen idealtypisch zwei Grundarten pädagogischer Interaktion postulieren. Je nachdem also, ob der Erziehungswissenschaftler in seiner Theorienbildung eher dem stabilitäts-orientierten oder dem veränderungs-orientierten Paradigma folgt, wird er seinen Gegenstand „pädagogische Interaktion" bestimmen als:

a) regelmäßige, einseitige soziale Einflußnahme (Führung), die auf der Grundlage strukturell vorgegebener Rollenbeziehungen den Aufbau stabiler, strukturierter und rollenkonformer Verhaltensmuster bewirkt,
   oder als
b) regelgeleitetes, reflexives soziales Handeln, das in prinzipiell reversiblen Interaktionsbeziehungen über den Aufbau spezifischer Interaktionserfahrungen (des „Selbst") die Entwicklung reflexiver kognitiver Schemata und „Situations-Definitionen" anregt.

Diese grobe Unterscheidung möglicher Gegenstandsbestimmungen könnte es uns ermöglichen, vorliegende Theorien pädagogischer Interaktion *durch ihre jeweilige Position* auf einem gedachten Kontinuum zwischen diesen beiden Idealtypen zu charakterisieren und einzuschätzen.

Obwohl wir in der Analyse von Theorien (vom 2. Kapitel ab) so ähnlich verfahren werden, sind auch einige Probleme des vorgeschlagenen Weges zu beachten. Zunächst muß berücksichtigt werden, daß es nicht möglich ist, den Gegenstand „pädagogische Interaktion" *widerspruchsfrei* zu bestimmen. Ein konsistentes Gegenstandsverständnis läßt sich aus den einander gegenübergestellten sozialwissenschaftlichen Paradigmen schon allein deshalb nicht „ableiten", weil die auf den verschiedenen Analyseebenen benötigten Denkmodelle gar nicht kongruent sind in dem Sinne, daß ihnen identische Auffassungen von Regelmäßigkeit zugrundelägen. Eine derartige Kongruenz besteht weder auf der Seite der stabilitäts-, noch auf der Seite der veränderungs-orientierten Modelle. In jedem der skizzierten sechs Paradigmen wird unter Stabilität und Veränderung etwas anderes, wenn auch unter bestimmten Gesichtspunkten vergleichbares verstanden.

Stabilitätsorientierte Gesellschafts-, Interaktions- und Persönlichkeits-Modelle einerseits und die jeweils entsprechenden veränderungsorientierten Modelle andererseits sind auf unterschiedliche Weise und in unterschiedlichen Graden wirklich „Alternativen" von Gegenstandsbewußtsein. Ganz sicher schließen sich die Sichtweisen von COMTE und MARX aus. Dagegen sind die beiden dargestellten Interaktionsmodelle keine sich ausschließenden Alternativen, weil *beide* die gesellschaftlichen Konstitutionsbedingungen von Regelmäßigkeiten des Handelns ausblenden bzw. nur abstrakt-kategorial oder subjektiv-idealistisch ins Blickfeld bekommen. Ebensowenig sind das dimensions-analytische und das sozio-genetische Modell der Persönlichkeit „echte" Alternativen, weil z.B. das erstere in der Ontogenese auch soziale Einflußfaktoren berücksichtigt, und das zweite auch nicht ganz darauf verzichten können wird, zur Beschreibung und Erklärung regelmäßigen Handelns Struktur-Modell-ähnliche Hilfskonstruktionen zu entwickeln.

Auch untereinander sind die stabilitäts-orientierten Modelle einerseits und die veränderungs-orientierten Vorstellungen andererseits nur bedingt vergleichbar, da es z.B. zwischen der MARXschen Methodologie und dem Symbolischen Interaktionismus gravierende erkenntnistheoretische Differenzen gibt. Für die stabilitäts-orientierten Modelle läßt sich eher wissenschaftshistorische Kontinuität nachweisen, wenn es auch sicher zwischen den organizistischen Ordnungsvorstellungen der frühen positivistischen Soziologie und den Gleichgewichtskonzepten der strukturell-funktionalen Theorie (vor allem PARSONS, aber auch MERTON und, mit anderer Fragerichtung, BALES und HOMANS) unübersehbare Unterschiede gibt. Wie gut jedoch stabilitäts-orientierte Gesellschafts-, Interaktions- und Persönlichkeits-Modelle harmonisieren können, demonstriert neben PARSONS als wichtigstem Autor der von ihm und SHILS herausgegebene programmatische Sammelband „Toward a general theory of action" (1951).

Jede Darstellung von Paradigmen setzt sich natürlich dem Vorwurf einer unzulässigen Abstraktion und einer unbegründbaren Verallgemeinerung aus. Darüber hinaus besteht die Gefahr, daß durch die idealtypisch-konstruierende

Darstellungsweise den behaupteten Paradigmen der a-historische Charakter von Dogmen verliehen wird, womit der eigentliche Sinn des Paradigma-Konzeptes, nämlich die wissenschaftshistorische Verankerung von Theorien nachzuweisen, verfehlt würde. Angesichts des gegenwärtigen Mangels an wissenschaftshistorischen Untersuchungen läßt sich dieser Vorwurf tatsächlich nicht hinreichend entkräften.
Dennoch sollte bis hierher deutlich geworden sein – und wird hoffentlich noch deutlicher werden –, daß es innerhalb sozialwissenschaftlicher Theorienbildung Gemeinsamkeiten von Gegenstandsbewußtsein gibt, die sich entlang der Achse „Stabilität vs. Veränderung" identifizieren lassen und vom Erziehungswissenschaftler als Voraussetzungen seiner eigenen Arbeit berücksichtigt werden müssen. Und zwar müssen sie nicht nur als *kognitive* Bezugssysteme berücksichtigt werden, sondern sie liefern zugleich die nötigen Kriterien für die normative *Entscheidung*, welches Erkenntnisinteresse der Erziehungswissenschaftler verfolgen will und mit Hilfe welcher methodologischen Strategie er seine Erkenntnisabsichten verwirklichen will.

1.4 Folgerungen für die Analyse von Theorien pädagogischer Interaktion

Die bisherigen Überlegungen zu den methodologischen Prinzipien und erkenntnisleitenden Paradigmen erlauben uns nun, die Position zu kennzeichnen, von der aus in diesem Buch Theorien pädagogischer Interaktion untersucht werden sollen. Aus dem bisher Ausgeführten ergeben sich folgende Prinzipien der Theorien-Analyse (und Theorien-Entwicklung!), die einer „reflexiven Sozialwissenschaft" (vgl. Falk/Steinert, 1973, S. 20ff.) verpflichtet sind:

1. Strukturen müssen auf die sie konstituierenden Prozesse zurückgeführt bzw. in diese rück-verwandelt werden können. Dies gilt für die makro-soziale, die mikro-soziale und die intra-personale Ebene. „Statische Beschreibungen werden in Beschreibungen von Prozessen aufgelöst. Stabilität ist erklärungsbedürftig, nicht Veränderung" (ebd.). Es muß eine Untersuchungs-Ebene etabliert werden, „auf der Prozesse Prozesse bleiben und nicht zu Entitäten erstarren, denen dann womöglich noch der Prozeß als ‚Wirkung' zugeschrieben wird, aus dem sie abstrahiert wurden (wie z.B. in der Aussage: Die gesellschaftlichen Werthaltungen determinieren das Handeln)" (ebd.).
2. Entsprechend werden vorgefundene Regelmäßigkeiten als „gemacht" verstanden, „sie werden auf die Prozesse hin geprüft, die sie immer wieder zustandekommen lassen, auf die Interessen untersucht, denen gerade diese Regelmäßigkeit dient" (ebd.). Gesellschaftliche Wirklichkeit, interpersonale Beziehungen und individuelles Regelbewußtsein bzw. regelmäßiges Handeln

sind dann erklärt, wenn man deren Zustandekommen auf soziale Prozesse zurückführen kann.

3. Der allgemeinste Gegenstand erziehungswissenschaftlicher Theorienbildung ist „Sozialisation" als Soziogenese von Regelstrukturen individuellen Handelns. Diese Soziogenese läßt sich begreifen als Vermittlung und Erwerb spezifischer Interaktionserfahrungen, die zur Ausbildung und Generalisierung spezifischer Beziehungs- und Situationsdefinitionen führen.
4. Die Einsicht in die soziale Induziertheit von Regelstrukturen individuellen Handelns, in den inter-personellen Charakter und die sozio-kulturelle Vermittlungsstruktur von Erziehungsprozessen, sowie der jeweils korrespondierenden vorwissenschaflichen und wissenschaftlichen Denkmuster führt zu einer Neu-Konzeptionalisierung von Analyse-Ebenen und zur Entwicklung von Modell-Vorstellungen, die den wechselseitigen Zusammenhang zwischen Konstitutionsbedingungen und Handlungen verständlich machen sollen. Die Entwicklung alternativer Modell-Vorstellungen bedeutet notwendigerweise – gegenüber vorliegenden Theorieansätzen – auch eine Neubestimmung des „Gegenstands".
5. Pädagogische Interaktionen werden als Sonderformen regelmäßigen und regelgeleiteten Handelns verstanden, deren Konstitutionsbedingungen sowohl in inhaltlichen Festlegungen (Curriculum) wie in sozio-strukturellen, institutionellen und organisatorischen Bedingungen zu suchen sind, die ihrerseits auf sie konstituierende Prozesse zurückgeführt werden müssen. Besondere Merkmale pädagogischer Interaktionen sind mit Begriffen wie sozialer Einfluß, soziale Macht und Kontrolle zu beschreiben. Die etablierten Interaktionsbeziehungen sind als besondere Formen von Abhängigkeiten zu kennzeichnen. Von anderen Formen sozialer Einflußnahme unterscheidet sich pädagogische Interaktion durch die hier nicht näher zu bestimmende Art der Sinn-Orientierung und Zweckgerichtetheit des Handelns, die sich aus einer Analyse spezifischer Ziele, Inhalte und Erwartungen ergibt.

Mit Hilfe dieser Postulate müssen nun die Kriterien genannt werden, die man als Maßstäbe an bestehende Theorien pädagogischer Interaktion anlegen bzw. als Anforderungen an die Entwicklung „besserer" Theorien pädagogischer Interaktion formulieren sollte. Solche Kriterien lassen sich am leichtesten als Fragen formulieren:

1. Wird in der vorliegenden Theorie überhaupt der Charakter der sozialen Induziertheit von gesellschaftlichen, interpersonellen und intrapsychischen Strukturen und Merkmalen erfaßt?
2. Wie wird empirisch beobachtbare (sozial induzierte) Regelhaftigkeit von pädagogischen Handlungen, von Lernen usw. zu erklären versucht? Werden von der Theorie eher „stabile" und eher „veränderbare" Merkmale von

Interaktionen einschließlich ihrer Bedingungen und Wirkungen unterschieden, und wie geschieht diese Unterscheidung?

3. Wenn im Begründungszusammenhang der Theorie Invarianzen in der Form „universeller" oder „letzter" Tatbestände angenommen werden: Welcher Art sind diese Invarianzen und wie wird ihre Existenz begründet?
4. Werden die Nahtstellen der Vermittlung zwischen makro-sozialem Bereich (Regel-Bestimmung und -Durchsetzung), mikro-sozialem Bereich (Regel-Geltung und -Anwendung) und individuellem Bereich (Regel-Internalisierung und -Aktualisierung) benannt bzw. erforscht?
5. Welcher Erkenntnisgehalt kommt der Theorie entsprechend ihrer Aussagen über Konstitutionszusammenhänge, Vermittlungsprozesse und Wirkungen von pädagogischen Interaktionen zu?
6. Ist die Theorie in der Lage, ihr eigenes Gegenstandsverständnis durch Hinweise auf reale Wirklichkeitsbezüge bzw. auf historisch und systematisch vorausliegende erkenntnisleitende Paradigmen zu explizieren? Oder: Wie sieht das Gegenstandsverständnis aus, das wir einer „nicht-reflexiven" Theorie erst aufgrund ideologiekritischer Analyse nachweisen können?

Diese Fragen sind weder vollständig noch systematisch geordnet. Dennoch werden wir versuchen, sie jeweils als Leitlinie bei der kritischen Einschätzung der im folgenden abzuhandelnden Theorien zu verwenden. Die Fruchtbarkeit der in diesem Kapitel getroffenen Unterscheidungen und Festlegungen kann sich erst in der Anwendung auf vorliegende Aussagen erweisen; deshalb wollen wir an dieser Stelle keinen weiteren Systematisierungsversuch unternehmen.
In den folgenden Kapiteln werden wir also Theorien besprechen, die direkt oder über die Vermittlung anderer sozialwissenschaftlicher Paradigmen a) Interaktions*prozesse* (interpersonelle Ebene: Kap. 2 u. 3), b) gesellschaftliche Interaktions*bedingungen* (Kap. 5) und c) Interaktions*wirkungen* (individualpsychologische Ebene: Kap. 4) beschreiben. Dabei werden wir jeweils auf bestimmte Varianten der bisher idealtypisch vorgestellten Denkmodelle stoßen. In den Kapiteln 2 und 3 werden wir phänomenologisch orientierte und empirisch-analytische Theorien zur Beschreibung pädagogischer Interaktionen kennenlernen. Die Unterscheidung von „phänomenologischen" und „empirischen" Theorien folgt dabei dem allgemeinen Sprachgebrauch und erlaubt, bestimmte Entwicklungstendenzen in der Theorienbildung zu erkennen. In diesen Kapiteln werden vor allem Modellvorstellungen von Interaktionsprozessen zum Tragen kommen, die Varianten oder Modifikationen des „normativen" oder des „interpretativen Paradigmas" sind.
Der Bezug auf erkenntnisleitende Paradigmen ermöglicht uns, jeweils das Zustandekommen und die Begründung von Stabilitäts-Annahmen zu analysieren. Dabei ergeben sich in Kapitel 2 überraschende Parallelen zwischen geisteswissenschaftlichen Ansätzen wie der Theorie des „pädagogischen Bezugs" und neueren

Theorien, die vom symbolischen Interaktionismus beeinflußt sind. Nachdem dann im 3. Kapitel sozialpsychologische Interaktionstheorien einschließlich des Modells der „sozialen Macht“ behandelt wurden, versuchen wir im 4. Kapitel „soziales Lernen“ und Persönlichkeitsentwicklung in ihrer Abhängigkeit von Interaktionen und sozialen Beziehungsstrukturen zu analysieren. Im 5. Kapitel des Buches werden wir schließlich den gesellschaftlichen Konstitutionszusammenhang pädagogischer Interaktionen thematisieren, indem wir einige Theorieansätze untersuchen, die die gesellschaftlichen Funktionen von pädagogischen Interaktionen aufzeigen und erklären wollen.

2. Vom „pädagogischen Bezug" zur „pädagogischen Interaktion"
(phänomenologische Theorien)

2.1 Kennzeichen phänomenologischer Theorien

In diesem Kapitel soll versucht werden, Gemeinsamkeiten und Unterschiede von Theorieansätzen herauszuarbeiten, die Interaktionsprozesse auf phänomenologischer und hermeneutischer Grundlage, unter weitgehendem Verzicht auf *empirische* Erfassung beschreiben wollen. Die Zusammenfassung von so heterogen erscheinenden Theorien wie der des „pädagogischen Bezugs", der Theorie schulischer Rituale von Wellendorfs (1973) und dem theoretischen Integrationsversuch von Mollenhauer (1972) unter einer Überschrift hat Gründe, die zum Teil erst im Laufe der folgenden Darstellung deutlich werden. Zunächst kann man, stark vereinfachend, folgende gemeinsame Merkmale phänomenologisch orientierter Interaktionstheorien nennen:

1. Phänomenologische Analyse ist die Herausarbeitung der zentralen Wesenseigentümlichkeiten des zu untersuchenden Gegenstandes. Eine Voraussetzung dafür ist, daß der zu untersuchende Sachverhalt in seiner natürlichen (gewöhnlichen) Umgebung belassen wird. Der Forscher ist angehalten, ebenfalls in eine „natürliche" Beziehung zum Gegenstand zu treten, also nicht vom „lebensweltlichen" und alltäglichen Kontext, der Forschung und Gegenstand umgreift, zu abstrahieren oder die Beziehung zum Forschungsgegenstand durch vorgefaßte Urteile, aufgezwungene Selektionsprinzipien usw. einzuengen und vom Kontext zu isolieren. Aufgabe der phänomenologischen Analyse ist es, dem Gegenstand eigentümliche Strukturprinzipien und Wesensmerkmale zu erkennen. Dies geschieht zum Teil über die Analyse sozio-kulturell vermittelter Bedeutungen und Sinngebungen, die im Hinblick auf ihre handlungsleitenden Funktionen untersucht werden. Bedeutungen sind sozial vermittelte, aber erlebnis- und erfahrungsimmanente Orientierungsmaßstäbe von einzelnen Handelnden, die man kennen muß, wenn man deren Handeln erklären und vorhersagen will.
2. Methodologisch gibt es nun ganz unterschiedliche Verfahren, Bedeutungen und Sinngebungen zu ermitteln. Die geisteswissenschaftliche Pädagogik erhofft sich von hermeneutischen Textauslegungen wesentliche Aufschlüsse über jene Sinngebungen, die konkrete Erziehungsprozesse zu bestimmten

Zeiten maßgeblich beeinflußt haben. Theorieansätze, die vom symbolischen Interaktionismus beeinflußt sind, betonen dagegen die Notwendigkeit einer Untersuchung der gesellschaftlichen und vor allem interpersonalen Prozesse der Bedeutungskonstituierung und fordern, die jeweilige handlungsleitende Funktion von Bedeutungen durch einfühlendes Verstehen innerhalb von Interaktionsprozessen und durch „dokumentarische Interpretation" zu erfassen (vgl. WILSON, 1973; BALL, 1972; WELLENDORF, 1973, S. 50–60). „Bedeutungen" werden dabei als integrierte Bestandteile von Handlungen und Handlungszusammenhängen aufgefaßt; sie erscheinen nicht, wie im Behaviorismus, als reine Umweltfaktoren, die das Verhalten „von außen" determinieren.

3. Der gemeinsame philosophiegeschichtliche Bezugspunkt dürfte HUSSERL sein, dessen Einfluß in der einen (geisteswissenschaftlich-pädagogischen) Richtung z.B. im Konzept der „Erziehungswirklichkeit" ausgedrückt ist und in der anderen Richtung (Symbolischer Interaktionismus) in der SCHÜTZschen Verwendung des Begriffes der „Lebenswelt" präsent ist. In der Pädagogik waren jedoch auch HEIDEGGER und GADAMER einflußreich, was man noch heute an LANGEVELDT, BOLLNOW, STRASSER u.a. erkennen kann. Über HABERMAS gelangten auch starke transzendental-philosophische Elemente in die vom Symbolischen Interaktionismus beeinflußte erziehungswissenschaftliche Gegenstandsbestimmung hinein (vgl. vor allem MOLLENHAUER).
4. Die Gegenstandsbestimmung folgt – implizit oder explizit – eher dem „interpretativen" als dem „normativen" Paradigma von Interaktion. Der Gegenstand „Erziehung" wird ziemlich übereinstimmend normativ-idealistisch bestimmt: In der geisteswissenschaftlichen Pädagogik ist Erziehung immer „wahre" Erziehung zur Mündigkeit, zur Selbstentfaltung usw. In neueren Theorieansätzen wird Erziehung kraft transzendentalphilosophischer Unterstellung als „Kommunikation", d.h. als Verständigung unter tendenziell Gleichen oder als „Interaktion", d.h. als Prozeß des „Aushandelns" von Bedeutungen, Normen und Erwartungen aufgefaßt.
5. Im Hinblick auf die im vorigen Kapitel entwickelte Analyse-Dimension „Stabilität-Veränderbarkeit" wollen wir folgende Hypothese aufstellen: Sofern sich in den unterschiedlichen Theorieansätzen ein *teleologisches* Gegenstandsverständnis nachweisen läßt, das transzendentalphilosophisch oder phänomenologisch mit bestimmten Wesenseigentümlichkeiten von Erziehung begründet wird, sind diese Theorieansätze in Wirklichkeit als unerkannte Entfaltungen bzw. Anwendungen stabilitätsorientierter Modellvorstellungen zu verstehen. Deshalb muß im einzelnen geprüft werden, ob und auf welche Weise der gesellschaftliche und interpersonelle Konstitutions- und Wirkungszusammenhang pädagogischer Interaktionen in den Theorien berücksichtigt wird. In dem Maße nämlich, in dem die institutionellen Zusammenhänge von Rollenhandeln ausgeblendet werden und unanalysiert bleiben, kann das

normative Paradigma von Interaktion nicht wirksam kritisiert und außer Kraft gesetzt werden.
Wenn Anforderungen und Rollenerwartungen lediglich das „Eigenrecht" des Kindes oder die Aufforderung zur „Rollendistanz" appellativ entgegengesetzt werden, kann sich das normative Paradigma als ein Modell von Wirklichkeit in der Theorie unbemerkt weiter durchsetzen. *Prozesse* der Interaktion müßten auf ihre reale Festgelegtheit hin untersucht werden, anstatt daß man individuelle Bedürfnisse sowie die prinzipielle Inkongruenz zwischen Erwartungen und Bedürfnissen und die Nicht-Festlegbarkeit von Handlungen betont. Statt einer Strukturerhellung und „Unterstellung" von Kommunikationsfähigkeit und gewaltloser Einigung müßte man *Prozesse* der Normen-Bestimmung und Normen-Durchsetzung untersuchen.

Die Charakterisierung der im folgenden zu besprechenden Theorieansätze entlang der Dimension „Stabilität-Veränderbarkeit", also die Eruierung des jeweils zugrundeliegenden Gegenstandsverständnisses, ist im Falle der phänomenologisch orientierten Theorien besonders schwierig, weil diese Theorien ihre methodologischen Grundlagen und ihr Gegenstandsbewußtsein selbst kaum explizieren. Dennoch wird es uns hoffentlich gelingen, zu zeigen, daß ein unzureichend begründetes interpretatives Interaktionsmodell sich in der Konfrontation mit der Wirklichkeit allzu leicht als eine bloß undurchschaute Variante eines normativen Paradigmas erweisen kann. Wir beginnen nun unsere Theorienanalyse mit dem bisher einzigen Versuch, innerhalb der Pädagogik eine eigenständige Theorie zur Beschreibung und Erklärung pädagogischer Interaktionen zu entwickeln, nämlich der Theorie des „Pädagogischen Bezugs".

2.2 Die Theorie des „pädagogischen Bezugs"

„Nahezu alle Pädagogen der Bildungsgeschichte haben sich zur Eigenart und zu den Gestaltungsmodi des pädagogischen Verhältnisses geäußert", denn der Begriff des pädagogischen Verhältnisses (oder pädagogischen Bezugs) versucht das zu bezeichnen, „was ein Handeln als *pädagogisches* bestimmen läßt, wie pädagogisches Handeln sich von anderen Handlungsqualitäten unterscheidet" (Ipfling, 1974, S. 217). „Die traditionelle Theorie des pädagogischen Verhältnisses sah ihre Aufgabe darin, Aussagen über das Erzieher-Zögling-Modell schlechthin zu machen. Dabei stand vor allem der zwischenmenschlich-persönliche Bezug im Mittelpunkt der Diskussion" (Kluge, 1973, S. XXIX). Es ging vor allem darum, den pädagogischen Bezug als ein „personales Verhältnis" zu erweisen (Bartels, 1970, S. 284). Die Eigenart pädagogischen Handelns gegenüber anderen Formen sozialer Einflußnahme wurde mit der besonderen Beziehung begründet, die zwischen Erzieher (Eltern, Lehrer u. a.) und „Zögling"

(Schüler, Kind, Heranwachsender, Lernender) herzustellen ist, *wenn* „wahre“ oder „echte“ Erziehung stattfinden soll.

2.2.1 Zur Frage der wissenschaftshistorischen Kontinuität erziehungswissenschaftlicher Problemstellungen und der gegenwärtigen Relevanz der Theorie des „pädagogischen Bezugs“

Inzwischen ist die Schlüsselstellung der Theorie vom pädagogischen Bezug innerhalb der Erziehungswissenschaft fragwürdig geworden, was vor allem mit dem ungeklärten Erkenntniswert geisteswissenschaftlicher pädagogischer Aussagen zusammenhängt (vgl. ULICH, 1972, S. 15–27, u. ZENKE, 1972, S. 96–138). Angesichts der offensichtlichen Schwierigkeiten geisteswissenschaftlicher Pädagogik, zutreffende Analysen von Erziehungsprozessen, -bedingungen und -wirkungen zu liefern und angesichts des Verdachts, der „pädagogische Bezug“ sei nur ein typisches „Konstrukt mittelständischer Ideologie“, wird sogar gefordert, diesen Begriff aus der erziehungswissenschaftlichen Terminologie zu eliminieren (GAMM in KLUGE, 1973, S. XXIV, FN). Damit freilich wäre noch nicht jenes Gegenstandsbewußtsein beseitigt, dessen Ausdruck das Konzept vom pädagogischen Bezug ist: Die Verkürzung von pädagogischem Handeln auf die Entwicklung eines „personalen Verhältnisses“ ist Bestandteil einer bestimmten Wirklichkeitsauffassung, die man nicht einfach verbieten kann, sondern in ihrer besonderen Bedeutung und Relevanz erst einmal begreifen muß. Weniger rigoros als GAMM argumentieren andere Kritiker, die vor allem die Ergänzungsbedürftigkeit des Konzeptes hervorheben. Voraussetzung eines Ergänzungsverhältnisses zu anderen Theorien ist die wissenschaftshistorische Relativierung und Einordnung des Konzeptes des pädagogischen Bezugs in eine Gruppe von Theorien, die sich alle mit intentionalem zwischenmenschlichem Handeln beschäftigen. Diesen Schritt vom geisteswissenschaftichen Monismus zum methodologischen Pluralismus empfehlen KLAFKI (1970, z.B. S. 55/56), BARTELS (1970, S. 284), KLUGE (1973, S. XXIX) und IPFLING. Als Begründung eines derartigen Pluralismus, der die wissenschaftshistorische Kontinuität erziehungswissenschaftlicher Fragestellungen bewahren soll, werden folgende Argumente vorgebracht:
Unterschiedliche Konzepte (pädagogischer Bezug, erzieherisches Verhältnis, Erziehungsverhältnis, pädagogischer Kontakt, pädagogisches Verhältnis, Mutter-Kind-Beziehung, Heimerzieher-Zögling-Verhältnis, pädagogische Führung, pädagogische Interaktion u. a.) bezeichnen unterschiedliche Erscheinungsformen oder Typen eines erzieherischen „Grund-Modells“. Phänomenologisch ausgedrückt: Die in unterschiedlichen Theorien und Schulrichtungen entwickelten Konzeptionen sind Explikationen einer „Grundstruktur des Erzieherischen“, die phänomenologisch erhellt und empirischer Forschung zugänglich gemacht werden kann. Nicht nur NOHL würde so argumentieren, auch noch heute gehen

einige Autoren davon aus, daß man mit Hilfe von Begriffen bloß die Voraussetzungen dafür schaffe, „das Phänomen selbst in den Blick treten zu lassen" (Kluge, 1973, S. VIII ff.). Wenn unterschiedliche Begriffe zu verschiedenen Zeiten, also unter stets anderen realen Bedingungen, dennoch denselben Sachverhalt meinen sollen (ebd.), so muß man wohl voraussetzen, „daß es jenseits des geschichtlichen Wandels der Erscheinungen der Erziehung ein identisches Wesen der Erziehung gibt, das die Erziehungswissenschaft herauszuarbeiten hat und das der Bezugspunkt der Aussagen aller Pädagogen ist" (Wellendorf, 1969, S. 94). Die pädagogischen Theorien der Vergangenheit enthalten also einen überzeitlichen Kern, der sich systematisch entfalten läßt (ebd.). Von daher ließe sich auch begründen, „daß die Erörterung der in der Geschichte entwickelten Sinngebungen der Frage und der versuchten Antworten und Lösungen auch der Gegenwart noch Wesentliches zu sagen haben" (Klafki, 1961, S. 584).
Nun könnte allerdings die Kontinuität von Problemen der Erziehung und Fragestellungen der Pädagogik auch in der *realen* Fortsetzung von Entwicklungen und Widersprüchen, von gesellschaftlichen Erfordernissen und Bewältigungsversuchen begründet sein, die Erziehungsprozesse zu verschiedenen Zeiten zu Problemen werden lassen. Die Kontinuität der Fragestellungen wäre dann in Wirklichkeit die Kontinuität derjenigen politischen, ökonomischen und institutionellen Bedingungskonstellationen, die Erziehung als ein theoretisch erklärungsbedürftiges und praktisch zu lösendes Problem *konstituieren.* Insofern hat Klafki (1970, S. 55) sicher recht, wenn er meint, daß der mit dem Begriff „pädagogisches Verhältnis" bezeichnete Sachverhalt schon früh zum Problem geworden ist und übrigens in die heutige Auseinandersetzung um eine „emanzipatorische" Erziehung und Erziehungswissenschaft hineinwirkt, wie wir noch sehen werden.
Allerdings hat die Theorie des pädagogischen Bezugs ihre eigene Beziehung zu gesellschaftlichen Konstitutionsbedingungen kaum reflektiert. Sie hat eine ebenso isolierte wie idealisierte erzieherische Zweier-Beziehung stilisiert, die eben der Ausdruck eines *anderen* Verhältnisses (des damaligen Bildungs-Bürgertums) zu realen Erziehungsvorgängen war, als es sich z. B. in neueren Instrumentalisierungsversuchen behavioristischer oder kybernetischer Provenienz ausdrückt. Die Forderung von Klafki (a. a. O., S. 56), daß sich unterschiedliche Theorieansätze und Methoden in der Erforschung des pädagogischen Verhältnisses zur Entwicklung einer neuen Theorie *ergänzen* müßten, berücksichtigt zuwenig, daß den unterschiedlichen Konzepten unterschiedliche Paradigmen und damit unterschiedliches Gegenstandsbewußtsein zugrundeliegen. Die theoretische Spannweite reicht immerhin von Pestalozzi über Nohl und Buber, der die Unverfügbarkeit des pädagogischen Bezugs betont, bis hin zur behavioristisch orientierten Konzeptionen eines Verhaltenstrainings einschließlich der kybernetischen Pädagogik (vgl. Ipfling, a. a. O., und Bartels, a. a. O., S. 285). Die formal-kategoriale Subsumierung solch unterschiedlicher Ansätze unter einen

einheitlichen Begriff muß gegenwärtig völlig offen lassen, ob sich die Theorien überhaupt auf ein identisches „Phänomen“ beziehen, also ein identisches Gegenstandsbewußtsein explizieren.
Ist die vermeintliche Kontinuität vielleicht eher ein Nebeneinander, das höchstens a posteriori in einen systematischen Zusammenhang gebracht werden kann? Kann die Theorie des pädagogischen Bezugs durch empirische Untersuchungen z. B. über frühe Mutter-Kind-Beziehungen gestützt werden (vgl. KLAFKI, 1970; XOCHELLIS, 1974)? Zur Klärung solcher Fragen müssen wir den geisteswissenschaftlichen Ansatz dieser Theorie näher kennzeichnen.

2.2.2 Mögliche Bedeutungen des Konzepts „pädagogischer Bezug“

Die Theorie des pädagogischen Bezugs wird auch noch in neuester Zeit in Monographien (KRON, 1971; XOCHELLIS, 1974), in Sammelbänden (KRON, 1970; KLUGE, 1973), in Handbüchern (BARTELS, 1970) sowie in einführenden Werken der Pädagogik (KLAFKI, 1970) als ein Kernstück erziehungswissenschaftlicher Erörterungen und Erkenntnisse dargestellt und diskutiert. Bevor einige Auffassungen vom pädagogischen Bezug referiert werden, sei darauf hingewiesen, daß der Begriff „pädagogischer Bezug“ in mindestens vier verschiedenen Bedeutungen auftauchen kann, was eine kritische Auseinandersetzung natürlich sehr erschwert:

1. „Pädagogischer Bezug“ als *Vorbild* praktischen Handelns, als Urbild oder Ideal aller Erziehung, dem es im praktischen erzieherischen Handeln nachzueifern gilt. Derartige Vorbilder sind etwa der Sokratische Dialog oder Pestalozzis Umgang mit seinen verwahrlosten Zöglingen (vgl. BARTELS, a. a. O., S. 269).
2. „Pädagogischer Bezug“ als *real existierender Sachverhalt*, als eine feststellbare Tatsache, ein Phänomen, das vor und unabhängig von Methoden und Begriffen existiert und so alt wie die Menschheit ist. Diese Erscheinung kann historisch aufgewiesen und phänomenologisch „erhellt“ werden (vgl. KLUGE, a. a. O., S. VII u. X).
3. „Pädagogischer Bezug“ als „*Grundstruktur*“ aller Erziehung schlechthin, die durch phänomenologische Reduktion gewonnen wird und transzendentale Möglichkeitsbedingung aller konkreten Erziehung ist, die jeweils eine historisch konkretisierte Erscheinungsform dieser Grundstruktur ist und deren konstitutiven Elemente aufweist (vgl. BARTELS, a. a. O., u. KLUGE a. a. O.).
4. „Pädagogischer Bezug“ als *Idealtypus* im Sinne eines erkenntnisleitenden heuristischen Prinzips: Ein konstruierter „reiner“ Typus von Erziehung dient als „Such-Schema“ und Deutungsinstrument für die Untersuchung konkreter Erziehungsprozesse und die Formulierung von Hypothesen über Grade der

Abweichung vom „reinen Fall". Ein derartiger Idealtypus ist im Erkenntnisprozeß nur ein Zwischenschritt, dem vor allem terminologische, klassifikatorische und heuristische Funktionen zukommen, weniger schon Erkenntnisgehalt selbst (vgl. WINCKELMANN, 1972). Wir werden noch sehen, ob das Konzept vom „pädagogischen Bezug" als Idealtypus gemeint war oder sich wenigstens nachträglich als ein solcher verstehen ließe. In der Form eines Idealtypus könnte dieser Begriff ja eine ernstzunehmende Rolle in der Theorienentwicklung spielen.

Da nun ein und derselbe Begriff nicht gleichzeitig ein Erziehungsideal, einen tatsächlich existierenden Sachverhalt, eine transzendentalphilosophische Möglichkeitsbedingung und ein wissenschaftstheoretisches Konstrukt (Idealtypus) bezeichnen kann, bleibt nur die Möglichkeit, den Begriff des „pädagogischen Bezugs" zunächst in seiner „klassischen" Verwendungsform bei NOHL zu verstehen, die allerdings auch schon in sich widersprüchlich ist.
Der „pädagogische Bezug" ist für NOHL ein Lebensverhältnis sui generis, das die reale Grundlage aller Erziehung darstellt. Wenn wir die „Grundstruktur" des pädagogischen Bezugs phänomenologisch, d. h. durch Abstraktion von konkreten Erscheinungsformen und Differenzen, durch Herausarbeitung allgemeiner Prinzipien beschreiben, dann haben wir die für alle Erziehung konstitutiven Merkmale erfaßt. Die Definitionskriterien des Erziehungsbegriffes können als erfüllt angesehen werden, wenn die konstitutiven Merkmale des pädagogischen Bezugs verwirklicht sind. Konkret: Nur in dem Maße, in dem sich der pädagogische Bezug als eine Beziehung gegenseitiger Anerkennung und gegenseitigen Vertrauens (einschließlich einer pädagogischen Absicht) realisiert, kann man von wirklicher Erziehung sprechen. Außerhalb zwischenmenschlicher Gefühlsbindungen sei Erziehung nicht möglich. Die innere Verbundenheit des Zöglings mit dem Erzieher sei die „Grundlage jeder pädagogischen Arbeit" (NOHL, 1958, S. 21). „Das letzte Geheimnis der pädagogischen Arbeit (ist) der *richtige pädagogische Bezug*" (NOHL, 1949, S. 153), nämlich jener, der als „zwischenmenschliches Kontaktgeschehen" (KLUGE, a.a.O., S. VII) die Forderungen der gegenseitigen Anerkennung, der Ermöglichung von Selbstentfaltung und der Führung zur Selbstverantwortlichkeit hin erfüllt.
NOHL (1963, S. 134) definiert den pädagogischen Bezug als das „leidenschaftliche Verhältnis eines reifen Menschen zu einem werdenden Menschen, und zwar um seiner selbst willen, daß er zu seinem Leben und zu seiner Form komme". Das Reifegefälle zwischen Erzieher und zu Erziehendem wird zum Konstituens des pädagogischen Verhältnisses (KLUGE, a.a.O., S. XII), was NOHL anhand der familiären Erziehung deutlich macht (zusammenfassend BARTELS, a.a.O., S. 271). In den konkreten zwischenmenschlichen Beziehungen und Erziehungshandlungen innerhalb der Familie äußert sich zugleich immer etwas allgemeines, prinzipielles, nämlich die Dualität von Liebe und Autorität als Kern des

pädagogischen Bezugs. Und zwar kommt der Mutter die Rolle der liebenden Bewahrerin zu. Sie ist für die *emotionale* Bindungsfähigkeit des Kindes verantwortlich. Der Vater als Repräsentant von Gesetz und Ordnung soll die Entwicklung *normativer* Bindungsfähigkeit fördern. Ergänzend dazu werden die Aufgaben des Lehrers als nicht nur personorientierte, sondern auch sachorientierte Führung und schließlich Entbindung zur Selbstverantwortlichkeit hin beschrieben.

Neben den Prinzipien „Liebe" und „Autorität" werden als weitere konstitutive, d.h. notwendige Definitionsmerkmale genannt: Verantwortung, Gehorsam, „pädagogischer Takt", Vor- und Leitbild, Befreien und Binden, Binden und Distanz, sowie vor allem gegenseitiges Vertrauen; Erziehung muß immer bewußte und insofern verantwortbare Erziehung sein (vgl. Kluge, a. a. O., S. VII, XII u. XXI). Ferner muß der pädagogische Bezug darauf angelegt sein, sich selbst überflüssig zu machen und den Heranwachsenden in die Selbständigkeit zu entlassen. Ein letzter wichtiger Gesichtspunkt ist die Einsicht, daß der pädagogische Bezug als Verhältnis wechselseitigen Vertrauens nicht erzwungen werden kann (vgl. zusammenfassend Klafki, 1970, S. 65).

Wie ist nun die Bedeutung dieser Annahmen einzuschätzen? Unter welchen Voraussetzungen und in welcher Formulierung kann das Konzept des pädagogischen Bezugs auch heute noch heuristische Funktion beanspruchen? Zunächst müssen wohl alle Ansprüche und Versuche, den pädagogischen Bezug als naiv beobachtbares real existentes Phänomen oder als phänomenologisch erhellte Wesenseigentümlichkeit *aller* Erziehung zu bestimmen, als unbegründet und unfruchtbar zurückgewiesen werden. Ebenso unbrauchbar ist die Auffassung des pädagogischen Bezugs als eines Vorbildes für praktisches pädagogisches Handeln, da es sich dabei um schlichte Setzung handelt, die nicht weiter ausgewiesen wird. Übrig bleibt also nur die Möglichkeit, das Konzept vom pädagogischen Bezug als einen *Idealtypus* zu verstehen. Diese wissenschaftstheoretische Charakterisierung erlaubte nicht nur, die Vorgehensweise zu kennzeichnen, die der Bildung des Konzeptes zugrunde gelegen haben könnte; sondern auch die Grenzen des Ansatzes werden mit Hilfe des Idealtypus-Konzeptes deutlicher.

2.2.3 Ist der „pädagogische Bezug" ein Idealtypus?

Max Weber, der den Idealtypus als ein methodisches Prinzip innerhalb der verstehenden Soziologie einführte, meint damit nicht einen idealen oder vorbildlichen Typus im normativen Sinne, sondern die Konstruktion eines reinen Typus oder Grenzfalles, der empirisch vorfindliche Merkmale unter dem Gesichtspunkt einer bestimmten Frageintention in ihren denkbar deutlichsten oder höchsten Ausprägungsgraden zusammenfaßt. Der Typenbegriff soll der Tatsache Rechnung tragen, „daß in der Realität die Erscheinungen in einer Skala

gleitender Übergänge miteinander verbunden sind, also mehr oder minder charakteristische Ausprägungen der im Typus kombinierten Eigenschaften darstellen“ (WINCKELMANN, a. a. O., S. 352). Diese Eigenschaften oder Einzelbestandteile des Idealtypus „werden nicht spekulativ oder begrifflich deduktiv gewonnen, vielmehr in ihrer Eigenart dem Material der jeweiligen historisch-sozialen Konstellation im Hinblick auf die konkrete Fragestellung entnommen und zur Einheit einer konsequenten Konstruktion kombiniert“ (ebd.).
Sofern es sich nun bei erzieherischen Handlungen um sinnhafte, d.h. intentionale Handlungstypen handelt, bezieht sich die gedankliche Steigerung auf die Konstruktion „einmal eines Optimums an Konsequenz und Widerspruchsfreiheit der je empirisch vorwaltenden Sinnorientierungen, und zum anderen eines dementsprechenden Maximums an effektiver Sinnrealisierung. Zielvorstellungen und Zielverwirklichungen werden so in ihrer archetypischen Reinheit erfaßt, d.h. unter Absehen von ihrer etwaigen faktischen Inkonsequenz und Widersprüchlichkeit sowie der je möglichen Zielverfehlungen“ (ebd.).
Auf die geisteswissenschaftliche Pädagogik bezogen läßt sich zumindest als *eine* „Frageintention“, die der Typenbildung zugrunde gelegen haben mag, die Emanzipationsbestrebung der reformpädagogischen Bewegung nennen. Unter diesem Aspekt wurden bestimmte „empirisch vorwaltende Sinnorientierungen“ idealisierend-widerspruchsfrei gedeutet. Die konstitutiven Merkmale des pädagogischen Bezugs spiegeln dann die (*gedankliche!*) Maximierung einer „effektiven Sinnrealisierung“ (des pädagogischen Bezugs) bei gleichzeitigem Absehen von *konkreten* Realisierungschancen.
Nun muß nach der möglichen Leistung einer idealtypischen Bestimmung von pädagogischen Zielintentionen und Interaktionsformen gefragt werden. Welche Leistungen können prinzipiell erwartet werden? „*Terminologisch* leistet die begrifflich rein konstruierte Typenbildung die Gewinnung eines Instrumentariums prägnanter Begriffe, mit deren Hilfe auch die Darstellung erst eindeutige Bestimmtheit erlangt. Die *klassifikatorische* Bedeutung ergibt sich aus der Tatsache, daß Kasuistik nur vom reinen Typus eines Optimums an Sinnadäquanz her möglich ist. *Heuristisch* dient der Typus der empirischen Bestimmung des realen Phänomens und zugleich als Deutungsschema zwecks Ermittlung der kausalen Zuordnung des Einzelfalls“ (WINCKELMANN, a.a.O., S. 353ff.). Der Typus mit seinen abstufbaren Eigenschaftskombinationen dient dazu, „die Einzelerscheinungen mit ihm zu vergleichen und im Grade ihrer Annäherung oder ihres Abstandes zu ihm zu messen und so zu bestimmen, ob und inwieweit der empirische Befund die Zuordnung zum Typus rechtfertigt oder nicht“ (WINCKELMANN, a.a.O., S. 352ff.).
Wenn wir uns nun auf die heuristische Leistung der Typenbildung beschränken, also prüfen, inwieweit der Idealtypus „pädagogischer Bezug“ zur Ordnung und Identifikation von empirischen Sachverhalten beitragen kann, so ergibt sich folgendes: Im Konzept des pädagogischen Bezugs sind jene Minimalbedingungen

in zugleich höchster Ausprägungsform zusammengefaßt, die innerhalb eines Interaktionsverhältnisses realisiert sein müssen, damit Erziehungsziele wie Selbstentfaltung und Selbstverantwortlichkeit verwirklicht werden können. Die von der Theorie genannten Minimalbedingungen sind nun freilich auf solche beschränkt, die *zwischen* Erzieher und Zögling wirken und umfassen nicht auch jene Voraussetzungen, die quasi von außen *auf* diese beiden und ihr Verhältnis zueinander wirken. Außerdem sind mit dem „pädagogischen Bezug" weniger konkrete zwischenmenschliche Handlungen und Einstellungen gemeint, als vielmehr „Grundprinzipien" wie „Liebe" und „Autorität", die sich zwar konkret äußern, aber letztlich verallgemeinerte Abstraktionen darstellen.
Diese Abstraktionen kamen dadurch zustande, daß man bestimmte Erziehungsformen (Hofmeister-Erziehung, Hauslehrer-Erziehung, Erziehung in der Ein-Kind-Familie des Bildungsbürgertums mit seiner patriarchalischen Rollenstruktur) idealisierte und gleichzeitig zu angeblich notwendigen und grundlegenden Bedingungen aller Erziehung verabsolutierte. Infolge dieser Verabsolutierung fragte man nicht mehr nach den konkreten Bedingungen, unter denen sich das pädagogische Verhältnis stufenweise realisieren könnte; entsprechend wurden auch keine Kriterien angegeben, anhand derer man Abweichungen vom reinen Fall des pädagogischen Bezugs hätte feststellen *und* erklären können. Weil das Verhältnis zwischen abstrakten Prinzipien und konkreten gegebenen Bedingungen sich vollziehender Erziehung nicht geklärt wurde, konnte ein folgenreicher Widerspruch zwischen den emanzipatorischen Idealen einerseits und der kritiklosen Billigung einer bürgerlich-patriarchalischen Familienerziehung andererseits entstehen.
Darüber hinaus bewirkte die Isolierung des pädagogischen Interaktionsverhältnisses, daß sich der Erzieher über die Möglichkeiten und Grenzen einer konkreten Erziehung zur Mündigkeit nicht klar werden konnte. Der Nachweis, daß das Konzept des pädagogischen Bezugs die Erforschung von Erziehungsbedingungen, -prozessen und -wirkungen im Sinne eines Idealtypus anleiten könne, konnte bisher noch nicht überzeugend geführt werden. „Zudem erscheint die Verknüpfung mit Forschungsergebnissen aus Psychologie und Psychoanalyse eher additiv und nicht als Überprüfung von Hypothesen, die sich aus den Behauptungen über die Komponenten des Erziehungsfeldes ableiten lassen" (MOLLENHAUER, 1972, S. 23).
Neben den bisher genannten gibt es noch weitere Gründe für die Schwierigkeit oder gar Unmöglichkeit, das Konzept des pädagogischen Bezugs als Idealtypus rekonstruierbar zu machen. Eine derartige Rekonstruktion würde u. a. voraussetzen, daß zwischen „Gegenstand" und „Methode" bzw. zwischen Beobachtungssprache und theoretischer Sprache unterschieden würde. Das aber scheint nicht der Fall zu sein. Der pädagogische Bezug ist nämlich einerseits das pädagogische „Phänomen" schlechthin und insofern jedem wissenschaftlichen Zugriff unveränderbar a priori vorgegeben. Andererseits ist „pädagogischer Bezug" eine

grundlegende und unverzichtbare begriffliche *Kategorie* der Erziehungswissenschaft, also ein unter bestimmten Bedingungen zustandegekommenes analytisches Werkzeug. Wegen dieser Doppelbedeutung des Begriffs werden häufig Objektebene und analytische Ebene nicht auseinandergehalten.

Aufgrund unzureichender methodologischer Überlegungen konnte also das Konzept vom pädagogischen Bezug nicht zu einem Idealtypus im Sinne von Max WEBER entwickelt werden. Tatsächlich scheint der „pädagogische Bezug" vor allem das Ergebnis einer unerkannten Projektion zu sein: Erziehungsideale, Meinungen und Denkformen, also spezifische Bestandteile und Strategien tradierter soziokultureller (schichtspezifischer!) Wirklichkeitsdeutungen, wurden nicht auf der Subjektseite, sondern irrtümlich auf der Objektseite festgemacht. Stereotypen von Erziehung und begriffliche Hilfskonstruktionen, die zum Teil Verschleierungscharakter oder ideologische Rechtfertigungs- und Stützfunktionen hatten, wurden in die Erziehungs-Wirklichkeit projiziert, von der dann in Umkehrung des Verfahrens die angeblichen „Grundstrukturen" des pädagogischen Bezugs wieder „abgeleitet" werden konnten. Das pädagogische „Phänomen" entsteht also durch die projektive Vergegenständlichung von Meinungen und Begriffen.

2.2.4 Zum Erkenntnisinteresse und Gegenstandsverständnis der geisteswissenschaftlichen Pädagogik

Aus der bisherigen Kritik am Konzept des pädagogischen Bezugs (vgl. auch BARTELS, S. 255ff.; KLUGE, S. 20ff.; XOCHELLIS, S. 92ff.) können wir nun eine Stellungnahme zu jenen Fragen ableiten, die wir im ersten Kapitel des Buches als Beurteilungskriterien für die Charakterisierung von Theorien pädagogischer Interaktion entlang der analytischen Dimension „Stabilität-Veränderbarkeit" formuliert hatten. Die in den skizzierten Annahmen zum pädagogischen Bezug enthaltenen Modellvorstellungen von „Interaktion" sollen als Äußerungen eines Gegenstandsbewußtseins interpretiert werden, das den Gegenstand Interaktion *entweder* als einen eher stabilen, unveränderlichen, vorprogrammierten Prozeß *oder* als ein durch die Beteiligten beeinflußbares Geschehen auffaßt. Allgemeiner und im Hinblick auf die im ersten Kapitel entwickelten Analysekategorien formuliert: Entspricht das Gegenstandsverständnis der Theorie vom pädagogischen Bezug eher dem „normativen" oder dem „interpretativen" Paradigma, und was folgt daraus für die Beurteilung der Theorie?

Vom eigenen Selbstverständnis und Anspruch her neigt die Theorie des pädagogischen Bezugs eher zum interpretativen Paradigma, da sie die tendenzielle Unplanbarkeit und Nichtverfügbarkeit der Interaktionsbeziehung, die Intentionalität und „Freiwilligkeit" des „Zöglings" sowie die Wechselseitigkeit des Interaktionsverhältnisses betont, in dem es um den schrittweisen Abbau von

Reife- und Machtgefällen gehen soll. Es ist also zu prüfen, inwieweit diese emanzipatorische Absicht sich in ein entsprechendes Objekt- oder Gegenstandsverständnis sowie ein entsprechendes Forschungsinteresse umsetzen konnte. Dazu werden wir nicht nur das spezifische Denkmodell von Interaktion beleuchten müssen, sondern auch die damit zusammenhängenden Auffassungen von Gesellschaft (einschließlich Geschichte) und von der individuellen Entwicklung des „Zöglings".

„Die geschichtsphilosophische Konzeption eines sinnvollen, an einer immanenten Werthaftigkeit, immanenten Teleologie orientierten gesellschaftlichen Ganzen, die dementsprechenden organizistischen und harmonisierenden Denkmodelle für gesellschaftliche Zusammenhänge haben Anspruch und Realität geisteswissenschaftlicher Pädagogik auffällig auseinandertreten lassen" (ZENKE, 1972, S. 135 f.). Der kritische Anspruch wird dadurch verspielt, daß nicht nur gesellschaftliche Praxis, sondern auch der bildungspolitische und erzieherische Handlungszusammenhang bis hin zum konkreten Interaktionsverhältnis „als Ausdruck einer immanenten Teleologie verstanden wird"; die Erziehungswirklichkeit wird als „Ausdruck immanenter Wesenheiten" schließlich *akzeptiert* (ZENKE, S. 130 u. 137). Entsprechend erscheint auch die Familie als „natürlicher Lebensbezug" (NOHL); die Rollenstruktur der Familie erscheint als unveränderlich vorgegebene Erziehungsbedingung. Konkrete Erziehungsprozesse, also pädagogische Interaktionen, werden „als Ausdruck des umfassenden Zweckzusammenhanges eines Kultursystems Erziehung (aufgefaßt), das als integriertes Glied des Organismus Gesellschaft funktioniert" (ZENKE, S. 126).

Es scheint, daß weder Objektverständnis noch Forschungsinteresse der primär emanzipatorischen Intention zum Durchbruch verhelfen konnten. „Denn wenn die geisteswissenschaftliche Pädagogik primär das Interesse der heranwachsenden Subjekte verfolgen wollte, dann hätte sie die gesellschaftlichen Verhältnisse, die ökonomischen Zwänge, die physische und psychische Not, die Unzulänglichkeit der Schulen ständig aufdecken und anprangern müssen. Nicht Geschichte als ‚Objektivation' des Geistes, als prästabilisierte Harmonie eines umfassenden Zweckzusammenhangs stünde dann im Zentrum ihres Interesses, sondern erfahrungswissenschaftliche und kritische Analyse konkreter historischer Zustände" (ZENKE, S. 128). Einem derartigen Vorhaben stünde jedoch das methodologische Selbstverständnis entgegen: Gegenstand der Forschung war die gesellschaftlich-geschichtliche Entwicklung der Erziehung, die in ihren „Objektivationen" zum Zwecke einer Analyse des Wertgehaltes, der Wesenskenntnis, der Maßstäbe für den „wahren pädagogischen Akt" untersucht werden sollte (vgl. ZENKE, S. 126).

Im Mittelpunkt des Forschungsinteresses standen die Schriften der pädagogischen Klassiker, die „in der Annahme, in diesen Objektivationen des Kultursystems Erziehung seien die immanenten Prinzipien, das Wesen, der Sinn der Erziehung gleichsam in besonders ‚reiner' Art und Weise reflektiert, eigenständige Forschung im Sinne sozialgeschichtlicher, ideologiekritischer und empirischer Untersuchungen nicht erforderlich machten" (ZENKE, S. 136). Phänomenologische Wesensexplikation mittels Reflexion von Reflexionen konnte keine wirksame Aufklärung jenes Konstitutionszusammenhanges leisten, der Möglichkeitsbedingung sowohl für die Entwicklung einer „autonomen" emanzipatorischen Pädagogik wie auch für die Sicherung und Ausweitung der Handlungsspielräume eines „eigenständigen" pädagogischen Interaktionsverhältnisses hätte sein sollen. Schon von ihrem Gesellschaftsbild und ihrem methodologischen Selbstverständnis her war die geisteswissenschaftliche Pädagogik kaum in der Lage, pädagogische Interaktionen als *sozial induzierte* Prozesse zu begreifen, innerhalb derer die Interaktionspartner wechselseitig Einfluß aufeinander ausüben und eine Veränderung ihrer eigenen unmittelbaren Interaktionsbedingungen herbeiführen können (wie das interpretative Paradigma postuliert). Der Prozeß-Charakter interaktiven pädagogischen Handelns blieb den geisteswissenschaftlichen Forschern insofern verborgen, als sie die an Interaktionen Beteiligten nicht als aktiv Handelnde begreifen konnten, sondern konkrete Subjekte zu Objekten überzeitlicher Mächte machten, die sich „dem Wertgehalt einer Epoche, den naturgegebenen Herrschaftsverhältnissen, dem Staat und der Religion als den Objektivationen des geschichtlichen Zweckzusammenhanges fügen" müssen (ZENKE, S. 129).

Interaktionsbeziehungen werden nach dem Modell „konfliktfreier intimer Sozialkontakte" konstruiert (MOLLENHAUER, 1970, S. 26), was einmal durch ein organizistisches Objektverständnis von Gesellschaft als eines homogenen Ganzen ermöglicht wird, andererseits aber auch von einer deterministischen Deutung der Vermittlung zwischen makro-sozialen Strukturen und mikro-sozialen Prozessen begünstigt wird. Indem nämlich die Pädagogik gesellschaftliche Wertungen im Wirkungsbereich organisierter Erziehungsprozesse *bewußt* mache, verhelfe sie diesen auch schon zur Durchsetzung, denn von den erkannten Zielen, Maßstäben und Normen geht eine ihnen eigene „Überzeugungskraft, eine Art von Evidenz aus, der sich niemand entziehen kann, und diese wirkt sich dann in der weiteren Zielsetzung und Normgebung für das erzieherische Handeln aus" (BOLLNOW, 1971, S. 702).

Die hypostasierte Werthaftigkeit des pädagogischen Bezugs und der diesem immanenten Teleologie läßt die konkreten Subjekte leicht zu Randerscheinungen von Erziehung als der sich ewig wiederholenden Ver-Objektivierung überzeitlich gültiger Strukturen in der sich entfaltenden Seele des Kindes werden. Kinder und Jugendliche interessieren „als Objektivationen einer seelischen Grundstruktur des Lebens, durch deren ‚Entfaltung' die Pädagogik im Dienste des umfassenden Zweckzusammenhangs ‚die von Generation zu Generation regelmäßig einsetzende Objektivierung immer wieder in der neuen Jugend auf' (heben) kann" (ZENKE, S. 129 u. NOHL, 1963, S. 91). Der Erzieher wird auf eine bloße Mittlerrolle oder gar Durchgangsstation reduziert. Er kann dem Educandus lediglich bei dessen Begegnungen mit den sozio-kulturellen Objektivationen in der Weise beistehen,

daß der Heranwachsende in die großen Gemeinschaften der Gesellschaft hineingenommen, aber *zugleich* die Entfaltung seiner Seele nicht behindert werden kann – ein sicherlich sehr schwieriges Unterfangen.
Zusammenfassend muß man sagen, daß das Gegenstandsverständnis der Theorie des pädagogischen Bezuges – im Gegensatz zum eigenen Anspruch – nur mit Hilfe stabilitäts-orientierter Paradigmen zutreffend charakterisiert werden kann. Pädagogische Interaktionen werden als normkonforme, in ihrem Ablauf vorstrukturierte Realisierungen der „Grundstruktur" eines überzeitlich gültigen „pädagogischen Bezugs" aufgefaßt. Sowohl Strukturen und Entwicklungen (z. B. der sich entfaltenden Seele) wie auch Handlungsrichtungen werden als konstant und unveränderlich unterstellt. Da sich im „wahren" pädagogischen Handeln die Grundstruktur *aller* Erziehung schlechthin verwirklicht, brauchen die unterschiedlichen realen Konstitutionszusammenhänge eines kaum als sozial induziert erkannten Handelns auch nicht untersucht werden. Regelmäßigkeit, Wiederholbarkeit und Regelstrukturen des Handelns werden mit immanenten Realisierungs-Tendenzen der Wirklichkeit selbst begründet. Die stabilisierende Lenkungs- und Prägungsfunktion pädagogischer Interaktionen wird auf transphänomenaler Ebene, nämlich im Bereich von „Grundstrukturen" und „Objektivationen" festgemacht.
Der Emanzipationsanspruch der geisteswissenschaftlichen Theorie des pädagogischen Bezugs bleibt letztlich abstrakt und uneingelöst. Trotz unzureichender und vielleicht sogar unglaubwürdiger Begründungen hat dieser theoretische Ansatz jedoch die *Notwendigkeit* einer besseren pädagogischen Praxis zumindest ausgedrückt. Denn die Annahmen zum pädagogischen Bezug können nicht ausschließlich als Ausdruck eines unkritischen, ideologie-anfälligen Gegenstandsbewußtseins interpretiert werden; sie sind zugleich auch Zeugnis einer aufklärerischen geistesgeschichtlichen Tradition, deren Träger und Fortführer sich in der Verantwortung für konkrete Erziehung wußten und vom Engagement für die Mündigkeit des heranwachsenden Subjekts bewegt sind. Dies wird deutlich, wenn man die uns heute „unwissenschaftlich" und „ideologisch" erscheinenden Aussagen der geisteswissenschaftlichen Pädagogik mit jenen neueren Richtungen konfrontiert, die, auf ganz anderer methodologischer Grundlage und mit ganz anderem (vorgängigen) Gegenstandsbewußtsein, im Erziehungs- und Unterrichtsbereich sozialtechnische Eingriffsmöglichkeiten erforschen.
Angesichts der wachsenden Intentionen und sowohl institutionell wie auch wissenschaftlich begründeten Möglichkeiten, durch Instrumentalisierung zwischenmenschlicher Beziehungen sozial-technische Eingriffsmöglichkeiten auszuweiten, erscheinen manche geisteswissenschaftlichen Postulate in einem anderen Licht. Angesichts der Forderung, der Lehrer solle mittels Verhaltenstraining in die Lage versetzt werden „sein affektives Verhalten in Unterrichtssituationen rational zu steuern und es als Komponenten des Lehrverfahrens instrumental einsetzen" (FLECHSIG, 1969, S. 5/3) – er freut und ärgert sich also nur noch aus

zweckrationalen „pädagogischen" Gründen – scheint der Hinweis nicht überflüssig, daß Erziehung eines „Verhältnisses der Zuwendung und der wechselseitigen Anerkennung bedarf" (KLAFKI, 1970, S. 70; vgl. auch THOMAS/THOMAS, 1971, z.B. S. 219). Wurde in der geisteswissenschaftlichen Theorie des pädagogischen Bezugs die Interaktionsbeziehung *personalisiert* und damit zum (vermeintlichen) Selbstzweck, so wird diese Beziehung in manchen empirisch-analytischen Ansätzen (vgl. Kap. 3) *instrumentalisiert*, also zu einem bloßen Mittel: Die Neutralisierung von Gefühlsregungen und sozialen Beziehungen ist die Voraussetzung dafür, daß Einstellungen und Motive für die Zwecke der Schule verfügbar gemacht werden können.

Insofern könnten einige Hinweise der Theorie des pädagogischen Bezugs, z. B. auf die Wechselseitigkeit und das Machtgefälle in pädagogischen Interaktionen, auf die Notwendigkeit zur Verantwortung und die Grenzen der Verfügbarkeit und Verfügbarmachung, als kritisches Korrektiv wirken, *wenn* sie in der Konfrontation mit der Realität begründet werden. Die geisteswissenschaftliche pädagogische Analyse sollte „dieser Wirklichkeit zwar ein Bewußtsein von sich selbst vermitteln, orientierte sich dabei aber an dem Bilde, das diese Wirklichkeit von sich haben will. Die kritische Distanzierung des gesellschaftlich vermittelten Bewußtseins von sich selbst fand nicht statt" (ZENKE, S. 137). Wir wollen in den nächsten Abschnitten untersuchen, ob diese Distanzierung jenen phänomenologischen Theorien besser gelingt, die in der Tradition des „Symbolischen Interaktionismus" stehen.

2.3 Eine phänomenologische Theorie schulischer Interaktions-Rituale

In diesem Abschnitt soll der Ansatz von WELLENDORF (1973) diskutiert werden, der als der bisher weitestgehende und konkreteste Versuch angesehen werden kann, bestimmte Annahmen und Vorgehensweisen des „Symbolischen Interaktionismus" für die erziehungswissenschaftliche Theorienbildung fruchtbar zu machen. Im folgenden 3. Abschnitt dieses Kapitels wird dann die mehr paradigmatische Behandlung ähnlicher theoretischer Grundlagen durch MOLLENHAUER (1972) Gegenstand unserer Analyse sein. Die Rezeption kommunikationstheoretischer Ansätze, die zum Teil ebenfalls als phänomenologisch zu charakterisieren wären (z.B. LAING u.a., 1971; WATZLAWIK u.a. 1969), hat trotz einiger Bemühungen (vgl. BAACKE, 1971/72, 1972; MOLLENHAUER, 1972; PÄDAGOGISCHE KOMMUNIKATION, 1973; PASCHEN/THIELE, 1971; THIELE, 1972; ULICH, 1974 a) bisher noch nicht zur Entwicklung entsprechender Theorien pädagogischer Interaktion geführt. Die Anwendbarkeit etwa der Axiome von WATZLAWIK u.a. wird anhand einiger Aspekte erzieherischen Handelns zwar exemplarisch demonstriert (vgl. z.B. HELBING, 1974, u. PRIESEMANN, 1971), der

theoretische Hintergrund (z.B. die kybernetische Grundorientierung bei WATZLAWIK u.a.) wird dabei jedoch selten adäquat aufgearbeitet.
Im Gegensatz dazu sind die Beziehungen zwischen (vor allem geisteswissenschaftlicher) Pädagogik und „symbolischem Interaktionismus" bereits enger geknüpft, was durch wissenschaftshistorische Berührungspunkte und eine vergleichbare Deutung von (erzieherischen) Interaktionsprozessen erleichtert worden ist. Wir beginnen daher unsere Darstellung mit einigen Anmerkungen zu den Voraussetzungen des WELLENDORFschen Theorieansatzes.

2.3.1 Symbolische Interaktion und Identität: Zur Fragestellung WELLENDORFS

Der Name „Symbolischer Interaktionismus" bezeichnet ein Konglomerat sehr uneinheitlicher Theorieansätze, die im Hinblick auf ihre Gegenstandsbestimmungen und ihre methodologischen Grundentscheidungen teils als Alternativen zum Struktur-Funktionalismus PARSONSscher Prägung und teils (damit allerdings zusammenhängend) als phänomenologischer Gegensatz zu empirisch-analytischen Vorgehensweisen in Soziologie und Sozialpsychologie verstanden werden (vgl. BLUMER, 1973; MATTHES/SCHÜTZ, 1973; ROSEN, 1972; STEINERT, 1973a; STRYKER, 1970; WILSON, 1973). Aus der „ersten Generation" der Symbolischen Interaktionisten (z.B. MEAD, 1934; THOMAS, 1965; COOLEY, 1902) existieren kaum systematische Darstellungen; solche wurden erst von der „zweiten Generation" versucht (z.B. TURNER, 1962 u. BLUMER, 1973). In Deutschland wurde der Symbolische Interaktionismus vor allem innerhalb der Soziologie und Pädagogik durch HABERMAS (1968), KRAPPMANN (1971), ARCHIBALD (1972), BRUMLIK (1973) und MOLLENHAUER (1972) rezipiert und teilweise weiterentwikkelt. Wir werden im 4. Kapitel dieses Buches einige Anregungen von THOMAS aufnehmen und beschränken uns hier auf eine knappe Skizzierung des Ansatzes von MEAD.
In den dreißiger Jahren trat Symbolischer Interaktionismus in der Form einer sozialpsychologisch begründeten Sozialisationstheorie auf, die – als Kritik am damals aufkommenden Behaviorismus WATSONS (1913) – von MEAD in der Absicht entwickelt wurde, einen „Sozial-Behaviorismus" als eine alternative methodologische Grundposition und zugleich als adäquateres, weil umfassenderes Analysesystem zu entwickeln. MEAD versuchte, individuelle Entwicklungen durch Annahmen über die Entstehung und Fortdauer von Gesellschaften, über die soziale Genese und Funktion von sprachlichen Bedeutungen und über die Vermittlungsprozesse zwischen interpersonellen Bedeutungs-Konstituierungen, individuellen Orientierungsmustern und – auf gesamtgesellschaftlicher Ebene – Kooperation und Konsens-Bildung verständlich zu machen.
Ausgangspunkt der Bestimmung von Interaktion als einer symbolisch vermittelten ist die Annahme, daß sowohl die Bedeutungen, die wir unserer dinglichen und

sozialen Umwelt zuschreiben, wie das Bild, das wir uns von uns selbst machen, Produkte von Interaktionen und Interaktionserfahrungen sind. „Die Bedeutung eines Dinges für eine Person ergibt sich aus der Art und Weise, in der andere Personen ihr gegenüber in bezug auf dieses Ding handeln. Ihre Handlungen dienen der Definition dieses Dings für diese Person. Für den symbolischen Interaktionismus sind Bedeutungen daher soziale Produkte, sie sind Schöpfungen, die in den und durch die definierenden Aktivitäten miteinander interagierender Personen hervorgebracht werden" (BLUMER, 1973, S. 83f.). Mit dem Begriff „symbolische Interaktion" kann man also jene Prozesse bezeichnen, durch die Menschen auf ihr eigenes und das Bewußtsein anderer bezogen sind, also ihre eigenen und anderer Intentionen, Motive und Handlungsmuster in ihrer Handlungsplanung und ihrem Handlungsvollzug berücksichtigen. Der Begriff „symbolische Interaktion" bezeichnet die (inter-personelle) Konstituierung *von* Bedeutungen wie die (inter-personelle) Orientierung *an* Bedeutungen. Die Einsicht, daß Bedeutungen *immer* sozial vermittelt und sozial wirksam sind, nimmt der pädagogischen Interaktionsbeziehung den Charakter des „Personalen" und Privaten.

Die Art der sozialen Beziehungen, innerhalb derer wir aufwachsen und innerhalb derer wir uns jeweils befinden, bestimmt die Art und Weise, wie wir unserer Umwelt begegnen, wie wir Situationen „definieren", wie wir unsere eigenen Bedürfnisse durchzusetzen versuchen, und wie wir uns selbst jeweils in der Beziehung zu anderen verstehen. Jede einzelne Handlung bezieht sich auf den gesamten sozialen Handlungszusammenhang einer Gesellschaft oder Gruppe. Spezifische soziale Beziehungen verleihen dem Individuum seine Identität. Der einzelne kann sich aus der Perspektive anderer sehen, weil er gelernt hat, die Erwartungen verschiedener Personen und Gruppen zu antizipieren und zu koordinieren. Interaktionen finden im Medium signifikanter, d. h. handlungsrelevanter Symbole (vor allem sprachlicher Art) statt. „Der Ablauf der (individuellen und kollektiven) Interaktionen und Handlungen wird prozeßhaft und dynamisch gesehen; soziale Rollen und Institutionen werden als mehr oder weniger komplexe Verkettungen von Handlungen verstanden, als eingeschliffene Auf-Dauer-Stellungen von Interaktionsmustern, die grundsätzlich revidierbare interaktive ‚Übereinkünfte' darstellen" (HURRELMANN, 1974, S. 18).

Es geht – unter dem Sozialisationsaspekt gesehen – darum, „einmal die Integration des Kindes in den familialen, schulischen und umgreifenden sozialen Interaktions- und Handlungskontext über Mechanismen der ‚Internalisierung' der entsprechenden Interaktions- und Rollenmuster zu erfassen, und zum zweiten die Entwicklung der Persönlichkeitsstruktur unter dem Gesichtspunkt der Entwicklung von autonomen und kompetenten sozialen Fähigkeiten und innovativer sozialer Kreativität zum Gegenstand einer wissenschaftlichen Analyse zu machen" (ebd.). Schulische „Rituale" als Gegenstand der WELLENDORFschen Analyse stellen nun ebenfalls „eingeschliffene Aufdauerstellungen von Interaktionsmustern" dar, die allerdings, im Gegensatz zum eben beschriebenen Idealfall, weder auf freiwilligen Konsens unter allen Beteiligten zurückgehen, noch grundsätzlich und jederzeit revidierbar sind. Der theoretische Grenzfall des fixierten Interaktionsmusters ist also hier der empirische Normalfall. Daraus ergibt sich die Notwendigkeit, zu untersuchen, welche Möglichkeiten die Beteiligten *dennoch* haben, Identität zu entwickeln bzw. zu bewahren.

Da schulische Rituale zugleich Interaktionsformen und Medien der Vermittlung sind, gilt es zu prüfen, „auf welche Weise die im Schulsystem relevanten Normen und Erwartungen symbolisch intersubjektiv dargestellt werden, welchen Interaktionsspielraum sie Schülern wie Lehrern lassen und welcher Art die Interpretationsprozesse sind, durch die die Individuen die institutionalisierten Wertvorstellungen und ihre eigenen Bedürfnisse miteinander vermitteln" (WELLENDORF, S. 19). Innerhalb dieser Fragestellungen interessiert vor allem der Versuch, auf Grund einer Analyse bestimmter Rituale zu einer allgemeinen Gegenstandsbestimmung von pädagogischer Interaktion zu gelangen.

WELLENDORF behandelt in seinem Buch „Schulische Sozialisation und Identität" die Beziehungen zwischen institutionell vorstrukturierten schulischen Interaktionssituationen und entsprechenden individuellen Entwicklungen beim Schüler, die als schrittweises Bewahren, Weiterentwickeln bzw. Verfehlen von „Ich-Identität" beschrieben werden. Die Normen und Erwartungen, die das Schulsystem kennzeichnen, konstituieren für Lehrer und Schüler einen sozialen Bedeutungszusammenhang, der vor allem im Hinblick auf die Frage untersucht wird, welche Interaktions- und Identitätsmuster als Bedingungen der Möglichkeit individueller Entfaltung und Bedürfnisbefriedigung in diesem Bedeutungszusammenhang enthalten sind. Schulische Interaktionsstrukturen treten den Interagierenden nicht als etwas äußerlich vorgegebenes gegenüber, sondern jene sind zugleich auch immer Produkt aktueller Interaktionen und Definitionen, die freilich auf ungleichen Einflußchancen beruhen. Im Mittelpunkt stehen Probleme, „die mit dem Bemühen von Schülern und Lehrern verbunden sind, angesichts der sozialen Erwartungen und Normen, die das Schulsystem kennzeichnen, Identität zu wahren bzw. zu konstituieren" (S. 5), und zwar eine Identität, die auf der Erkenntnis beruht, daß eigene Ansprüche und Bedürfnisse in gewissen Grenzen *real* durchgesetzt und befriedigt werden können.

Mit dieser Zielsetzung ergreift WELLENDORF auf ähnliche Weise für das „Eigenrecht", die „Selbstentfaltung" und „Mündigkeit" der zu Erziehenden Partei, wie dies (zumindest explizit-verbal) auch die Theorie des pädagogischen Bezugs getan hat. WELLENDORF (S. 60) betont ausdrücklich, „daß der Begriff der Identitätsbalance, in den die Idee emphatischer Interaktion und nicht gestörter Kommunikation wie die der Befreiung des lebensgeschichtlichen Sinns eingeht, zugleich einen Zustand der Autonomie meint: Der Aspekt der Selbstbestimmung ist für den Begriff der Identität von zentraler Bedeutung". Der Begriff der Identität soll die kritisch-analytische Konfrontation der Erziehungswirklichkeit

mit den in sie investierten Idealen anleiten. Ein kritischer Begriff der Identität nimmt „den prätendierten Sinn der bestehenden Einrichtungen beim Wort, denn noch wo es utopische Worte sind, erschließen diese, realistisch verstanden, am Bestehenden das, was es *nicht* ist" (HABERMAS, 1963, S. 229, zit. in WELLENDORF, S. 60). Der Begriff der Identität soll in ideologiekritischer Absicht sichtbar werden lassen, „was den Individuen durch die in der Schule verbreiteten Praktiken der Menschenbehandlung implizit angetan wird – im Namen der Ideen Freiheit, Menschlichkeit und Gerechtigkeit" (WELLENDORF, ebd.).
Es ist also das Ziel WELLENDORFS, faktische Interaktionen in ihrer Rolle als konkrete Möglichkeitsbedingungen von Identitäts-Behauptung zu untersuchen. Wie nun einerseits die Verhinderung und Verkümmerung von *individueller* Identität nur mit Hilfe eines kritisch-normativen Begriffes von Identität als Abweichung von einem angestrebten Idealfall festgestellt werden kann, so erfordert andererseits die Erforschung konkreter Interaktionsbeziehungen die Entwicklung eines Konzeptes nicht-repressiver *Interaktion*, das die Identifizierung solcher Interaktionssituationen und Interaktionen anleiten kann, die „Identität" im postulierten Sinne verhindern. Interaktion muß so organisiert werden, daß bei Berücksichtigung normativ vorgegebener Ziele, Aufgaben und entsprechend vorstrukturierter Beziehungen noch hinreichend Spielraum für die Darstellung und Befriedigung eigener Bedürfnisse und Intentionen bleibt. In diesem Sinne wird das Handeln des einzelnen als sozial induziertes Handeln verstanden, das sich an interpersonell hergestellten Bedeutungen und ausgehandelten Situations- und Beziehungs-Definitionen orientiert. Entsprechend wird Interaktion definiert als „ein kommunikatives Handeln von Individuen bzw. Gruppen von Individuen in einem sozialen Kontext. Als ein solches ist Interaktion stets symbolisch vermittelt. Die Bedeutungen der vermittelnden Symbole liegen nicht a priori und starr fest. Vielmehr impliziert Interaktion als symbolisch vermittelte einen permanenten Prozeß der Interpretation und Definition der Bedürfnisse, Erwartungen, Regeln und Normen, an denen das soziale Verhalten orientiert ist. Fixierte Interaktionsmuster bilden einen Grenzfall" (S. 19).

2.3.2 Wirkungsweise und Funktion schulischer Rituale

In Erziehungs- und Unterrichtssituationen sind Rituale bestimmte einflußreiche Grundformen des Miteinanderumgehens, die institutionell festgelegt sind und deren intendierter Sinn von den Beteiligten durch „Mitmachen" aktualisiert und damit zugleich übernommen wird. Die Kennzeichnung von pädagogischen Interaktionen durch den Begriff des „Rituals" bietet tendenziell die Möglichkeit, die verschiedenen Vermittlungsstellen zwischen makro-sozialer, mikro-sozialer und intra-individueller Ebene von Sozialisationsprozessen zu bestimmen:

1. In der sozialen Organisationsform von Ritualen, die den Bezugsrahmen aktueller Interaktionen bilden, drücken sich bestimmte gesellschaftliche Zwecksetzungen aus.
2. Individuelle Interaktionserfahrungen repräsentieren Interaktionsstrukturen, die, u.a. durch den Ablauf von Ritualen, im Inter-Agieren hervorgebracht werden.

Beginnen wir zur Veranschaulichung des Ritual-Konzeptes mit einem Beispiel, nämlich der allmorgendlichen Begrüßungszeremonie: „Die Klasse erhebt sich beim Eintritt des Lehrers, meistens durch einen Aufpasser an der Tür rechtzeitig auf dessen Erscheinen hingewiesen, erwidert seinen Gruß im Chor, eventuell mit Verbeugung, wartet die Anweisung zum Setzen ab, setzt sich und tut auf Anweisung die ersten Handgriffe in die Mappe oder ans Schreibzeug" (KEIL, 1972, S. 21). Die in derartigen reziproken Handlungsritualen manifest gewordene soziale Beziehungsstruktur ist sowohl Bedingung als auch Ergebnis pädagogischer Interaktionen. Pädagogische Interaktionen sind dynamische Prozesse, in denen die Teilnehmer die gemeinsame Interaktionssituation, die Beziehungen zueinander und die zu erwartenden Handlungen zu definieren, zu antizipieren und zu beeinflussen versuchen. Die Beziehungsstruktur zwischen Lehrer und Schülern ist das Produkt einer Auseinandersetzung um Identitäten und Identitäts-Zuschreibungen, in die individuelle Erwartungen, bisherige Interaktionserfahrungen und mit großem Gewicht institutionelle Prägungsfaktoren eingehen. Die wesentlichen institutionellen Merkmale der Struktur der Interaktionssituation sind:

a) eine spezifische Machtkonstellation, die eine Ungleichheit der Chancen, Bedürfnisse auszudrücken, zu kommunizieren und andere zu beeinflussen, bedingt;
b) eine damit zusammenhängende charakteristische Kompetenzverteilung, die zum Teil mit den vorhandenen Wissensunterschieden identisch ist;
c) bestimmte, dem Macht- und Kompetenzgefälle analoge Kommunikationskanäle und Kommunikationsformen.

Die aufgrund gegebener Voraussetzungen und bereits stattgefundener Interaktionen in einer bestimmten Schulklasse zustande gekommene pädagogische Beziehungsstruktur ist der jeweils spezifische Ausdruck des allgemeinen konstitutiven Macht- und Kompetenzgefälles. Rituale haben nun die Funktion, Machtkonstellation, Kompetenzverteilung und Kommunikationsstrukturen als verbindlich vorgegebene und von allen akzeptierte Erfahrungsbereiche und Handlungsfelder *zu demonstrieren.* Indem Rituale den Rahmen für die Äußerung von Bedürfnissen, die Entwicklung von Initiativen, für spontanes und geplantes Handeln, für Kontaktaufnahme und Kommunikation usw. für den *einzelnen* verbindlich

abstecken, stabilisieren sie gleichzeitig die gesamte Institution samt ihren Zwecksetzungen.
Rituale sollen einerseits *Unterschiede* in der vertikalen Dimension der Macht und der horizontalen Dimension der Leistungskonkurrenz demonstrieren und andererseits *Gemeinsamkeiten* im Hinblick auf die anzuerkennenden Strukturprinzipien, Hierarchien und Wertvorstellungen ausdrücken und bestärken. Konsens wird nicht von Fall zu Fall hergestellt, sondern in der Inszenierung von Ritualen als *gültig unterstellter* demonstriert:

a) Begrüßungsrituale demonstrieren die (gemeinsame!) Anerkennung von institutionell bedingten, generationsbedingten, im vorschulischen Sozialisationsprozeß bereits akzeptierten Machtunterschieden.
b) Prüfungsrituale demonstrieren die Anerkennung des Leistungsprinzips als „gerecht" und „notwendig".
c) Klassenarbeiten (als besondere Formen von Prüfungen) demonstrieren die Anerkennung des Konkurrenzprinzips.
d) Aufnahmefeiern demonstrieren die Unterwerfung unter den globalen Legitimitätsanspruch, der als unterstellter Konsens die Pflichten der Mitgliedschaft regelt.
e) Entlassungsfeiern demonstrieren den Grundsatz, daß man in der Schule etwas für das Leben lernt, die Schule also ein sinnvolles Teil-Ganzes der Gesellschaft ist.
f) Das Kommunikationsverhalten („Drankommen", Sichmelden, nur sachbezogene Kommunikation mit den Mitschülern, Aufstehen beim Sprechen, In-ganzen-Sätzen-Reden usw.) demonstriert die Anerkennung „notwendiger" Verhaltensvorschriften, die auch in Machtunterschieden begründet sind.
g) Die aktive oder passive Teilnahme an Sportfesten demonstriert die Anerkennung des Leistungsprinzips im *außerschulischen* Bereich.
h) Saubere Heftführung, gutes „Betragen", Ordentlichkeit usw. demonstrieren die Anerkennung von globalen Konformitäts-Forderungen.

Am Beispiel der Klassenarbeiten demonstriert WELLENDORF (1973d, S. 86) Erscheinungsformen und Funktion von Ritualen. Im Zusammenhang mit der Vorbereitung, Durchführung bzw. Anfertigung und Rückgabe einer Schulaufgabe laufen starre, für die jeweilige Situation „charakteristische" Handlungsmuster ab. Dazu gehören:

„– Ankündigung der Arbeit;
– Austeilen der Arbeitshefte;
– Leeren der Arbeitsfläche von ‚überflüssigen' Gegenständen;
– Einnehmen bestimmter Plätze durch bestimmte Schüler;
– Schweigen während der Anfertigung der Arbeit;
– kontrollierendes Umhergehen des Lehrers in der Klasse;
– Vermeiden jeder nicht vom Lehrer zugelassenen Kommunikation usw."

Ein derartiges ritualistisches Handlungsmuster hat für die Beteiligten einen spezifischen Bedeutungsgehalt (ebd.):

„1. Klassenarbeiten sind nicht irgendwelche beliebigen Veranstaltungen; sie haben für die Schülerkarriere große Bedeutung.
2. Die Handlungen der einzelnen sind an einem allgemeinen Prinzip orientiert, das über die konkrete Situation hinausweist und verschiedene Situationen in einen Bedeutungszusammenhang bringt: am Leistungsprinzip.
3. Konflikte werden vermieden, wenn die Handlungen in ein charakteristisches Handlungsmuster integriert sind, für das das Wort ‚Klassenarbeit' steht.
4. Das Handlungsmuster ‚Klassenarbeit' hilft am verläßlichsten Konflikte vermeiden, wenn es als Ganzes von den Beteiligten nicht reflektiert, sondern unreflektiert mitvollzogen wird."

Dies erklärten Philip OLSON und Carlton DALEY (1963, S. 427) so: „Ritualisierung vermittelt den Menschen das Gefühl, automatisch in akzeptabler Weise interagieren zu können, ohne lange und verwirrende Erklärungen zu benötigen – das Gefühl, daß nichts sie trennt".

Wenn man in dieser Weise die Funktion von Ritualen als Orientierungsmaßstäbe und Stabilisierungsfaktoren bestimmt, so heißt dies nicht, daß den einzelnen Verhaltensweisen keine sachlich-instrumentelle Bedeutung zukäme. Sondern es soll hervorgehoben werden, daß instrumentelles Handeln (eine Schulaufgabe schreiben, seine Schuhe in das entsprechende Fach stellen, in ganzen Sätzen sprechen usw.), „durch das ein praktisches Resultat hervorgebracht werden soll, zugleich der rituellen Darstellung gemeinsamer Intentionen, Gefühle und Orientierungen dienen kann" (WELLENDORF, S. 143, FN). Diese vorläufige Funktionsbestimmung soll zunächst die *Bedeutung* von Ritualen als Gegenständen einer Theorie pädagogischer Interaktionen hervorheben. Die Bedeutung liegt vor allem darin, daß auf den engen Zusammenhang zwischen Qualifikations- und Integrationsfunktion schulischer Sozialisation hingewiesen wird: Instrumentelles Handeln, das der Einübung oder dem Nachweis bestimmter Qualifikationen dient, ist zugleich ein Akt der Zustimmung, eine Äußerung von Konformitätsstreben und konformem Verhalten. So demonstriert Leistungsverhalten immer gleichzeitig die Anerkennung und damit die zu Recht beanspruchte Geltung von Regeln und Konformitätsanforderungen. Freilich darf man sich den Zusammenhang „Regel-Einhaltung, Regel-Anerkennung, Regel-Geltung" nicht allzu zwangsläufig und „naturwüchsig" vorstellen. Denn vorläufig ist noch unklar, worauf die vielleicht nur ganz äußerliche Regel-Anerkennung beruht und auf welche Weise übereinstimmendes Regelbewußtsein und konformes Verhalten zustandekommen. Um dies zu klären, muß man sehen, wie WELLENDORF seinen Ritual-Begriff entwickelt.

Der Begriff „Ritual" bezeichnet „typische Szenen, in denen der Zusammenhang einzelner Interaktionen und Handlungen mit dem szenischen Arrangement (der

Schule, D. U.) als ganzem symbolisch dargestellt wird. Die Darstellung bringt damit zugleich die generellen Bedingungen zum Ausdruck, unter denen die Individuen Mitglieder des Systems sind. Rituale machen diesen Zusammenhang sichtbar, indem sie die einzelnen Aktivitäten wie das System als ganzes auf eine situationsübergreifende Instanz (– das gesamtgesellschaftliche Wertsystem – D. U.) beziehen. Da sie das System als ganzes symbolisieren, wird an den ihnen zugrundeliegenden Interaktionsmustern meist relativ starr festgehalten. Die Macht der rituellen Handlungen über das Individuum steckt im szenischen Mitvollzug, nicht in der reflektierenden Aneignung der dargestellten Werte und Ideen" (WELLENDORF, S. 71 f.). Die Merkmale von Ritualen werden im Hinblick auf die Frage bestimmt, welche Bedeutung ihnen für die individuelle Entwicklung von Schülerpersönlichkeiten zukommt. Es interessiert also der Zusammenhang zwischen der mikro-sozialen Ebene der Interaktionsstrukturen und der individualpsychologischen Ebene der Persönlichkeitsentwicklung. WELLENDORF analysiert „typische Szenen", um Prozesse der Konstituierung von Regelbewußtsein und regelhaftem Verhalten innerhalb und auf Grund von bestimmten Interaktionsbeziehungen zu erkennen.

Das Verständnis, das WELLENDORF dabei selbst von seinem Gegenstand „Interaktion" hat, entspricht dem in Kap. 1 dieses Buches skizzierten „interpretativen Paradigma" (vgl. WELLENDORF, S. 14–60). Mit Hilfe dieses interpretativen Paradigmas versucht er, Interaktionsmuster, insbesondere „Rituale", im Hinblick auf die Frage zu untersuchen, inwieweit sie die Entwicklung und Verwirklichung von „Identitäts-Balance" – als Index einer gelungenen Persönlichkeitsentwicklung – ermöglichen. Dabei wird mit dem Begriff „Ich-Identität" oder Identitäts-Balance jener Zustand der Person bezeichnet, der die Befriedigung eigener Wünsche, die Entwicklung eigener Initiativen und die Durchsetzung eigener Bestrebungen erlaubt, *ohne* daß deshalb die von anderen an einen selbst herangetragenen Erwartungen, positions- und aufgabenbedingten Typisierungen allzu sehr verletzt und ignoriert würden. „Ich-Identität wird aufgefaßt als Balance zwischen der Anforderung, zu sein wie die anderen, und der Anforderung, zu sein wie kein anderer" (WELLENDORF, S. 48). Zur Verwirklichung dieser Identitäts-Balance müssen bestimmte Fähigkeiten entwickelt werden, wie z. B.: „Empathie", „Rollendistanz", „Ambiguitätstoleranz", „kommunikative Kompetenz". Es ist nun eine zentrale These von WELLENDORF, daß „eine ungebrochene Darstellung der persönlichen Identität im szenischen Arrangement der Schule nicht oder nur unzulänglich möglich ist, da in die Inszenierung schulischer Bedeutungsgehalte, wie sie sich in Ritualen der Schule exemplarisch findet, die Triebimpulse und Affekte der Individuen, insofern sie in infantilen Szenen interpretiert sind, als bewußt kommunizierbare Bedeutungen nicht eingehen. Das Hauptinteresse gilt deshalb Problemen der Pathologie schulischer Interaktions- und Kommunikationsprozesse" (S. 49). Schulische Rituale sind somit Bedingungen der Möglichkeit (bzw. Un-Möglichkeit) von Selbstentfaltung und zugleich

Vergesellschaftung. Als „institutionalisierte Interpretationsmuster“ (S. 101) sind sie zugleich Bedingungen der Selbst-Erfahrung und Selbst-Definition. Innerhalb abgegrenzter Interaktionssysteme erfährt der einzelne, wie berechtigt und durchsetzbar seine eigenen Bedürfnisse und Intentionen sind.

Grundlegend für die nähere Bestimmung von Ritualen sind die Begriffe Interaktion, Situation, Szene und „szenisches Arrangement“. Der letzte Begriff meint die zeitliche Organisation von vorstrukturierten Interaktionsfolgen (als Szenen verstanden). „In sozialen Organisationen wie der Schule weisen Interaktionsszenen bei aller Individualität im konkreten Fall bestimmte typische, d.h. im Ablauf der Interaktionsprozesse wiederkehrende Grundmuster auf. Diese Grundmuster sind der Niederschlag kollektiver Definitions- und Interpretationsprozesse“ (S. 25). Szenen haben eine bestimmte zeitliche Struktur, deren Fixiertheit das stabilisierende Moment von Ritualen ausmacht. „Jeder Schultag besteht aus einer Reihe von aufeinander verweisenden Szenenfolgen: Szenen bei Schulbeginn, während des Unterrichts, in den Pausen auf dem Schulhof bzw. im Lehrerzimmer usw. Die täglichen Szenenfolgen sind ihrerseits in größere Abläufe integriert: die Schuljahre, jeweils durch eigene Szenen der ‚Versetzung‘ oder ‚Prüfung‘ markiert, und schließlich die gesamte Zeit, in der ein Individuum oder eine Gruppe die Schule besucht, als Karriere eines Schülers von der Aufnahme bis zur Entlassungsszene oder als berufliche Karriere des Lehrers vom Eintritt in den Lehrberuf bis zur Pensionierung“ (S. 24).

Der dem Individuum bald vertraute, als „typisch“ verstehbare Gesamtzusammenhang einzelner Szenenfolgen wird als „szenisches Arrangement“ bezeichnet. Dieser Zusammenhang ist dann gegeben, wenn

a) „die Interaktionen für die Interaktionspartner wie für die gesellschaftlichen Gruppen, die – auf je verschiedene Weise – am System interessiert sind, durch einen gemeinten oder implizierten Sinn miteinander verbunden sind, d.h. aufeinander verweisen“, und wenn
b) „die Beziehungen zwischen den Interaktionen und das sie vermittelnde Bedeutungssystem nicht ohne weiteres verändert werden, wenn sich die Umwelt verändert, das System als eine gewisse Dauer besitzt“ (S. 25).

Rituale werden von Wellendorf deshalb als Ausgangspunkt und Gegenstand seiner Theorie pädagogischer Interaktionen gewählt, weil in ihnen der „Sinnzusammenhang schulischer Interaktionsprozesse“ beispielhaft sichtbar wird, denn dieser Sinnzusammenhang wird mit Hilfe der Rituale immer wieder öffentlich dargestellt und insofern bestätigt und verstärkt (S. 66). „Dabei verknüpfen sie den objektiven und den subjektiven Aspekt sozialer Interaktion miteinander. Als Versuche, spezifische für das soziale System der Schule relevante Aufgaben zu lösen, bieten sie zugleich Lösungsvorschläge für bestimmte, mit der psychischen Struktur der beteiligten Individuen verbundenen Probleme der Identitätsbalance an“ (S. 66). Rituale sind damit „institutionelle Strategien der Generalisierung des

Zusammenhangs zwischen den einzelnen Handlungen und Interaktionen der Interaktionspartner und dem sozialen System ... Rituale stiften auf einem generalisierten Niveau einen für alle verbindlichen Zusammenhang der Erwartungen, die für das System charakteristisch sind" (S. 68). Einzelne Aktivitäten bekommen eine „über die Situation hinausweisende Bedeutung, indem sie auf eine ‚Macht' jenseits der Situation" in Gestalt einer stabilen und sinnvollen sozialen Ordnung bezogen werden (S. 68f.).

Auf der Seite des Subjekts muß diese Generalisierung als Internalisierung von sozial vermittelten Bezugssystemen begriffen werden. Die Internalisierung bezieht sich jedoch nicht auf die relevanten Werte bzw. die soziale Ordnung, sondern auf die rituellen Handlungen selbst. Denn die Macht des Rituals, „den Individuen bestimmte Interpretationsmuster ihrer Identität anzutragen", beruht darauf, daß der Sinn der Rituale „auf dem Wege über eine Teilhabe an einem Aktionsgefüge" vermittelt wird (S. 70). Rituale werden nicht sprachlich-bewußt und reflexiv begriffen. Voraussetzung ihrer Wirksamkeit ist vielmehr, daß ihr Sinn im „szenischen Mitvollzug" übernommen wird. Die Stabilisierungs- und Kontrollfunktion von Ritualen wird besonders deutlich, wenn man sieht, auf welche Weise rituelle Aktivitäten in Schulordnungen kodifiziert sind. Die Schulordnung suggeriert allein durch ihre Form, „daß sie nicht Produkt individueller Entscheidungsprozesse, sondern Niederschlag ‚objektiver' Prinzipien ist, die das schulische Interaktionssystem steuern sollen. Dazu gehört besonders die Idee konfliktloser Ruhe und Ordnung" (S. 89).

Bevor wir eine kritische Analyse des skizzierten phänomenologischen Theorieansatzes versuchen, wollen wir den Zusammenhang zwischen Interaktionsbeziehungen und individuellen Entwicklungsprozessen noch einmal in den Worten WELLENDORFs zusammenfassen (S. 101): „Schulische Rituale sind institutionalisierte Interpretationsmuster der sozialen Identitäten aller Beteiligten im Kontext von Szenen und bieten als solche den einzelnen im szenischen Arrangement der Schule institutionell akzeptable Formen gemeinsamen Fühlens, einheitlicher Motivation und übereinstimmenden Agierens – kurz: sie bieten eine allgemeine Interpretation dessen, was die Individuen in der Schule sind und sein können".

2.3.3 Methodologische Probleme und Kritik

WELLENDORF geht über die geisteswissenschaftliche Theorie des pädagogischen Bezugs insofern hinaus, als er nicht nur mit Hilfe eines interpretativen Denkmodells von Interaktionen ein idealtypisches Konzept von Erziehung als Interaktion entwickelt, sondern gleichzeitig die Unmöglichkeiten benennt, lebensgeschichtliche Erfahrungen und Bedürfnisse mit institutionellen Erwartungen angemessen „auszubalancieren". Dennoch läßt sich zeigen, daß sich WELLENDORF anhand wichtiger von ihm verwendeter Begriffe in die idealistische geisteswissenschaftliche Tradition einordnen läßt. So wird z. B. der idealtypische Interaktionsbegriff nicht in einer Auseinandersetzung mit den tatsächlichen sozialen Konstitutionsbedingungen interpersoneller Beeinflussungsprozesse in der Schule entwickelt, sondern lediglich als „kritischer“ Maßstab zur Identifizierung faktischer Behinderungen verwendet. Der durch den interaktionistischen Begriff von Erziehung konstituierte Freiraum des wechselseitigen Einfühlens, Verstehens und der Konsensus-Bildung einerseits und die Realität fixierter Interaktionsmuster („Rituale“) andererseits stehen unvermittelt nebeneinander. Ebensowenig kann der Begriff der „Identitäts-Balance“, der die intra-personale Wirkungsebene von pädagogischen Interaktionen angibt, kritische Potenz entfalten. Denn dieser Begriff bezeichnet nichts anderes als die Fähigkeit des Individuums, sich gesellschaftlichem Zwang dadurch zu entziehen, daß man ihn nicht ernst nimmt: Gesellschaftsbezogenes Handeln und Interagieren bekommen den Charakter des „als ob“. Soziale Beziehungen einschließlich pädagogischer Interaktionsbeziehungen werden in ähnlicher Weise „personalisiert“ und zu einem hoffnungsvollen Schonraum gemacht wie in der geisteswissenschaftlichen Theorie, die den „objektiven Mächten“ in abstrakter Weise das „Eigenrecht“ des Kindes auf „Selbstentfaltung“ entgegensetzt. WELLENDORF berücksichtigt zu wenig, daß die Virtualisierung des eigenen Realitätsbezugs – im „als ob“-Charakter des Handelns ausgedrückt – noch nicht zu einer Abschaffung tatsächlicher Erwartungen und Zwänge führt.

Zur Begründung dieser Kritik sei zunächst der methodologische Ausgangspunkt der Theorie von WELLENDORF in Erinnerung gebracht. Das Konzept der „Identitäts-Balance“ ist der Bezugspunkt für eine Interpretation, „die eine bestimmte Betrachtungsweise und damit einen Problembereich erst allererst konstituieren soll“ (S. 53). Die interaktionistische Erweiterung der Perspektive soll Beschreibungen ermöglichen, die ihrerseits als Voraussetzungen für die Entwicklung empirischer Hypothesen anzusehen sind. Schulische Interaktionen werden interpretierbar und kritisierbar, „in denen nicht-gestörte Kommunikation, sinnvolle Darstellung des lebensgeschichtlichen Zusammenhangs und Selbstbestimmung nicht oder nur begrenzt möglich sind“ (ebd.). In der Konfrontation mit einer idealen Vorstellung von Interaktion erscheint die Realität schulischer Interaktionsprozesse notwendigerweise als pathologisch verzerrte. Der idealistische Ansatz reduziert die Kritik jedoch im wesentlichen auf eine moralische Klassifikation, die das tendenziell freie und sich selbst bestimmende Individuum der „ärgerlichen Tatsache der Gesellschaft“ (DAHRENDORF) bzw. der Schule gegenüberstellt.

An einem von WELLENDORF herangezogenen Zitat von KRAPPMANN wird deutlich, auf welche Weise die kritische Potenz des Begriffs der Identitätsbalance in moralisch-idealistischen Postulaten untergeht: „Nur in einem Interaktionsgeflecht ohne Zwang und Kommunikationssperren kann Identität im vollen Sinne unseres Begriffes verwirklicht werden, denn erst in ihm können individuierte

Menschen einander gegenübertreten und sich bemühen, Identität im Horizont frei artikulierbarer diviergierender und widersprüchlicher Erwartungen, die aus den unterschiedlichen Biographien ihrer Interaktionspartner hervorgehen, zu präsentieren“ (S. 58). Damit werde die Entwicklung von Begriffen möglich, „mit denen wir die Verstümmelung von Identität unter den gegebenen gesellschaftlichen Verhältnissen ermessen können, aber auch die Leistung abzuschätzen vermögen, die Individuen aufbringen, welche gegen die Ansprüche mächtiger Institutionen wenigstens Ansätze von Identität wahren“ (S. 59). Die am „Modell nicht gestörter Kommunikation“ gewonnenen Begriffe Interaktion, Szene, Ritual, Identität machen deutlich, „was dem Individuum im szenischen Arrangement der Schule angetan wird“ (WELLENDORF, S. 59).

Konsequenterweise werden dem einzelnen Individuum, das sich gar nicht als Teil und Mitträger der Gesellschaft begreifen kann, nur reaktiv-defensive Fähigkeiten zugebilligt. Identität bedeutet *nicht* Bewußtheit der eigenen Erfahrungen in dem Sinne, daß die soziale Konstituiertheit des Erfahrungszusammenhanges sowie einzelner Erfahrungen erkannt und als soziale induziert und insofern veränderbar begriffen würden. Identität kann lediglich dadurch hergestellt bzw. „gewahrt“ werden, daß das subjektive Gefühl, „mächtigen Institutionen“ ausgeliefert zu sein, durch die Virtualisierung von Handlungszwängen auf ein erträgliches Maß gebracht wird.

Die Parallelität zur geisteswissenschaftlichen Theorie des pädagogischen Bezugs ist unübersehbar: Dort wird der „Selbstwert“ des Individuums gegenüber den gesellschaftlichen „Objektivitäten“ betont; auch dort wird in kritischer Absicht mit Hilfe des Begriffes vom pädagogischen Bezug betont, daß Gesellschaft und Individuum nicht aufeinander reduzierbar sind und insofern soziale (pädagogische) Beziehungen nicht total verfügbar und instrumentalisierbar gemacht werden können. Ähnlich, wie in der geisteswissenschaftlichen Theorie die Begriffe der Selbstentfaltung und der pädagogischen Autonomie einer (phänomenologischen) „Struktureinsicht“ entspringen (NOHL, 1949, S. 223), wird von der Ich-Identität bei WELLENDORF (S. 32 im Anschluß an KRAPPMANN) behauptet, daß sie ein „strukturelles Erfordernis“ jedes Interaktionsprozesses sei. Die unterschiedliche Terminologie kann nicht darüber hinwegtäuschen, daß auch WELLENDORF Aussagen über Wesenseigentümlichkeiten macht, die er nur mit ethischen Forderungen begründen kann.

Bleibt also vom „interpretativen Paradigma“, das die adäquate Beschreibung pädagogischer Interaktionsprozessen anleiten sollte, nichts anderes übrig als der moralische Appell an die vereinzelten Individuen, Identität durch Distanzierung von der schlechten Wirklichkeit zu wahren? Werden die Bedingungen genannt, unter denen sich Interaktion als kommunikativer Verständigungsprozeß, als Konsensbildung, als gemeinsames Handeln, als wechselseitiger Interpretationsprozeß, als „Handel um Identitäten“ realisieren kann (vgl. S. 16, 19, 23, 28)? WELLENDORF (S. 31) übersieht nicht, „daß in den meisten Interaktionsprozessen

– und so auch in der Schule – der ‚Handel um Identitäten' keiner zwischen gleich mächtigen Partnern ist", vielmehr hängt der Ausgang des „Handels" und damit das Schicksal der beteiligten Individuen „von den je bestehenden Macht- und Herrschaftsverhältnissen ab".

In der Schule ist der – eigentlich in Interaktionsprozessen erst herzustellende – Konsens über die Definition und Interpretation von Identität *vorgegeben*: Der Handel um Identitäten ist vorstrukturiert, die Interpretation der Identität der Beteiligten „steht für diese nicht mehr prinzipiell zur Diskussion. Nur auf diesem Weg bleibt gesichert, daß sich bestimmte gesellschaftliche Interessen in schulischen Interaktionsprozessen und in der Definition der eigenen wie fremden Identität verläßlich durchsetzen" (S. 29). Es geht also gar nicht um die Frage, welche vorgegebenen Bedingungen konkret wie verändert werden müssen, damit Erziehung als kommunikative Verständigung realisiert werden kann. Sondern es geht darum, welche Strategien der Identitäts-Wahrung die einzelnen Individuen *trotz* festgelegter Identitätsmuster entwickeln können. Was leistet also die „konktrafaktische Unterstellung" (HABERMAS) idealer Kommunikation überhaupt? Man kann wohl nur konstatieren, *daß* Ideal und Wirklichkeit nicht übereinstimmen, aber nicht mehr untersuchen, *warum* sie nicht übereinstimmen.

Diesen eingeschränkten Erklärungswert des theoretischen Ansatzes kann man auch am Konzept der „Rituale" demonstrieren. Rituale enthalten die Identitätsangebote an die Schüler. Was im interpretativen Paradigma als „Grenzfall" erscheint (S. 18), ist in der Realität der Normalfall, nämlich das fixierte Interaktionsmuster, dessen Erziehungsfunktion – wiederum vom interpretativen Paradigma her gesehen – in der Einübung von Selbstverleugnung besteht. Es bleibt unklar, ob die von WELLENDORF beschriebenen Rituale die einzigen, die häufigsten oder die wirksamsten Verlaufsformen von pädagogischen Interaktionen in der Schulklasse sind. Wie lassen sich Rituale von Nicht-Ritualen abgrenzen? Inwiefern sind Rituale „typisch" für Form und Funktion pädagogischer Interaktionen? Was leistet das Konzept des „Rituals" möglicherweise als heuristisches Konzept, also z.B. als *Idealtypus* für die empirische Untersuchung von Interaktionsprozessen? Kann man Realität dadurch beschreiben, daß man *zwei* Idealtypen (Interaktion als „Verständigung" vs. Interaktion als „Ritual") miteinander konfrontiert? Es werden keine Kriterien angegeben, anhand derer man die Abweichungen konkreter pädagogischer Interaktionsprozesse von den beiden Idealtypen erfassen könnte.

Fragen wir nun danach, wie WELLENDORF das Problem der Stabilität vs. Veränderbarkeit von pädagogischen Interaktionsstrukturen, -formen und -bedingungen behandelt. Er weist darauf hin, daß in den schulischen Ritualen die (unveränderbar?) vorgegebenen, herrschenden gesellschaftlichen Interessen repräsentiert sind. Insofern wird der Konstitutionszusammenhang stabiler Interaktionsbeziehungen zwar benannt, jedoch nicht weiter untersucht. Außerdem erläutert WELLENDORF, auf welche Weise stabile Interaktionsstrukturen über bestimmte Interaktionserfahrungen rigide unterdrückte und unflexible Persönlichkeiten entstehen lassen.

So wenig, wie nun aber dem Individuum die Fähigkeit zum Erkennen der Konstitutionszusammenhänge seines Handelns zugetraut wird, so wenig versucht die Theorie selbst, den Charakter der sozialen Induziertheit von Interaktionsstrukturen und Persönlichkeitsentwicklung aufzuklären. Stabilität wird nicht *erklärt*, sondern als (prinzipiell) *überwindbar* ausgegeben. Dem *einzelnen* wird, wie wir bereits sahen, empfohlen, der Wirksamkeit stabiler Interaktionsstrukturen dadurch zu entkommen, daß er sie virtualisiert (nämlich nur so tut, als ob er die ihm angetragenen Rollenerwartungen und Identitätsmuster übernimmt). Die Theorie verharmlost die Frage nach stabilen Interaktionsformen, -bedingungen und -wirkungen sowie die Frage nach den Ursachen der Stabilität dadurch, daß sie *Handlungen auf ihre bloße Ausdrucksfunktion reduziert.*

Damit sind wir bei der entscheidenden Frage nach dem Gegenstandsbewußtsein oder Vorverständnis von Interaktion angelangt, das von WELLENDORF zwar ausdrücklich dem interpretativen Paradigma zugerechnet wird, aber dennoch als eine Sonderform desselben verstanden werden muß. In ausdrücklicher Bezugnahme auf GOFFMAN (z.B. S. 22) wird interaktives pädagogisches Handeln in Analogie zum Spiel der Schauspieler auf der Theaterbühne begriffen. Diese Analogienbildung ist nun weit mehr als bloß ein Modus sprachlicher Veranschaulichung. Schon allein die ständige Rede davon, daß Identität „dargestellt" werde, zeigt, daß Handlungen gar nicht mehr in ihrer praktischen Intentionalität und Wirkung erfaßt werden, sondern daß ausschließlich ihre Ausdrucksfunktion interessiert. Wie die Individuen sich gegenseitig *erscheinen* wollen, macht Interaktionen aus.

Unbestritten bleibt die vor allem von GOFFMAN, aber auch von WATZLAWIK entwickelte Einsicht, daß man auch die Ausdrucksfunktion oder genauer: die Beziehungsebene von Handlungen beachten muß, wenn man Verhalten zureichend beschreiben will. Betrachtet man jedoch ausschließlich die Ausdrucksfunktion, so erhält alles Handeln den Charakter eines unverbindlichen Spiels. Damit ist der Gegenstand „Interaktion" eindeutig, wenn auch einseitig bestimmt: Die beteiligten Individuen inszenieren gemeinsam ein Spiel, in dem sie sich „darstellen". Entspechend kommt den beschriebenen Ritualen vor allem eine Darstellungs- und Demonstrationsfunktion zu (vgl. z.B. S. 67). Das Ritual ist eine bestimmte soziale Form, in der sich die Beteiligten *als Spieler* begegnen und versuchen, ihre eigenen Identitätsansprüche möglichst effektvoll in Szene zu setzen. Wenn man versucht, dieses Modell auf die Interaktion zwischen einem Kind aus der Unterschicht, das (notenmäßig) ums Überleben kämpfen muß, und einem „typischen" Mittelschicht-Lehrer anzuwenden, erkennt man die ideologisch beschönigende Funktion dieser Gegenstandsbestimmung. Bei den verwendeten Begriffen handelt es sich, um dies noch einmal zu betonen, nicht um eine beliebige Metaphernsprache, sondern sie sind Ausdruck eines spezifischen Gegenstandsverständnisses.

Nun hat aber WELLENDORF selbst festgestellt, daß in der Schulklasse aufgrund der ungleichen Einflußchancen der Beteiligten ein spielerischer Handel um Identitäten gar nicht stattfinden kann (s. o.). Warum hält er dennoch an der Bestimmung von Handeln als Spiel fest? Warum sind Probleme der Selbstentfaltung und Selbstbestimmung für ihn vor allem Probleme der Selbst-*Darstellung*? Hier stellt sich wohl ernsthaft die Frage, in welcher Beziehung der Erziehungswissenschaftler WELLENDORF zu der von ihm analysierten Realität steht. Inwieweit ist sein Konzept von pädagogischer Interaktion Ausdruck seiner eigenen Lebenssituation, mit den besonderen Merkmalen eines geistig arbeitenden Intellektuellen? Als Wissenschaftler kann er sich vielleicht durchaus vorstellen, daß man „Rollendistanz" übt, indem man sich spielerisch von einem gegenwärtig uneinsichtigen Handlungsdruck befreit. Möglicherweise ist auch die innere Emigration für manche Menschen der einzige Ausweg, sich unerträglichen Handlungszwängen zumindest virtuell zu entziehen und dadurch schwerste innere Konflikte zu lösen oder zu vermeiden.

Das Modell der „Rollendistanz" – als konfliktbewältigende Identitätswahrung in Interaktionsbeziehungen – führt jedoch notwendig zu ideologischen Verzerrungen der Wirklichkeit, wenn man es zur (spielerischen!) Suspendierung jenes Handlungsdrucks empfiehlt, der in permanenter materieller Not oder Unsicherheit begründet ist. Dabei spielt es keine Rolle, ob Not und Verunsicherung faktisch vorhanden sind oder nur auf induzierte Bedürfnisse (Werbung, Konsumdruck usw.) zurückgehen. WELLENDORF weist allerdings selbst darauf hin, daß der Versuch der Distanzierung von Handlungszwängen im Falle einer gestörten affektiven Entwicklung in der frühen Kindheit ein untaugliches Mittel ist, um in der Schule Identität zu bewahren (S. 174).

Zusammenfassend kann man feststellen, daß sich bei WELLENDORF das interpretative Paradigma unter der Hand in sein Gegenteil verkehren kann, solange die unterhalb der Scheinhaftigkeit spielerischer Interaktionen wirkenden stabilen Interaktionsstrukturen nicht analysiert und insofern in ihrem quasi-naturwüchsigen Zustand belassen werden. Das interpretative Paradigma konnte nicht als ein Modell entfaltet werden, das die adäquate Beschreibung von interpersonellen Prozessen der Beeinflussung und der Persönlichkeitsentwicklung anleiten könnte.

2.4 Erziehung als kommunikatives Handeln: Zu Mollenhauers Begründungsversuch

MOLLENHAUER (1972) geht es explizit um eine Bestimmung des Gegenstandes der Erziehungswissenschaft. Sein Versuch bleibt fast ganz auf der metatheoretischen Ebene, während WELLENDORF das interaktionistische Gegenstandsverständnis am Beispiel schulischer Interaktionsrituale entfaltete. MOLLENHAUER dagegen präsentiert vor allem Paradigmen, die seiner Ansicht nach dazu geeignet sind, das „pädagogische Feld" und pädagogisches Handeln als Gegenstandsbereiche einer emanzipatorischen Erziehungswissenschaft bestimmbar zu machen. Aufgabe einer derartigen Erziehungswissenschaft sei es, jene Bedingungen zu bestimmen und zu analysieren, die hergestellt werden müssen, damit Erziehung als nicht-manipulativer Aufklärungsprozeß mit dem Ziel, selbstbestimmtes und einsichtiges Handeln zu begründen, realisiert werden kann.

Aus der Kritik an geisteswissenschaftlichen und empirischen Positionen (1970) entwickelt MOLLENHAUER ein kritisches Vorverständnis von Erziehung, das er durch Heranziehung kommunikationstheoretischer, interaktionistischer und „materialistischer" Theorien von interpersonellem und gesellschaftlichem Handeln zu präzisieren und weiterzuentwickeln hofft. Es ist letztlich immer eine *praktische* (und damit zugleich auch politische) Frage, zu deren Beantwortung die Erziehungswissenschaft beitragen muß: „Wie ist das pädagogische Feld zu strukturieren, damit die Vernünftigkeit der zu erziehenden Subjekte nicht verhindert, sondern gefördert werde?" (1970, S. 70). Von dieser Aufgabenstellung her ergeben sich bestimmte Anforderungen und Kriterien für die Auswahl derjenigen Theorien oder Paradigmen, die zur Gegenstandsbestimmung der Erziehungswissenschaft herangezogen werden müssen. MOLLENHAUER interessieren vor allem solche Theorien, die

a) die emanzipatorische Sinnorientierung erzieherischen Handelns als „vernünftig" erweisen, die
b) als Theorien interaktiven Handelns „eine Wendung vom manipulativen zum kommunikativen Erziehungsverständnis" begründen helfen (1972, S. 84), und die
c) die gesellschaftlichen Möglichkeitsbedingungen einer Wandlung des Erziehungs*verständnisses* und der Erziehungs*praxis* zu untersuchen erlauben.

Da MOLLENHAUER vor allem an jenen intersubjektiven Prozessen interessiert ist, „die pädagogisches Handeln im Detail ausmachen" (S. 11), konzentriert er seine Darstellung auf die interpersonelle Ebene des Gegenstandsverständnisses. Er behandelt solche Ansätze, die „eine genaue Beschreibung der Erziehungsvorgänge als interpersonelle Ereignisse" erlauben sowie deren „je besondere Gestalt ... auf den Kontext ihrer gesellschaftlichen Genese zu beziehen" gestatten (S. 7).

Im folgenden betrachten wir nur den kommunikationstheoretischen Begründungsversuch (1. Kapitel), der auf transzendental-philosophische Weise die Notwendigkeit und Möglichkeit erläutert, pädagogische Interaktionen nach dem interpretativen Paradigma zu verstehen und auch praktisch zu organisieren. Insofern könnte zumindest das erste Kapitel von MOLLENHAUERS Buch innerhalb einer phänomenologischen Tradition pädagogischer Interaktionstheorien als Ergänzung zum interaktionistischen Ansatz von WELLENDORF gesehen werden.

Es geht also jetzt um die Frage, wie die Möglichkeit einer emanzipatorischen Erziehungs*wissenschaft* und Erziehungs*praxis* begründet werden kann, und welche Vorschläge dementsprechend für die Entwicklung einer derartigen Pädagogik gemacht werden können. Gelingt es MOLLENHAUER im Gegensatz zu anderen, die Frage nach der „Vernünftigkeit" und der sie konstituierenden Bedingungen zu klären, ohne dabei unzureichend begründete „Wesensbestimmungen" vorzunehmen und auf eine immanente Teleologie „an sich" vernünftiger Verständigungsprozesse rekurrieren zu müssen?

2.4.1 Der transzendental-hermeneutische Ansatz

Die Vernünftigkeit der zu erziehenden Subjekte, die es zu fördern und zu sichern gelte, kann nur Resultat eines Erziehungsprozesses sein, der den zu Erziehenden selbst den Status handelnder Subjekte zuschreibt sowie die Fähigkeit, aus eigener (erworbener) Kraft in einen rationalen Verständigungs- und Einigungsprozeß mit dem Erzieher einzutreten. Weder die Vernünftigkeit der handelnden Subjekte noch die sie konstituierenden interaktiven Handlungen werden allerdings von MOLLENHAUER als historische und lebensgeschichtliche Errungenschaften rekonstruiert. Sondern die Vernünftigkeit wird transzendentalphilosophisch begründet, indem MOLLENHAUER „die Tatsache der in aller Erziehung notwendigen normativen Unterstellung" von Kommunikationsfähigkeit und Einigungsbereitschaft zu klären versucht (S. 8). Ausgangspunkt ist also die Überlegung, daß (emanzipatorische) Erziehung weder gedacht, noch intendiert und schon gar nicht verwirklicht werden kann, wenn man nicht bestimmte *Möglichkeitsbedingungen a priori unterstellt.*

Diese Möglichkeitsbedingungen benennt MOLLENHAUER unter Zuhilfenahme der transzendentalphilosophischen Konstruktionen der „idealen Kommunikationsgemeinschaft" (APEL) und des „herrschaftsfreien Diskurses" (HABERMAS). Beide Ausdrücke beziehen sich auf die Annahme, daß die Menschen, solange und soweit sie nicht daran gehindert werden, zur rationalen Einigung fähig sind und diese Fähigkeit immer voraussetzen müssen, um überhaupt kommunizieren zu können. Während MOLLENHAUER, wie wir gleich deutlicher sehen werden, mit derartigen Annahmen die *Notwendigkeit* einer bestimmten Gegenstandsbestimmung – Erziehung als „kommunikatives Handeln" – begründen will, hofft er, dann (im 2. Kapitel) im interpretativen Paradigma einen Konzeptionalisierungsversuch gefunden zu haben, mit Hilfe dessen er auch die *Möglichkeit* emanzipatorischer Erziehung plausibel machen kann. Wenn allerdings das prinzipiell Mögliche und das praktisch Realisierbare vom bloß Notwendigen nicht strikt unterschieden werden, macht sich die normative Gegenstandsbestimmung selbst einer Idealisierung der Wirklichkeit schuldig.

Es ist bei MOLLENHAUER insgesamt sehr schwierig, erkenntnistheoretische Überlegungen von Versuchen der Gegenstandsbestimmung im engeren Sinne zu trennen. Die erkenntnistheoretische Grundlage scheint im wesentlichen eine transzendental-hermeneutische zu sein. Die Transzendental-Hermeneutik fragt nach den Bedingungen der Möglichkeit von Verstehen überhaupt (vgl. LAY, 1973, S. 78ff.). PEIRCE (1970) beantwortete diese Frage mit der Annahme einer transzendentalen „unbegrenzten Kommunikationsgemeinschaft", deren Tatsächlichkeit aus der Möglichkeit von Wissenschaft überhaupt folge. Diese Gemeinschaft ist zwar einerseits im Hinblick auf inhaltliche Gegenstandsbestimmungen eine Meta-Dimension, andererseits ist unbegrenzte Kommunikation auch ein „Komplementärprogramm" für die Analyse möglicher Vermittlung von Theorie und Praxis (LAY, ebd.). Der durch die unbegrenzte Kommunikationsgemeinschaft erreichbare und teils auch erreichte Konsens betrifft nicht nur die Ergebnisse der Wissenschaft, also „reinen" Erkennens, sondern auch die Sinninterpretationen, die durch prä- und post-scientifische Interaktion zustandekommen (ebd.).

APEL (1970, S. 126) greift den Gedanken auf, daß die Kommunikationsgemeinschaft als eine *Interpretations*gemeinschaft zu verstehen sei und behauptet, daß die intersubjektive Verständigung in einer Interpretationsgemeinschaft „die transzendentalhermeneutische Bedingung der Möglichkeit und Gültigkeit aller objektiv gerichteten (auch schon der prä-scientifischen) Erkenntnis" sei. Wird damit nicht die Struktur der Wirklichkeit auf die Struktur der Sprache bezogen (LAY, S. 79)? Es besteht jedenfalls die permanente Gefahr, daß eine ursprünglich methodologische bzw. erkenntnistheoretische Frage ontologisiert wird (ebd.). Mit dem forschungs*logischen* Begriff der „unbegrenzten Kommunikationsgemeinschaft" als Möglichkeitsbedingung jeglichen Erkennens wird immer zugleich vorausgesetzt, daß außerhalb dieser „Gemeinschaft" die Existenz von Sachverhalten nicht einmal gedacht werden kann. Konsequenterweise kann dann die Wahrnehmung jeglichen Sachverhaltes als Beleg für die Existenz der genannten „notwendigen" Erkenntnisbedingung gelten (HABERMAS, 1968a, S. 150f.). Die Gefahr einer derartigen zirkelhaften Argumentation läßt sich auch bei MOLLENHAUER feststellen, der das erkenntnistheoretische Postulat der „idealen Kommunikationsgemeinschaft" gelegentlich zu einer Bestimmung des Gegenstandes „pädagogische Interaktion" zu hypostasieren scheint, wenn er die konstitutiven Merkmale von Erziehung in Analogie zur transzendental-hermeneutischen *Möglichkeitsbedingung* bestimmt.

Erziehung kann nach MOLLENHAUERS Auffassung nur dann als Manipulation erkannt und überwunden werden, wenn man gegenüber den empirischen Erscheinungen pädagogischer Interaktionen einen transzendentalen Standpunkt einnimmt und von diesem aus die Minimalbedingungen und Merkmale nichtmanipulativer Erziehung normativ bestimmt (vgl. S. 42). Im interaktiven Erziehungsvorgang selbst und in jenen Kommunikations- und Entscheidungsprozessen, die dem Erziehungshandeln zugrundeliegen, ist die Unterstellung einer idealen Kommunikationsgemeinschaft „Bedingung der Möglichkeit rationaler

Verständigung über Sinnorientierung und Handlungsziele und damit auch über die Legitimität pädagogischer Zielsetzungen, sowie des ‚Diskurses' als kritische Instanz gegenüber gegebenen Normen und Regeln" (MARZAHN, 1974, S. 70). Einerseits ist daran festzuhalten, „daß der Sinnzusammenhang eines pädagogischen Feldes sich durch die Intersubjektivität der an den Interaktionen beteiligten Individuen konstituiert, andererseits ist aber solche Intersubjektivität unter faktischen gesellschaftlich-historischen Bedingungen immer nur verkürzt möglich. Diese Feststellung indessen ist nur sinnvoll, wenn die Theorie einen Begriff totaler Intersubjektivität mindestens denkt, d.h. einen Sinnzusammenhang, der durch Herrschaftsverhältnisse nicht schon vorweg auf begrenzte faktische Spielräume reduziert wird. Nur mit Hilfe einer solchen Unterstellung als Möglichkeit ist überhaupt Kritik gegebener Sinnzusammenhänge in Erziehungsfeldern möglich" (MOLLENHAUER, S. 30). In Fällen verzerrter Kommunikation oder einseitiger Manipulation wird „nur faktisch ausgeschlossen, was im Grunde eine Bedingung ihrer Möglichkeit ist und insgeheim auch vom manipulierenden Partner für sich selbst unterstellt wird: Daß sein eigenes Handeln geleitet wird von Normen, die begründet sind, also (!) auf Verständigung beruhen" (S. 63).

Die Annahme einer idealen Kommunikationsgemeinschaft entfalte in der Konfrontation mit der Wirklichkeit ideologiekritische Wirksamkeit, denn aus dem Kontrast zwischen Ideal und Realität ergebe sich „das regulative Prinzip des praktischen Fortschritts" einer Überwindung von Kommunikationshindernissen (APEL 1970, S. 140). Soweit nun Erziehung selbst als kommunikative Sinnverständigung möglich gemacht werden soll, nimmt Erziehung die Form des „Diskurses" an: Handlungszwänge werden (vorübergehend) suspendiert und Geltungsansprüche werden virtualisiert, damit Zwänge und Normen selbst zum Thema von Verständigungs- und Einigungsprozessen gemacht werden können (vgl. HABERMAS, 1971). Unter konkret-empirischen Bedingungen wird im kommunikativen Akt „so getan, als sei eine unverstellte Verständigung zwischen den Partnern möglich; dabei ist dieses ‚so tun als ob' keine Täuschung, sondern eine notwendige Bedingung dafür, daß Verständigung überhaupt angezielt werden kann" (MOLLENHAUER, S. 65).

Schon bei WELLENDORF sind wir diesem Appell zur Virtualisierung von Handlungszwängen begegnet; dort entsprach diese allerdings dem generellen Spiel-Charakter von sozialen Interaktionen. Die „kontrafaktische" Behauptung bzw. Antizipation idealer Verständigung „existiert jedoch nicht nur in der Form der impliziten Unterstellung, d.h. als Gedanke, sondern zugleich als wirkliches Moment auch der faktischen Kommunikation" (S. 63): Erziehungshandeln ist „immer intersubjektive Verständigung" (S. 41), Erziehung hat immer auch die Form einer „auf Verständigung zielenden Kommunikation" (S. 61). Dabei bedeutet „Verständigung" nicht nur Austausch von Informationen, sondern auch Konsensus (S. 42). „Für Erziehungshandeln muß unterstellt werden, daß es kommunikatives Handeln ist. ‚Kommunikatives Handeln' nennen wir solches

Handeln, das seine Zwecke in den daran beteiligten Subjekten selbst hat; das nicht auf Naturbeherrschung direkt aus ist (also auch nicht ‚Produktion' ist), sondern Verständigung über Sinn-Orientierungen und Handlungsziele erreichen will" (S. 42).

Dieser Versuch, Erziehung nahezu als Selbstzweck auszugeben, erinnert an das Bestreben der geisteswissenschaftlichen Pädagogik, Erziehungssituationen als eigenständige (unverfügbare) Bereiche zu verstehen, die „vom Kinde aus" zu strukturieren seien. Entsprechend fährt MOLLENHAUER fort: „Der Heranwachsende soll im Erziehungsvorgang hervorgebracht werden als ein Subjekt, das zur Beteiligung am gemeinschaftlichen Leben fähig ist, und zwar nicht nur im Sinne einer funktionalen Handlungsfähigkeit, sondern auch im Sinne von Erkenntnisfähigkeit" (ebd.). So wird dann pädagogisches Handeln „als Praxis der Aufklärung in dem strikt kognitiven Sinne des Wortes und als Bildung der für solche Praxis unerläßlichen Bedingungen im Individuum selbst" bezeichnet (S. 16). Pädagogisches Handeln soll ein „Maximum kognitiver Strukturen" hervorbringen (S. 12), die rationales und selbstbestimmtes Handeln erst ermöglichen.

Die Verbindung zwischen individuellen und gesellschaftlichen Entwicklungsprozessen ist in der Überzeugung ausgedrückt, daß innerhalb einer gegebenen Gesellschaft Veränderungen im Sinne eines Abbaus von Ungleichheiten usw. nur dann möglich sind, wenn die Subjekte dieser Veränderungen über ganz bestimmte individuelle Fähigkeiten verfügen. Gesellschaftlicher Fortschritt hängt davon ab, ob im Erziehungsprozeß Einsichtsfähigkeit und kommunikative Kompetenz vermittelt werden, die Heranwachsende zur Verständigung und zum „gemeinschaftlichen Handeln unter Gleichen" (S. 15) befähigen. Allgemeinstes Erziehungsziel ist die Fähigkeit, gemeinsam mit anderen gegen jene Hindernisse zu kämpfen, die der Einsichtsfähigkeit, der Verständigung und dem solidarischen Handeln entgegenstehen. Damit dieses Ziel erreicht werden kann, müssen bereits im Erziehungsprozeß selbst Prinzipien der Gleichberechtigung und kommunikativen Kompetenz realisiert werden. Alle Kommunikationspartner müssen die Absicht haben, „sich wechselseitig als intentionale Subjekte zu nehmen und nicht als manipulierte und zu manipulierende Objekte" (S. 65). Im Erziehungshandeln muß der Abbau des ursprünglichen Macht- und Kompetenzgefälles immer schon antizipiert sein (S. 15). Die Merkmale kommunikativen und solidarischen Handelns müssen in pädagogischen Interaktionen allerdings nicht nur als gedachte antizipiert, sondern „real hervorgebracht werden" (ebd.). Zusammengefaßt: „Erziehung muß verstanden werden als ein kommunikatives Handeln, dessen Ziel darin liegt, eine Kommunikationsstruktur zu etablieren, die den Erwerb von Fähigkeiten zum Diskurs ermöglicht" (S. 67f.).

Die Behauptung, daß Erziehung kommunikatives Handeln sei, enthält also, streng genommen, mehrere Unterstellungen, nämlich:

a) daß Machtunterschiede aufgehoben werden können,

b) daß gewaltlose Einigung möglich ist, die sich ausschließlich am Kriterium der „Rationalität“ orientiert,
c) daß Diskurse zur Legitimation von Entscheidungen möglich sind,
d) daß die Beteiligten die Fähigkeit zum role-taking (einfühlenden Verstehen), zur Rollendistanz usw. haben,
e) daß Interaktion als Interpretationsprozeß („Handel um Identitäten“) überhaupt möglich und von allen Beteiligten auch als notwendig erkannt wird.

Wir haben gesehen, daß MOLLENHAUER „kommunikatives Erziehungshandeln“ nicht nur als Notwendigkeit, sondern auch als Möglichkeit postuliert und damit eine spezifische Gegenstandsbestimmung versucht. Um die prinzipielle Möglichkeit kommunikativen Erziehungshandelns zu begründen, werden normativ bestimmte, als notwendig ausgegebene Möglichkeitsbedingungen eingeführt, die sich – zusammenfassend – unter drei Gesichtspunkten beschreiben lassen:

1. Die Idee der *herrschaftsfreien Kommunikationsgemeinschaft* begründet die prinzipielle Möglichkeit von Konsensus über Sinnorientierungen, und zwar kontrafaktisch gegen konkrete Chancen-Ungleichheiten in pädagogischen Interaktionssituationen und gesellschaftlichen Entscheidungsprozessen.
2. Das transzendental-hermeneutische Modell des *Diskurses* richtet sich gegen die faktische Unvernünftigkeit theoretischer und praktischer Entscheidungen in konkreten Kommunikationsgemeinschaften und behauptet die prinzipielle Möglichkeit einer Problematisierung von Lebenszusammenhängen, die von unmittelbarem Handlungsdruck entlastet ist. Im kontextfreien Diskurs der Beteiligten können kommunikative Handlungen mit vernünftiger Legitimation versehen werden.
3. Das *interpretative Paradigma* beschreibt Möglichkeitsbedingungen idealer Verlaufsformen von (pädagogischen) Interaktionen. Das Kriterium für die Bestimmung idealer Verlaufsformen ist – wie oben – Verständigung, wobei hier spezifische sozialpsychologische (nicht sozial*strukturelle*!) Voraussetzungen intersubjektiver Verständigung wie „role-taking“, „Empathie“ usw. beschrieben werden.

Das mit Hilfe dieser Konstruktionen gewonnene Konzept von Erziehung *als* Kommunikation kann neue Betrachtungsweisen und neues Problembewußtsein im Hinblick auf die phänomenologische Analyse von Erziehungssituationen und -handlungen eröffnen. Allerdings erhebt sich die Frage, ob die Postulierung idealer Verlaufsformen pädagogischer Interaktionen schon dazu hinreicht, konkrete Regelfälle nicht-kommunikativer Erziehung zu analysieren oder gar zu überwinden. Dazu sind zunächst die Postulate selbst schon viel zu unklar. Woher kommen überhaupt die transzendentalphilosophischen Unterstellungen, wie kommen sie in die Köpfe des Interaktionsforschers und der interagierenden

Individuen hinein? Was kann und soll überhaupt Gegenstand von Verständigung und Konsens-Bildungen sein? Wie kann Kommunikationsfähigkeit gegen erkannte Hindernisse entwickelt und durchgesetzt werden? Realisieren sich die Postulate bzw. die darin beschriebenen idealen Verlaufsformen von Interaktion aufgrund einer a priori vorauszusetzenden Vernünftigkeit der Subjekte von selbst (da man über entsprechende konkrete Bedingungen nichts erfährt)? Wer ist an der Verwirklichung „kommunikativer" Erziehung interessiert?

2.4.2 Pädagogik als Teleologie „vernünftigen" Redens

In Erziehungssituationen, die durch eine asymmetrische Machtstruktur gekennzeichnet sind, besteht keineswegs die Notwendigkeit und auch kaum die Möglichkeit zu einfühlendem Verstehen, zur gewaltlosen Einigung oder gar zum zwanglosen Diskurs. Vielmehr „unterstellen" die Beteiligten aufgrund bisheriger Erfahrungen, daß sie sich entweder ohnehin durchsetzen werden oder ohnehin keine Chance haben. Probleme, zu deren Lösung „Verständigung" möglich und notwendig wäre, sind eher peripherer Art. Angesichts des z.B. in der Schule institutionalisierten Konkurrenzprinzips und der entsprechenden individuellen Wettbewerbsorientierung unterstellen die Beteiligten bestenfalls ihr jeweils unterschiedliches Durchsetzungsvermögen – auch in Entscheidungsprozessen, die legitimierende Funktion haben. Die Forderung nach einer Unterstellung „idealer Kommunikationsgemeinschaften" würde auf Unverständnis stoßen und hätte lediglich den Charakter eines moralischen Appells.
Kommunikative bzw. emanzipatorische Erziehung wird von MOLLENHAUER auch eher als *Denkmöglichkeit* entwickelt, der bei Anerkennung bestimmter Ziel- und Wertvorstellungen allerdings ein gewisser Realisierungs*zwang* zukommt. *Jedem* Erziehungsakt wohnt nämlich unter allen denkbaren und tatsächlich gegebenen Bedingungen eine immanente Tendenz zur kommunikativen Verständigung inne, die in konkreten Erscheinungsformen von Erziehung zwar verschüttet sein, jedoch nicht prinzipiell verloren gehen kann, weil sie ein konstitutives Wesensmerkmal aller Erziehung ist. MOLLENHAUER verfällt hier einer ähnlichen Ontologisierung wie die „Strukturerhellung" der geisteswissenschaftlichen Pädagogik. Ebensowenig wie diese kann MOLLENHAUER Kriterien für die Bestimmung gradueller Ausprägungsformen von „kommunikativer Erziehung" benennen, denn er macht keine Angaben darüber, wie der Abstand zwischen Ideal und Wirklichkeit empirisch erfaßt werden könnte, weil er Formen, Bedingungen und Wirkungen manipulativer Erziehung nur unzureichend analysiert. Der im letzten Kapitel seines Buches unternommene Versuch einer „materialistischen" Begründung bleibt im Bereich abstrakter Analogiebildungen und wurde von Marxisten als unzureichend zurückgewiesen (vgl. z.B. MARZAHN, 1974; BOTT, 1973).

Ohne die Angabe möglicher empirischer Korrelate des Konzepts „kommunikative Erziehung“ und ohne die Angabe entsprechender Realisierungschancen droht der Begriff zur Leerformel zu werden. Übrig bleibt die Teleologie tendenziell vernünftigen Interagierens: Unter unverzerrten und ungestörten Bedingungen (wie sehen die konkret aus?) ergibt sich „Verständigung“ über „Sinnorientierungen“, wobei allerdings noch unklar ist, in welchem Verhältnis Diskursfähigkeit und *Emanzipation* zueinander stehen (vgl. GRUND u.a. 1974). Zwischen dem harmonisierenden, gleichwohl formalen Konsensus-Modell der „Verständigung“ und dem gesellschaftsverändernden, selbstbestimmten solidarischen Handeln schafft MOLLENHAUER eine abstrakte Verbindung, die nirgends ausgewiesen ist. Sie kann auch nicht begründet werden, weil die *emanzipatorische Qualität*, die dem Prozeß der Einigung innewohnen soll, *nicht auf der Grundlage vitaler, sozial-affektiver Betroffenheit (von Unterdrückung und Manipulation) bestimmt wurde.* Vielmehr soll Aufklärung vor allem über kognitive Erkenntnisprozesse erreicht werden (vgl. zum Ganzen auch BILDEN, 1975).
Die kontrafaktische Unterstellung prinzipiell möglicher Vernunft und das pluralistische Modell freier Entscheidungsbildung durch Konsens können keine Alternative zum „manipulativen“ Erziehungsverständnis schaffen, wie MOLLENHAUER in seinem Buch ursprünglich gefordert und gehofft hatte. Er kann gelungene kommunikative Erziehung zwar mit Hilfe der transzendentalphilosophischen Konstruktionen der „idealen Kommunikationsgemeinschaft“ und des „herrschaftsfreien Diskurses“ hypothetisch antizipieren. Dabei läßt er jedoch die wechselseitigen Beziehungen zwischen kommunikativer Erziehung und deren individuellen und gesellschaftlichen Möglichkeitsbedingungen außer acht. So gerät die pädagogische Interaktionssituation zum Schonraum der Interpretations- und Argumentationskünste sich selbst befreiender Subjekte.
Diese Gegenstandsbestimmung ist eine direkte Folge des „Kommunikationsidealismus“ der Kritischen Theorie (dazu HOLZER, 1973, S. 30ff., bes. S. 40), den MOLLENHAUER allzu unkritisch übernommen und auch im letzten Kapitel seines Buches aufgrund der abstrakten Allgemeinheit seiner Aussagen nicht mehr korrigieren kann. Die Reduktion von Erziehung auf interpersonelle Interpretations- und Verständigungsprozesse, welche die Erziehungssituation zu einem Freiraum des reflexiven Argumentierens macht, wirft nun die Frage auf, nach welchen Modellvorstellungen MOLLENHAUER den Erziehungsvorgang eigentlich zu bestimmen versucht. Welche Vorbilder liegen den idealen Verlaufsformen pädagogischer Interaktion zugrunde? Was kann die Ursache dafür sein, daß MOLLENHAUER ausgerechnet „ideale Kommunikationsgemeinschaften“ zum Verständnis ausgeprägt einseitiger Machtkonstellationen bemüht? Es geht also jetzt um die Frage, welche „Muster-Beispiele“ den theoretischen Ansatz MOLLENHAUERS als spezifische Entfaltung des interpretativen Paradigmas ausweisen, mag das interpretative Paradigma von MOLLENHAUER auch zu Unrecht, weil nicht hinreichend begründet, reklamiert worden sein.

Zur Beantwortung dieser Frage ist zunächst auf die Überbetonung *sprachlich-kognitiver* Fähigkeiten hinzuweisen. Es gibt einige Belege dafür, daß Erziehung in *Analogie zum Gespräch* konzipiert wird. Genauer gesagt: Das paradigmatische Musterbeispiel für Erziehung scheint das argumentierende Gespräch zwischen Intellektuellen zu sein, das in der Form des akademischen Disputes in Universitäts-Seminaren MOLLENHAUERs eigenem beruflichem Erfahrungsbereich entstammt. Die Betonung von rationaler Einsichts- und Argumentationsfähigkeit wäre dann Ausdruck eines gewissen „*Professio-Zentrismus*" (in Analogie zum „Ethno-Zentrismus"), der hier darin besteht, daß man bestimmte, im eigenen beruflichen Erfahrungsbereich geläufige und scheinbar wirksame Interaktionsmodi auf erzieherisches Handeln transponiert und damit zugleich eine spezifische Gegenstandsbestimmung vornimmt.

Daß MOLLENHAUER, wenn auch vielleicht ungewollt und unbewußt, sein Erziehungskonzept nach dem Vorbild akademischer Dispute entwickelt, macht besonders das Aufgreifen und die spezifische Verwendung des Diskursbegriffes deutlich. Mit dem Begriff „Diskurs" bezeichnet HABERMAS (1973) „die durch Argumentation gekennzeichnete Form der Kommunikation ..., in der problematisch gewordene Geltungsansprüche zum Thema gemacht und auf ihre Berechtigung hin untersucht werden .... Diskurse verlangen erstens eine Suspendierung von Handlungszwängen, welche dazu führen soll, daß alle Motive außer dem einzigen kooperativer Verständigungsbereitschaft außer Kraft gesetzt (und Fragen der Geltung von denen der Genesis getrennt) werden können. Zweitens erfordern sie eine Virtualisierung von Geltungsansprüchen, welche dazu führen soll, daß wir gegenüber den Gegenständen der Erfahrung (Dingen, Ereignissen, Personen, Äußerungen) einen Existenzvorbehalt anmelden und Tatsachen wie Normen unter dem Gesichtspunkt möglicher Existenz betrachten (d.h. hypothetisch behandeln) können".

Wenn wir davon ausgehen, daß selbst transzendental-hermeneutische Konstrukte reale Äquivalente im Erfahrungsbereich des entsprechenden Wissenschaftlers haben, dann scheint das Diskurs-Modell in mancher Hinsicht der Lebenssituation, dem Selbstverständnis und auch der Selbsttäuschung des in der Hochschule tätigen philosophierenden Sozialwissenschaftlers zu entspechen. Traditionellerweise aus dem unmittelbaren Produktionsbereich ausgegliedert, mit der materiellen Abgesichertheit eines Beamten und dem Privileg ausgestattet, nach der „Wahrheit" forschen zu dürfen, kann der Sozialwissenschaftler Handlungs- und Erfahrungszusammenhänge zum Gegenstand seiner Reflexionen machen, die *anderen* in der Regel aufgezwungen werden und insofern eine „Suspendierung von Handlungszwängen" und eine „Virtualisierung von Geltungsansprüchen" *nicht* zulassen. Gerade zur Zeit der Studentenbewegung (Ende der sechziger Jahre) wurden ja in sozialwissenschaftlichen Universitätsseminaren „problematisch gewordene Geltungsansprüche zum Thema gemacht", wurden Legitimationen angezweifelt und gegenüber herrschenden Ordnungen, Verteilungsmechanismen und gesellschaftlichen Stabilisierungsfaktoren „Existenzvorbehalte“ angemeldet. Tatsächlich sind die Vorstellungen ungestörter Kommunikation, radikaler Problematisierung und genereller Verständigungsbereitschaft konstitutive Merkmale der Institution „Seminar“.

Wenn nun Erziehung in Analogie zu bestimmten Formen intellektuellen Argumentierens als „Gespräch“ aufgefaßt wird, dann werden durch diese Gegenstandsbestimmung einige Momente auf Kosten anderer besonders hervorgehoben. Erziehung – als „Gespräch“ – scheint seinen Zweck vor allem in einer Schulung von Einfühlungsfähigkeit („Empathie“), Verständigungsbereitschaft, Diskussionsfähigkeit, kognitiver Einsichtsfähigkeit und „Rollendistanz“ zu haben. Welche Funktion die kommunikative Kompetenz kritischer Subjekte allerdings innerhalb der Aufgaben und Zwänge der Lebensbewältigung in einer gegebenen Gesellschaft hat, wird nicht deutlich. Es ist auch nicht klar, auf welche Inhalte und Gegenstände sich rationale Argumentationen und kommunikative Kompetenz beziehen sollen. Ebensowenig Aussagen werden über die materiellen und gesellschaftlichen Bedingungen individueller Gesprächsfähigkeit gemacht.

Wir sehen also, daß aufgrund einer Übertragung der Interaktionsmodi aus einem anderen Bereich die durch Erziehungsprozesse hervorzubringende rationale Einsichts- und Handlungsfähigkeit auf *formale* Fähigkeiten der Argumentation und kognitiven Einsichtsgewinnung reduziert werden, die noch dazu in Situationen erworben werden sollen, die von jenem Handlungsdruck entlastet sind, der für gewöhnliches (auch politisches!) Handeln angenommen werden muß. Entsprechend unterscheidet MOLLENHAUER zwischen erzieherischem Handeln als „Praxis der Aufklärung im strikt kognitiven Sinne“, das beim zu Erziehenden eine möglichst differenzierte kognitive Struktur zu entwickeln bemüht sein soll, und politischem Handeln als interessengebundenem und veränderndem Eingreifen in Lebenswelten (S. 15f.). Unberücksichtigt bleibt dabei, daß jegliche Erziehung immer vitale Betroffenheit aller Beteiligten impliziert, die sich nicht beliebig „suspendieren“ oder „virtualisieren“ läßt, auch weil sie in interessengebundenen politischen Entscheidungen fundiert ist.

Die Machtkämpfe zwischen Lehrer und Schülern, die Konkurrenzkämpfe der Schüler untereinander um die knappen guten Noten, die Auseinandersetzungen um Lernziele, Methoden usw. kann man nicht zu bloßen Verständigungsproblemen vergeistigen, die sich „prinzipiell“ durch rationale Argumentation lösen lassen. Es bleibt bei MOLLENHAUER unklar, inwieweit eine rationale Auseinandersetzung, die zur Beseitigung von Kommunikationssperren führen könnte, zwischen den Trägern *gegensätzlicher* Interessen überhaupt möglich ist. Außer Sprachbeherrschung und reflexiver Einsichtsfähigkeit werden keine Bedingungen genannt. Wenn es jedoch zutrifft, „daß verzerrte Kommunikation aufgrund widersprüchlicher Interessen der Kommunikationspartner bedingt ist, die auch darin ihren Ausdruck finden, daß die pädagogischen Inhalte dem Zögling überwiegend als etwas Fremdes gegenübertreten, ist es mehr als unwahrschein-

lich, daß eine Theorie, die von der Kommunikation und Interaktion ausgeht, dieses Problem lösen kann" (BOTT, 1973, S. 70).
Der Formalisierung und Intellektualisierung von pädagogischen Interaktionen entspricht eine Verharmlosung *individueller* Probleme. Mögliches psychisches Leiden wird von der Theorie sublimiert zur „Kommunikationsstörung" und „Reflexionshemmung". In einer ähnlichen Betonung formal-kommunikativer Momente spricht LORENZER (1973, S. 101) von einer „Blockade der Verständigung mit anderen und der Verständigung mit sich selbst". Das Leiden wird beseitigt, indem die „Reflexionshemmung" aufgehoben wird, und zwar durch Rekonstruktion der „gesperrten Kommunikation" (ebd.). Wenn man sich einmal klar macht, daß diese „Kommunikationssperren" ihre Ursachen z.B. in spezifischen Arbeisplatzbedingungen (Fließband, großer Lärm, Akkordarbeit usw.) haben können, daß sie durch die unterschiedliche Herkunft von Lehrern und Schülern bedingt sein können, daß sie in familiären Interaktionserfahrungen begründet sein können, die man durch „Reflexion" vielleicht bewußt, aber kaum rückgängig machen kann, dann wird die professio-zentrische Verkürzung des Erziehungs- und Interaktions-Konzeptes deutlich, deren idealisierende Absicht letztlich nichts als Beschönigung bewirkt.
Rückblickend und zusammenfassend kann man den Theorieansatz von MOLLENHAUER als transzendental-hermeneutische Phänomenologie der immanenten Teleologie einer „Erziehung als kommunikativem Handeln" bezeichnen. Diese Phänomenologie steht in mehrfacher Hinsicht in der Tradition der geisteswissenschaftlichen Pädagogik. Während sich die Theorie des pädagogischen Bezugs an idealisierten Bildern einer Hofmeister- und Hauslehrererziehung orientierte, formuliert MOLLENHAUER seinen Erziehungsbegriff in Analoge zum akademischen Disput. In beiden Fällen werden Dimensionen der individuellen vitalen Betroffenheit und der gesellschaftlichen Konstituiertheit von Interaktionen eliminiert bzw. nur verbal beschworen. In beiden Theorien werden soziale Beziehungen personalisiert: Der selbsttragenden intensiven Gefühlsbindung in der Theorie des pädagogischen Bezugs entsprechen bei MOLLENHAUER Verständigung und Einverständnis (zwischen kritisch-kompetenten Subjekten), die ihre „Zwecke in den daran beteiligten Individuen selbst" haben (S. 42). Schutz vor dem Zugriff „objektiver Mächte" könnte in MOLLENHAUERS Modell die Fähigkeit zur „Rollendistanz" geben. In beiden Theorieansätzen wird für Erziehung ein besonderer Freiraum beansprucht, ohne daß dieser Anspruch hinreichend begründet würde.
Sowohl in der Theorie des pädagogischen Bezugs wie auch in der Theorie pädagogischer Interaktionen von MOLLENHAUER wird dem Erziehungsvorgang eine allgemeingültige *teleologische* Tendenz zur Selbstrealisierung zumindest implizit zuerkannt. Im ersten Falle erweist phänomenologische „Struktureinsicht" den pädagogischen Bezug als konstituierendes movens *aller* Erziehung. Im zweiten Fall sind es die „Unterstellung" einer idealen Kommunikationsgemein-

schaft, das Diskurs-Modell sowie das interpretative Paradigma der Interaktion, die dem Erziehungsbegriff eine überzeitliche Gültigkeit verleihen und erzieherisches Handeln zur Realisierung von prinzipiell möglicher und insofern vorgegebener „totaler Intersubjektivität“ und „kommunikativer Verständigung“ machen. In beiden Fällen drücken diese Ideal-Bilder von Erziehung normative Postulate und insofern eine Parteinahme aus, die letztlich auch bei MOLLENHAUER in der bürgerlichen Emanzipationsbewegung des 19. Jahrhunderts ihre Wurzeln hat. Aber auch er begründet diese Parteinahme nicht durch Einsicht in historische Entwicklungsprozesse, sondern lediglich durch Hinweise auf die Plausibilität bestimmter „Unterstellungen“.

Kann MOLLENHAUER mit seinem Theorie-Entwurf Aussagen über stabilisierende Faktoren im Erziehungsprozeß machen? Kann er diese Aussagen durch die Analyse der gesellschaftlichen und sozialen Konstituiertheit von Interaktionssituationen, Interaktionen und Interaktionserfahrungen begründen? Wohl wird ein kategorialer Rahmen erstellt, der die Untersuchung wichtiger Zusammenhänge erlauben würde. Analysiert werden diese Zusammenhänge jedoch nicht; es wird auch kein Paradigma von Interaktion entwickelt, das Erziehung als (faktische) einseitige Machtausübung begreiflich machen könnte. Strukturen werden nicht in die sie konstituierenden Prozesse aufgelöst. Dem Regelfall einseitiger Machtausübung und Manipulation wird eine Alternative nur abstrakt entgegengesetzt. Diese Alternative wird nicht aufgrund von Einsichten in das *Zustandekommen* „manipulativer Erziehung“ entwickelt.

Wir werden im nächsten Kapitel einige Theorie-Ansätze diskutieren, die einer ganz anderen methodologischen Richtung entstammen und Explikationen des „normativen Paradigmas“ von Interaktion sind. Dabei wird sich u. a. zeigen, daß es leichter ist, die Verfügbarmachung von pädagogischen Interaktionsbeziehungen zu begründen und zu erforschen, als – wie es die zuletzt betrachteten Theorien versuchten – die Nicht-Verfügbarkeit plausibel zu machen und zu verteidigen. Diese Unterschiede dürften jedoch auch in Voraussetzungen und Gegebenheiten liegen, die selbst nicht im unmittelbaren Einflußbereich des Wissenschaftlers liegen.

3. Verhaltenssteuerung und soziale Macht
(sozialpsychologische Theorien)

Innerhalb der Erziehungswissenschaft ist es in letzter Zeit leider üblich geworden, zur Beschreibung und Analyse des interpersonellen Charakters von Erziehungs- und Unterrichtsprozessen vor allem den symbolisch-interaktionistischen Ansatz heranzuziehen, der meist kurz und bündig als *der* „interaktionistische" Ansatz bzw. das „interaktionistische Paradigma" bezeichnet wird (vgl. z. B. HURRELMANN, 1974, 1975; MOLLENHAUER, 1972). Diese Verabsolutierung eines bestimmten Interaktionsbegriffes ist wissenschaftshistorisch gesehen fragwürdig und behindert möglicherweise die Suche nach Forschungs- und Theorieansätzen, die, abgesehen von einer tatsächlichen Relevanz des symbolisch-interaktionistischen Ansatzes, für die Untersuchung von Erziehungs- und Unterrichtsprozessen fruchtbar gemacht werden könnten.

Die in Deutschland schon relativ früh erschienenen Beiträge von LOCHNER (1927), PETERSEN (1937), WINNEFELD (1957) und anderen wurden von der Rezeption anglo-amerikanischer Entwicklungen überholt und spielen in ihrer teilweise noch phänomenologischen Orientierung gegenüber behavioristischen Ansätzen heute kaum noch eine Rolle. Immerhin war das Bewußtsein vom „sozialen" Charakter der Erziehung schon vor ca. 40 Jahren in der deutschen Erziehungswissenschaft entwickelt.

Heute haben sozialpsychologische Erklärungsmodelle und entsprechende empirische Befunde, soweit sie nicht dem Feindbild des „Positivismus" subsumiert und folglich ignoriert werden, einen festen Platz innerhalb der Pädagogik. Das zeigen aktuelle und gewichtige Arbeitsbereiche wie die Unterrichts- und Interaktions-Analyse, die Untersuchung von Lerngruppen wie der Schulklasse, die Untersuchung von Lehrer-Schüler- und Schüler-Schüler-Beziehungen, die Erziehungs- und Führungsstilforschung, die Untersuchung von interpersoneller Wahrnehmung, von Erwartungshaltungen und Urteilsverhalten unter sozialpsychologischem Aspekt. Damit verbunden ist die Bedeutung sozialpsychologischer Fragestellungen in der Pädagogik an der Verbreitung einschlägiger Literatur zu erkennen (vgl. z. B. BACKMAN/SECORD, [2]1973; GUSKIN/GUSKIN, 1973; TAUSCH/TAUSCH, [6]1971; ULICH, [5]1975; WEBER, [4]1973; WEISS, [6]1970).

In diesem Buch interessiert der sozialpsychologische Theorieansatz vor allem als Explikation des stabilitätsorientierten Paradigmas zur Erfassung von Interaktionsprozessen und -strukturen, also als eine Erscheinungsform des „normativen

Paradigmas", wie sie in der behavioristischen empirischen Psychologie wirksam geworden ist. Zunächst muß folglich untersucht werden, daß und inwiefern der sozialpsychologische Untersuchungsansatz überhaupt als eine Variante des normativen Paradigmas verstanden werden kann. Da sozialpsychologische Theorieansätze bisher in der Pädagogik zwar teilweise in ihren Ergebnissen, aber kaum in ihren methodologischen Grundlagen behandelt worden sind, und da es auf diesem Gebiet wenig knappe Einführungen (wie z.B. MANN, 1972) gibt, wollen wir hier die Grundlagenprobleme etwas ausführlicher behandeln.
Nach einer Klärung von Gegenstand und Ziel sozialpsychologischer Analysen werden wir dann einige innerhalb der Pädagogik entwickelte sozialpsychologische Konzepte von „Erziehung" und „Erziehungsstil" betrachten. Zur Beurteilung der z.B. lerntheoretischen Grundlagen und der möglichen Konsequenzen dieser pädagogischen Konzeptionalisierungen wird es anschließend nötig sein, den zugrundeliegenden sozialpsychologischen Interaktionsbegriff und das in ihm ausgedrückte Gegenstandsverständnis genauer zu analysieren. Im weiteren Fortgang werden wir uns mit einem spezifischen Modell zur Erklärung von sozialem Einfluß beschäftigen, nämlich dem Ansatz „soziale Macht". Die Anwendbarkeit dieses Modells auf pädagogische Interaktions-Situationen wollen wir schließlich anhand von Beispielen prüfen.

3.1 Grundlagen sozialpsychologischer Analysen

Es gibt kein einheitliches Denkmodell, nach dem die Sozialpsychologie ihren Gegenstand abbilden könnte. Sozialpsychologie ist eine Forschungstradition, die wie andere psychologische Richtungen bestimmte notwendige, wenn auch jeweils nicht hinreichende Bedingungen von Verhalten untersucht. Nicht die soziale Natur allen Handelns und die soziale Vermitteltheit allen Erlebens und Verhaltens ist Gegenstand der Sozialpsychologie. Es wird vielmehr vorausgesetzt, *daß* alles Handeln an anderen orientiert und auf sie hin motiviert ist. Die Sozialpsychologie versucht zu beschreiben und zu erklären, „wie das Denken, Fühlen und Verhalten von Individuen durch die reale, vorgestellt oder implizite Anwesenheit anderer beeinflußt wird" (ALLPORT, 1968, S. 3). Um zu verstehen, was damit gemeint ist, wollen wir im nächsten Abschnitt die Fragestellung der Sozialpsychologie etwas genauer analysieren.

3.1.1 Gegenstand, Ziel und Kennzeichen sozialpsychologischer Untersuchungen

Entsprechend der eben zitierten Definition von ALLPORT untersucht die Sozialpsychologie also 1., auf welche Weise sich Individuen gegenseitig beeinflussen, und 2., welche Wirkung diese Beeinflussung beim einzelnen Individuum hat.

Es sollen Aussagen gemacht werden über die „Beziehung zwischen sozialer Interaktion und dem Verhalten“ (LINDGREN, 1973, S. 37). Verhält ein Kind sich z. B. aggressiv, so wird dieses Verhalten nicht allein mit der individuellen Eigenschaft „Aggressivität“ erklärt, sondern es müssen jene spezifischen sozialen Beziehungen und diesen zugrundeliegenden zwischenmenschlichen Handlungen aufgeklärt werden, an denen das Kind beteiligt ist. So würde man etwa auf einen autoritären Erziehungsstil der Eltern, auf eine ungünstige Stellung des Kindes in der Geschwisterreihe, auf Rivalitäten in der peer-group, auf Selbstunsicherheit im familiären Rollengefüge und ähnliches stoßen. Alle diese Sachverhalte sind entweder soziale Bedingungen oder schon Produkte der Wechselwirkung zwischen Interaktionen und individuellen Verhaltensweisen.

Die Sozialpsychologie betrachtet also jene Aspekte des Verhaltens, „die die Interaktion des Individuums mit anderen betreffen, sowie die sich daraus ergebenden Beziehungen“ (LINDGREN, ebd.), einschließlich deren psychischer Repräsentationen „im“ Individuum, z. B. in Gestalt sozialer Einstellungen. Es werden *allgemeingültige* Erkenntnisse über Verhalten angestrebt, und zwar zum Zwecke der Verhaltensprognose (ebd.). „Das Ziel der Sozialpsychologie ist es, die *Gesetze* der Entwicklung, des Wandels und der Eigenart interpersoneller Verhaltensereignisse zu gewinnen“ (KRECH u. a., 1962, S. 5).

Diese „interpersonellen Verhaltensereignisse“ sind nun der *Gegenstand* der Sozialpsychologie und werden definiert als ein Prozeß der Interaktion zwischen zwei und mehr Personen, wobei die Handlung der einen Person sowohl *Reaktion* auf eine (vergangene) Handlung der anderen als auch *Stimulus* für die andere Person bzw. deren künftige Handlungen ist (ebd.). Die Handlungen der Beteiligten sind insofern aufeinander bezogen, als die Handlungen des einen immer zugleich Ergebnis *und* Ursache der Handlungen des anderen sind (ebd.). Unter Interaktion versteht man also wechselseitig aufeinander bezogenes, aneinander orientiertes und sich ergänzendes Verhalten zweier oder mehr Personen. Entscheidend sind dabei die Merkmale der Interdependenz (wechselseitige Abhängigkeit) und Komplementarität (wechselseitige Ergänzung).

Die wechselseitige Beeinflussung geschieht hinsichtlich des *Verhaltens* und anderer psychischer Teilbereiche, soweit man deren Beeinflußbarkeit und Beeinflußtheit am Verhalten erkennen kann. Außerdem ist interaktives Handeln rück-gekoppelt: *A* kontrolliert sein eigenes Verhalten anhand der Reaktionen, die dieses Verhalten bei *B* ausgelöst hat. Zu dieser Interdependenz kommt hinzu, daß wir immer, „ehe noch die Rückkoppelung erfolgt ist, in unsere Handlungen schon das Wissen einbauen, daß unser Gegenüber sich mit einer Erwartungshaltung auf uns einstellt, und daß wir die Erwartungshaltung des anderen und auch seine Reaktionsmöglichkeiten in unserem eigenen Handlungs-Ansatz bereits in Rechnung stellen. Man könnte auch sagen: Interaktion ist eine Art von aufeinander bezogenem Handeln, das davon ausgeht, daß jeder der Beteiligten in sein Handeln das Wissen um das Wissen des anderen einbaut“ (MUELLER/THOMAS, 1974, S.

55). Der jeweilige Andere wird also als ein Handlungszentrum mit eigenständigen Erwartungen aufgefaßt, die in dessen Handeln einfließen und es mitbestimmen (a.a.O., S. 57).

Eine methodische Schwierigkeit ergibt sich nun daraus, daß man exakt-empirisch „die an der Interaktion beteiligten Personen nicht gleichzeitig als Handelnde und als Handlungen-Empfangende erfassen kann. Empirisch-wissenschaftlich läßt sich Interaktion nur als Ping-pong-Spiel erfassen, als Aktion und Reaktion aufeinanderbezogener Handlungen und Erlebnisweisen. Das Gleichzeitige, das, was im eigentlichen Sinn Beziehung stiftet, geht dabei verloren. Aus dem dialektischen Verhältnis wird das kybernetische System von durch Rückkoppelung gesteuertem gegenseitigem Verhalten“ (ebd.). Der sozialpsychologische Interaktions-Begriff meint also eigentlich nicht reale Handlungen zwischen Individuen, sondern ein Wechselwirkungs-Muster, das von konkreten Verhaltensweisen abstrahiert wurde.

Nach dieser vorläufigen Bestimmung der „interpersonellen Verhaltensereignisse“ als Gegenstand der Sozialpsychologie sollen nun Erklärungsziel und Erkenntnisinteresse näher charakterisiert werden. Eine sozialpsychologische Erklärung individueller Verhaltensweisen besteht darin, daß man diejenigen zwischenmenschlichen *Einflußprozesse* und *Beziehungen* angibt, die aufgrund bestimmter theoretischer Annahmen als ursächlich für die beobachteten Verhaltensweisen angenommen werden können. Sozialpsychologische Erklärungen müssen auch Konstrukte wie z.B. den Einstellungsbegriff umfassen, die stabile Verhaltenstendenzen „im“ Individuum bezeichnen; denn die Abhängigkeit der Individuen untereinander besteht auch dann, wenn die Anwesenheit anderer nur „vorgestellt“ oder „implizit“ ist. Mit „implizit“ meint man dabei den Sachverhalt, „daß etwas nicht wahrgenommen, vorgestellt oder auch nur gefühlt zu sein braucht, und doch erlebnis- und verhaltensbestimmend wirken kann“ (GRAUMANN, 1969, S. 73). Prinzipiell müßte die Sozialpsychologie also den Einfluß der „impliziten Präsenz sozialer Gegebenheiten“ bis hin zum übergreifenden sozialen Bezugssystem der Gesellschaft erforschen (vgl. GRAUMANN, ebd.).

Dieser Aufgabe steht jedoch die *psychologische* Orientierung der Sozialpsychologie entgegen. Sozialpsychologie ist die Wissenschaft vom einzelnen Individuum *in* der Gesellschaft (z.B. KRECH u.a., 1962; SECORD/BACKMAN, 1964). Aus dieser Akzentuierung folgt, daß die Entwicklung sozialer Erfahrungen und die Ausbildung sozialer Einstellung und Verhaltenstendenzen als relativ autonome Vorgänge untersucht werden, die zwar in Abhängigkeit vom jeweiligen Kontext ablaufen, jedoch nicht als Produkte von Strukturierungsprozessen auf *makro*-sozialer Ebene analysiert werden. Nur dann gehören Bedingungen und Wirkungen interpersonaler Einflußprozesse zum Gegenstandsbereich der Sozialpsychologie, wenn sie im konkreten zwischenmenschlichen Bereich von Interaktionen und Beziehungen liegen und zugleich (aufgrund von Lernprozessen) psychisch repräsentiert und somit abrufbar, d.h. „beobachtbar“ sind. Die Tatsache, „daß *alles* Einzelne tatsächlich von umfassenderen Verhältnissen bedingt ist und nur ihnen seine Bestimmtheit und Eindeutigkeit verdankt, (ist) im anschaulichen Erleben nicht mitgegeben" (METZGER, 1963, S. 138) und kann aufgrund objektiver Verhaltensdaten kaum erschlossen werden.

Von daher gesehen ist „Konformität" – als ein bevorzugtes Thema der Sozialpsychologie – vor allem Konformität in der *Gruppe*. Man orientiert sich dabei an solchen „Normen", deren Genese und Wirkung sich im unmittelbaren zwischenmenschlichen Bereich nachweisen läßt. Einfluß wird auf interpersonellen Einfluß beschränkt, dessen makro-soziale Bedingungen nicht selten der Soziologie zur Erforschung überwiesen werden. Auch die soziologische Richtung der Sozialpsychologie (vgl. MANN, 1972, S. 11 ff.) entwickelt kaum Vorstellungen darüber, wie man die Rolle von Individuen und Gruppen bei der Konstituierung derjenigen sozialen Einflußfaktoren untersuchen könnte, denen sie und andere selbst ausgesetzt sind. Denn „Normen", „Kultur" und „Soziales System" erscheinen entweder als abstrakte Kategorien ohne empirische Korrelate (wie bei PARSONS), oder als quasi selbstverständliche Mitgegebenheiten, deren Konstituierung man allenfalls anhand der Interaktionsprozesse von Laborgruppen untersucht (vgl. FEND, 1974, S. 41–44).

SHERIF (1963, S. 67) kann also mit Recht als den gemeinsamen Gegenstand der Sozialpsychologen verschiedener Richtungen das *Sozialverhalten im Rahmen von Interaktionseinflüssen* bezeichnen. Auch von einem ganz anderen, nämlich marxistisch-leninistischen Wissenschaftsverständnis her kommt eine ähnliche Gegenstandsbestimmung zustande (EICHHORN, 1969, S. 421 f.): Die Sozialpsychologie „setzt ihre Untersuchungen dort an, wo die ‚Kette' der gesellschaftlichen Determination der Individuen unmittelbar den einzelnen Menschen ‚erreicht', und dieser ‚Punkt' ist die vorwiegend unmittelbare Wechselwirkung der Individuen in konkreten Gruppen oder Kollektiven". Da Interaktion hier in recht simpel-mechanistischer Weise lediglich als Verlängerung gesellschaftlicher Determination bestimmt wird, kann man auch in dieser Gegenstandsbeschreibung nicht erkennen, wie aus den Interaktionszusammenhängen selbst wiederum ihrerseits determinierende Strukturen hervorgehen können.

Daß die Umwelt sozial konstituiert ist und daß es Wechselbeziehungen zwischen strukturellen Eigentümlichkeiten der Gesellschaft, Interaktionssituationen und Erfahrungsbildung gibt, bleibt oft außerhalb des Forschungsinteresses der Sozialpsychologie. Leitend ist vielmehr die Frage: Was geschieht im *Individuum* (z. B. an Lernprozessen), und welche Verhaltensweisen bzw. Leistungen können wir erwarten, wenn das Individuum bestimmten sozialen Einflüssen in dyadischen Beziehungen und in der Gruppe ausgesetzt ist? Nicht die je besondere Beziehung des einzelnen zu seiner Umwelt interessiert, sondern vor allem, *was* diese Beziehung das Individuum zu *tun* veranlaßt. Die Art der Beziehung und des Einflusses ist sekundär gegenüber der Frage, ob sie in der erwarteten Weise *wirksam* waren oder nicht.

Bevor wir das Erklärungs-Modell etwas systematischer abhandeln, wollen wir zusammenfassend einige wichtige Kennzeichen der Sozialpsychologie nennen, um diesen Ansatz von anderen besser unterscheiden zu können:

1. Die methodologische Basis ist in der Regel *behavioristisch-empirisch.* Es sind nur bestimmte Arten von Begriffen und Forschungsmethoden als „wissenschaftlich" zugelassen. Ziel ist die empirische (am besten: experimentelle) Rekonstruktion von funktionalen Zusammenhängen zwischen Verhaltensbedingungen („Reizen") und beobachtbaren Verhaltensweisen („Reaktionen"). Zu diesem Zweck müssen theoretische Begriffe operationalisierbar sein. Letztlich sollen gesetzmäßige Zusammenhänge aufgedeckt werden, die z.B. die Beziehung zwischen dem Grad der Zuneigung und der Interaktionshäufigkeit oder die Wahrscheinlichkeit von Einstellungsänderungen aufgrund der Anwendung bestimmter Beeinflussungsmethoden erklären sollen.
2. Wichtigster Untersuchungsgegenstand ist der Prozeß der interpersonalen *Beeinflussung.* Die Beeinflussung kann nur indirekt erfaßt werden, nämlich durch Beobachtung der Reaktionen, die sich in bestimmten Reizsituationen zeigen (z.B. konformes Verhalten). Sozialer Einfluß ist also die am Verhalten der Person *B* erkennbare Einwirkung von Person *A* auf diese Person *B*, wobei „Person *A*" auch eine komplexere soziale Situation mit allerdings genau definierten beobachtbaren Merkmalen, und „Person *B*" natürlich auch eine Gruppe sein kann.
3. Eine zentrale Grundannahme besagt, daß wechselseitige Einflußnahmen (Interaktionen) sich zu relativ stabilen Interaktionsmuster entwickeln (vgl. GRAUMANN, 1972, S. 1154). Da das individuelle Verhalten nach behavioristischer Überzeugung „Gesetzen" folgt, muß auch soziales Verhalten, das sich z.B. nach HOMANS (1967, S. 32) vom Verhalten eines einzelnen Individuums gegenüber seiner physikalischen Umwelt nicht unterscheidet, in Wiederholungen allmählich zur Stabilisierung tendieren. Die Stabilisierung von Interaktionsmustern bzw. Beziehungen ist ihrerseits die Voraussetzung dafür, daß Regelhaftigkeiten des Verhaltens erforscht werden können.
4. Fragen des sozialen Einflusses sind von Fragen der *Motivation* und Motivierung nicht zu trennen. Und zwar ist die Beziehung zwischen Interaktion und Motivation wechselseitig: Es interessieren sowohl die Motive, Einfluß auszuüben, wie auch die motivationale Wirkung von sozialem Einfluß. So können auf der einen Seite z.B. Kontaktstreben, Sympathie, Führungswille und auf der anderen Seite z.B. Konformität, Leistungsmotivation oder auch Angst untersucht werden. Interdependenzen zwischen sozialen Sachverhalten (z.B. Konkurrenz-Beziehung zu anderen) und Persönlichkeitsmerkmalen (z.B. Leistungsmotivation) werden in Gesetzesaussagen oder Wahrscheinlichkeitsaussagen formuliert (vgl. z.B. HOFSTÄTTER, 1956, S. 155–161; HOMANS, 1967, S. 32ff., u. 1968, S. 126).

5. Die Sachverhalte, daß Menschen oft wechselseitig voneinander *abhängig* sind und daß es (zum Teil deshalb) Machtunterschiede und Statusdifferenzen gibt, werden von der Sozialpsychologie meist als unabänderlich angesehen und auf die prinzipielle Notwendigkeit zurückführt, gesellschaftliche Erfordernisse, die dem einzelnen Individuum auf dem Wege über Interaktion auch als Zwänge („soziale Kontrolle") gegenübertreten, und individuelle Bedürfnisse miteinander zu vereinbaren (Integrationsinteresse der Sozialpsychologie).
6. Sozialpsychologie ist seit ihren Anfängen eng mit *praktischen* Intentionen verknüpft. Im methodologischen Postulat der experimentellen Überprüfbarkeit von Aussagen spiegelt sich das praktische Postulat, wirksame, d.h. in ihrem Effekt überprüfbare Einflußmethoden zu entwickeln. Schon zu Beginn standen im Mittelpunkt der Forschung Probleme der Verhaltens- und Einstellungsänderung, des Konflikt-Managements, der Verbesserung von Führungs- und Lenkungsmaßnahmen. Hinter den ersten Theorien und Untersuchungen standen teilweise auch politisch-emanzipatorische Absichten (vgl. z.B. LEWIN, 1968). Gerade die Schriften von LEWIN (1963, S. 575ff.) demonstrieren das breite Spektrum der Forschungsthemen der frühen Sozialpsychologie: Er untersuchte nicht nur die Beeinflussung und Wirkung von Führungsstilen, sondern auch die Veränderung von Ernährungsgewohnheiten; er erforschte nicht nur die Dynamik von pädagogischen Interaktionen, sondern er beschäftigte sich auch mit der Diskriminierung von Minderheiten und Fragen der Friedensforschung. Viele Forschungsthemen vor allem aus den großen Bereichen „Gruppe" und „Einstellung" lassen sich heute allerdings zunehmend als bloße Variationen eines schon immer sehr zentralen Problems der Sozialpsychologie verstehen: der Frage nach den Bedingungen und Hindernissen *konformen* Verhaltens. Die Bevorzugung dieses Themas hat historische und gesellschaftliche Gründe. In Zeiten, in denen soziale Spannungen und Konflikte (z.B. zwischen ethnischen Gruppen, in Industriebetrieben, im Bildungs- und Ausbildungsbereich, im politischen Bereich) als störend oder sogar unerträglich empfunden werden, werden „Verträglichkeit" und „Konformität" zu bevorzugten Werten, zu deren Verwirklichung auch die Wissenschaft herangezogen wird (vgl. NOLTE/STAEUBLE, 1972).

Einen der wichtigsten Gesichtspunkte wollen wir jetzt ausführlicher behandeln: Zu einer Wissenschaft (im neo-positivistischen Sinne) konnte die Sozialpsychologie erst dadurch werden, daß sie *Gleichförmigkeiten* sozialen Verhaltens mit dem Ziel untersuchte, *erklärende Gesetzesaussagen* zu formulieren. Die damit angedeuteten methodologischen Postulate wollen wir im nächsten Abschnitt behandeln und damit die Überlegungen zum Gesetzesbegriff und zum stabilitätsorientierten Interaktionsmodell aus Kapitel 1 fortsetzen.

3.1.2 Das Erklärungsmodell der sozialpsychologischen Forschung

Betrachten wir zunächst die analytischen Grundeinheiten des Modells, die drei „Systeme“ Soziales System, Kultur und Persönlichkeit. Damit sind die Grundelemente aller Stabilisierungsprozesse gemeint. Ausgangspunkt aller Erklärungen ist die Annahme von Gleichförmigkeiten sozialen Verhaltens, und entsprechend ist das Ziel der Erklärung die Formulierung generalisierender Annahmen über Zusammenhänge zwischen Bedingungen und Folgen. Nach einer kurzen Skizzierung der analytischen Grundeinheiten werden wir das Vorgehen bei sozialpsychologischen Erklärungen genauer darstellen.

„Den Sozialpsychologen interessieren besonders jene Gleichförmigkeiten menschlichen Verhaltens, die zwischenmenschliche Interaktion charakterisieren. Diese Regelmäßigkeiten des Denkens, Fühlens und Handelns bilden einen Großteil des menschlichen Verhaltens“ (BACKMAN/SECORD, 1972, S. 9). Beobachtete Regelmäßigkeiten des Verhaltens werden dadurch zu erklären versucht, daß man sie auf Interaktionen, Beziehungen und Strukturen zurückführt, die im „sozialen System“, im Normensystem der „Kultur“ sowie in der Persönlichkeitsstruktur repräsentiert sind. So sagt etwa auch ARGYLE (1972, S. 17): „Soziale Strukturen bestehen aus Regelmäßigkeiten des sozialen Verhaltens zwischen Menschen in verschiedenen Positionen“. Der Begriff der Position bezieht sich auf das „soziale System“, also die formale Gliederung bzw. Zueinanderordnung der Rechte und Pflichten der Gruppenmitglieder oder Interaktionsteilnehmer. Kriterien der Zuordnung sind meist die Strukturierungsmechanismen „Arbeitsteilung“ und „Herrschaft“.

Mit dem „sozialen System“ haben wir eine erste wichtige Bedingung oder „Quelle“ von Regelmäßigkeit und Stabilität genannt. Die Vermittlung zwischen sozialem System und individuellem Verhalten soll auf der analytischen Ebene der Begriff der „Rolle“ leisten, auf den wir später noch ausführlicher eingehen werden. „Rolle“ umfaßt alle jene stabilisierenden Faktoren, deren Quellen außerhalb des einzelnen Individuums liegen. Mit Hilfe von Rollenerwartungen soll das Verhalten der Individuen auf bestimmte gesellschaftliche Erfordernisse eingestellt sowie das Verhalten der Einzelnen untereinander system-funktional geregelt werden. Genau genommen ist also das „soziale System“ nicht nur eine *Bedingung* regelmäßigen Verhaltens und regelmäßiger Interaktionen, sondern es wird durch diese auch konstituiert: es *besteht* aus diesen regelmäßigen Prozessen. „Strukturen“ wie das soziale System sind *Prozesse*, „deren geordneter Ablauf uns den Eindruck von Struktur vermittelt“ (MUELLER/THOMAS, 1974, S. 56). Ein strukturiertes System ist also ein Zusammenhang von Ereignissen und Geschehensabläufen, deren Strukturiertheit durch den Eindruck von Regelmäßigkeit aufgrund von Wiederholungen) und den Eindruck von Ordnung (aufgrund von Ordnungs-Prinzipien) vermittelt wird.

Innerhalb des sozialen Systems unterscheiden BACKMAN und SECORD – im

Hinblick auf die Schule bzw. Schulklasse – zwei Quellen der Stabilität oder Regelmäßigkeit (a.a.O., S. 9ff.):

a) die *institutionelle* Quelle besteht im wesentlichen aus der *Rollenstruktur*, die auf der unterschiedlichen Verteilung von Aufgaben, Rechten und Pflichten im Klassenzimmer bzw. der Schule beruht. Die Stabilität dieser Struktur und damit auch ihre stabilisierende Funktion hängt davon ab, ob die in der Rollenstruktur ausgedrückten Werte und Normen von den Beteiligten akzeptiert werden bzw. durch Sanktionen hinreichend abgesichert sind. Mit der Rollenstruktur hängen die Kommunikations- und Machtstruktur eng zusammen, die jedoch teilweise auch auf eine weitere Bedingung von Regelmäßigkeiten zurückgehen:
b) „Die zweite Ursache für Regelmäßigkeiten menschlicher Interaktion, die *sub-institutionelle* Quelle, tritt in Form gewisser ‚Strukturen' auf, die der Interaktion unmittelbar entspringen. Je nach der Art personaler Interaktion entsteht ein gegenseitiges Gefühl der Freundschaft oder Antipathie. Allgemeiner gesagt, Individuen finden, daß eine Interaktion mit manchen Menschen lohnender und mit weniger Aufwand verbunden ist, als eine Interaktion mit anderen. ... Wir nennen solche Muster die ‚Beliebtheitsstruktur' oder *soziometrische* Struktur einer Gruppe" (ebd.).

Die Ausführungen zum „sozialen System" ergeben bereits ein zentrales Merkmal des sozialpsychologischen Erklärungsmodells: Es wird nach stabilisierenden Bedingungen regelmäßigen Verhaltens gefragt, soweit dieses Verhalten in Interaktionen auftritt, durch solche verursacht wird oder auf Interaktionen einwirkt. Regelmäßige Verhaltensmuster sind umso stabiler (also resistenter gegen Veränderungen), je mehr sie auf institutionalisierte Erwartungen und Regeln zurückgehen. „Regelmäßige Verhaltensmuster, die weitgehend subinstitutionellen Quellen entspringen, sind weniger dauerhaft als jene institutionellen Ursprungs. Das ist darauf zurückzuführen, daß die Strukturen, die den Interaktionen zugrundeliegen, ihre Ursprünge in den Interaktionen selbst haben" (BACKMAN/SECORD, ebd.).

BACKMAN und SECORD nennen, einem allgemeinen Konsens unter empirisch-analytisch orientierten Sozialwissenschaftlern folgend, noch zwei weitere Bedingungen (und gleichzeitig Manifestationen!) regelmäßigen Verhaltens: „Kultur" und „Persönlichkeit". „*Kultur*" wird als ein System von Wissen und Meinungen bezeichnet, über die in der Gesellschaft bzw. Gruppe allgemeine Übereinstimmung besteht. Dabei interessieren besonders jene Werte und Normen, die auf die Entwicklung und Stabilisierung interaktiver Verhaltensmuster Einfluß haben. Für den Bereich der Schule kommen also neben allgemeinen Ordnungs-, Konformitäts- und Arbeitsnormen vor allem jene kulturspezifischen Werte in Frage, die für schulische Leistung relevant sind, also etwa das Ideal des wetteifernden Lernens, das zwischen den Schülern spezifische soziale Beziehungen und Distanzen schafft.

Mit dem Begriff „*Persönlichkeit*" werden schließlich bestimmte stabilisierende Faktoren im Individuum bezeichnet, die sein Verhalten in Interaktionen regeln und insofern für andere erwartbar machen. Soziale „Motive" werden bezeichnet als individuelle Tendenzen, sich gegenüber anderen in einer charakteristischen, d.h. unverwechselbar stabilen Weise zu verhalten, z.B. aggressiv, abhängig, wetteifernd, freundlich usw. (ebd.). „Einstellungen" sind individuelle Tendenzen, anderen gegenüber in voraussagbarer Weise zu denken, zu fühlen und zu handeln (ebd.). Das „Selbstbild" schließlich besteht aus den Gefühlen und Vorstellungen, die ein Mensch von sich selbst hat und die durch die Beziehungen zu anderen beeinflußt werden, aber auch diese Beziehungen selbst wiederum prägen. Der Prozeß, „durch den das Verhalten einer Person so modifiziert wird, daß es den Erwartungen der Mitglieder jener Gruppe entspricht, der sie angehört", ist auch ein Interaktionsprozeß, der als Sozialisation bezeichnet wird. In diesem Sozialisationsprozeß werden durch „Lernen am Modell", Internalisierung und Generalisierung jenes Selbstbild, jene Einstellungen und interpersonalen Motive aufgebaut und entwickelt, die das Verhalten des einzelnen stabilisieren.
Sozialpsychologische Forschung müßte also so vorgehen, daß sie jene Bedingungen, Ursachen und Einflußfaktoren eruiert, die für die Stabilität von interaktivem Verhalten verantwortlich gemacht werden können. Erklärt wird Verhalten durch die Angabe der stabilisierenden Faktoren; vorausgesagt wird es aufgrund der empirisch begründeten Erwartung, daß stabilisierende Faktoren ihre stabilisierende Funktion nicht verlieren oder verändern. Sozialtechnische Eingriffe (Einstellungs- und Verhaltensänderung) sind nur dann möglich, wenn man auf Grund theoretischer Annahmen über Stabilisierungsfaktoren weiß, auf welche Weise welche Verhaltensbedingungen wirken. Alle Versuche, Verhaltenstendenzen auf interaktivem Wege zu beeinflussen, müssen sich dieselben Gesetzmäßigkeiten zunutze machen, die auch die Entstehung stabiler Verhaltenstendenzen erklären sollen. Soziale Einflußnahme wird nur dann dauerhaft wirksam sein, wenn man in den von außen steuerbaren Prozeß der internen Verhaltensstabilisierung (Lernen) mit Erfolg eingreifen kann. Und diesen Erfolg hat man nur, wenn man

a) die Gesetzmäßigkeiten der internen Verhaltensstabilisierung kennt, die z.B. lerntheoretischer Art sein können, und wenn man
b) die Gesetzmäßigkeiten interaktiven Verhaltens bzw. die gesetzmäßigen Interdependenzen zwischen sozialem Verhalten und seinen Wirkungen kennt.

Mit Hilfe des logischen Erklärungsschemas der empirischen Sozialwissenschaften (vgl. OPP, 1970, u. ULICH, 1972, S. 41ff.) läßt sich das Erklärungsmodell der Sozialpsychologie in einer Abbildung folgendermaßen darstellen:

<table>
<tr>
<td>EXPLANANS</td>
<td>Antezedens-Bedingungen (Randbed., unabhängige Variablen)
Die jeweilige (genau erfaßte!) spezifische Beschaffenheit und Merkmalsausprägung in folgenden Variablen-Bereichen:
1. „Soz. System" (Rollen-, Macht-, Kommunikations- und soziometrische Struktur),
2. Interaktion und Beziehungen (Häufigkeit u. Art v. Kontakten, Einschätzung, Zuneigung, Erwartungen, Art d. soz. Einfluß),
3. Situation (z. B. spez. Aufgaben),
4. „Kultur" (spez. Normen und Rollenerwartungen),
5. „Persönlichkeit" (Motive, z..B. Einstellungen und Selbstbild z. B. in den Dimensionen Konformität-Abweichung und hohe Leistung – niedrige Leistung).</td>
<td>Allgem. Hypothesen, Gesetze (erklärende theor. Annahmen)
a) Über Interdependenzen zwischen sozialen Einflußnahmen und individualpsychischen Verhaltenskorrelaten (Gesetzmäßigkeiten der Interaktion: Welche Einflüsse sind auf welche – interaktive – Weise wirksam?);
b) über die Entwicklung und Stabilisierung von Verhaltenstendenzen auf Grund interner Prozesse (Gesetzmäßigkeiten individuellen Lernens: Warum sind Einflüsse „im" Individuum wirksam?).</td>
</tr>
<tr>
<td>EXPLANANDUM (abh. Var.)</td>
<td colspan="2">regelmäßiges, stabiles, beobachtetes
individuelles (interaktives)
Verhalten
(Beispiele:
„Peter ist ein Außenseiter in der Gruppe"
„Hans ist zum Lehrer aggressiv"
„Karl verhält sich auch beim Spielen immer wettbewerbsorientiert"
„Fritz ist auf ständiges Lob angewiesen"
„Klaus wehrt sich auch gegen schwächere nicht")</td>
</tr>
</table>

Abb. 3: Das Erklärungsmodell der Sozialpsychologie

Zeigen wir an einem Beispiel kurz, wie Erklärungen (singulärer Fälle) nach diesem Modell vor sich gehen. – Nehmen wir an, das Verhalten von Karl, der ein übertriebenes Konkurrenzverhalten an den Tag legt und deshalb unbeliebt und leicht frustrierbar ist, werde als problematisch und erklärungsbedürftig angesehen. *Gegeben* ist also ein bestimmtes (habituelles) Verhalten – in diesem konstruierten Fall – eines einzelnen Individuums, das erklärt werden soll (Explanandum). Von diesem Verhalten wird angenommen, daß es bestimmten Gesetzmäßigkeiten folgt, die sich auswirken, wenn bestimmte Bedingungen (Randbedingungen) gegeben sind. Die Gesetzesaussagen stiften eine (logische)

Beziehung zwischen Bedingungen und Folgen (Wenn – Dann.) Gesucht sind also in unserem Falle

1. Gesetze, die das Auftreten des beobachteten Verhaltens erklären können; diese Gesetze müssen „wahr“ oder „gültig“ sein;
2. werden jene Anfangsbedingungen gesucht, die die „Wenn“-Komponente des Gesetzes ausmachen und kausal oder funktional mit dem beobachteten Verhalten (der „Dann“-Komponente des Gesetzes) verbunden werden können.

Es liegen nun eine Reihe von empirischen Befunden aus der Sozialisationsforschung vor, die diejenige soziale Umwelt beschreiben, in der sich Konkurrenzhaltung entwickelt. Nehmen wir an, diese Befunde erlauben schon die Formulierung von generalisierten Annahmen über die Entwicklung der Konkurrenzhaltung in der familiären Sozialisation, über entsprechende erzieherische Einflüsse, Familienstrukturen usw. Nehmen wir weiter an, es gäbe hinreichend bestätigte Annahmen über diejenigen Interaktionen und Interaktionsbeziehungen, die *übertriebene* Konkurrenzhaltung fördern (z.B. soziales Aufsteigermilieu, ehrgeizige Mutter, rigide Handhabung bestimmter Verstärkungsmethoden, ungünstige Stellung in der Geschwisterreihe usw.). Dann bestünde der nächste Schritt darin, zu untersuchen, ob die in den zur Erklärung herangezogenen Gesetzesaussagen genannten Bedingungen (für das beobachtete Verhalten) im konkreten Fall tatsächlich vorliegen. Dies ist eine Frage empirischer Forschung im engeren Sinne. Man wird also sowohl das familiäre wie das schulische Interaktionsfeld danach absuchen müssen, ob in den im Schema angegebenen Variablenbereichen die in den Gesetzesaussagen genannten Merkmale und Merkmalsausprägungen zu finden sind. Auch hierzu gibt es in der Sozialisationsforschung zahlreiche Belege und Beispiele.

Wenn man nicht eine Erklärung, sondern eine *Prognose* machen will, sieht das Vorgehen etwas anders aus. Dann sind sowohl die Gesetze wie die Ausgangsbedingungen von vorneherein bekannt bzw. durch empirische Forschung hinreichend erfaßt. Aus diesen gegebenen Prämissen können dann die Folgen logisch abgeleitet werden. Bei Prognose und Erklärung können jedoch mehrere Schwierigkeiten auftreten (vgl. OPP, 1970, S. 70ff.):

a) Die Gesetze sind nicht hinreichend bestätigt.
b) Die Ausgangsbedingungen wurden ungenau erfaßt.
c) Man überschätzt die Stabilität der Ausgangsbedingungen oder irrt sich in der Richtung, in der sich die Ausgangsbedingungen verändern werden.
d) Sowohl die Gesetzesaussagen wie auch die empirische Erfassung der gegebenen Voraussetzungen enthalten nur Bedingungen, die für das Eintreffen des vorausgesagten Ereignisses irrelevant oder peripher sind.

Die Fragestellungen sozialpsychologischer Forschung sind in der Regel sehr viel enger, als es unser Modell nahezulegen scheint, da lange Zeit die Methode des Labor-Experiments dominierte (vgl. MERTENS, 1975). Auf Probleme der Operationalisierung, der Variablenbestimmung und die Konstruktion von „stimuli" und „responses" kann in diesem Zusammenhang nicht systematisch eingegangen werden (vgl. z.B. TRAXEL, 1968, und MERTENS, 1975).

Es dürfte aus der vorangegangenen Darstellung deutlich geworden sein, daß sozialpsychologische Erklärungsbegriffe im engeren Sinne, also bezogen auf unmittelbare Bedingungen, Formen und Wirkungen von Interaktionen, solche sind, die einseitige oder wechselseitige *Abhängigkeiten* bezeichnen, wie z.B. die Begriffe Interaktion, Einfluß, Beziehung, Rolle, Norm, Bezugssystem, Bezugsgruppe, Macht, Kontrolle und soziales System. BANY und JOHNSON (1964, S. 35) haben den Zusammenhang von Einflußfaktoren in einem Schema dargestellt, das die Beziehungen zwischen verschiedenen Variablen angibt und auf „Interaktion" hin zentriert (vgl. Abb. 4).

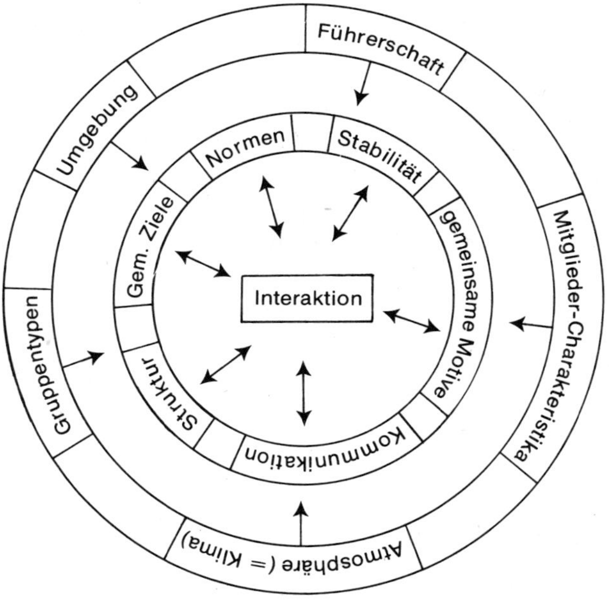

Abb. 4: Der Zusammenhang wichtiger Einflußfaktoren in einer Lerngruppe

Mit diesen Begriffen bzw. den dahinterstehenden Theorien kann man z.B. individuelle Konformität oder Abweichung erklären, also die Entstehung spezifischer *Handlungsmuster*, die auf besondere Interaktionserfahrungen in gegebenen sozialen Zusammenhängen (z.B. der Institution Schule) zurückgehen.

Stabile Handlungsorientierungen entstehen – der Theorie nach – durch die Verinnerlichung und Generalisierung sozialer Verhaltensweisen. Die in bestimmten sozialen Beziehungsstrukturen gemachten Erfahrungen (auch wie der einzelne sich selbst sehen lernt) können sich nach einem längeren Gewöhnungsprozeß in vergleichbaren sozialen Situationen beliebig oft aktualisieren. Zwischenmenschliche Handlungsorientierungen (z.B. Wettbewerbshaltung) können als die psychischen Korrelate früherer oder bestehender sozialer Beziehungsstrukturen begriffen werden. Entsprechend der zu untersuchenden Interdependenz zwischen sozialen Einflußnahmen und deren individualpsychischen Wirkungen sind viele Erklärungsbegriffe der Sozialpsychologie *komplementär*: Macht und Abhängigkeit, Gruppenstruktur und individuelles Verhalten, Führung und Leistung, Kontrolle und Anpassung, Normierung und Konformität, Gruppenklima und „Zufriedenheit", Kommunikationsstruktur und Kommunikationseffektivität usw.

3.2 Sozialpsychologische Interaktions-Theorien und ihre erziehungswissenschaftliche Bedeutung

Bevor wir einige sozialpsychologische Interaktionstheorien etwas ausführlicher analysieren, soll zunächst der Stand der erziehungswissenschaftlichen Bemühungen, eine sozialpsychologisch konzipierte Auffassung von Erziehung zu entwikkeln, kurz skizziert werden. Wir können dann einerseits sehen, auf welche Weise behavioristisch-sozialpsychologische Ansätze bereits die erziehungswissenschaftliche Forschung beeinflußt haben und welche Beiträge vorliegen bzw. zu erwarten sind. Andererseits werden wir dann in der nachfolgenden Diskussion des sozialpsychologischen Interaktionsbegriffes die Möglichkeit haben, die theoretischen und praktischen Konsequenzen erziehungswissenschaftlicher Adaptionsversuche aufzuzeigen.

3.2.1 Ansätze zu einer erziehungswissenschaftlichen Interaktionsforschung

Tausch und Tausch (1970, S. 15), denen in Deutschland das Verdienst zukommt, die Rezeption sozialpsychologischer Modelle und Forschungsergebnisse maßgeblich angeregt zu haben, definieren für die Zwecke ihrer eigenen umfangreichen Forschungen Erziehung als „ein Geschehen zwischen zwei oder mehreren Personen", also als „soziale Interaktion von Menschen, mit dem charakteristischen fundamentalen Ziel, Änderungen des Verhaltens und Erlebens von Individuen zu bewirken". Die beiden wichtigsten Bestimmungsstücke dieser Definition – Verhaltensänderung durch Interaktion – werden in ähnlich formaler Weise auch von anderen Autoren hervorgehoben. So bezeichnet etwa Fend (1971,

S. 202) die Schule als einen Ort, „an dem soziale Objekte (Heranwachsende) in einer wünschenswerten Richtung verändert werden sollen", wobei die Sozialpsychologie klären muß, über *welche* (interaktiven) Beeinflussungsprozesse diese Veränderungsversuche laufen (vgl. FEND, 1974, S. 41). In sozialpsychologischer Perspektive bestehen Erziehung und Unterricht, oder noch globaler, der gesamte Sozialisationsprozeß „aus einer Unzahl einzelner Interaktionsprozesse" (ebd.). In ähnlicher Weise empfehlen GUSKIN und GUSKIN (1973, S. 72), das Unterrichtsgeschehen als eine „Form meinungsbeeinflussender Kommunikation" aufzufassen. Wenn man nun den Sozialisationsprozeß in einzelne Interaktions-Situationen zerlegt, so scheint dabei die Zeitdimension, also gerade die „Veränderung", verloren zu gehen. Erziehung und Unterricht erscheinen nur mehr als ein „querschnittliches" Geschehen, dessen Konstitutionsbedingungen und Wirkungen aufgrund der Ausblendung der Zeit-Perspektive im Dunkeln bleiben. Man kann dennoch zumindest schematisch versuchen, die Zeitdimension mit der Interaktions-Dimension zu verbinden. SEIFFERT (1969) hat bereits darauf hingewiesen, daß man in empirisch-analytischer Tradition „Interaktion" und „Lernen" als jene Grundkategorien annehmen müsse, die für die Erziehungswissenschaft konstitutiv seien. Dabei drückt der Lernbegriff, der auf der Seite des Schülers das individualpsychologische Korrelat von „Beeinflussung" und „Veränderung" bezeichnet, eben die Zeitdimension des Erziehungs- und Unterrichtsprozesses aus. In dem folgenden Schema kann man nun die Zeitdimension des Lernens mit der „querschnittlichen" Interaktions-Situation und -beziehung

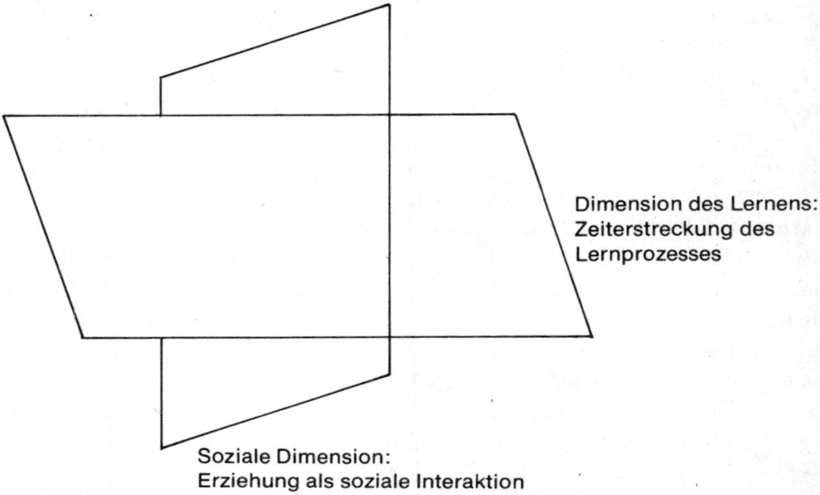

Abb. 5: Verbindung der Zeitperspektive des Lernens mit der je konkreten sozialen Interaktionssituation

verbinden, wobei natürlich auch die Interaktionsbeziehung ihrerseits eine Zeit-Dimension hat, da sie von lebenslanger Dauer und Wirkung sein kann. Um der Dynamik, dem Fließgleichgewicht und der Zeitperspektive der interaktiven Lernprozesse gerecht zu werden, stellt man sich die Dimensionen „Interaktion“ und „Lernen“ am besten als „Räume“ vor (Abb. 5, nach ULICH, 1971, S. 22f.). Die vertikale Fläche „wandert“ nach rechts, und zwar einmal im Fortschritt des Lernprozesses, und zum anderen im ständigen Wechsel der sozialen Erziehungssituationen und -personen. Den Lernprozeß kann man sich vielleicht als eine horizontal verlaufende Spiralbewegung vorstellen: Erziehung bedeutet ein ständiges Durchschreiten sozialer Situationen, sozialer „Räume“. Die Vertikalbewegung der Spirale symbolisiert den sozialen Aspekt der Erziehung, die je konkreten, doch wechselnden sozialen Begegnungen, welche die Erziehung ausmachen. Die gegenseitige Beeinflussung von Lehrenden und Lernenden, die wechselseitigen Einstellungen und Handlungen bilden die soziale Ebene der Erziehung, die sich vom zeiterstreckten Lernprozeß, der Anhäufung von Wissen usw. unterscheiden läßt.

BIDWELL (1973, S. 413) bezeichnet Unterrichten als „interpersonellen Austausch“, der in Abhängigkeit von der Organisation der Lehr-Lern-Prozesse zu untersuchen sei. Indem er Interaktion als *Austausch* begreift, knüpft BIDWELL absichtlich oder unabsichtlich an eine einflußreiche, lerntheoretisch begründete Theorie der Interaktion an, die uns im nächsten Abschnitt noch beschäftigen wird. Mit der Bestimmung von pädagogischer Interaktion als „Austausch“ ist wesentliches über die Formen und Bedingungen von Kontroll- und Steuerungsprozessen ausgesagt, die, wie wir in Abschnitt 3.3 noch sehen werden, eng mit der Ausübung und den Quellen „sozialer Macht“ zusammenhängen.

Ausgangspunkt einer sozialpsychologischen Betrachtungsweise von Unterricht ist die Einsicht, „daß im Schulbereich das Denken und Verhalten jedes einzelnen Schülers, Lehrers und Schulrates durch bestimmte Gruppen und bedeutsame Einzelpersonen beeinflußt und geprägt wird“ (GUSKIN/GUSKIN, 1973, S. 11). Die sozialpsychologische Analyse untersucht also Unterrichtsprozesse auf der Ebene interpersoneller Einflüsse, Beziehungen und Beziehungsstrukturen. Der kognitive Aspekt der Wissensvermittlung und der sozial-motivationale Aspekt der interaktiven Beeinflussung sind untrennbar miteinander verknüpft: Indem die Beteiligten Wissen, Verhaltensregeln und Orientierungen vermitteln und erwerben, gestalten sie immer zugleich interpersonale Beziehungen; und indem interpersonale Beziehungen gestaltet werden, werden immer zugleich bestimmte Kenntnisse und Regeln vermittelt und gelernt. Es gibt keine Unterrichtsgegenstände, die direkt an Lernende vermittelt werden könnten; jeder mögliche Gegenstand *ist* bereits vermittelt in einer sozialen Beziehung, ehe er vom Lernenden überhaupt begriffen werden kann.

Eine Sozialpsychologie des Unterrichts beschäftigt sich also mit Wechselbeziehungen zwischen Personen und versucht herauszuarbeiten, wie sich diese

Wechselbeziehungen auf die Beteiligten auswirken. In diesem Zusammenhang sind u.a. folgende Problemkreise erforscht worden:

a) Interpersonelle Wahrnehmung und Erwartungen (z.B. BAKER/CHRIST, 1972; BROPHY/GOODE, 1974; JAHNKE, 1975; ULICH/MERTENS, 1973);
b) Effektivität bestimmter Einflußnahmen („Lehrer-Effektivität", vgl. z.B. PETERS, 1970; FLANDERS/SIMON, 1969; GRELL, 1974);
c) Erziehungs- und Führungsstile (vgl. z.B. HERRMANN, 1966; TAUSCH/TAUSCH, 1970; WEBER, 1970);
d) Verbale Interaktion (vgl. z.B. HANKE/MANDL/PRELL, 1973);
e) Unterrichts-Beobachtung und Unterrichtsanalyse (vgl. z.B. BACHMAIR, 1974; GRELL, 1974; ROTH/PETRAT, 1974; SCHULZ/TESCHNER/VOIGT, 1970);
f) Schulklasse als Gruppe (vgl. z.B. ULICH, 1971);
g) Soziometrische Ermittlung von Rangreihen und Gruppenstrukturen (vgl. z.B. BRÜGGEN, 1974).

Da wir hier kein Sammelreferat liefern wollen, beschränken wir uns auf diese Literaturhinweise und konzentrieren uns weiterhin auf die Identifizierung leitender Forschungsparadigmen innerhalb der Pädagogik. Zu diesem Zweck betrachten wir im folgenden die Konzeptionalisierung „pädagogischer Interaktion" durch die in Deutschland sehr einflußreiche „Führungsstil"-Forschung.
Die Begriffe „Erziehungsstil" und „Führungsstil" werden im folgenden trotz gewisser Unterschiede synonym verwendet, da sich beide Konzepte auf Möglichkeiten einer wirksamen Beeinflussung von Menschen beziehen. Mit „Führungsstil" meint man die besondere Form sozialer Einflußnahme, also die Art und Weise, *wie* ein „Führer" oder Erzieher Einfluß zu nehmen sucht, um Verhalten zu ändern oder aufzubauen. Beschreibend meint man mit Führungsstil ein Konglomerat von miteinander zusammenhängenden Verhaltensweisen – in der Regel eben Lenkungsmaßnahmen einer Person. In theoretischer Hinsicht sind die irgendwie benannten Führungsstile die abstrakt-generalisierende Zusammenfassung von Verhaltensweisen, die das „gemeinsam" haben, was man durch die Bezeichnung des Führungsstil (z.B. „autoritär") ausgedrückt zu haben hofft. Der Erforschung von Führungsstilen liegen mehrere Prämissen zugrunde:

1. Zentral in der Erziehungswissenschaft sei die Frage nach der *Wirksamkeit* von Lenkungsmaßnahmen. Um dieses Problem zu lösen, müsse man die Beziehungen zwischen ausgewählten Bedingungen und deren Wirkungen im Erziehungsprozeß empirisch rekonstruieren, um sie kontrollieren und gezielt herstellen zu können. Die interaktiven Beziehungen zwischen Lehrenden und Lernenden könne man nicht den Zufälligkeiten einer emotionalen Bindung überlassen, sondern diese Beziehung muß, einer größeren Effektivität willen, stärker in die ihrerseits ebenfalls kontrollierbare Verfügungsgewalt des Lehrenden bzw. Erziehenden gegeben werden.

2. In theoretischer Hinsicht werden – entsprechend dem „verhaltenstheoretischen Paradigma" – systematische und gesetzmäßige Zusammenhänge a) zwischen bestimmten Verhaltensweisen *einer* Person und b) zwischen bestimmten Lenkungsmaßnahmen und deren Wirkungen beim Schüler oder Kind vorausgesetzt.
3. In normativer Hinsicht ergeben sich zwei Kriterien, anhand derer man „wünschenswerte" Erziehungsstile bestimmen kann:
   a) Sie müssen kontrollierbar, d.h. in ihren Wirkungen empirisch überprüfbar und rekonstruierbar sein;
   b) sie müssen mit zentralen Wertvorstellungen der Gesellschaft, soweit sie für Erziehung relevant sind, übereinstimmen. Im Hinblick auf das Erziehungsideal des „mündigen" Bürgers erweist es sich als sinnvoll, „pädagogische Kommunikation nach Graden von Dominanz der Erziehungspersonen zu beschreiben und in ihren Wirkungen zu bestimmen" (MOLLENHAUER, 1972, S. 70).

Die Bestimmung solcher Erziehungsstile kann zunächst idealtypisierend geschehen, indem man bestimmte, meist bi-polare Dimensionen konzipiert, wie etwa „autoritär-demokratisch" oder „dominant-sozialintegrativ". Man glaubt, mit derartigen Dimensionen prinzipielle Möglichkeiten von Erziehungsverhalten beschrieben zu haben. Ein zweiter ergänzender Weg, Erziehungsstile zu benennen, ist empirisch-induktiv. Man versucht, durch korrelationsstatistische Studien Kovarationen zwischen Merkmalen erzieherischen Verhaltens und damit diesen gemeinsame hypothetische Faktoren zu finden. Die vor allem mit multivariater Varianzanalyse herausgefundenen Merkmalskombinationen werden dann als Dimensionen bezeichnet, die Ordnung in die zahlreichen erhobenen Verhaltensvariablen bringen sollen. Dann werden diejenigen Verhaltensvariablen des Erziehers herausgenommen, die die Dimension am besten repräsentieren, und mit Verhaltensmerkmalen des Schülers in Beziehung gesetzt, damit ein Training in den als wünschenswert und zugleich effektiv erkannten Lenkungsmaßnahmen möglich wird. Das Verhalten von Erziehern wird dabei als ein „Instrument" der Verhaltensänderung angesehen (TAUSCH/TAUSCH, 1970, S. 13). Die praktische Bedeutung der Erforschung von Erziehungsstilen sehen die Autoren (S. 14) im „Aufweisen von entsprechenden Möglichkeiten der praktischen Realisierung in Alltagssituationen für Erzieher und Lehrer, die sich zu einem Verhalten entscheiden, das in Familien und Schulklassen bei einem hohen Ausmaß individueller Freiheit, sozialer Ordnung und Leistung zum Erlernen und zur Verwirklichung eines emotional reifen sowie demokratischen Verhaltens Jugendlicher führt".
„Hat man die Dimensionen des Lehrer-Erzieher-Verhaltens gefunden, die mit entscheidenden Dimensionen des Verhaltens von Schülern und Jugendlichen eng zusammenhängen, so kann ein Training von Lehrern-Erziehern in diesen

Dimensionen erfolgen, mit dem Ziel, das Ausmaß der Realisierung der entscheidenden Variablen (Dimensionen) zu erhöhen. Wird das Verhalten der Lehrer sowie ihrer Schüler vor und nach dem Training erfaßt, so werden Aussagen über den kausalen Zusammenhang zwischen Dimensionen des Lehrerverhaltens und Dimensionen des Schülerverhaltens möglich" (a.a.O., S. 145).
Es ergeben sich bei TAUSCH und TAUSCH zwei Hauptdimensionen des Verhaltens von Lehrern bzw. Erziehern:

a) eine emotionale Dimension (Wertschätzung, emotionale Wärme und Zuneigung vs. Geringschätzung, emotionale Kälte und Abneigung), und
b) eine Lenkungsdimension (maximal starke Lenkung, etwa autoritäre Kontrolle, Restriktion vs. minimale Lenkung, etwa Permissivität, Autonomie-Gewähren, minimale Kontrolle).

In diese beiden Haupt-Dimensionen werden dann die idealtypischen Konzepte „autokratisch" und „sozialintegrativ" eingeordnet (a.a.O., S. 172). Der sozialintegrative Führungsstil sei die ideale Form pädagogischer Beeinflussung, die in der „Förderung der Unabhängigkeit, Sicherheit und Entscheidungsfreiheit anderer Personen" gipfelt (a.a.O., S. 175ff.).
Entgegen ihren erklärten Absichten hat jedoch die Sozialpsychologie einschließlich der zuletzt genannten erziehungswissenschaftlichen Varianten bisher kaum verbindlich generalisierbare Ergebnisse zum pädagogischen Handeln hervorgebracht (vgl. FRICKE, 1975; GRELL, 1974, S. 41ff.; WEINERT, 1972, S. 825). Trotz jahrzehntelanger Forschung hat man z.B. bisher keine Merkmale gefunden, die den „erfolgreichen" vom nicht-erfolgreichen Lehrer unterscheiden. Dieser Mißerfolg liegt sicher auch darin begründet, daß man situations-, rollen-, persönlichkeits- und aufgabenspezifische Determinanten und Merkmale des Lehrerverhaltens nicht zuverlässig voneinander unterscheiden kann (WEINERT, 1966, S. 107). Skeptiker in den eigenen Reihen erwarten daher auch nicht viel Neues und Relevantes aus der Richtung der experimentellen Sozialpsychologie und fordern z.B. die Untersuchung natürlicher pädagogischer Interaktionen in deren natürlicher Umgebung (vgl. z.B. ARGYLE, 1972, S. 16ff.; BIDWELL, 1973, S. 441; BROPHY u. GOODE, 1974, S. 10).
Über diese immanente methodologische Kritik hinaus ist nun vor allem zu fragen, welcher Typ sozialer Beziehungen und welches Denkmodell von Interaktion den Untersuchungen und Aussagen der zitierten Autoren tatsächlich zugrundeliegt. Da die Führungsstilforscher und andere Unterrichtsforscher häufig ihren Interaktionsbegriff nicht explizieren, müssen wir uns nun jene Theorien genauer ansehen, denen der behavioristisch-empirische Begriff einer pädagogischen „Interaktion" entnommen sein muß, wenn damit ein theoretischer Erklärungsanspruch verbunden ist. Wir müssen also jetzt klären, welche Art von Gegenstandsbestimmung, welches Denkmodell sozialer Interaktion mit der Übernahme des Interaktionsbegriffes in die Pädagogik eigentlich impliziert ist. Erst dann kann

man Hypothesen zu der Frage formulieren, auf welche Weise und mit welchen Folgen in pädagogischen Interaktionssituationen Machtverhältnisse, Abhängigkeiten und soziale Beziehungen geschaffen, instrumentell ausgenutzt oder auch verändert werden.

3.2.2 Interaktion als Verhaltenskontrolle durch „Austausch“

Die zentralen Fragestellungen sozialpsychologischer Analysen lauten: Welche Formen haben Prozesse sozialer Beeinflussung, wie verlaufen sie und worauf beruht ihre Wirkung? Ausgangspunkt aller weiteren Fragen ist die Überzeugung, daß die einzelnen Individuen

a) aufgrund einer wechselseitigen Bedürftigkeit und
b) aufgrund der auch gesellschaftlich begründeten Notwendigkeit, das Verhalten wechselseitig zu steuern und zu kontrollieren, miteinander verbunden sind. Es wird *immer* Einfluß ausgeübt, auch dann, wenn dies nicht intendiert oder nicht bewußt ist.

Geordnetes Zusammenleben und für den Einzelnen befriedigende Kontakte und Sozialbeziehungen erfordern, daß die Individuen sich aufeinander einstellen, ihre eigenen Bedürfnisse deutich machen und auf die Bedürfnisse anderer eingehen, daß sie sich aber auch innerhalb gewisser (nicht weiter problematisierter) Grenzen konform verhalten. Entsprechend dieser zentralen Fragen nennt z. B. FEND (1974, S. 41 ff.) folgende Problemstellungen der Sozialpsychologie, die für die *Pädagogik* relevant sein können:

- Untersuchung von Prozessen der Normen-Bildung (z. B. SHERIF, 1948);
- Entstehung von Konformität und Uniformität aufgrund von Gruppendruck und anderen sozialen Einflüssen (z. B. ASCH, 1956);
- Fragen nach den Prozessen sozialer Beeinflussung, die speziell den Sozialisationsprozeß ausmachen;
- Fragen nach den individualpsychischen Korrelaten sozialer Beeinflussungsprozesse („belief“, „value“, „attitude“);
- Fragen nach der Basis sozialer Beeinflussung, nach dem Beeinflussungspotential (soziale Macht), soweit es in interpersonellen Abhängigkeiten begründet ist;
- Fragen nach der Dynamik zwischen Sozialbeziehungen und inhaltlichen Lernprozessen, z. B. beim Einstellungswandel untersucht.

Es besteht nun nach empirisch-behavioristischer Auffassung die Möglichkeit, Grundeinheiten sozialen Verhaltens und Grundprinzipien erfolgreichen Beeinflussens zu entdecken bzw. festzulegen, auf die dann Erscheinungen wie Konformität, Einstellungswandel, Abhängigkeit usw. zurückgeführt werden können. Welches sind also die grundlegenden „Gesetzmäßigkeiten“ sozialen

Handelns? Wenn wir dies wissen, dann können wir die in der pädagogischen Interaktions-Forschung größtenteils offengelassene Frage nach der lerntheoretischen und motivationstheoretischen Begründung (erfolgreicher) sozialer Einflußnahme beantworten. Wenn Erziehung und Unterricht als interaktive Verhaltensänderung definiert werden, dann muß man wohl die Gesetzmäßigkeiten kennen, die diesen Prozessen zugrundeliegen oder zumindest hypothetisch unterstellt werden (vgl. auch ROHR, 1972).
Die gesuchten Grundprinzipien sind am prägnantesten in einer lerntheoretisch begründeten Austausch-Theorie der Interaktion formuliert, in deren Mittelpunkt die Auffassung steht, daß Individuen in dem Maße, in dem sie einander zur Bedürfnisbefriedigung benötigen, einander auch kontrollieren und steuern können, und zwar durch das Erteilen oder Vorenthalten von Befriedigungen. Ausgangspunkt dieser Theorie, die vor allem von HOMANS (1968, 1973) entwickelt wurde, ist die Auffassung, daß sich soziale Verhaltensweisen prinzipiell nicht von den Verhaltensweisen unterscheiden, die Individuen in der Auseinandersetzung mit der materiellen Umwelt zeigen. Entsprechend wird auch soziales Verhalten als Funktion seiner Konsequenzen, d.h. nach dem Prinzip der Verstärkung erklärt. Grundeinheiten der Analyse von Sozialverhalten sind also einzelne Verhaltensweisen einzelner Menschen, die soziale Beziehungen und Strukturen konstituieren. Auch wenn Strukturen und Beziehungen unterschiedlich ausgeprägt sein können, so folgen die diesen jeweils zugrundeliegenden einzelnen Verhaltensweisen doch allgemein-gültigen Gesetzmäßigkeiten. Nur das Verhalten der einzelnen Individuen, die „fundamentalen sozialen Prozesse" muß man also erklären können, wenn man die stabilisierenden (und insofern erklärenden) Faktoren in Sozialbeziehungen und Sozialstrukturen erfassen will.
In einem von SMELSER (1967) herausgegebenen Buch präzisiert HOMANS die Gesetzmäßigkeiten, die individuelles (soziales) Verhalten regeln:

1. „Je häufiger die Tätigkeit einer Person belohnt worden ist, desto wahrscheinlicher wird sie diese Tätigkeit ausüben" (S. 33).
2. „Wenn in der Vergangenheit das Vorkommen eines oder mehrerer bestimmter Reize Anlaß dafür geworden ist, daß die Tätigkeit einer Person belohnt wurde, dann wird eine Person diese oder eine ähnliche Tätigkeit um so eher ausüben, je ähnlicher die gegenwärtigen Reize jenen vergangenen sind" (S. 33).
3. „Je wertvoller für jemanden der Lohn für eine Tätigkeit ist, desto eher wird er diese Tätigkeit ausüben (S. 35).
4. „Je öfter jemand in der Vergangenheit eine bestimmte Belohnung erhalten hat, desto weniger wertvoll werden weitere Einheiten dieser Belohnung für ihn sein" (S. 37).
5. „Wenn jemand aus seinem Handeln nicht den Lohn, den er erwartete, dafür Strafe, die er nicht erwartete, bezieht, dann wird er ärgerlich, und im Ärger sind die Ergebnisse aggressiven Verhaltens belohnend" (S. 301).

Die Verhaltensweisen einer Person *A* sind „soziale Reize", vermittels derer sie das Verhalten einer Person *B* kontrollieren kann. Soziales Verhalten wird als soziale Kontrolle und diese wiederum als „Stimulus-Kontrolle" verstanden (vgl. GRAUMANN, 1972, S. 1115). Die lerntheoretische Begründung dafür liegt in SKINNERS Auffassung von Verhaltenssteuerung durch Reiz-Kontrolle bzw. der Manipulation von Kontingenzen zwischen Aktionen und Reaktionen und deren Folgen. Von „control" spricht SKINNER, „wenn ein Stimulus, als antecedens oder consequens, die Bedingung der hohen Wahrscheinlichkeit des Auftretens einer bestimmten Reaktion oder Reaktionsklasse geworden ist. Diese Reaktion gilt dann als durch jenen Reiz kontrolliert; man spricht vom Verhalten unter Reizkontrolle. Reize, die eine derartige Kontrollfunktion erwerben, haben *Bekräftigungsfunktion*" (GRAUMANN, 1972, S. 1115).
JONES und GERARD (1967) haben zwei Formen dieser Art von steuernder Kontrolle unterschieden:

a) „*Outcome control*" (von GRAUMANN, S. 1149, als „Ergebnissteuerung" übersetzt) besteht darin, daß man Belohnung und Bestrafungen direkt dazu verwendet, um erwünschte Verhaltensweisen bei anderen hervorzurufen, zu verstärken oder unerwünschte zum Verschwinden zu bringen. Die Ergebnissteuerung knüpft an die in allen Interaktionsverhältnissen herrschende wechselseitige „Erfolgsabhängigkeit" an, d.h. die Reziprozität von Abhängigkeit und Macht in bezug auf den Bedarf bzw. die Erteilung von Gratifikationen. Bekräftigungen zu geben oder zu verweigern ist identisch mit der Fähigkeit, sich gegenüber anderen durchzusetzen. Ist diese Durchsetzung von dauerhafter Art, so kann es zur Etablierung von Herrschaftsstrukturen kommen, die die unmittelbare wiederholte Anwendung von Macht überflüssig machen (s.u., S. 135).
b) „*Cue control*" (Informationssteuerung) steht ebenfalls im Dienste der individuellen Durchsetzung von Interessen und Bedürfnissen gegenüber anderen. „Kontrolle von Schlüsselreizen ist für *A* ein Weg, Interaktionsergebnisse für sich zu verbessern, indem er in *B* Reaktionen erzeugt, die für ihn (*A*) erfreulich sind. Dabei wird nicht unbedingt ein Austausch vorgenommen – denn *A* braucht nicht notwendigerweise für den Vorteil bezahlen, den er *B* entlockt hat. *A*'s Erfolg beim Erreichen der gewünschten Reaktionen in *B* ... beruht ... auf seinem Verständnis für die Verhaltensmöglichkeiten des anderen und im Nutzbarmachen der engen Verbindung zwischen diesen Verhaltensmöglichkeiten und den sie auslösenden Mechanismen. Indem er aus der Lerngeschichte der anderen Person Kapital schlägt, versucht Individuum *A* Reizsituationen zu schaffen, die das von ihm gewünschte Verhalten in *B* hervorrufen" (JONES u. GERARD, 1967, S. 534f.).

Selbst dann, wenn *A* also über keine geeigneten oder hinreichend wirksamen Verstärkungs- und Sanktionsmittel verfügt, kann er *B*'s Verhalten aufgrund der

Kenntnis von dessen Verhaltens-Kontingenzen steuern. Hier wird auch die Rolle der Sozialwissenschaften bei der Entwicklung von Technologien deutlich: Auf Gesetzmäßigkeiten beruhende Erklärungen von Verhaltens-Kontigenzen können in Prognosen umgewandelt werden, die die Herstellung von Reizsituationen erlauben, in denen erwünschtes Verhalten durch Anbieten, Vorenthalten oder Steuern von Schlüsselreizen evoziert werden kann. – Die Ergänzung des einfachen „payoff"-Modells von HOMANS, THIBAUT und KELLEY (1959) und anderen durch den Mechanismus der Informationssteuerung ändert prinzipiell nichts an der in den meisten Kontroll- und Austausch-Theorien der Interaktion konzipierten besonderen *Qualität* sozialer Beziehungen: Indem *A* hinter dem Rücken von *B* dessen Verhaltens-Kontingenzen zu eigenen Zwecken ausnutzt, beweist er nur seine größere Macht. Informationssteuerung bedeutet also „Wissen als Macht" (GRAUMANN, S. 1150) einzusetzen.

Die Bestimmung von Interaktion als wechselseitiger Steuerung und Kontrolle siedelt alle Prozesse sozialer Einflußnahme von vorneherein in (vorgegebenen) Mittel-Zweck-Zusammenhängen an. Verhaltenskontrolle durch Interaktion ist gegenstandsspezifischer Ausdruck des behavioristischen Postulats der Umwelt-Anpassung durch Verhaltenskontrolle, das seine methodologische Entsprechung im Experiment hat, das die Steuer- und Kontrollierbarkeit spezifischer Reaktionen erforscht. Und Verhaltenskontrolle stellt insofern den zentralen Gegenstand behavioristischer Forschung dar, als die Steuerung von Verhalten die Stabilisierung und Stabilität von Beziehungen und sozialen Ordnungen garantieren soll. Verschiedene Theoretiker gehen von der gemeinsamen Überzeugung aus, „daß in überdauernden Interaktionen durch das Wechselspiel der Kräfte jeder Veränderungstendenz eine beharrende Gegenkraft entgegenwirkt, die die Regularität der sozialen Beziehungen bzw. deren Formen sichert" (GRAUMANN, S. 1113f.).

In der behavioristisch orientierten Sozialpsychologie besteht Interaktion aus wechselseitigen Bekräftigungen bzw. aus wechselseitig verstärkenden Verhaltensweisen. In Analogie zum Güter-Geld-Austausch in Wirtschaft und Handel sowie im Konsumptions-Verhalten der Individuen gilt die Tausch-Relation als Modell interpersonaler Beziehungen und sozialen Verhaltens. In einer lerntheoretisch begründeten Explikation des Menschenbilds vom „homo oeconomicus" schreibt HOMANS (1968, S. 11): „Sowohl die Verhaltenspsychologie als auch die elementare Nationalökonomie sieht, kurz gesagt, menschliches Verhalten als Funktion des Verhaltensergebnisses an: Es hängt in Art und Umfang von Art und Umfang der Belohnungen oder Strafen ab, die es nach sich zieht. Wenn es das ebenso bestimmte Verhalten einer anderen Person nach sich zieht, wird das Verhalten sozial". Interaktion wird zum „Austausch von greifbarer oder nicht greifbarer, lohnender oder kostspieliger Aktivität zwischen mindestens zwei Personen" (ebd.) und insofern zu einem Motivierungs- und Steuerungsprozeß, als einer über etwas verfügt, dessen der andere bedarf (und umgekehrt) und man Aktivitäten also dadurch hervorrufen und lenken kann, daß man z.B. soziale

Anerkennung zum Tausch anbietet (a.a.O., S. 30). Die Rolle der sozialen Anerkennung in Interaktionen wird zum Teil in Analogie zur Bedeutung des Geldes in unserer Gesellschaft gesehen (ebd.).

Individuen können nur insofern füreinander Ursache von Verhalten sein, als sie füreinander und gegenseitig potentielle wie tatsächliche Quellen und Mittel individueller Bedürfnisbefriedigung sind. Entsprechend beschäftigen sich fast alle (behavioristischen) Theorien von Interaktion mit dem wechselseitigen Verhältnis von Verhaltenskontrolle und jener Bedürfnisbefriedigung. Damit ist wieder gesagt, daß sich in behavioristischem Selbstverständnis die einzelnen Individuen in einer Tausch-Relation zueinander befinden. Das die wechselseitige Bedürfnisbefriedigung (und damit den Aufbau und die Aufrechterhaltung sozialer Beziehungen!) ermöglichende Tauschverhältnis ist die Grundlage sozialen Einflusses und sozialer Kontrolle.

Die wechselseitige Steuerung, die als soziale Kontrolle bezeichnet wird, funktioniert sogar als Selbstregelung, als quasi sich selbst tragender Mechanismus, der Konformität erzwingt und Abweichung verhindert: „Eine Regelmäßigkeit des Verhaltens erhält sich nur deshalb, ähnliche Ergebnisse kehren unter ähnlichen Umständen nur daher wieder, weil die Abweichung vom Regelmäßigen auf Widerstand stößt“ (HOMANS, 1960, S. 272). Interaktion ist Kontrolle; kontrollierende Aktivität ist identisch mit der Herstellung von Konsens (vgl. FOLLETT, 1942, bes. S. 204). „Das Verhalten des Einzelnen wird kontrolliert, weil im Endergebnis die Abweichung von der Norm für ihn unangenehm ist und weil die gegenseitige Abhängigkeit der Verhaltenselemente beinhaltet, daß eine relativ kleine Abweichung relativ große Folgen haben wird“ (HOMANS, a.a.O., S. 297). Die Wirksamkeit der Kontrolle liegt in „der großen Zahl von Übeln, die ein Mensch bei der Abweichung von der Gruppennorm über sich heraufbeschwört“ (S. 278).

Offensichtlich ist also der Prozeß der wechselseitigen Steuerung und Kontrolle mittels der Termini von Lohn und Strafe bzw. in Begriffen der Motivationspsychologie darstellbar. Belohnung und Bestrafung wird allgemein unter dem Begriff „Bekräftigung“ zusammengefaßt. Interaktion ist damit insofern ein motivationspsychologischer Begriff, „als Menschen einander dadurch steuern bzw. kontrollieren, daß sie einander ‚belohnen‘ und ‚strafen‘ können.... Begrifflich wichtig – und sicher anthropologisch bedeutsam – ist, daß die Tatsache, daß Menschen aufeinander angewiesen sind und in diesem Sinne einander bedürfen, dahingehend expliziert werden muß, daß Menschen, sofern sie einander Befriedigung gewähren und verweigern können, einander steuern, kontrollieren bis hin zum Extremfall der sozialen Manipulation“ (GRAUMANN, S. 1115). Abhängigkeit und Macht (im Sinne von Einfluß- und Befriedigungspotential) sind komplementäre Sachverhalte, die als zentrale Gegenstände dieser Art von Sozialpsychologie allerdings entweder aus der menschlichen Natur abgeleitet werden – als anthropologisch konzipierte „Reziprozität menschlicher Bedürftigkeit“ (GRAUMANN, S. 1116) –,

oder aus bestimmten Interaktionsmustern selbst rekonstruierbar scheinen (vgl. GRAUMANN, S. 1117, 1138 u. 1146).
Angesichts dieser Tendenzen zur Anthropologisierung und Psychologisierung von sozialer Macht und Abhängigkeit ist es nun dringend erforderlich, nach den verborgenen gesellschaftstheoretischen und anthropologischen Voraussetzungen des skizzierten sozialpsychologischen Interaktions-Modells zu fragen. Erst eine Antwort auf diese Fragen kann uns in die Lage versetzen, die Implikationen und Konsequenzen derartiger Theorien für die Konzeptionalisierung *pädagogischer* Interaktionen abzuschätzen.

Die große Bedeutung und Anziehungskraft der behavioristisch-sozialpsychologischen Interaktionstheorien für die Pädagogik liegt darin, daß diese Theorien behaupten, für soziale Vermittlungs- und individuelle Lernprozesse *dieselben* Erklärungsprinzipien anbieten zu können, die unter dem Begriff der Verstärkung zusammengefaßt werden. Der Anspruch reicht sogar noch weiter, denn der auf dem Tauschprinzip beruhende Aufbau sozialer Beziehungen ist letztlich der Kern eines Ver-Gesellschaftungsprozesses, der zugleich die Integration der Individuen und die Erfüllung von System-Erfordernissen leistet. Vergesellschaftung besteht in der Einrichtung und Stabilisierung von Tausch-Beziehungen und den auf diese zurückwirkenden bzw. durch diese geschaffenen Verteilungsmechanismen. Das „Prinzip des Gebens und Nehmens", die Reziprozität von Leistung und Gegenleistung bestimmen aktuelle Interaktion als Austausch, Interaktionsbeziehungen als Tausch-Relationen und sehen Interaktionsstrukturen in den Verteilungsregeln begründet, die das Funktionieren eines sozialen Systems ermöglichen und garantieren und über die allgemeiner Konsens bestehen sollte.

Freilich werden gerade die Verteilungssysteme und Verteilungsregeln, die die Qualität und den Wert der wechselseitig austauschbaren Gratifikationen konstituieren, in der Regel nicht weiter untersucht. Die jeweilige Möglichkeit, Gratifikationen auszutauschen, wird häufig nicht als eine *Folge* historisch entstandener gesamtgesellschaftlicher Strukturmerkmale gesehen, sondern als eine von deren *Ursachen*: „Anderen Menschen Gratifikationen – im weiten Sinne des Worts – zu verschaffen, ... ist auch die Möglichkeit, *Statusdifferenzen* zu schaffen und zu sichern" (GRAUMANN, S. 1135). Vergesellschaftungsprozesse werden somit individualistisch-interaktionistisch interpretiert. Hedonismus als individueller Egoismus wird zur motivationalen Basis von Gesellung und Gesellschaft erklärt (nach GRAUMANN, S. 1135). Im freien Spiel von Angebot und Nachfrage entwickeln sich Unterschiede an Besitz und Einfluß zwischen den Individuen, die wiederum neue Bedürfnisse – nämlich diese Unterschiede auszugleichen – und somit neue Abhängigkeiten und für andere neue Gratifikationsmöglichkeiten schaffen. Entsprechend werden gesellschaftliche Schichtungs- und Verteilungsmechanismen und -strukturen aus dem Wechselspiel zwischen angebotenen individuellen Qualifikationen und den Belohnungen erklärt, mit

welchen die Positionen in der (arbeitsteiligen und hierarchisch strukturierten) Gesellschaft *unterschiedich* ausgestattet sind (vgl. DAVIS/MOORE, 1973).
Individuelles Leistungstreben und Leistungsverhalten werden nach denselben Prinzipien erklärt wie soziales Verhalten. So, wie die Individuen um die unterschiedlichen Gratifikationen der Positionen in der Arbeitswelt gegeneinander konkurrieren müssen, so wetteifern sie untereinander um die Befriedigungen, die ihnen in Gestalt sozialer Anerkennung durch andere zuteil werden können. Die Grundannahmen der Theorie des sozialen Austausches besagen, daß Menschen soziale Verbindungen vor allem deshalb eingehen, weil sie erwarten, daß dies lohnend für sie sei (vgl. BLAU, 1968). Aus denselben Gründen werden bestehende Beziehungen fortgesetzt bzw. Interaktionen ausgeweitet. Abhängigkeit ist immer auch die Unfähigkeit, anderen Gratifikationen zu erteilen oder zu verschaffen. Diese Abhängigkeit begründet die Macht der anderen, einem selbst Befriedungsmöglichkeiten zu schaffen. Der Kreislauf zwischen einerseits Bedürftigkeiten, Abhängigkeiten, Machtunterschieden und andererseits der Konkurrenz um Gratifikationen wird offenbar als ein notwendiger systemerhaltender und -stabilisierender Mechanismus erachtet. Auch die strukturell-funktionale Rollentheorie (vgl. Kap. 5.4) sieht ja ein wesentliches systemstabilisierendes Moment darin, daß Kongruenz zwischen individuellen Bedürfnissen und gesellschaftlichen Anforderungen hergestellt wird, indem die Anforderungen sanktioniert werden, also dem Individuum spezifische Möglichkeiten der Bedürfnisbefriedigungen geboten werden (und sei es nur die Ersparung von Unbill!).
Diese Bemerkungen sollen genügen, um anzudeuten, daß das Prinzip des Tausches von Befriedigungsmöglichkeiten gegen geforderte Verhaltensweisen auf verschiedenen Ebenen mikro- und makro-sozialer Vermittlungsprozesse nachgewiesen werden kann. Handelt es sich also bei der Tausch-Relation um ein Prinzip, „daß das Allgemeine des gesellschaftlichen Konstitutionszusammenhanges in jede einzelne Interaktion hineintragen kann, in ihre kognitiven Schemata, die emotive Dimension der Beziehungen, die Muster des Handelns und Produzierens" (MOLLENHAUER, 1972, S. 178f.)? Verschafft sich in der interaktiven Beziehung selbst ein Prinzip Geltung „von dem behauptet werden kann, daß es einerseits die Struktur der Interaktion organisiert, andererseits aber auch zurückgeführt werden kann auf die historische Gestalt einer Gesellschaft, deren materielles Substrat die bürgerlich-kapitalistische Produktionsweise und ihre Verkehrsformen sind" (ebd.)? Wenn diese Fragen hier auch keiner Klärung zugeführt werden können, so ist es doch zumindest unwahrscheinlich, daß der „homo oeconomicus" der HOMANSschen Theorie bloß *zufällig* das Modell sozialen Verhaltens abgibt.
Denn wenn es richtig ist, daß Paradigmen gesellschaftlich vermittelte Denkstrategien darstellen (vgl. S. 21f.), dann sind auch die Annahmen der Sozialpsychologie zu den Möglichkeitsbedingungen sozialer Einflußnahme Bestandteile einer *allgemeinen* Wirklichkeitsauffassung und -deutung, die einer sozio-kulturell und sozial-strukturell homogenen Gruppe von Gesellschaftsmitgliedern gemeinsam

ist. So entspricht die psychologisierende Betrachtungsweise von Interaktion durchaus der naiven Verhaltenstheorie des Mittelschichtbürgers; die Austausch-Theorie der Interaktion ist Bestandteil eines allgemeinen frühliberalistischen Bildes einer Gesellschaft, in der die vereinzelten Individuen nach dem Modell des freien Marktes und der Chancengleichheit Güter und Geld untereinander austauschen *und dadurch im wesentlichen ihre Beziehungen zueinander bestimmen.* Das in der Sozialpsychologie dominante Motivationsprinzip – Triebreduktion nach dem Lust-Unlust-Prinzip – ist Ausdruck einer pessimistischen Anthropologie, die die wesentlichste Triebfeder menschlichen Handelns in einem egoistischen Hedonismus sehen. Gesellschaftsbild und Menschenbild können nicht voneinander getrennt werden: Die Konkurrenz-Orientierung der auf dem „freien Markt" in eine Tauschbeziehung zueinandertretenden Individuen wird (auch) individualistisch-hedonistisch (also anthropologisch) gerechtfertigt, wie umgekehrt die hedonistisch-egoistische Tendenz der Individuen als notwendige Ergänzung oder sogar Folge einer liberalen Konkurrenzgesellschaft interpretiert wird.

Die unterstellte Korrespondenz von menschlicher Natur (Egoismus) und Gesellschaft (freier Markt, „Leistungsgesellschaft") läßt wichtige Fragen nach dem Konstitutionszusammenhang interaktiven Handelns als bereits beantwortet erscheinen. Vom Konstitutionszusammenhang abgeschnitten erscheint „Interaktion" als ein sich selbst tragender Mechanismus, nachdem Gesellschaft in eine unzusammenhängende Summe von „Einzelkämpfern" aufgelöst wurde, die sich gegenseitig „beeinflussen".

Zusammenfassend läßt sich im Hinblick auf unsere Analyse-Dimension „Stabilität-Veränderung" sagen, daß die skizzierten sozialpsychologischen Interaktions-Modelle und ihre erziehungswissenschaftlichen Varianten typische Ausformungen des stabilitäts-orientierten Paradigmas sozialer Interaktion sind. Die Konstitutionszusammenhänge sozial induzierten (pädagogischen) Handelns werden nicht erforscht, sondern entweder ins Individuum hineinverlegt oder entsprechend dem „normativen Paradigma" auf eine prästabilierte Harmonie zwischen gesellschaftlichen Erfordernissen bzw. Rollenerwartungen und individuellen Bedürfnissen und Motiven zurückgeführt. Der Vermittlungsprozeß zwischen makro-sozialer Regel-Durchsetzung, mikro-sozialer Regeln-Anwendung und individualpsychischer Regel-Internalisierung wird nicht untersucht. Nach den Zwecken sozialer Beeinflussung wird nur innerhalb eines Gleichgewichts- und Konsensus-Modells von Gesellschaft gefragt. Die Beziehungen zwischen den Inhalten von Regeln und Wissen und den Methoden ihrer Vermittlung werden nicht thematisiert, wenn man von dem vagen und nicht weiter begründeten Hinweis einiger Führungsstilforscher absieht, daß in einer demokratischen Gesellschaft ein „demokratischer" Führungsstil angewandt werden müsse, um demokratische Bürger hervorzubringen. Mit der Andeutung von verborgenen anthropologischen Voraussetzungen des Motivationsmodells und dem Hinweis auf die liberalistische Vorstellung vom freien Markt der tauschenden Individuen sowie das Gleichgewichtsmodell der Gesellschaft haben wir bereits auch jene Art von „Invarianzen" bezeichnet, die offen oder verdeckt als allgemeingültige „letzte" Tatbestände in die Theorien eingehen.

3.2.3 Folgen für die Konzeptionalisierung pädagogischer Interaktionen

Der eben angestellte Versuch, einige Grundlagen des sozialpsychologischen Interaktions-Modells ideologiekritisch zu analysieren, gibt uns nun die Möglichkeit, die Frage nach dem Denkmodell, das entsprechenden pädagogischen Konzeptionalisierungsversuchen zugrundeliegen muß, genauer zu stellen. Das sozialpsychologische Interaktions-Modell gibt ja immerhin eine Antwort auf die Frage, auf welche Weise Individuen andere Individuen wirksam beeinflussen bzw. „verändern" können. Und dieses Problem der wirksamen Beeinflussung ist, trotz seiner hier sehr formalen Fassung, immer ein zentrales Problem der Pädagogik gewesen, wenn auch die sozialpsychologischen Lösungsvorstellungen kaum mit den Ansichten von den Aufgaben des Erziehers übereinstimmen dürften, die etwa im Begriff des „pädagogischen Eros" oder auch des „pädagogischen Bezugs" ausgedrückt und tradiiert werden. Gerade deshalb muß jeder Erziehungswissenschaftler, der sozialpsychologische Theorien zu adaptieren beabsichtigt, wissen, welche Denkmodelle und Prämissen anthropologischer und sozialphilosophischer Art in sozialpsychologischen Theorien enthalten sind.
Das Grundmodell, nach dem in der Sozialpsychologie „soziale Interaktion" interpretiert wird, läßt sich mit den folgenden Sätzen zusammenfassen:

a) Die erste Voraussetzung sozialer Beeinflussung ist die wechselseitige Abhängigkeit von Individuen, die in „natürlichen" Bedürfnissen (wie Egoismus bzw. Tendenz zur Triebreduktion) oder induzierten Bedürfnissen (z.B. nach sozialer Anerkennung) begründet ist.
b) Eine zweite Bedingung sozialer Einflußnahme ist in der positionalen Zueinanderordnung der Individuen zu sehen, die den einzelnen Interaktionsteilnehmern im Hinblick auf systemfunktionale Aufgaben-Erfüllungen unterschiedliche „Bedürfnisse" und „Belohnungen" zubilligt.
c) Grundlage direkter Einflußnahme ist die Möglichkeit, aufgrund der Verfügung über Gratifikationen Abhängigkeiten zu nutzen oder zu schaffen und (induzierte) Bedürfnisse zu befriedigen.
d) Einfluß wird ausgeübt, indem man im Austausch Gratifikationen bzw. Sanktionen ausgibt und erhält und dadurch dasjenige Verhalten verstärkt, das man selbst wünscht.
e) Interpersonale Verhaltensweisen sind also in erster Linie Mittel (Instrumente) zur Befriedigung eigener Bedürfnisse (z.B. dem nach Durchsetzung oder nach Anpassung), wobei im Falle pädagogischer Interaktionen z.B. ein Lehrer in

der Durchsetzung seines Willens auch spezifischen Rollenerwartungen nachkommt, die seine Rolle als „Agent sozialer Kontrolle“ betreffen.

Ohne daß nun in den erziehungswissenschaftlichen Adaptionsversuchen immer explizit die lerntheoretische Begründung oder die zum Teil verborgenen anthropologischen Voraussetzungen übernommen würden, kann man doch eine weitgehende Identität der Auffassungen von „Interaktion“ feststellen. Dies betrifft insbesondere das im Pragmatismus wurzelnde instrumentalistische Selbstverständnis der Sozialpsychologie, das sich auf gesellschaftlicher Ebene als Integrationsinteresse manifestiert. Dieses Selbstverständnis „zielt nicht auf Analyse von Realität und Veränderung nach Maßgabe der Einsicht in die Ursachen bestehender Übel, sondern auf die konstruktive Entstörung der in funktionellen Teilzusammenhängen registrierten Realität. Dem evolutionären Konzept von Gesellschaft, wonach die Menschen bewußt handelnde Subjekte nicht in historischen, sondern nur in individuellen Lebenszusammenhängen sind, ... entspricht ein evolutionäres Konzept von Wissenschaft, dem Theorien mittlerer Reichweite adäquat sind – Theorien, die sich im Rahmen der gegebenen Gesellschaftsordnung bewegen und deren betonte gesellschaftspraktische Relevanz sich auf sozialtechnische Handlungsanweisungen reduziert“ (NOLTE/STÄUBLE, 1972, S. 40). Konsequenterweise werden die Bedingungen für Interaktionsphänomene, also auch von sozialem Einfluß, in den einzelnen Individuen und nirgendwo sonst gesucht (a. a. O., S. 41).
Da entsprechend der Austausch-Theorie alle Erwartungen des Menschen Lohn-Erwartungen sind, muß man, um erfolgreich Einfluß ausüben zu können, solche Interaktionssituationen herstellen, in denen das erwünschte Verhalten (des anderen) eben Lohn abwirft bzw. unerwünschtes Verhalten nicht mehr belohnt wird. „Jemanden motivieren heißt, ihn unter Bedingungen stellen, die zu den gewünschten Konsequenzen führen“ (GOLDIAMOND, 1968, S. 6). Diese sozialen Motivierungsstrategien wurden, wie wir oben sahen, von JONES und GERARD als „outcome control“ und „cue control“ beschrieben. Die Instrumentalisierung und damit Verdinglichung interpersonaler Beziehungen kommt deutlich heraus, wenn GOLDIAMOND (ebd.) seinem eben zitierten Satz zynisch hinzufügt: „... jedermann hat seinen Preis, man muß nur die Kaufbedingungen herausfinden“. Da diese „Kaufbedingungen“ nichts anderes als die Persönlichkeitsstruktur, die Reaktionstendenzen und die Motive – in unserem Falle –des Schülers sind, wird der Schüler selbst für den Lernprozeß zu einer kontrollierbaren Lernbedingung.
Getreu behavioristischer Überzeugung wird bei dem Versuch, das Verhalten durch Kontrolle der individuellen Verhaltensbedingungen zu steuern, von Inhalt und Qualität der Motive abstrahiert. So interessiert den Verhaltensforscher z. B. nicht, wieviel und welche Angst und aus welchen Gründen jemand diese Angst hat, sondern lediglich, zu welcher Verhaltensweise die Angst jemanden führt (MILLER, 1959). Mit anderen Worten: Individuelles Leiden interessiert erst dann,

wenn es als „Verhaltensbedingung“ im positiven oder negativen Sinne identifiziert werden muß. Die Fragen, was eigentlich gelernt wird, was Lernen ist, was im Menschen vorgeht, wenn er lernt, sind irrelevant, „sobald wir wissen, wie es bewirkt werden kann“ (BLANKERTZ, 1972, S. 58, über technologische Pädagogik). Auf die Austausch-Theorie und das „pay off“-Modell von THIBAUT und KELLEY (1959, vgl. unten, S.138f.) angewandt heißt das, daß lediglich die persönliche Kosten/Nutzen-Relation (des Schülers) *als Index seiner Belastbarkeit* interessiert. Da der Schüler keine Möglichkeit hat, aus dem Interaktionsverhältnis zum Lehrer auszusteigen, ist die Kosten/Nutzen-Relation des durchschnittlichen Schülers für die Interessen des Verhaltens-Beeinflussers (des Lehrers) außergewöhnlich günstig. Denn die „Kosten“, in der Interaktionsbeziehung auszuharren, können für den Schüler fast unbegrenzt gesteigert werden, weil die Beziehung ihm im Vergleich zu jenem Schaden, den er bei Verlassen des Interaktionsverhältnisses zu tragen hätte, immer noch ausreichenden Nutzen bringt.

Während nun einerseits der Erklärungswert dieses entscheidungstheoretisch orientierten Modells von THIBAUT und KELLEY für das multi-faktoriell bedingte Verhalten von Schülern nicht sehr hoch sein dürfte, muß man andererseits doch die Frage stellen, ob die durch derartige Modellvorstellungen nahegelegte Neutralisierung interpersoneller Beziehungen nicht doch bestimmte Merkmale der Realität adäquat beschreibt. Zunächst geschieht diese Neutralisierung auf theoretischer Ebene durch die Abstraktion von raum-zeitlich-spezifischen Merkmalen, die im Allgemeingültigkeitsansprch der Gesetzesaussagen ausgedrückt ist. Die Kongruenz zwischen Motiv und Rollenerwartung, die Kosten-Nutzen-Relation, das Dominanz-Verhältnis in einer Macht-Beziehung und sozialer Einfluß als Wahrscheinlichkeit einer Verhaltensänderung beschreiben rein formale quantitative Aspekte von individuellem Verhalten und Interaktion. Dann gibt es viele Hinweise darauf, daß in der Realität pädagogischer Interaktionen soziale Beziehungen ebenfalls neutralisiert werden, indem man Konflikte unterdrückt, Bedürfnisbefriedigungen institutionskonform kanalisiert und Kommunikationen „versachlicht“ (vgl. WELLENDORF, 1973 a u. d). Einige Tendenzen zur verhaltenstheoretisch begründeten „Rationalisierung“ von Unterricht dürften diese Instrumentalisierung sozialer Beziehungen verstärken (vgl. THOMAS/THOMAS, 1971).

Solche Bestrebungen werden von der Überzeugung getragen, daß sich bestehende Einstellungen, Gefühle, Erwartungen, Beziehungen und Vorurteile affektiv neutralisieren lassen. Der Lehrer soll sein eigenes affektives Verhalten instrumental als Komponente seiner Unterrichtsführung einsetzen: Er freut und ärgert sich nur noch zu pädagogischen Zwecken (THOMAS/THOMAS, a. a. O.). Eine derartige Neutralisierung scheint in der Tat Voraussetzung einer effektiven Instrumentalisierung zu sein. Hier begegnen wir von einer andern Seite her dann auch wieder dem Austausch-Modell der Interaktion: BANY und JOHNSON (1964, S. 20) begreifen pädagogische Interaktion in Analogie zu sozialen Prozessen im

Industriebetrieb. Die Beziehungen zwischen Führer und Geführten seien nahezu identisch; die Note, die der Schüler für seine Leistung erhält, entspreche genau dem Lohn des Arbeiters für seine Arbeit.

Aus derartigen Parallelitäten zwischen Theorienbildung und Erziehungswirklichkeit kann man schließen, daß etwa die Neutralität und Abstraktheit des sozialpsychologischen Interaktionsbegriffes nicht bloß auf wissenschaftsimmanente Erfordernisse zurückgeht, sondern möglicherweise einer generellen Tendenz entspricht, soziale Einflußnahme durch Verfügbarmachen beliebiger individueller Verhaltensbedingungen zu ermöglichen.

Speziell in der pädagogischen Führungsstil-Forschung erscheinen Lehrer und Schüler als voneinander isolierte Individuen, deren Handlungen weniger als Ausdruck und Folge institutionell vorstrukturierter sozialer Beziehungen verstanden werden, sondern als Verhaltenssequenzen und -kontingenzen, die, relativ unabhängig von der gegebenen Institution und sogar von der Persönlichkeit des Lehrers, als gezielt antrainierbar suggeriert werden. So erscheint die Interaktionsbeziehung als beliebig isolierbare Effektivitätsbedingung, die sich forschungstechnisch als input-output-Relation zwischen Lenkungsmaßnahmen („unabhängigen Variablen") und Schüler-Reaktionen („abhängigen Variablen") begreifen läßt, aber nicht mehr als kognitiv repräsentiertes gemeinsames Bezugssystem für Handlungs-Planung und Handlung.

Die Unterstellung eines mechanistischen, uni-linearen Kommunikationsmodells verhindert, daß man überhaupt danach fragen kann, welche Arten von Beziehungen zwischen Lehrern und Schülern überhaupt denkbar und unter bestimmten Bedingungen realisierbar sind. Die Verwendung des Interaktionsbegriffes spiegelt eine Fragerichtung vor, die kaum eingehalten wird. Denn man untersucht in der Regel nicht bestimmte Beziehungen der Interdependenz und Komplementarität, sondern einseitige asymmetrische Macht- und Kommunikationsstrukturen. Von Interaktion – als Gegenstand der Forschung – kann dann nicht gesprochen werden, wenn man von vornherein festlegt, daß es sich beim Erwachsenenverhalten um unabhängige (bedingende) Variablen und beim Verhalten des Jugendlichen um abhängige (bedingte) Variablen handelt (Tent, 1966, S. 214f.). Damit wird zwar anerkannt, daß pädagogische Interaktionen auf einem besonderen Machtverhältnis beruhen. Dieses Machtverhältnis wird jedoch nicht weiter im Hinblick auf seine Grundlagen und Auswirkungen analysiert.

Die gutgemeinte Forderung nach einem „demokratischen" Führungsstil kann überhaupt nicht auf ihre Realisierbarkeit hin überprüft werden, weil „Führungsstil" nicht als eine Funktion des gesamten Erziehungsfeldes, sondern als Sache des guten Willens bzw. als erlernbare Haltung verstanden wird. Die Erziehung zur „Mündigkeit" bleibt im Verbal-Atmosphärischen stecken: Im Seid-Nett-Zueinander des sozialintegrativen Führungsstils geht die Frage völlig unter, was mit den institutionell eingebauten Abhängigkeits-Verhältnissen zwischen Lehrer und Schülern sowie den Machtunterschieden und anderen Hierarchien z. B. soziome-

trischer Art eigentlich geschieht. Wenn man von den Einflüssen der non-direktiven Therapie ROGERS' absieht, so steckt hinter dem TAUSCHschen „sozialintegrativen Führungsstil" sicher auch eine Austausch-Theorie der Interaktion: Wenn die Lehrer nett zu den Schülern sind, dann sind diese auch nett zu ihm, d.h. erbringen gute Leistungen, für die sie wieder mit freundlichem Umgangston belohnt werden usw. Die Veränderung von Sprachgewohnheiten ist aber sicher allein kein taugliches Mittel, um Beziehungen zu verändern, denn das hieße, das Pferd vom Schwanz aufzuzäumen. Es muß im Gegenteil gefragt werden, auf welche *veränderte* Weise der sozialintegrative Führungsstil vielleicht dazu beiträgt, Differenzen zu zementieren, Beziehungen zu stabilisieren und Persönlichkeiten zu deformieren (vgl. ZEHRFELD u. ZINNECKER, 1973).
In allen bisher dargestellten, auch erziehungswissenschaftlichen Erscheinungsformen und Varianten des sozialpsychologischen Interaktions-Modells sind *Abhängigkeit* und *Macht* konstitutive Merkmale von Interaktionen. Wir wollen deshalb im nächsten Kapitel diese beiden komplementären Begriffe in den Mittelpunkt der weiteren Darstellung rücken und damit die Diskussion sozialpsychologischer Auffassungen zum sozialen Verhalten und seinen Grundlagen fortsetzen. Die Begriffe hängen eng miteinander zusammen; GRAUMANN (1972, S. 1136) weist darauf hin, daß die Begriffe Macht, Einfluß und Kontrolle in der sozialwissenschaftlichen Literatur nicht immer gut auseinandergehalten werden. Damit zusammenhängend ist unklar, ob der Begriff der Macht lediglich zur *Beschreibung* von Interaktions-Bedingungen und -Verläufen geeignet ist, oder ob er in dem Sinne *erklärende* Bedeutung haben kann, daß er im Kontext einer Theorie die Formulierung allgemeiner Annahmen über funktionale Beziehungen erlaubt. In der Konzeptionalisierung von Macht und Abhängigkeit kann jedenfalls ein zentrales Anliegen sozialpsychologischer Interaktionstheorien gesehen werden. Zugleich scheinen diese Konzeptionalisierungsversuche paradigmatisch für empirisch-behavioristische Vorgehensweisen in den Sozialwissenschaften zu sein. Im Kontext dieses Buches ist der Begriff der sozialen Macht vor allem aus drei Gründen einer näheren Betrachtung wert:

1. Abhängigkeit und Macht als Konstituentien von Interaktionsbeziehungen kann man recht gut als gegenstandsspezifische Konkretisierungen unserer meta-theoretischen Analyse-Dimension „Stabilität vs. Veränderung" auffassen. Wenn immer von Macht und Abhängigkeit – als Grundlagen bzw. Merkmalen von Interaktionsbeziehungen – gesprochen wird, geht es dabei, je nach Forschungsinteresse und Untersuchungsziel, um Probleme der Stabilisierung oder Veränderung sozialer Strukturen und Beziehungen.
2. Pädagogische Interaktionsbeziehungen sind faktisch und in der Regel meist asymmetrisch und müßten sich daher mit den Begriffen Macht und Abhängigkeit zumindest partiell gut analysieren lassen.
3. „Macht" und „Abhängigkeit" bezeichnen den motivationstheoretischen Kern

der Austausch-Theorie der Interaktion, die wie fast alle behavioristischen Interaktionstheorien zugleich eine Theorie sozialer Motivierung und sozialen Lernens ist. Soweit sozialpsychologische Aussagen über Macht den Zusammenhang zwischen sozialem Einfluß, Motivation und Verhaltensänderung zu erklären versuchen, müßten sie für eine Theorie pädagogischer Interaktionen fruchtbar sein.

3.3 „Soziale Macht“ als Erklärungsmodell für pädagogische Interaktionen

Wenn in der Überschrift dieses Abschnitts von „Erklärung“ die Rede ist, so bedeutet dies, daß wir uns im folgenden innerhalb der Logik empirisch-analytischer Forschung bewegen werden und die Möglichkeiten sozialpsychologischer Konzeptionen „immanent“ ausloten wollen. Dieses Vorgehen macht die bereits im ersten Kapitel des Buches entwickelte Kritik z.B. am Gesetzesbegriff nicht gegenstandslos, sondern es soll eine differenziertere Betrachtungsweise und Beurteilung sozialpsychologischer Begriffsbildung ermöglichen. Wir hoffen, anhand des Konzeptes der sozialen Macht die Kritik an empirisch-analytischen Vorgehensweisen inhaltlich näher begründen zu können.

Wie steht es nun, vorweg betrachtet, mit dem möglichen Erklärungswert des Konzeptes „soziale Macht“? Welche Sachverhalte müßte eine Theorie der Macht zu erklären imstande sein? Beschreibt das Konzept der Macht nur die individuelle *Fähigkeit* von *A*, *B*'s Verhalten zu beeinflussen (THIBAUT/KELLEY, 1959, S. 101), oder kann das Modell Verlauf und Stabilität von Interaktionen und Beziehungen dadurch erklären, daß es *Grundlagen* von Einflußmöglichkeiten angibt?

Um für die Analyse pädagogischer Interaktionen relevant zu werden, müßte die Theorie der sozialen Macht erklären können, auf welche Weise und mit welchen Folgen in pädagogischen Interaktionssituationen Abhängigkeiten und Machtverhältnisse geschaffen und ausgenutzt werden. Im einzelnen wären etwa folgende Fragen zu beantworten:

a) Welcher Art sind die Abhängigkeiten (z.B. Rollen-Beziehungen, wechselseitige Stigmatisierung, Autoritätsstruktur, Konkurrenzbeziehungen usw.)?
b) Worauf beruhen die Abhängigkeiten und das Machtgefälle (z.B. Struktur der Institution, vorgegebene Verhaltensregeln, Interaktionserfahrungen aus der bisherigen Sozialisation einschließlich beruflichem Selbstbild usw.)?
c) Welche Zwecke haben Abhängigkeiten und Machtstruktur? Welche Funktionen werden ihnen zugewiesen (z.B. Motivierung der Schüler, Leistungsprinzip usw.)?
d) Welche Wirkungen haben sie tatsächlich (z.B. passive Anpassung und

Apathie, sozial induziertes Versagen, fortdauernde Abhängigkeit und Unfähigkeit zur Eigeninitiative, soziale Selektion usw.)?

„Soziale Macht ist ein Merkmal von Interaktionssequenzen, das die Veränderungen begründet, die im Verlauf solcher Sequenzen auftreten" (KEUPP/BERGOLD, 1972, S. 120). Das Konzept der sozialen Macht bietet sich also überall dort als erklärendes Konstrukt an, wo es um „Veränderungsprozesse im Verlauf sozialer Interaktionen" (ebd.) geht, also z. B. um Lernen, Führung, Konformitätsverhalten, Verhaltens- und Einstellungsänderungen, wie sie auch im Erziehungs- und Unterrichtsbereich vorkommen bzw. angestrebt werden.
Bei dem Versuch, die mögliche Fruchtbarkeit von sozialwissenschaftlichen Paradigmen für die Erforschung pädagogischer Interaktionen zu untersuchen, muß man sich natürlich immer wieder die Frage stellen, ob diejenigen Denkmodelle, nach denen z. B. die Sozialpsychologen ihren Gegenstand (sozialen Einfluß) abbilden, auch zur Darstellung pädagogischer Interaktionen taugen. Sind allgemeinere Denkmodelle überhaupt in der Lage, das Spezifische *pädagogischer* Interaktion mitzuerfassen, oder muß man vielmehr befürchten, daß pädagogische Handlungen bloß in Analogie zu beliebigen Beeinflussungstechniken interpretiert und insofern dem Gesamtbereich sozialtechnischer Machtausübung einverleibt werden?
Zunächst scheint es allerdings, als ob das Konzept der „sozialen Macht" zumindest gegenüber den in Kapitel 2 dargestellten idealistischen Interaktionstheorien eine realistischere Sichtweise von Erziehung und evtl. auch weitergehendere Erklärungsmöglichkeiten bieten könnte. Einige Merkmale gegenwärtiger Erziehungs- und Unterrichtssituationen machen die Anwendbarkeit des Macht-Konzeptes unmittelbar evident:

1. In der Erziehungs- und Unterrichtssituation geht es um Versuche der Lenkung, der Steuerung, der Motivierung, der „Veränderung" von Verhaltensdispositionen und Verhaltensweisen;
2. die Beeinflussung geschieht in der Regel durch Kommunikation in einer bestimmten Interaktionsstruktur;
3. die Beeinflussung schließt prinzipiell die – allerdings zu rechtfertigende – Notwendigkeit ein, „die Erwartungen anderer auch gegen ihren Willen zu definieren" (CLAESSENS, 1968, S. 62), d. h., den Widerstand der zu Beeinflussenden zu überwinden.
4. Um nun für die schulische Lehr-Lern-Situation die Möglichkeit und die Tatsache von Verhaltensänderungen sowie die Absicht der Lenkung, die Richtung der Interaktionsprozesse und die Fähigkeit zur Beeinflussung auch Widerstrebender erklären zu können, muß man bestimmte Möglichkeitsbedingungen eben dieser spezifischen Lehr-Lern-Prozesse aufzeigen können: Unterricht als Form der Verhaltensbeeinflussung kann nur dann intendiert und verwirklicht werden, wenn es bestimmte Chancen dafür gibt.

Das Problem der Macht kann auf verschiedenen Ebenen und unter verschiedenen Aspekten untersucht werden. Die drei wichtigsten Ebenen der Gegenstandsanalyse sind:

a) Die direkte, *dyadische* Interaktion zwischen Individuen, die sich entweder in einem formellen Abhängigkeitsverhältnis zueinander befinden (z. B. Lehrer–Schüler), oder die um die Durchsetzung ihrer Bedürfnisse und Handlungspläne kämpfen müssen und dies auch noch können, weil ihre Beziehungen Spielräume für Beziehungs- und Situations-Definitionen lassen (z. B. Ehepaar). Die meisten sozialpsychologischen Macht-Konzepte beziehen sich auf die dyadische Interaktion (z. B. FRENCH/RAVEN, 1968, S. 160).
b) Die Dynamik von Entscheidungs- und Steuerungsprozessen in *Gruppen.* Führung in Gruppen ist Resultat einer komplexen Wechselwirkung zwischen den Persönlichkeitsmerkmalen der Beteiligten (z. B. Fähigkeiten und Erwartungen), der Situation bzw. Aufgabe, der bereits etablierten Beziehungen zwischen den Gruppenmitgliedern, möglichen institutionellen Normierungen, dem Verhältnis der Gruppe zur Umwelt usw. Sowohl in formellen wie in informellen Gruppen spielen sich Prozesse der Macht-Bildung und Macht-Ausübung ab, worauf Begriffe wie Führung und Leitung, Disziplin und Autorität, Einfluß und Prestige, Dominanz und Gehorsam hinweisen.
c) Die Formulierung und Durchsetzung von allgemeinen Regeln auf *gesellschaftlicher* Ebene. Machtprozesse werden hier nicht als Dynamik *in* Gruppen, sondern als Auseinandersetzung *zwischen* Gruppen untersucht, wobei der Zusammenhang zwischen Machtbildung und Herrschaftsausübung im Mittelpunkt des Interesses steht.

Die Ebenen b) und c) werden oft der soziologischen Perspektive zugerechnet. Eine klare Trennung zwischen soziologischen und psychologischen Machtkonzeptionen ist jedoch kaum möglich, da auch soziologische Macht-Begriffe, wie wir gleich sehen werden, häufig interaktionistisch, d. h. auf der interpersonalen Ebene oder gar psychologisierend-reduktionistisch definiert werden. Auch beim Problem der Macht ergibt sich die Schwierigkeit, daß man nicht *gleichzeitig* dyadische Interaktionen, Gruppenphänomene und gesamtgesellschaftliche Prozesse untersuchen kann. Dies kann jedoch kein Grund dafür sein, die Analyse von Macht-Prozessen vorzeitig auf der interaktiven Ebene abzubrechen.
Im folgenden werden wir zunächst einige Konzeptionen von Macht vorstellen, wobei wir mit den eher soziologisch akzentuierten Auffassungen beginnen und dann zum sozialpsychologischen Modell sozialer Macht fortschreiten werden. In dem daran anschließenden Abschnitt wollen wir die Rolle des Macht-Modells in der Analyse pädagogischer Interaktion skizzieren. In diesem Abschnitt sowie in den Fallanalysen werden wir fast alle Begriffe aus dem nun folgenden Abschnitt anzuwenden versuchen, deshalb mag der Leser die kommende Anhäufung von Definitionen und Zitaten mit einiger Geduld über sich ergehen lassen.

3.3.1 Zur begrifflichen Einordnung von „Macht"

Das Problem der Macht wird in den Sozialwissenschaften und hier besonders in der Soziologie als ein sehr zentrales, aber auch sehr schwierig zu behandelndes Problem angesehen (vgl. DAHL, 1974; BIERSTEDT, 1974; CLAESSENS, 1968; CARTWRIGHT/ZANDER, 1968, Teil IV; HOLM, 1969; LUHMANN, 1975; POPITZ, 1973; KEUPP/BERGOLD, 1972 (Lit.!); ULICH, 1974a). – Beginnen wir mit der „klassischen" Definition von WEBER (1956, S. 28), die bis heute die sozialwissenschaftliche Auffassung von Macht nachhaltig geprägt hat: Macht ist die „Chance, innerhalb einer sozialen Beziehung den eigenen Willen auch gegen Widerstreben durchzusetzen, gleichviel, worauf diese Chance beruht". Macht bezeichnet also die Erfolgs*wahrscheinlichkeit,* die man aufgrund der Kenntnis bestimmter Machtquellen und Machtmittel (materielle Güter, Prestige, Verfügen über Gratifikations- und Zwangsmittel, Expertenschaft usw.) im Hinblick auf den Durchsetzungsversuch eines Einzelnen bestimmen kann. Diese Wahrscheinlichkeit kann zugleich individuell, interpersonell und gesellschaftlich-strukturell begründet sein: „Alle denkbaren Qualitäten eines Menschen und alle denkbaren Konstellationen können jemand in die Lage versetzen, seinen Willen in einer gegebenen Situation durchzusetzen" (WEBER, ebd.).

Eine wichtige Konsequenz von Machtprozessen ist die materiell fundierte und institutionalisierte *Verteilung* von Durchsetzungschancen, die sich in *Herrschaftsverhältnissen* ausdrückt. „Herrschaft" ist nach WEBER die „Chance, für einen Befehl bestimmten Inhalts bei angebbaren Personen Gehorsam zu finden" (S. 122). Herrschaft ist also nach WEBER ein Sonderfall von Macht. Sie stützt sich auf gesellschaftlich durchgesetzte und geltende Normen, die im individuellen Bewußtsein (Anerkennen einer „legitimen Ordnung") und als Rechtsanspruch einer existierenden Befehlsgewalt repräsentiert sind (KECKEISEN, 1974, S. 95). Herrschaft ist ein legitimiertes hierarchisches soziales Verhältnis zwischen Individuen bzw. Gruppen. Die Herrschaft ermöglichende geltende Ordnung läßt sich jedoch nicht vollständig auf Normen reduzieren, weil in sozialen Ordnungen Machtbeziehungen repräsentiert sind. Und Machtbeziehungen sind ihrerseits Ausdruck von Machtkämpfen, in denen, wie wir unten sehen werden, Gewalt ausgeübt wird.

Die Beziehung zwischen Normsetzung und Macht wird von einer „Konflikt-Theorie" der Gesellschaft so interpretiert, daß Normen mit *allgemeinem* Geltungsanspruch genetisch nicht der Gesamtgesellschaft zugerechnet werden können; vielmehr werden sie von Gruppen, „die mächtig genug sind, zu allgemeingültigen erklärt und mit Hilfe eines Sanktionsapparates durchgesetzt" (KECKEISEN, S. 110). Die „Allgemeingültigkeit" ist also letztlich etwas „Besonderes", nämlich die Dominanz einer Gruppe über die im Machtkampf unterlegenen Gruppierungen. „Die Transformation von Macht in Recht durch die ‚Legalisierung' von gruppenspezifischen Normen und Werten legitimiert ... die Machtbeziehungen zwischen den verschiedenen Gruppen und dient zugleich als Mittel im Gruppenkonflikt, diese Machtbeziehungen aufrechtzuerhalten" (ebd.). Die faktische Durchsetzung von Normen geschah durch die Ausübung von Macht, d.h. durch Gewalt; einmal durchgesetzt symbolisieren Normen wie z.B. Gesetze nur noch die Dominanz einer Gruppe über andere: „Das Gesetz fungiert nicht als Machtmittel, sondern als Machtsymbol" (a.a.O., S. 112f.). Die Neu-Interpretation oder Änderung von Gesetzen muß freilich wieder als Machtmittel verstanden werden.

Herrschaft ist also institutionalisierte Macht. „Macht hingegen vermag gesellschaftliche Abhängigkeitsverhältnisse zu etablieren und aufrechtzuerhalten, ohne daß sie notwendig legitimiert werden müßte" (a.a.O., S. 95), weil sie auf der Androhung oder Ausübung von Gewalt beruht. Herrschaftsverhältnisse können also nicht, wie symbolisch-interaktionistische und sozialpsychologische Autoren manchmal anzunehmen scheinen, auf Interaktions- und „Einigungs"-Prozesse bzw. normative Übereinkünfte (allein) zurückgeführt werden, sondern es bleibt immer die Notwendigkeit bestehen, die jeweils zugrundeliegenden Machtkämpfe zu rekonstruieren. *Gesellschaftlich* gesehen ist „Macht" die Chance, ein „Systempattern", Normen, Regeln, bestehende Herrschaftsverhältnisse und Abhängigkeitsbeziehungen, also den „Status quo" zu erhalten, zu verändern oder zu ersetzen (CLAESSENS, 1968, S. 138ff.). Nach LUHMANN (1964) ist Macht ein Mittel zur Verhinderung wie zur Herbeiführung von Änderungen. Macht sei ein Mittel zur Bündelung von Befriedigungsmöglichkeiten oder zur Vorenthaltung bzw. „Abschneidung" von Befriedigungsmöglichkeiten. Als solches kann Macht nach LUHMANN Regeln setzen, die „Koalitionschancen aller gegen einen" werden, nämlich gegen den Abweichenden.

„Herrschaft ist der Zustand, in dem die Erwartungen derer, über die Macht ausgeübt wurde oder wird, sich diesem Zustand angepaßt haben" (CLAESSENS, a.a.O., S. 62). „Herrschaft bedeutet insofern eine Begrenzung von Macht: Strebt Macht danach, zu expandieren und damit Rollenerwartungen anderer *neu* auf sich zu zentrieren, so *muß* sie auch danach streben, diese neuen Erwartungen zu stabilisieren, zu institutionalisieren, sie selbst wiederum zu Rollenerwartungen zu machen, damit mit dem daraus abzuleitenden Verhalten *gerechnet* werden kann. Hat sie dies erreicht, ist sie zu ‚Herrschaft' umgeschlagen. Damit ist aber ein Zustand erreicht, der einer erneuten Umdefinition einen – selbstproduzierten – Widerstand entgegensetzt" (ebd.). Freilich eliminieren Legitimität und Autorität niemals Macht, „sie verschleiern sie nur, machen sie latent. Wie könnte ‚Autorität' auch Macht eliminieren, wenn Autorität nicht bloß freischwebende ‚Legitimität', sondern die Legitimität von *Macht* ist?" (GOULDNER, 1970, S. 294). Herrschaft kann also jederzeit in Macht zurückverwandelt werden; d.h., die Macht, mit Gewalt Dinge gewähren oder vorenthalten zu können, ist auch dann stets gegenwärtig, wenn sie nicht *gebraucht* wird (ebd.).

Nach einer Analyse des Verhältnisses von „Macht" und „Herrschaft" wollen wir nun den schon öfter verwendeten Begriff der „*Gewalt*" zu klären versuchen, da Macht-Ausübung offenbar etwas mit „Gewalt" zu tun hat. Das Verhältnis von „Macht" und „Gewalt" kann man mit Hilfe eines Versuchs von Bierstedt (1974) verstehen, der „Macht" zunächst von Prestige, Einfluß, Dominanz und „Recht" unterscheidet. Im soziologischen Sinne meint der Begriff „Gewalt" die Begrenzung bzw. Eliminierung von Handlungsalternativen einer Person oder Gruppe. Die Reduktion von Handlungsalternativen geschieht durch die Anwendung von Sanktionen bzw. Zwangsmaßnahmen. So symbolisiert die Formel „Geld oder Leben" eine Situation nackter Gewalt und reduziert die Handlungsweisen der bedrohten Person auf zwei Alternativen. Gewalt ist Manifestation von Macht, die in der ungleichen Verfügung über Zwangsmittel begründet ist. Entsprechend ist Macht latente, (noch) nicht zur Auswirkung gekommene Gewalt. Macht ist die Möglichkeitsbedingung oder Prädisposition für die Anwendung von Gewalt. Nur Gruppen oder Menschen, die Macht haben, können mit Gewalt drohen, „und diese Drohung als solche ist Macht" (Bierstedt, S. 385). Macht ist nicht die Gewaltanwendung als solche, sondern lediglich die Präsentation von Gewalt und als solche immer erfolgreich; denn wenn die Präsentation von Gewalt keine Wirkung zeigt, hört sie auf, Macht zu sein (ebd.). Wenn die Möglichkeit zur Gewaltandrohung, also Macht, institutionalisiert ist, spricht man von „Autorität": „Macht symbolisiert die Gewalt, die in jeder sozialen Situation angewendet werden *kann*, und rechtfertigt die Autorität, die angewandt *wird*" (ebd.).

In überwiegend formal organisierten Institutionen wie z. B. der Schule ist soziale Macht zum Teil in Autorität transformiert: Die Beteiligten verhalten sich entsprechend den Erwartungen, die standardisiert, normiert und sanktioniert sind. Das Recht, Gewalt zu gebrauchen, ist an ganz bestimmte Positionen gebunden; es wird in den Rechten dieser Positionen manifest. Wenn in einer organisierten Institution Personen Befehle erteilen und andere kontrollieren, so berufen sie sich dabei auf ihre (Amts-)Autorität, nämlich das Recht, Gewalt zu gebrauchen. So ist z. B. in der Schule die Macht des Lehrers in der Schulordnung und anderen Dienstvorschriften symbolisiert. Diese Macht wird in dem Moment manifest, in dem ein Lehrer beispielsweise gegen einen Schüler eine Schulstrafe ausspricht: Der Lehrer gebraucht Gewalt, die in der Schulordnung nur latent vorhanden ist. Die Androhung der Strafe („Wenn du morgen wieder zu spät in die Schule kommst, dann mußt du nachsitzen!") ist Macht, weil sie Gewalt präsentiert. Das „Nachsitzen" ist dann ein Erleiden von Gewalt insofern, als für den betreffenden Schüler im Vergleich zu seinen Kameraden eindeutig Handlungsalternativen reduziert wurden.

Da soziale Aktionen und Interaktionen nie völlig in Übereinstimmung mit den Normen einer formalen Organisation ablaufen, kann Macht nicht ohne Residuen in Autorität aufgehen. Das Beispiel mit der Androhung des Nachsitzens zeigt ja, daß die Autorität, also institutionalisierte Macht, des Lehrers ursprünglich nicht hinreichte, den Schüler vom Zuspät-Kommen abzuhalten. Nicht einmal die

Ausübung von Macht – die Drohung – reicht immer aus; die Macht muß oft in Gestalt einer Schulstrafe manifest werden. Das Beispiel zeigt auch, daß institutionalisierte Macht – Autorität – mit Disziplin fast identisch ist, wenn man letztere mit WEBER (1956, S. 29) bestimmt als „die Chance, kraft eingeübter Einstellung für einen Befehl prompten, automatischen und schematischen Gehorsam bei einer angebbaren Vielheit von Menschen zu finden". Die negativ anmutenden Attribute in dieser Definition sollen ausdrücken, daß der Befehl weder sachlich begründet noch legitimiert werden muß, und daß der Befehl nicht aufgrund eines „Einigungs"-Prozesses oder reflektierter und freiwilliger Entscheidung befolgt wird. *Autorität* ist das anerkannte Recht, Gewalt auszuüben. Autorität herrscht, wenn nicht einmal mehr Drohungen ausgesprochen werden müssen.

Wenn ein Lehrer z. B. zu Beginn der Stunde sagt: „Es ist keine Kreide da", so wird diese scheinbar rein sachliche Tatsachenfeststellung aufgrund der herrschenden und in akzeptierten Beziehungsdefinitionen repräsentierten Autorität des Lehrers sofort als Aufforderung aufgefaßt, schleunigst Kreide zu besorgen. Der Lehrer braucht nicht einmal explizit um die Kreide zu bitten. Hat dieser Lehrer allerdings seine Autorität überschätzt (die Schüler holen *keine* Kreide), wurde also die Unterordnungsbereitschaft nur unvollkommen eingeübt, erfolgt also kein „prompter, automatischer und schematischer Gehorsam", so wird der Lehrer erst bitten und dann drohen müssen. Das Vorzeigen von Gewalt bzw. die Ausübung von Gewalt ist jedoch oft nur eine Notmaßnahme, die ergriffen werden muß, um in einem prinzipiell durch Autorität und Disziplin geregelten System Störungen zu beheben. In formellen Organisationen wie der Schule ist Gewalt nicht ein Kennzeichen des Systems selbst, sondern eher eine Folge seines Versagens bzw. seiner Unvollkommenheit.

3.3.2 Das sozialpsychologische Macht-Modell

Die im engeren Sinne *sozialpsychologischen* Auffassungen von Macht unterscheiden sich in folgenden Punkten von den bisher dargestellten Konzepten:

a) Als Macht wird nicht mehr eine generelle Chance der Durchsetzung gegen andere verstanden, die sowohl auf individuellen Merkmalen *wie auch* auf sozialstrukturellen und situativen Konstellationen beruht, sondern Macht ist eine individuelle *Fähigkeit* in (dyadischen) Interaktionen:
   - Macht ist die Fähigkeit einer Person, bei einer anderen Person eine Verhaltensänderung herbeizuführen (FRENCH/RAVEN, 1968, S. 260);
   - Macht ist die Fähigkeit, eine andere Person im Hinblick auf einen bestimmten Zustand zu beeinflussen (CARTWRIGHT/ZANDER, 1968, S. 216);

– Macht ist die Fähigkeit, das Verhalten eines anderen oder seine Verhaltensergebnisse in irgendeiner Weise zu beeinflussen (Argyle, 1972, S. 281; Thibaut/Kelley, 1959, S. 101). Macht ist also immer Macht einer Person über eine andere Person. Macht ist eine allgemeine Dimension sozialer Interaktion schlechthin: Alle Interaktionsbeziehungen sind tendenziell a-symmetrisch.

b) Macht ist Kennzeichen oder Index einer *Ungleichheit*, deren Qualität und Ursachen jedoch außerhalb der Fragestellung bleiben. Die Definition von Macht ist in diesem Sinne „wertfrei". Denn es fehlt einmal das in anderen (eher soziologischen) Auffassungen betonte Moment der *Durchsetzung*, das immer auch Unterdrückung, Verzicht, Verlust und persönliches Unglück bedeutet und insofern nicht „wertfrei" behandelt werden kann. Und zum anderen fehlt den sozialpsychologischen Auffassungen das Moment des *Zwangs*, wie es etwa von Dahl (1974, S. 362) hervorgehoben wurde: „*A* beeinflußt *B* in dem Maße, als er *B* dazu bringt, etwas zu tun, was er sonst *nicht* tun würde". Auch Mannheim (1967, S. 138) bezeichnet als Macht „jedes Verfahren, das bestimmte Handlungen anderer erzwingbar macht", wobei er allerdings zwischen Macht-Ausübung (Gewalt) und Macht als bloßer Möglichkeitsbedingung nicht unterscheidet.

Soweit in sozialpsychologischen Begriffsbestimmungen die Momente des Zwangs und der Durchsetzung mit nachfolgender Herrschaft ausgeklammert und „soziale Macht" damit formalisiert und neutralisiert wird, geht zwangsläufig auch ein Teil der möglichen kritischen analytischen Potenz verloren, den das Macht-Konzept in der Untersuchung sozialer Interaktionen entfalten könnte. Wenn man „Macht" zusammenfassend definiert als die Fähigkeit, das Verhalten anderer durch die Verfügung über Belohnungs- und Bestrafungsmittel auf ein gegebenes Ziel hin zu beeinflussen, dann werden offenbar entscheidende Gründe für die Tatsache, daß verschiedene Personen unterschiedliche Chancen und Fähigkeiten der Einflußnahme haben, in den intrapsychischen und allenfalls noch inter-personellen Bereich unmittelbarer dyadischer Interaktion verlegt.

Diese überwiegend formale und psychologisierende Betrachtungsweise kommt besonders deutlich in dem entscheidungstheoretisch orientierten Macht-Modell von Thibaut und Kelley (1959) zum Ausdruck. Diese Theorie tendiert dazu, die Stabilität von Interaktionsbeziehungen mit der Stabilität von Macht-Beziehungen gleichzusetzen. Um nämlich den Verlauf sozialer Interaktionen und die Stabilität sozialer Beziehungen vorhersagen zu können, untersuchen die Autoren vor allem solche Einflußfaktoren, die der Macht-Struktur in der dyadischen Beziehung zugrundeliegen. Die Stabilität von Beziehungen scheint vor allem davon abzuhängen, inwieweit es den Beteiligten gelingt, für sich selbst vorteilhafte Macht-Beziehungen zu etablieren. Index dieser Vorteilhaftigkeit ist die Kosten/Nutzen-Relation, d.h. das Verhältnis von persönlichem Aufwand zum persönli-

chen Vorteil, eine Beziehung einzugehen bzw. aufrecht zu erhalten. Die Auffassungen von THIBAUT und KELLEY haben enge Beziehungen zu der oben skizzierten Austausch-Theorie der Interaktion.
Eine Macht-Beziehung ist dann stabil, wenn sie irreversibel ist, wenn der *weniger* Mächtige

1. die Machtkonstellation nicht einseitig verändern will, weil bei diesem Versuch die „Kosten" (Risiken, Strafen zu kassieren oder ausgeschlossen zu werden) den „Nutzen" (z.B. Teilhabe am Prestige des anderen) übersteigen würden; weiter erfordert die Stabilität,
2. daß der weniger Mächtige das Interaktionsverhältnis deshalb nicht verläßt, weil das Kosten/Nutzen-Verhältnis seinem subjektiven Empfinden nach „angemessen" ist, d.h. seinem *erlebten* Status in der entsprechenden Beziehung entspricht; ferner ist notwendig, daß
3. keine alternativen Beziehungen offen stehen, die ein günstigeres Kosten/Nutzen-Verhältnis erwarten lassen, bzw. daß die bestehende Beziehung im Vergleich zu möglichen anderen noch ein Mindestmaß an Nutzen (im Vergleich zu Kosten) erbringt.

Diese von THIBAUT und KELLEY entwickelten Kriterien für die Entwicklung von dyadischen Interaktionsbeziehungen haben den Zweck, sowohl die Stabilität von Interaktionsbeziehungen wie die Konstanz von individuellen sozialen Verhaltensweisen vorherzusagen. Um Vorhersagen machen zu können, muß man die Folgen der jeweiligen Interaktionen für jeden der beiden Partner getrennt nach Gewinn und Verlust (bzw. Kosten und Nutzen) klassifizieren und quantifizieren. Aus einer Reihe von Beobachtungsdaten ergeben sich dann für die Prognose Wahrscheinlichkeitswerte, die in einer „Matrix" möglicher Interaktionsergebnisse Verlauf und Stabilität von Interaktionen zu bestimmen erlauben (vgl. auch GRAUMANN, 1972, S. 1144ff.). Die spezifischen Kosten/Nutzen-Relationen, die den Interaktionsverlauf determinieren, ergeben sich daraus, daß Interaktionsergebnisse, zu erwartende Folgen und mögliche Alternativen, jeweils relativ zu den Erwartungen und Urteilen des Partners, gegeneinander abgewogen werden.
Das soziale Verhalten des einzelnen Individuums ist also eine Funktion von Kosten/Nutzen-Kalkulationen. Auch hier wird vor einem ökonomistischen Hintergrund eine enge Beziehung zwischen sozialem Verhalten und Motivation gesehen. Die Relevanz dieses Modells für pädagogische Führungsprozesse scheint hier eingeschränkt zu sein durch die Fiktion, die einzelnen Individuen könnten sich frei und „rational" entscheiden, ob sie eine Beziehung aufrecht erhalten wollen oder nicht. Diese Fiktion wurde allerdings dazu benötigt, um in Laborexperimenten, wie z.B. THIBAUT und KELLEY es getan haben, Entscheidungsprozesse untersuchen zu können. Prinzipiell gibt es jedoch keine Schwierigkeit, in diesen Modellen auch solche Machtmittel und Machtquellen zu

berücksichtigen, die in der Biographie des einzelnen, in Institutionen oder sonstigen Umweltgegebenheiten verankert sind und *nicht* der persönlichen Verfügungsgewalt eines einzelnen unterliegen. Das sozialpsychologische Machtmodell wird ja auch von Sozialpsychologen selbst (z. B. BACKMAN/SECORD, 1972, S. 111; ARGYLE, 1972, S. 281 ff.) auf Führungsprozesse in Institutionen angewandt.

Wenn man von der Fiktion des sich frei und vernünftig entscheidenden einzelnen absieht, bietet der Ansatz von THIBAUT und KELLEY u. U. die Möglichkeit, sog. „Verhaltensstörungen" in der Schulklasse mit der persönlichen (bzw. auch schicht-spezifischen) Kosten/Nutzen-Relation zu erklären: Wenn die „Kosten" des Aufenthaltes in der Schule den erkennbaren „Nutzen" übersteigen, wird die soziale Beziehung zum Lehrer bzw. den Mitschülern faktisch aufgekündigt, obwohl sie, wegen noch höherer „Kosten", nicht tatsächlich abgebrochen werden kann. Wir werden unten anhand der Untersuchung von HARGREAVES (1972) sehen, daß die Kosten/Nutzen-Relation in Wirklichkeit ein komplexes Produkt von institutionellen Einflußfaktoren, Selbstbild und Interaktionen ist.

Wenn man Grundlagen und Mittel der Macht im sozialpsychologischen Macht-Modell darstellen will, so ist es gut, vom zentralen Begriff der „Führung" auszugehen. Im Gegensatz zu Macht meint „Führung" nämlich die konkrete beobachtbare Einflußnahme, also das tatsächliche Bemühen um erfolgreiche Verhaltenskontrolle. Macht dagegen ist lediglich eine „Kapazität", eine Möglichkeitsbedingung, die natürlich ihrerseits von verschiedenen Bedingungen abhängt. FRENCH und RAVEN (1968) sowie SECORD und BACKMAN (1964, S. 274 ff.) nennen als Determinanten der sozialen Macht die folgenden drei Variablenklassen:

1. *Machtquellen*: Darunter ist vor allem das jeweilige Belohnungs- und Bestrafungspotential zu verstehen. „Im Prinzip kann jedes Bedürfnis oder jeder Wunsch einer Person zu einer Machtquelle für eine andere Person werden, nämlich zur Macht über die Befriedigung dieser Bedürfnisse und Wünsche" (KEUPP und BERGOLD, 1972, S. 120). Je nach dem zugrundeliegenden, spezifischen Belohnungspotential kann man verschiedene Arten der Macht unterscheiden (vgl. BACKMAN und SECORD, 1972, S. 110 f.):
   - reward power: die Möglichkeit bzw. Fähigkeit, jemanden zu belohnen;
   - coercive power: die Möglichkeit, durch Strafe oder Androhung von Strafe etwas zu erzwingen;
   - expert power: Besitz von Wissen, das einer benutzen kann, um bestimmte Bedürfnisse und Anforderungen anderer zu befriedigen; also die Möglichkeit, aufgrund bestimmter Fähigkeiten Einfluß auszuüben;
   - referent power: beruht auf dem Wunsch, einem anderen zu gleichen oder sich mit ihm zu identifizieren;

– legitimate power: basiert auf der Erwartung, daß der Führungsanspruch einer Person aufgrund ihrer normativ abgesicherten Position im sozialen System anerkannt wird.

Leider ist bisher noch nicht hinreichend geklärt, in welcher Weise sich diese Kategorien noch weiter zusammenfassen lassen, wie sie in konkreten Fällen gewichtet werden können und welche Operationalisierungsmöglichkeiten es gibt.

2. *Abhängigkeit von Machtquellen*: Damit ist der Zusammenhang zwischen den Bedürfnissen einer Person und der Möglichkeit einer anderen gemeint, diese Bedürfnisse zu befriedigen. „Eigenschaften und Fähigkeiten einer Person konstituieren nur dann eine Machtquelle, wenn sie einige Relevanz für die Befriedigung von Bedürfnissen einer anderen Person haben" (KEUPP und BERGOLD, 1972, S. 121). Die Macht eines Lehrers über seine Schüler ist bekanntlich vor Ende des Schuljahrs am größten.
3. *Verfügbarkeit von Alternativen*: Je weniger Alternativen zur Bedürfnisbefriedigung eine Person hat und je weniger leicht sie alternative soziale Beziehungen aufnehmen kann, desto abhängiger ist sie von demjenigen, der ihre Bedürfnisse befriedigen kann. Ein Schüler, der zusätzlich Privatunterricht erhält, ist von der „expert power" des Lehrers weniger abhängig als die anderen Schüler.

Die drei genannten Variablengruppen stehen natürlich in einem Wechselwirkungsverhältnis zueinander (vgl. KEUPP und BERGOLD, 1972, S. 121f.). Eine Variable kann nur dann kontrolliert und als Erklärungskonzept verwendet werden, wenn man auch über die anderen etwas weiß. Die drei Arten von Determinanten verändern ständig ihr Verhältnis zueinander, weil die Beteiligten versuchen, Ungleichheit zu relativieren, abzubauen, auszudehnen oder zu festigen. So wird z.B. die Konstellation „geringe reward power – geringe Abhängigkeit – viele Alternativen" den Lehrer zu einer Ausdehnung seiner Macht veranlassen, indem er vielleicht „expert power" und „coercive power" zu steigern versucht.

Die Auswahl der Machtmittel geschieht im Hinblick auf rollenspezifisch interpretierte Erziehungsziele, die in einer Institution vorhandenen Machtquellen und Möglichkeiten der Einflußnahme. Weitere Determinanten der Mittelwahl liegen in der Persönlichkeitsstruktur des Lehrers (und der Schüler), in Theorien der Erziehung und Führung, in didaktischen Modellen, soweit diese in der konkreten Unterrichtsführung zur Auswirkung kommen können.

Zwischen Machtquellen und Machtmitteln ist eine Vielzahl von Mißverhältnissen denkbar. Beispiel A: Es wird ein Machtmittel verwendet, dem keine legitimierte Machtquelle oder institutionelle Möglichkeit entspricht (ein Lehrer prügelt, obwohl Prügelstrafe abgeschafft ist). Beispiel B: Eine bestimmte Machtquelle, der von der Institution hohe Bedeutung zugemessen wird, bleibt ungenutzt (ein „progressiver" Lehrer macht sich unbeliebt, weil er disziplinarische Maßnahmen

– „coercive“ und „legitimate power“ – trotz einer unruhigen Klasse zu wenig einsetzt).
Wie eng die Frage der Machtmittel mit Erziehungszielen und dem persönlichen Verantwortungsbewußtsein des Lehrers zusammenhängt, zeigt die folgende Zusammenstellung von Auswahlkriterien (RAVEN und KRUGLANSKY, 1970, S. 85), die sich allerdings nicht ausschließlich auf die Schule bezieht:

a) Wahrscheinlichkeit von Langzeitveränderungen;
b) Aufwendungen und Kosten;
c) Grad der gewünschten Abhängigkeit;
d) Größe des Mißtrauens und Widerstandes der zu Beeinflussenden;
e) Hervorrufen von Frustration und Feindseligkeit; Aggressionsverschiebung;
f) Bewertung der Beeinflussung durch Außenstehende;
g) Machtbedürfnis und Selbstachtung.

Das soziale Verhältnis zwischen Beeinflusser und zu Beeinflussenden (Lehrer – Schüler) ist natürlich auch von der Art der eingesetzten Machtmittel abhängig. Insofern stellt das gewünschte Lehrer-Schüler-Verhältnis selbst ein Kriterium für die Auswahl bestimmter Machtmittel dar. RAVEN und KRUGLANSKY (1970, S. 79) haben die Wirkungen eines bestimmten Machtgebrauchs auf die Reaktion der Beeinflußten untersucht. Wenn man die teilweise auf empirischen Untersuchungen beruhenden Ergebnisse auf das Lehrer-Schüler-Verhältnis überträgt, dann zeigt sich eine deutliche Reihenfolge vom günstigsten Machtmittel des „Idenifikationsangebotes“ (referent power) bis zur Machtquelle der Strafe. Interessanterweise kommt es bei der Experten-Macht weder zur Interaktion noch zur Identifikation mit dem Machtausübenden.
Es ist wohl hinreichend deutlich geworden, daß in der Sozialpsychologie der Begriff der Macht ein *theoretischer* Begriff ist in dem Sinne, daß er sich auf nichts unmittelbar Beobachtbares, sondern auf eine spezifische soziale Relation bezieht, die aus der Beziehung zwischen bestimmten „unabhängigen“ und „abhängigen“ Variablen zu erschließen ist. In theoretischer Hinsicht handelt es sich also um ein „theoretisches Konstrukt“; in forschungstechnischer Hinsicht ist Macht eine „intervenierende Variable“. Es dürfte auch klar geworden sein, welches das theoretische Bezugssystem bzw. diejenige Interaktionstheorie ist, innerhalb derer der Macht-Begriff seine theoretische Bedeutung und damit seine mögliche Erklärungskraft hat: Es ist die bereits oben skizzierte behavioristische ökonomistische Austauschtheorie der Interaktion, in der die wechselseitige Abhängigkeit (Bedürftigkeit) und wechselseitige Kontrolle der interagierenden Individuen am deutlichsten ausformuliert wurde. Diese Reziprozität von Abhängigkeit und Machtausübung ist der Kern des eben skizzierten Machtmodells.
Im folgenden Abschnitt wollen wir nun versuchen, das Modell der sozialen Macht trotz seiner verkürzten Ansprüche und Erklärungsmöglichkeiten auf das Geschehen in der Schulklasse anzuwenden, um vielleicht doch einige Bedingungen,

Formen und Wirkungen pädagogischer Interaktionen präziser erfassen zu können.

3.3.3 *Anwendung des Macht-Modells auf die Lehrer-Schüler-Interaktion*

Alle innerhalb der Institution Schule interagierenden Personen können in dem Sinne voneinander abhängig sein, als sie sich gegenseitig Gratifikationen zubilligen oder vorenthalten bzw. anderen Strafen im weitesten Sinne auferlegen können. So sind die einzelnen Schüler wechselseitig voneinander abhängig, so ist auch der Lehrer von den Schülern abhängig, die ihm das Leben schwer oder weniger schwer machen können und ihn mit guten Leistungen für seine unterrichtlichen und erzieherischen Bemühungen „belohnen" können. Der Lehrer ist auch nach oben hin, zur übergeordneten Behörde und Schulleitung, zahlreichen positiven und negativen Sanktionen ausgesetzt. Trotz dieser vielfältigen Abhängigkeits- und Machtbeziehungen wollen wir uns im folgenden auf die Macht des Lehrers gegenüber den Schülern konzentrieren, weil das sozialpsychologische Macht-Modell hier am ehesten seine Fruchtbarkeit erweisen könnte. Zur weiteren Vereinfachung, die allerdings eine gewisse Verzerrung der Realität bedeutet, reduzieren wir die Lehrer-Schüler-Beziehung gelegentlich auf eine dyadische Interaktion zwischen dem Lehrer und nur *einem* Schüler – allerdings eine Voraussetzung für die Anwendbarkeit des sozialpsychologischen Macht-Modells.

Wenn das Macht-Modell irgendeine Erklärungsfunktion in der Analyse pädagogischer Interaktionen haben soll, dann muß es (funktionale) Zusammenhänge oder zumindest Ko-Variationen zwischen Bedingungen der Verhaltensbeeinflussung, Methoden der Verhaltenssteuerung und Wirkungen der Verhaltensbeeinflussung aufzudecken und vorherzusagen erlauben. Im Kontext behavioristisch-empirischer Analyse ist Unterricht als eine Form von Verhaltensänderung zu sehen. Diese Verhaltensbeeinflussung kann nur dann intendiert und verwirklicht werden, wenn es dafür bestimmte Realisierungs-Bedingungen gibt. Zu diesen Grundlagen gehört sicher die „Macht" des Lehrers, sich gegenüber seinen Schülern durchzusetzen. Die Richtigkeit dieser prinzipiellen Überlegungen kann man anhand einiger Beispiele demonstrieren.

Am ersten Beispiel kann man den Zusammenhang zwischen Macht, Kommunikationsstruktur und Lernziel-Erreichung erkennen (HOFSTÄTTER, 1968, S. 168f.): Unterrichtsstoff ist das Flugzeug. Da behaupten die Schüler, „daß ein aus Metallteilen zusammengesetztes Fahrzeug nicht in der Luft fliegen könne, da es schwerer als diese sei. Man verlacht den schrulligen Lehrer, der dies aller Erfahrung zum Trotz für möglich hält und wird im Emotionsverhalten seiner Sache nur noch sicherer .... Der Lehrer würde zum Außenseiter, dessen Stimme gar nicht mehr zählt." Warum dieser peinliche Fall nicht eintreten kann, ist klar:

Aufgrund seiner institutionell abgesicherten Machtposition ist der Lehrer in der Lage, als Zentralperson im Kommunikationsnetz eine Einigung der Schüler über seinen Kopf hinweg zu verhindern. Alle Kommunikationen der Schüler müssen über den Lehrer laufen; die Schüler müssen sich melden und dürfen erst sprechen, wenn ihnen das Wort erteilt wird.
Weitere Beispiele für die Machtkompetenz des Lehrers:

- Ein Lehrer sagt: „Ihr beiden da hinten, hört endlich auf, miteinander zu reden und paßt besser auf!"
- Oder: „Wenn du das nächste Mal wieder zu spät zum Unterricht kommst, werde ich mal mit deinem Vater darüber reden!"
- Oder: „Franz, ich rate dir, deine Hausaufgaben das nächste Mal mit etwas mehr Sorgfalt zu machen!"
- Oder: „Peter, das hast du sehr gut gemacht, du bekommst eine 1 dafür!"

Versuchen wir nun, diese unterschiedlichen Lehreräußerungen im Hinblick auf die Dimension der „Macht" zu interpretieren. – Offenbar steckt hinter allen Äußerungen (Ermahnungen, Drohungen oder Belobigung) die Erwartung des Lehrers, daß seine Worte eine entsprechende Wirkung haben werden, nämlich die, daß seine Anweisungen eine Verhaltensänderung (oder im Fall der Belohnung: eine Verhaltensbekräftigung) zur Folge haben werden. Warum aber glaubt der Lehrer, daß die beiden „Schwätzer" ihre Aufmerksamkeit wieder dem Unterricht zuwenden werden, daß die Androhung, mit dem Vater zu sprechen, Erfolg haben wird (bzw. das Gespräch mit dem Vater), daß Franz seine Hausaufgaben besser machen wird und daß schließlich Peter aufgrund des Lobes in seiner stetigen Arbeit fortfahren wird?
Die Hoffnung, daß die Einflußversuche des Lehrers Erfolg haben werden, beruht, kurz gesagt darauf, daß der Lehrer 1. in der Institution Schule mit bestimmten Machtmitteln *ausgestattet* ist, daß ihm 2. von allen Beteiligten (Kollegen, Eltern, Schülern) eine gewisse Machtkompetenz *zugeschrieben* wird und daß 3. das Recht auf Machtausübung von den meisten Beteiligten als mehr oder weniger legitim bzw. *legitimiert* anerkannt wird. Zusammenfassend kann man also jetzt schon sagen, daß „Macht" *erklären* kann, *warum* ein Lehrer mit seinen Versuchen der Verhaltensbeeinflussung Erfolg hat bzw. haben kann.
Wenn also Macht eine Bedingung von Verhaltensbeeinflussung ist, dann stellen sich weitere wichtige Fragen, die den Rahmen des engen sozialpsychologischen Macht-Modells sprengen, aber dennoch beantwortet werden müssen: Worauf beruht das Macht-Potential des Lehrers? Aus welchen Komponenten besteht das Macht-Potential? Unter welchen Voraussetzungen kommt das Macht-Potential zur Anwendung? Den Zusammenhang dieser und anderer Fragen veranschaulicht in sehr allgemeiner und schematischer Weise die folgende Abbildung 6 (vgl. ULICH, 1974a, S. 124).

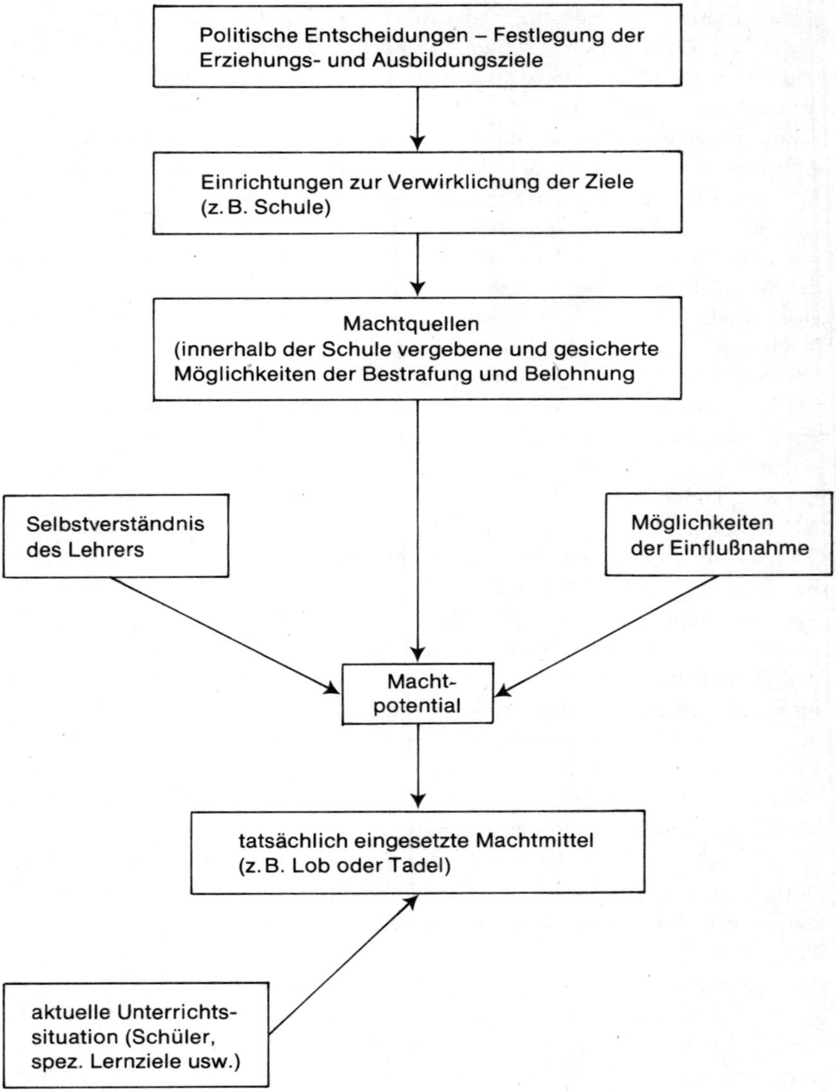

Abb. 6: Die Entstehung des Machtpotentials des Lehrers

Die Abbildung soll vor allem deutlich machen, daß die Machtausübung des Lehrers kein willkürlicher Akt ist, der etwa mit einer „autoritären Persönlichkeitsstruktur" oder anderen persönlich subjektiven Faktoren zusammenhängt. Vielmehr geht die Machtausübung zurück auf Zwecke der Institution Schule (Ausbildung, „Bildung", Sozialisation, Platz- und Status-Zuweisung), wie sie von übergeordneten gesellschaftlichen Entscheidungsgremien bestimmt werden. Die Schule ist eine Institution, die zur Erfüllung ganz bestimmter Zwecke und Aufgaben eingerichtet worden ist. Zugleich mit der Institution sind auch die Macht-Quellen (z.B. Notensystem, Belohnungssystem, Strafen) gegeben, die den schulischen Funktionsträgern (vor allem den Lehrern) die Erfüllung ihrer vorgeschriebenen Aufgaben ermöglichen sollen. Das eigentliche Machtpotential des Lehrers hängt freilich noch von zwei weiteren Faktoren ab, nämlich 1. seinem eigenen Selbstverständnis (mancher Lehrer will aus Überzeugung von bestimmten Machtquellen keinen Gebrauch machen) und 2. von den generellen Möglichkeiten der Verhaltensbeeinflussung (man vergleiche hier nur die traditionellen Führungstechniken mit modernen Verfahren der Verhaltensmodifikation). Welche Machtmittel tatsächlich eingesetzt werden, hängt nicht nur vom Machtpotential ab, sondern auch noch von der gegebenen Unterrichtssituation (Alter der Schüler, Lernziel, Didaktik, Verhältnis zwischen Lehrer und Schülern in einer bestimmten Klasse usw.).

Was geschieht nun mit dem Machtpotential, wie wirkt es sich aus? Zur Beantwortung dieser Frage müssen wir uns an die oben skizzierten Arten der Macht-Ausübung erinnern: „Die Macht, die ein Lehrer über seine Schüler hat, enthält oft Elemente aller fünf Arten der Macht. Sowohl aufgrund seines Alters und seiner Fähigkeiten als auch der Tatsache, daß ihm der Weg zu verschiedenen institutionalisierten Sanktionen offensteht, wie z.B. Noten zu geben oder einen Schüler in das Büro des Direktors zu einem Disziplinarverfahren zu schicken, kann er das Kind sowohl belohnen als auch bestrafen. Sein den Schülern überlegenes Wissen wird diese wahrscheinlich seiner Leitung folgen lassen. Seine Macht, die sowohl durch seinen Status als auch, wenn er beliebt ist, durch die Wertschätzung der Schüler vergrößert wird, kann Identifikationsprozesse, die der Bezugsmacht zugrunde liegen, fördern. Er wie seine Schüler haben gelernt, daß er die führende Position in der Klasse einnimmt" (BACKMAN und SECORD, 1972, S. 111).

Diese Anwendung des sozialpsychologischen Macht-Modells auf das Geschehen in der Schulklasse scheint wie selbstverständlich davon auszugehen, daß die enorme Machtfülle des Lehrers sowohl im Interesse des Lehrers wie auch in dem der Schüler ist. Man muß jedoch kritisch sehen, daß die Tendenz zur Erhöhung des Machtpotentials des Lehrers, also die Tendenz, so viele Machtquellen wie möglich von der Umwelt bzw. Institution und vom Schüler selbst delegiert zu bekommen die Abhängigkeit und Machtlosigkeit des Schülers in einem Ausmaß steigern kann, das mit den intendierten Erziehungszielen unvereinbar ist. Beim

Schüler kann die geringe Verfügung über Machtquellen und Machtmittel zu einem Verhaltensmuster der passiven Anpassung und Apathie führen (vgl. KEUPP und BERGOLD, 1972, S. 125; CARTWRIGHT/ZANDER, 1968, S. 231 ff.).
Aufgrund der Reziprozität von Macht und Machtlosigkeit ist die Macht des Lehrers umso größer, je abhängiger der Schüler von Zwängen zur Bedürfnisbefriedigung ist, die in der schulischen Lernsituation überhaupt liegen (und nicht allein in der Position des Lehrers, die lediglich ein Faktor dieser Situation ist). Im Hinblick auf das Machtproblem weist die Lernsituation des Schülers zwei charakteristische Merkmale auf, die die wichtigsten Machtquellen des Lehrers darzustellen scheinen und insofern die große (und zu einem Teil vermeidbare!) Abhängigkeit des Schülers bedingen. Mit dem ersten Merkmal ist die „Erfolgs-Abhängigkeit" gemeint, also die Reziprozität von Abhängigkeit und Macht in bezug auf den Bedarf bzw. die Erteilung von Gratifikationen. Dieser Abhängigkeit entspricht auf der Seite des Lehrers die „Ergebnis-Kontrolle" (vgl. JONES/GERARD, 1967) mittels der direkten Verhaltenssteuerung durch Belohnung und Bestrafung. Während diese Machtquelle *motivationale* Faktoren im engeren Sinne umfaßt, ist die zweite Grundlage für Verhaltenssteuerung (auch) *kognitiver* Art: Es ist die „Informationssteuerung" (ebd.), die als Kontrolle von Schlüsselreizen an die Informations-Abhängigkeit des Schülers anknüpft.
Bei genauem Hinsehen zeigt sich nun, daß die Institution Schule, um „Ergebnis-Kontrolle" und „Informations-Steuerung" zu ermöglichen, zwei wesentliche Machtquellen selbst erzeugt:

a) *Schaffung künstlicher Bedürfniszustände beim Schüler:* Die Knappheit der Mittel (Noten) und die Konkurrenzsituation kann man bei näherem Hinsehen nur als schlechten Ersatz für andere Möglichkeiten der Motivierung betrachten. Das Bedürfnis nach guten Noten, nach Anerkennung durch den Lehrer, nach einer guten Position im Leistungskampf der Schüler gegeneinander ist auf die Schaffung von Mangelzuständen (künstliche Deprivation) zurückzuführen, die weder eine Beziehung zur Lebenswelt und zu den „natürlichen" Interessen der Schüler haben, noch in einem notwendigen psychologischen Zusammenhang mit den zu initiierenden Lernprozessen stehen.
b) *Schaffung einer künstlichen Situation der Orientierungslosigkeit:* „Die Situation wird durch Informationsentzug so weit labilisiert, daß der Einfluß der gelenkt eingeführten Information maximal wird, oder die Intensität der lenkenden Variablen wird so weit erhöht, daß alle übrigen Informationen bedeutungslos werden" (KEUPP und BERGOLD, 1972, S. 122, über die Therapiesituation). Das Informationsmonopol des Lehrers, die starre Reglementierung der Kommunikation und die soziale Isolierung der Schüler im Unterricht stellen konstante Faktoren dar, die die Abhängigkeit des Schülers von den Orientierungshilfen des Lehrers begründen. Das Kind wird aus den vielfältigen Bezugssystemen, in denen es lebt (Familie, Schicht, peer-group),

herausgenommen und in eine kontrollierbare Situation verpflanzt; die Möglichkeit zu sozialen Erfahrungen wird durch Ausklammerung ganzer Lebensbereiche beschnitten (man denke etwa an das entrüstete Wettern vieler Pädagogen und Lehrer gegen die Massenmedien, denen erzieherische Einflüsse per definitionem bestritten werden).

Leider reicht der Raum nicht aus, um diese vielleicht etwas überspitzt anmutende Kritik näher zu begründen und um dem Argument, leider ginge es nicht anders, zuvorzukommen. Um die Richtung unserer Analyse der Determinanten von Macht in der Schulklasse zu verdeutlichen, formulieren wir im folgenden einige zusammenfassende Thesen. Unter anderem beruht das Machtpotential des Lehrers auf:

- der Fähigkeit, ein Bedürfnis nach Abhängigkeit und sozialer Bestätigung zu befriedigen, *nachdem* man den Schüler in solche Abhängigkeiten erst hineingestellt hat;
- der Fähigkeit zu belohnen, *nachdem* man ein künstliches Bedürfnis nach bestimmten Belohnungen geschaffen hat;
- der Fähigkeit zu informieren, *nachdem* man ein künstliches Bedürfnis nach bestimmten Informationen geschaffen hat.

Eine Analyse der Wirkung von bestimmten Führungsstilen auf das Verhalten von Schülern erhält durch das Konzept der „sozialen Macht" eine neue Dimension. Man könnte z. B. die häufig festgestellte Überlegenheit eines „sozial-integrativen" oder „demokratischen" Führungsstils über autoritärere Formen der Einflußnahme auf die Verwendung unterschiedlicher Machtquellen zurückführen, *ohne* dabei einer Täuschung über die Ziele der „demokratischen" Beeinflussung anheimfallen zu brauchen. Die stärkere Verwendung von „referent power" und „reward power" gegenüber dem offener repressiven Einsatz von „coercive power" und „expert power" ändert vermutlich nichts an der grundlegenden Machtkonstellation und trägt insofern auch nicht unbedingt *mehr* zur Mündigmachung der Schüler bei, wie die Führungsstil-Forscher gern glauben machen wollen.

3.3.4 Eine Fallstudie und Folgerungen

Wir wollen nun im folgenden anhand einer Fallstudie (HARGREAVES, 1972) den Erklärungswert des Macht-Modells weiter überprüfen. Die zitierte Untersuchung befaßte sich mit den interpersonalen Beziehungen in einer englischen Hauptschule. Im einzelnen wurde die Interdependenz zwischen den Normen der Lehrer und deren Verhalten, den Normen der Klassengruppe und dem Verhalten der Schüler, der Übereinstimmung zwischen Lehrer- und Schüler-Normen und anderen Faktoren untersucht, wobei besonders die Zugehörigkeit der Schüler zu

unterschiedlichen Leistungsgruppen („streams") in ihrer Wirkung auf Norm-Bildung und Verhalten untersucht wurde. Die Schüler (alles Jungen aus einem Arbeiterviertel) waren ca. 15 Jahre alt. Besonders interessant ist ein Vergleich der A-Gruppen (höchste Leistungsgruppe) und der D-Gruppen (niedrigste Leistungsgruppe, außer einer Gruppe Retardierter). HARGREAVES selbst hat das Problem der Macht nur am Rande behandelt, was uns aber nicht zu hindern braucht, speziell die darauf bezogenen und damit zusammenhängenden Fragen und Ergebnisse besonders herauszuheben.
Die Interdependenzen zwischen Organisationsstrukturen, Normen und interpersonalen Beziehungen versucht HARGREAVES (S. 269) durch folgende allgemeine Fragen zu erfassen:

„Worin besteht die formelle Organisation der Schule?
Welches sind die Ziele der Schule und ihrer Lehrer?
Worin bestehen die Werte und Strukturen der Altersgruppe (informelle Organisation)?
Welche Beziehung besteht zwischen der formellen und der informellen Organisation?
Wie beeinflussen sie sich gegenseitig?
Wie weit stimmen die Werte der Altersgruppe und die Ziele der Lehrer überein?
Welches ist die Ursache bestehender Konflikte?
Wie werden die Lehrer-Schüler-Beziehungen a) durch die formelle Organisation und b) durch die informelle Organisation beeinflußt?"

Das für uns wichtigste Ergebnis der Untersuchung soll zunächst in zwei Sätzen zusammengefaßt und dann erläutert werden:

1. In den A-Gruppen trat die Macht des Lehrers vorwiegend als *Autorität* (institutionalisierte Macht) auf; Autorität reichte als Grundlage der Lenkung und Unterrichtsführung deshalb aus, weil Lehrer und Schüler in den wichtigsten Rollendefinitionen, den Auffassungen vom Zweck der Schule und den sozialen Beziehungsdefinitionen übereinstimmen.
2. In den D-Gruppen trat Macht vorwiegend in der Form von *Gewaltandrohung* und *Gewaltanwendung*, also in manifester Form auf, weil zwischen Lehrern und Schülern *kein* Konsens im Hinblick auf Rollendefinitionen, Institutions-Zweck und Beziehungsdefinitionen herstellbar war.

Als ein Beispiel dafür, wie unterschiedlich die Schüler ihre Lehrer einschätzten, kann die folgende Tabelle dienen, die die Antworten der Schüler auf einige Fragebogen-Items nach den Leistungsgruppen A und D differenziert aufführt (vgl. Abb. 7).
Aus der Tabelle ergibt sich, daß die Beziehungen zum Lehrer – aus den Einschätzungsurteilen erschlossen – in den A-Gruppen erheblich besser waren als in den D-Gruppen. Andere Ergebnisse (ebd.) bestätigen diese Tendenz: nur 5 %

der Schüler in den D-Gruppen schätzen den Lehrer als freundlich und hilfsbereit ein (A: 50 %); umgekehrt wird der Lehrer von nur 7 % der A-Schüler negativ gesehen (D: 45 %). Offenbar erkennen die A-Schüler sowohl die Machtgrundlagen als auch die Machtmittel (als Bestandteile der Lehrerrolle) in hohem Maße als berechtigt an, was darauf hinweist, daß „Autorität" in unserem oben definierten Sinne herrscht. Die Macht des Lehrers beruht in den A-Gruppen in hohem Maße auf der Überzeugung der Schüler, daß diese Macht legitim ist. In den D-Gruppen stimmen interessanterweise am ehesten solche Schüler der Macht-Rolle des Lehrers zu, die selbst innerhalb ihrer eigenen Gruppe einen niedrigen soziometrischen Status einnehmen.

	Zustimmung in %	
Dimension	Klasse A	Klasse D
1. Akzeptierung der Definition des Lehrers bezüglich seiner eigenen Rolle im Unterricht		
– Lehrer, die die Jungen hart arbeiten lassen	57	27
2. Akzeptierung der Definition des Lehrers bezüglich seiner eigenen disziplinarischen Rolle		
– Lehrer, die Störenfriede bestrafen	73	36
– Lehrer, die für Disziplin sorgen und die Klasse unter Kontrolle haben	70	32
3. Akzeptierung der Definition des Lehrers bezüglich der Schülerrolle im Unterricht		
– Jungen, die ihre Arbeit machen	93	45
– Jungen, die im Unterricht aufpassen	82	36
– Jungen, die nicht abschreiben	77	36
4. Akzeptierung der Definition des Lehrers bezüglich der disziplinarischen Schülerrolle		
– Jungen, die dem Lehrer gehorchen	83	41
– Jungen, die gegenüber dem Lehrer nicht frech sind	87	45

Abb. 7: Wahrnehmung der Lehrer durch die Schüler
(nach HARGREAVES, 1972, S. 283)

Die komplexe Interdependenz zwischen formellen und informellen Normen, sozialen Beziehungen, Selbstbild, Fremdeinschätzung und Verhalten zeigt sich auch darin, wie die Lehrer in den A- und D-Gruppen führen, d. h. Macht ausüben: In den A-Gruppen kann der Lehrer Rollendistanz, hier ein Produkt des Lehrer-Schüler-Konsens, zeigen; seine disziplin- und unterrichtsorientierte Rolle ist nicht gefährdet (S. 284). Selbst bei nicht vollständigem Konsens und gelegentlichen Rebellionsversuchen „kann der Lehrer seine Situationsdefinition wieder herstellen, ohne zu seinen engen Rollenvorschriften zurückzukehren oder zu seinem Recht auf Bestrafung Zuflucht zu nehmen ... Disziplin kann durch scherzhafte Andeutung einer Sanktion wieder hergestellt werden" (ebd.). Statt Strafandrohungen offen auszusprechen, genügt bloßer freundschaftlicher Appell.

Entsprechend gebraucht der Lehrer vorwiegend Belohnungs-Macht, Experten-Macht, legitimierte Macht und Referenz-Macht (S. 285).
Ganz anders sieht es in den D-Gruppen aus. Hier akzeptiert nur eine Minderheit die Situations- und Rollendefinitionen des Lehrers. „Die Mehrheit der Schüler befindet sich mit dem Lehrer in einem ständigen Machtkampf" (ebd.). Autorität, auf die der Lehrer sich stützen kann, gibt es nicht, da die Legitimität der Machtausübung von den Schülern angezweifelt wird. In jeder Stunde muß der Lehrer von neuem versuchen, sich durchzusetzen. Der ständige Kampf um die Herstellung von Disziplin und Ordnung kann die Schüler allenfalls dazu bringen, sich äußerlich anzupassen, und zwar aus Angst vor Strafe. Die Macht des Lehrers beruht im wesentlichen auf Zwang.
Die Schüler in den A- und D-Gruppen unterschieden sich in zwei weiteren Merkmalen, die auf die Gruppenzugehörigkeit zurückgehen und für die unterschiedliche Einschätzung der Lehrerrolle und das unterschiedliche Verhalten als mit-bestimmend angenommen werden können (S. 290ff.):

a) Die Schüler der D-Gruppen erleben sich aufgrund ihrer Gruppenzugehörigkeit im Hinblick auf dominierende Normen der Gesellschaft als Versager und Außenseiter. Einen formalen, qualifizierenden Leistungsnachweis können sie nicht erbringen, da sie automatisch von den entsprechenden Prüfungen ausgeschlossen werden. Die Schüler erkennen allmählich, daß ihnen berufliches Prestige, guter Verdienst und gesellschaftlicher Aufstieg verwehrt sind.
Im Gegensatz zu den D-Schülern sind die A-Schüler zu entsprechenden Prüfungen zugelassen und sehen entsprechend weit optimistischer in ihre eigene Zukunft.
b) Auf Grund der realistischen Einschätzung ihrer eigenen Berufs- und Lebenschancen können die Schüler der D-Gruppen der Schule keinen besonderen Wert bei der Vorbereitung auf das Erwachsenendasein zumessen. Der Aufenthalt in der Schule wird als sinnloser Zwang erlebt, da ja gar nicht „für das Leben" gelernt wird. Schon der Schule als Institution kommt also in den Augen dieser Schüler keinerlei Berechtigung oder Legitimität zu; entsprechend werden die Leistungsanforderungen und die Schülerrolle abgelehnt.
Die Schüler der A-Gruppen erleben dagegen den eigenen Aufenthalt in der Schule als durchaus sinnvoll, weil sie mit der Aussicht auf einen berufs-qualifizierenden Schulabschluß einen engen Zusammenhang zwischen schulischem Lernen und späterem Leben sehen.

Ähnliche Unterschiede in den Lehrer-Schüler-Beziehungen und in der Macht-Ausübung des Lehrers stellen GUSKIN und GUSKIN (1973, S. 160ff.) zwischen Schulen fest, in denen entweder überwiegend Schüler aus der Mittelschicht oder überwiegend Schüler aus der Unterschicht unterrichtet werden. TILLMANN (1974, S. 42) konstatiert vergleichbare Unterschiede zwischen den sozialen Erfahrungen und Interaktionsweisen (bzw. entsprechenden Lehrer-Verhaltensweisen) von Schülern in Gymnasien und in Hauptschulen. Auch hier ist die Zukunftsperspektive der Hauptschüler, besonders in den letzten beiden Klassen, gegenüber der der Gymnasiasten verkürzt. Obwohl von der Schule den Schülern gegenüber eine Qualifikationsfunktion behauptet wird, kann sie in den Augen der Hauptschüler keine hinreichende Legitimität gewinnen, weil die Hauptschule eben „das von ihr als Legitimitätsbasis in Anspruch genommene Prinzip des ‚individuellen Aufstiegs durch Leistung' zwangsläufig gegenüber den Schülern nicht glaubwürdig darstellen kann" (ebd.). Die Hauptschüler sind entsprechend weniger bereit, den institutionellen Erwartungen *freiwillig* nachzukommen. Institution und Lehrer reagieren darauf – bewußt oder unbewußt – mit expliziter Machtbehauptung und der Anwendung von Zwangsmitteln, um wenigstens äußere Konformität zu erzwingen.

Diese ergänzenden Annahmen und Beobachtungen sind noch sehr hypothetisch und erlauben keine weitgehenden Schlüsse. Es gibt auch bisher wenig Untersuchungen, die sich mit den von HARGREAVES erforschten Zusammenhängen in ähnlich gründlicher Weise befaßt hätten. Dennoch läßt sich allein an der Untersuchung von HARGREAVES zeigen, welche Erklärungsmöglichkeiten das sozialpsychologische Macht-Modell bietet, wenn man es aus seiner engen Bindung an die Austausch-Theorie der Interaktion löst. Wir wollen in der folgenden Abbildung schematisch zeigen, daß „Macht" bzw. eine bestimmte Form der Machtausübung

a) ein integrierender Faktor bestimmter institutioneller und individuell-biographischer Verhaltensbedingungen ist und als solcher
b) eine wichtige Voraussetzung für weitere Verhaltensdifferenzierung darstellt.

Aufgrund der Untersuchung von HARGREAVES könnte man nämlich hypothetisch folgende Ereignis-Kette schulischer Sozialisation als funktionalen Zusammenhang konstruieren (vgl. Abb. 8).

Das Schema muß in engem Zusammenhang mit der Abbildung 6 über die Entstehung des Machtpotentials des Lehrers gesehen werden, damit nicht der Eindruck entsteht, als ob das Verhalten und die Erwartungen der Schüler die wesentlichste „Ursache" für die unterschiedliche Machtausübung des Lehrers sei. Die letzte Tabelle macht deutlich, daß Grundlagen und Formen der Machtausübung in komplexen wechselseitigen Beziehungen zu anderen Einflußfaktoren stehen und für sich genommen noch wenig erklären. Aber in Verbindung mit anderen Annahmen über familiale und schulische Sozialisationsprozesse, über Lehrererwartungen, über die Auswirkung verschiedener Macht-Mittel auf das Schülerverhalten usw. erweist sich das Konzept der Macht als fruchtbar für die Analyse pädagogischer Interaktionen und Interakionsbeziehungen.

Die Diskussion des Macht-Modells sollte deutlich machen, daß die häufige Ausklammerung des Macht-Problems aus der Diskussion pädagogischer Interak-

		Gruppe A	Gruppe D
1.	Fam. Sozialisation (hypothetisch)	günstig	ungünstig
2.	Gruppen-Zuteilung	gute Schüler	schlechte Schüler
3.	Lehrererwartungen	hoch	niedrig
4.	affektive Lehrer-Schüler-Beziehung	positiv	negativ
5.	Grundlagen der Macht	reward-, expert.-referent-, legitimate power	coercive power (vorwiegend Zwang)
6.	Art der Macht-Ausübung (Lehrer-Verhalten)	institutionalisierte Macht: Autorität	manifeste Macht: Gewalt bzw. Gewaltandrohung
7.	Glaube der Schüler an die Legitimität der Institution	hoch	gering
8.	Akzeptieren der Macht-Rolle des Lehrers	hoch	gering
9.	Schüler-Verhalten	konform	rebellierend
10.	Zukunftserwartungen der Schüler	positiv	negativ
11.	„Objektive" Berufs- und Lebenschancen	eher hoch	eher gering
12.	Übereinstimmung zwischen gesellschaftlichen Normen und Gruppen-Normen (nach Beendigung der Schule)	eher hoch	eher gering

Abb. 8: Schulische Sozialisation in verschiedenen Leistungsgruppen (unter dem spezifischen Aspekt unterschiedlicher Machtausübung)

tionsprozesse schwerwiegende Folgen haben kann. Und zwar zum einen deshalb, weil man damit vorweg auf ein möglicherweise fruchtbares Erklärungs-Modell verzichten würde, und zum anderen deshalb, weil man Erziehungsprozesse sonst allzu leicht „kontrafaktisch" idealisiert, wie wir bei WELLENDORF und MOLLENHAUER gesehen haben. Da die Ausübung von Macht zum Teil unumgänglich und auch legitimierbar ist, sollte man sich immer Gedanken über den „sozial-funktionalen Stellenwert dieser Machtdimension" machen (KEUPP/BERGOLD, 1972, S. 136). Es werden in Erziehungs- und Unterrichtsprozessen über Interaktionen nicht nur Abhängigkeiten zwischen *Personen* geschaffen, sondern auch gegenüber *gesellschaftlichen Institutionen*, die ihrerseits mit sozialer Macht ausgestattet sind (ebd.). „Die relativ formale Darstellung von Machtprozessen, die das beschriebene sozialpsychologische Modell kennzeichnet, weist hier über sich hinaus auf den gesellschaftlichen Herrschaftsaspekt, der letztlich den Machtvollzügen in direkten Interaktionen zugrundeliegt" (ebd.). Wir wollen daher im 5. Kapitel einige theoretische Ansätze analysieren, in deren Mittelpunkt eben diese Frage nach der gesellschaftlichen Funktionalität bzw. den gesellschaftlichen Funktionen pädagogischer Interaktionen steht.

Im nun folgenden Kapitel geht es zunächst um einen anderen Fragenkomplex. Spätestens bei der schematischen Zusammenfassung der Sozialisationsbedingungen und -effekte (Abb. 8) ist deutlich geworden, daß wir, um die Wirkungen von Machtausübung und Interaktionen erfassen zu können, wesentlich mehr über die *subjektive Seite,* also über Verhaltensänderung und Lernen im engeren Sinne wissen müssen. Deshalb wollen wir nun versuchen, uns jene begrifflichen Grundlagen und Kategorien zu erarbeiten, mit deren Hilfe Verhaltensänderung und insbesondere „soziales Lernen" als Funktion und Wirkung von Interaktionsprozessen beschrieben werden kann.

Dabei kann auch die Frage nach den (sozialen) Inhalten des Lernens nicht ausgeklammert werden. Auf den Zusammenhang zwischen Inhalten und Vermittlungsprozessen in Bildungsinstitutionen weist BERNSTEIN (1971, S. 145) hin: „In jeder Gesellschaft wird das Wissen, das in pädagogischen Prozessen vermittelt wird, nach bestimmten Gesichtspunkten ausgewählt, klassifiziert und bewertet. Die dabei leitenden Prinzipien spiegeln die Machtstruktur und die Regeln sozialer Kontrolle dieser Gesellschaft". Autoritäts- und Machtstrukturen kontrollieren die Verbreitung pädagogischen Wissens und die Form seiner Vermittlung (S. 153). „Machtverhältnisse und soziale Kontrollen werden in pädagogischen Vermittlungscodes *konkretisiert und beeinflussen durch diese Codes das Bewußtsein*".

4. Soziales Lernen und Persönlichkeitsentwicklung

„Alles in der Psychologie der sich entwickelnden Persönlichkeit ist äußerlich bedingt, aber nichts läßt sich unmittelbar aus den äußeren Einwirkungen ableiten."

(RUBINSTEIN, 1963, S. 116)

In diesem Kapitel geht es um die individual-psychologische Seite pädagogischer Interaktionen, wobei allerdings der „Empfänger" (der Schüler) im Vordergrund stehen wird. Bereits im ersten Kapitel hatten wir darauf hingewiesen, daß die Überzeugungskraft und Fruchtbarkeit einer Interaktionstheorie auch davon abhängt, ob die individualpsychologische Ebene interaktiver *Wirkungen* in das Erklärungs-Modell miteinbezogen werden kann. Die Notwendigkeit dazu ist unmittelbar einsichtig, denn Interaktionen sind Prozesse zwischen *Individuen*. Deshalb muß jede Interaktionstheorie auch über die Individuen Aussagen machen. Wenn wir Interaktionen bisher als wechselseitige Einflußnahmen bestimmt haben, dann interessiert uns auch die Frage, wie und aufgrund welcher Prozesse sich dieser Einfluß auswirkt. Den Einfluß kann man ja zumindest nach behavioristischer Auffassung nur aufgrund von Verhalten und Verhaltensveränderungen erschließen. Was passiert also auf individual-psychologischer Ebene „im" Individuum, das Ziel einer Einflußnahme ist bzw. war? Wie ist die Wirkung zu erklären? Welche Arten von Lernprozessen sind involviert? Mit Hilfe welcher Lerntheorie und welchen Persönlichkeits-Modells kann die Wirkung sozialer Einflüsse erklärt werden? Diese Fragen sind im Hinblick auf *pädagogische* Interaktionen von besonderem Interesse, weil mit diesen ja etwas bewirkt werden *soll.*

Da wir bisher die These vertreten haben, daß pädagogische Interaktionen vor allem durch die *Art* der sozialen Einflußnahme einschließlich der zugrundeliegenden Beziehungsstruktur wirken, muß jetzt vor allem das Problem geklärt werden, auf welche Weise Beziehungen und Beziehungsstrukturen „gelernt" und z.B. als kognitive Repräsentation im Individuum dauerhaft handlungsleitend werden. Pädagogische Interaktionen hatten wir ja als eine besondere Art von gleichförmigem und insofern regelgeleitetem sozialen Handeln aufgefaßt, dessen Konstitutionsbedingungen natürlich auch in der individuellen Biographie des einzelnen aufgewiesen werden müssen. Entsprechend der im ersten Kapitel des Buches vorgenommenen (provisorischen) Festlegung auf den Regel-Begriff rechnen wir

der individualpsychologischen Ebene vor allem Prozesse der Regel-Internalisierung und Regel-Aktualisierung zu. Dabei interessieren uns vor allem solche „Regeln", die die Form und Funktion von sozialen *Beziehungs-Definitionen* haben. Innerhalb einer Theorie pädagogischer Interaktionen müßte also, wenn der individualpsychologische Aspekt im Vordergrund steht, die Soziogenese von Regelbewußtsein und insbesondere derjenigen Beziehungsdefinitionen erklärt werden, die aufgrund der Internalisierung sozialen Handelns zu entsprechenden Interaktionserfahrungen Bestandteile des „Selbst" geworden sind (vgl. Abb. 9).
Ausgangspunkt dieses Kapitels ist folglich die Annahme, daß Wirkungen von Interaktionen auf besondere Prozesse *sozialen* Lernens zurückgehen, die nur innerhalb eines soziogenetisch orientierten Prozeß-Modells der Persönlichkeit (vgl. Kap. 1) angemessen erfaßt werden können. Dimensionsanalytische Eigenschaftsmodelle der Persönlichkeit können weder interaktions- noch situationsspezifische Einflüsse adäquat miteinbeziehen, da sie die wesentlichen stabilisierenden Bedingungen des Verhaltens in das Individuum hineinverlegen. In Absetzung von diesen traditionellen Persönlichkeitskonzepten wollen wir in diesem Kapitel Möglichkeiten einer begrifflichen Präzisierung des Prozeß-Modells der Persönlichkeitsentwicklung untersuchen. Der aktuelle Bezugspunkt dieses Versuchs ist die Diskussion um das „soziale Lernen" in der Erziehungswissenschaft. Dann wollen wir die Schwierigkeiten aufzeigen, die sich vom Gegenstandsbewußtsein traditioneller Persönlichkeitstheorien her ergeben, wenn man Persönlichkeitsentwicklung als einen im wesentlichen interpersonalen Prozeß verstehen will. Schließlich werden wir Grundzüge eines kognitiv-interaktionistischen Persönlichkeits-Modells entwickeln, dessen inhaltliche Ausfüllung auch die Beantwortung einer so wichtigen Frage ermöglichen sollte, welche *spezifischen* Interaktionserfahrungen eigentlich durch ein besonderes Interaktionsverhältnis begründet werden.
Natürlich beanspruchen wir nicht, *alle* Lernprozesse generell als soziales oder „interaktives" Lernen auszugeben oder *alle* Lerninhalte in der Persönlichkeitsentwicklung auf soziale Beziehungen oder Beziehungs-Definitionen zu reduzieren. Sondern es geht vor allem darum, die „Nahtstellen" zwischen Interaktion und Persönlichkeitsentwicklung unter dem spezifischen Aspekt interpersonaler Handlungsorientierungen ausfindig zu machen.

4.1 „Soziales Lernen" in der erziehungswissenschaftlichen Diskussion

Bezeichnet der Begriff des „sozialen Lernens" jene von uns gesuchten Prozesse der Regel-Internalisierung, die wir kennen müssen, wenn wir individuelle Verhaltenstendenzen als Konsequenzen von Interaktionserfahrungen begreiflich machen wollen? Zur Beantwortung dieser Frage müssen wir uns diesen Begriff und seine Verwendungsweise etwas näher ansehen. Gerade beim „sozialen Lernen“ wird jedoch leider offenkundig, wie gering die inter-disziplinäre Kommunikation zwischen Erziehungswissenschaft und Psychologie immer noch ist. Obwohl der Begriff des „sozialen Lernens“ eigentlich einen psychologischen Sachverhalt bezeichnet und in den neueren Lerntheorien des „social learning approach“ (vgl. z.B. BANDURA, 1971, u. MISCHEL, 1973) eine große Rolle spielt, wird in entsprechenden erziehungswissenschaftlichen Beiträgen die Frage nach der Art der beim sozialen Lernen involvierten Lern*prozesse* und deren psychologischen Bedingungen und Konsequenzen beinahe vollständig ausgeklammert. Andererseits werden in der psychologischen Diskussion jene institutionellen, normativen und situativen Einflußfaktoren sozialer Lernprozesse, die in erziehungswissenschaftlichen Arbeiten hervorgehoben werden, weitgehend vernachlässigt.

Das Konzept des „sozialen Lernens“ ist in Deutschland ein Kind der bildungspolitischen Diskussion der letzten 10 Jahre, insbesondere der Diskussion um die Gesamtschule (vgl. KEIM, 1973; KASSNER, 1974). Diese Herkunft des Begriffes hat zur Folge, daß entsprechende Theorien „bisher eher einen Beitrag zur Formulierung und Legitimation allgemeiner Lehrziele“ leisten (KÖSTLIN-GLOGER, 1975, S. 7), als überprüfbare Aussagen zu Bedingungen, Erscheinungsformen und Wirkungen entsprechender Lernprozesse im psychologischen Sinne machen. „Der Begriff ‚Soziales Lernen‘ hat sich in den Diskussionen um Schul- und Curriculumreform immer stärker in den Vordergrund geschoben. Er wird von Verfechtern unterschiedlicher pädagogischer Interessen verwendet und scheint sich manchmal als jener gemeinsame Nenner anzubieten, auf dem sich die verschiedensten Zielvorstellungen koordinieren lassen“ (HALBFAS, 1974, S. 188). Bei HALBFAS (ebd.) reicht die Spannweite dieser „Zielvorstellungen“ von OETINGERS „Partnerschaftsthese“ über „soziale Integration“ (z.B. TAUSCH), ferner sozial-erzieherische und sozial-integrative Ideale aus der frühen Gesamtschuldiskussion, sowie Impulse aus der anti-autoritären Erziehungsbewegung eines NEILL bis hin zur „Politischen Sozialisation“. In ähnlicher Weise unterscheidet KEIM (1973, S. 297ff.) zwischen den Polen reformerischer Schulkritik und systemverändernder Schulkritik drei Konzepte von sozialem Lernen: „sozialintegrative“, „angstfreie“ und „antikapitalistische“ Erziehung.

Die Vieldeutigkeit des Begriffes „soziales Lernen“ ist sehr verwirrend, weil mit diesem Begriff *gleichzeitig* ein Katalog von *Forderungen* zur Veränderung von Lernorganisationen, Interaktionsformen und Lerninhalten in Unterrichtssituationen *und* die zu initiierenden Veränderungen selbst bezeichnet werden, die meist in Gestalt individueller *Handlungs-Kompetenzen* antizipiert werden, wobei die Ziel-Projektionen weit voneinander abweichen können (vgl. z.B. KRAPPMANN, 1972, S. 188–197, *vs.* PREUSS-LAUSITZ, 1973, S. 90ff.). Betrachten wir zunächst die Position der als „schulreformerisch“ eingestuften Protagonisten des sozialen Lernens.

Von liberalen Schulkritikern wird gefordert, daß man die sozialen Vermittlungs- und Lernformen durch eine Veränderung der Unterrichtsorganisation umgestalten und die Unterrichtsgegenstände um politische und gesellschaftliche Sachverhalte erweitern soll. Konkret kann dies die verstärkte Einführung von Gruppenunterricht und Partnerarbeit bedeuten; es kann das Training sozialer Fertigkeiten propagiert werden (vgl. OBIDITSCH, 1974); eine andere Möglichkeit ist die Veränderung des „Führungsstils": TAUSCH (1970) hofft bekanntlich, mit Hilfe einer, ROGERS entlehnten, „non-direktiven" Unterrichtsführung demokratische Verhaltensweisen und „Mündigkeit" einüben zu können; am weitesten geht in diesem schulreformerisch-sozialerzieherischen Rahmen der Versuch einer metakommunikativen Thematisierung der Sozialbeziehungen im Unterricht, weil hier die Selbst-Betroffenheit und Selbst-Erfahrung der Schüler zum Motor reflexiven Lernens gemacht werden soll (vgl. JUNGBLUT, 1974).

Allen genannten Ansätzen ist mehr oder weniger das Ziel gemeinsam, „den Schülern mehr reflektierte soziale Erfahrung zu vermitteln" (HEINZE-PRAUSE/HEINZE, 1974b, S. 48). Entsprechend kann man unter „sozialem Lernen" jenen Prozeß verstehen, der zu einer Veränderung von (sozialen) Handlungsorientierungen und Verhaltensweisen führt, wobei die Ausübung sozialer Aktivitäten, die Bildung von Interaktionserfahrungen und die Entwicklung von zunächst situationsspezifischen Beziehungsdefinitionen sowie der Aufbau kognitiver Repräsentationen entscheidende Vermittlungsvorgänge sein dürften. Einigkeit besteht ferner darüber, daß „soziales Lernen" zum einen die tendenzielle Aufhebung lebensferner Wissensvermittlung durch eine verstärkte Einbeziehung praktischer Fragen und zum anderen eine tendenzielle Egalisierung von Macht- und Wissensunterschieden in der Schulklasse impliziert. Es wird entsprechend zugestanden, daß soziales Lernen notwendigerweise veränderte Lernarrangements verlangt, „die über die kognitive Vermittlung von Lerninhalten hinausgehen" (ebd.).

Die eher gesellschaftskritisch orientierten Vertreter eines „antikapitalistischen" sozialen Lernens bzw. einer „politischen Sozialisation" gehen von dem Sachverhalt aus, daß bestimmte Disziplinierungs- und Anpassungsprozesse in der Schule vor allem über latente Lernprozesse erreicht werden, die ohne eine grundlegende Systemveränderung kaum zum Gegenstand von Unterricht gemacht würden, weil damit gerade das Unterrichtsziel der sozialen Integration gefährdet würde. Die eher individuum-zentrierte Sichtweise der schulreformerisch orientierten Vertreter wird von gesellschaftskritischen Autoren erweitert mit der Forderung, daß die in der gegenwärtigen Schule ablaufenden sozialen Lernprozesse nicht nur bewußt gemacht, sondern verändert werden sollen: Nicht soziales Lernen an sich, sondern eine andere Qualität der sozialen Lernprozesse müsse gefordert werden (ROLFF/TILLMANN, 1974). Die qualitative Veränderung bestehe darin, daß nicht nur unterschiedliche Erfahrungen ermöglicht und durch Reflexion dem eigenen

Handlungsrepertoire verfügbar gemacht werden, sondern daß sich die Schüler zugleich auch als Subjekte gesellschaftlicher Veränderungen zu begreifen lernen. Je nach gesellschaftspolitischen und bildungspolitischen Zielsetzungen muß also das Verhältnis zwischen dem Zweck sozialen Lernens, den Wegen der Zielerreichung und der Art der Lernprozesse jeweils anders bestimmt werden. Lernpsychologische und sozialpsychologische Überlegungen reichen zur Analyse sozialen Lernens nicht aus, da dieses Konzept auch eine *Strategie* zur Veränderung von Lernorganisationen meint, die ihren Sinn eher aus einer Gesellschafts-, als aus einer Lerntheorie erhält.

So fordert z.B. PREUSS-LAUSITZ (1973, S. 92), daß im Mittelpunkt politischer Bildung in der Schule „die Aufarbeitung und Bewußtmachung persönlicher und potentieller *Erfahrungen* der Heranwachsenden *als Folge von Klassenschicksal und klassenspezifischen Widersprüchen*" zu stehen habe. Die in der Schule erworbenen sozialen Orientierungsmuster seien einerseits „Verarbeitungsformen von Klassenerfahrungen" und andererseits „Ausdruck des ideologischen Einflusses herrschender Normen" und daher in sich widersprüchlich (a. a. O., S. 91). Nur wenn die subjektive Vermittlung und Vermitteltheit objektiver klassenspezifischer Erfahrungen und Widersprüche durch die Forschung aufgeklärt und im Unterricht bewußt gemacht werde, können „antikapitalistische Lernprozesse" in Gang gesetzt werden (ebd.). „Emanzipatorisch-gesellschaftliches Lernen in den Gesamtschulen zu organisieren bedeutet den Versuch zu unternehmen, mit den Schülern die eigenen Erfahrungen, die erlebten Formen der Sozialisation, der Erziehungsstrategien, die gesellschaftlichen Normen und Wertvorstellungen aufzuarbeiten, zu analysieren und als veränderbar bewußt zu machen" (KASSNER, 1974, S. 411). „Emanzipatorisches Lernen ist Ausdruck des Lernens in neuen Formen, unter neuen Bedingungen und an neuen Inhalten" (a. a. O., S. 413).

Derartige Äußerungen sind Bestandteil einer kritischen Auseinandersetzung mit Protagonisten des „sozialen Lernens", die das Gewicht mehr auf innere Schulreform legten und von daher mit „sozialem Lernen" eher soziale Integration, Konfliktreduktion und den Erwerb kommunikativer Kompetenzen meinen. Allerdings wird auch von dieser Seite her soziales Lernen als *politisches* Lernen verstanden: Durch eine qualitative Veränderung des Lehrer-Schüler-Verhältnisses, das auf eine „demokratischere Grundlage" gestellt werde, hofft man Lernprozese in Gang zu setzen, „mit Hilfe derer die bei der Einrichtung von Gesamtschulen immer wieder versprochene langfristige evolutionäre Gesellschaftsveränderung realisiert werden sollte" (KEIM, 1973, S. 289).

Es wurden allerdings kaum fundierte Überlegungen zu der Frage angestellt, welche Bedingungen – außer einer Veränderung des Lehrer-Schüler-Verhältnisses – noch realisiert werden müßten, um so weitgesteckte Ziele durch Schulreform erreichen zu können. Vielmehr begnügte man sich mit einer ausgiebigen Diskussion der Ziele sozialen Lernens, die in der Regel als Handlungskompetenzen am lernenden Individuum festgemacht wurden (vgl. KRASSNER, 1974, S.

402 ff.). „Soziales Lernen in den Gesamtschulen wird – zumindest in der frühen Diskussion – mit der Erziehung zu Zielen gleichgesetzt wie: Erziehung zu Partnerschaft und Toleranz, Erziehung zum Abbau von Vorurteilen, zu Mitmenschlichkeit, Nächstenliebe, Erziehung zur Achtung des Anderen und Andersartigen, Erziehung zu Kooperation, zum Verständnis" usw. (ebd.). Schüler sollten auf eine demokratische, pluralistische, hochindustrialisierte Gesellschaft angemessen vorbereitet werden, und zwar möglichst unter Vermeidung so unangenehmer Nebenprodukte wie Aggressivität, Angst, Verachtung für Schwache, geringe Frustrationstoleranz usw.

Fast unbemerkt blieb dabei, daß man mit sozialem Lernen eigentlich soziales *Lehren* meinte, da man lediglich von Erziehungszielen bzw. den diesen komplementären individuellen Fähigkeiten sprach, aber gerade nicht von denjenigen Prozessen, die über spezifische Erfahrungen zur Entwicklung derartiger Fähigkeiten führen sollten. So wurde in der Gesamtschuldiskussion der Begriff des sozialen Lernens im doppelten Sinne zur bloßen Worthülse: Einmal deshalb, weil die konkreten gesellschaftlichen Bedingungen nicht untersucht wurden, die eine derartige Zielbestimmung von Lernprozessen überhaupt zulassen und – einschließlich einer entsprechenden Veränderung der Unterrichtsorganisation – auch als realisierbar erscheinen lassen. Und zum anderen deshalb, weil von den schulkritischen Protagonisten sozialen Lernens über „Lernen" keine Aussagen gemacht und wohl auch gar nicht intendiert worden sind.

Da man in der Theorie Erziehungs*ziele* und Erziehungs*ergebnisse* ohne Beachtung der dazwischenliegenden Vermittlungsprozesse kurzgeschlossen hatte, blieb nur noch ein sehr grobes Raster für die Untersuchung der Effekte von sozialem Lernen übrig. Dennoch konnte man zumindest feststellen, daß soziales Lernen in der Gesamtschule offenbar nicht die angestrebten positiven Ergebnisse zeitigte, wofür man vor allem die Art der Leistungsdifferenzierung verantwortlich machte (vgl. KASSNER, a. a. O.). Diese negativen Ergebnisse empirischer Kontrolluntersuchungen verwundern nicht, da man sich vorher kaum Gedanken darüber gemacht hatte, mit welchen Mitteln man die hohen Ziele eigentlich erreichen wollte. Immerhin ist durch die empirischen Untersuchungen dem Konzept des sozialen Lernens viel von seinem potentiellen Legitimationsgehalt im Hinblick auf die Unterrichtspraxis der Gesamtschule genommen worden.

Angesichts der begrifflichen Unklarheiten sowie der teils naiv-utopischen und teils offenkundig ideologischen Funktion des Konzepts vom „sozialen Lernen" ist man versucht, auf die weitere Verwendung dieses Begriffes zu verzichten. Damit würde man jedoch zugleich einen Teil der bildungspolitischen Diskussion der letzten Jahre eliminieren samt der Einsichten, die man daraus sicher ziehen kann. Außerdem ist schon innerhalb dieser Diskussion um das soziale Lernen häufig, wenn auch unsystematisch, auf den Sachverhalt hingewiesen worden, daß die Art und Stabilität bestimmter *Interaktionsbeziehungen* Lernprozesse und -ergebnisse entscheidend beeinflussen (und umgekehrt). So folgerte etwa KASS-

NER (a.a.O., S. 408) aufgrund der Ergebnisse empirischer Untersuchungen, „daß nicht nur durch die Art, in welchen Differenzierungsformen gelernt wird, sondern auch durch die sich notwendig daraus ergebende Konsequenz, daß operationalisierte Einzelziele gelernt werden, Verhaltensweisen und Bewußtseinsformen ausgebildet werden, die sich im sozialen Verhalten widerspiegeln". Wenn man also die uns vor allem interessierende Frage nach dem Zusammenhang zwischen Interaktionsbeziehungen, Interaktionserfahrungen und sozialem Handeln beantworten will, so kann man aus der Diskussion um das soziale Lernen einige wichtige Hinweise extrapolieren.

Ein Kriterium für die Brauchbarkeit solcher Annahmen ist die Frage, inwieweit auf die *dauerhafte Wirksamkeit* von Interaktionserfahrungen Bezug genommen wird, und inwieweit diese als *Folge* institutionalisierter und insofern relativ stabiler Interaktionsbeziehungen begriffen wird. Tatsächlich kann man den meisten Beiträgen zum „sozialen Lernen" die implizite oder explizite Unterstellung entnehmen, daß die pädagogische Interaktionssituation einschließlich der Beziehung zu den Mitschülern eine *Modell-Situation* des Lernens von bestimmten interpersonalen Orientierungsmustern sei. Forderungen nach einer Um- oder Neugestaltung von Interaktions-Formen in der Schule können ja auch nur aus der Einsicht in den Modell-Charakter dieser Interaktionssituationen begründet werden. Man geht davon aus, daß die z.B. im konkreten Leistungsverhalten, im sozialen Verhalten in Abhängigkeitssituationen, im sozialen Handeln in Familie und Beruf zum Ausdruck kommenden Orientierungsmuster Produkte früherer Einübungsprozesse sind – nur deshalb interessiert man sich ja für das soziale Lernen!

Wir wollen diesen Begriff im folgenden beschränken auf den Erwerb inter-personaler Handlungsorientierungen. Da *alles* Handeln zumindest mittelbar an anderen orientiert und auf andere bezogen ist, muß der Ausdruck „interpersonal" natürlich präzisiert werden, und zwar durch die gleichzeitige Angabe derjenigen Orientierungsmuster, die gegenwärtig in der Schule mit besonders nachhaltiger Wirksamkeit erlernt werden (müssen). Bevor wir in Abschnitt 5.2 unter dem Stichwort „Heimlicher Lehrplan" derartige Orientierungsmuster inhaltlich zu präzisieren versuchen, wollen wir hier zunächst eine Verwendung des Begriffes „soziales Lernen" vorschlagen, die uns eine ansatzweise Verbindung von Annahmen aus dem „Symbolischen Interaktionismus" und aus dem behavioristischen „Social Learning Approach" erlaubt.

„Soziales Lernen" kann nur durch den *Inhalt* von anderen Arten des Lernens unterschieden werden, da die Form immer „sozial" ist. Gegenstand sozialen Lernens sind die *Beziehungen zu anderen.* Soziales Lernen heißt also: Lernen von Sozialem, und zwar nicht von Fakten, sondern von abstrahierten Handlungsstrukturen, die dann z.B. als Beziehungsdefinitionen kognitiv repräsentiert sind. Es werden Beziehungsmuster gelernt, die aus dem Verhalten der Einzelnen untereinander (einschließlich sich selbst) erschlossen und rekonstruiert werden

(vgl. 4.3). Soziales Lernen meint den Erwerb *von* Beziehungsdefinitionen (als generalisierten Handlungsorientierungen) *in* pädagogischen Interaktionssituationen *für* späteres Interaktionshandeln. Unter bestimmten anzugebenden Bedingungen kann derartiges soziales Lernen eine unter vielen Bedingungen für die Erreichung der obengenannten Erziehungsziele sein. Man muß also zur Beantwortung der Frage nach den „systemstabilisierenden" *oder* „systemsprengenden" Effekten sozialen Lernens nicht nur die Art der überwiegend realisierten Beziehungsformen untersuchen, sondern auch Einflußfaktoren, die diesen Beziehungsformen historisch und genetisch vorausliegen.
Auch für die Analyse sozialen Lernens gilt es, erkenntnisverkürzende Zirkel zu vermeiden: Wie und mit welchem Ergebnis gelernt wird, läßt sich keinesfalls deduzieren aus der Angabe dessen, was gelernt werden *soll.* Ob sich soziales Lernen, also der Erwerb *spezifischer Beziehungsdefinitionen*, als Lernen am Modell, Lernen durch Einsicht, Verstärkung oder Identifikation, als „Internalisierung" oder durch „shaping" vollzieht, erfährt man nur, wenn man die Lernprozesse selbst untersucht. Ob aber dieses Lernen als „reflexive Aneignung" vor sich geht, ob durch die Internalisierung aufgezwungener Beziehungsdefinitionen lediglich passive Anpassung bewirkt wird, oder ob Einsicht in die Bedingungen des eigenen Handelns erreicht wird – dies wiederum läßt sich auf Grund einer Analyse der lern- und sozialpsychologischen Vermittlungsprozesse allein *nicht* entscheiden. Hinzu kommen muß die Untersuchung gesellschaftlicher Zielprojektionen der Organisationsformen des Unterrichts und der Handlungsspielräume von Lehrern, um nur einige weitere Bedingungen zu nennen.
Trotz der Notwendigkeit, die Fragestellung in die zuletzt genannte Richtung zu erweitern, scheint es zumindest ebenso dringend geboten, eine Theorie derjenigen Teilprozesse und deren Abfolge zu entwickeln, die soziales Lernen in der eben skizzierten Bedeutung ausmachen. So kritisiert z. B. PREUSS-LAUSITZ (1973, S. 73) an amerikanischen Untersuchungen zu den Effekten sozialen Lernens, daß sie erstens nicht erklären können, „wie die ermittelten Einstellungen usw. *entstanden* sind, weil sie diese nicht als Ausdruck umfassender Interpretations- und Handlungskonzepte der erfahrenen sozialen Realität der Kinder und Jugendlichen begreifen. Zweitens können sie keine theoretisch begründeten Verbindungslinien von den ermittelten Meinungen zu *späterem gesellschaflichem Handeln* ziehen". Der Zusammenhang zwischen „objekiven Lebensumständen, deren subjektiver Verarbeitung und der sozialen Orientierung der Jugendlichen" bleibt meist ungeklärt, u. a. weil der *Prozeßcharakter* des Lernens nicht berücksichtigt wurde (a. a. O., S. 88). Psychologische Lernmechanismen wurden in den genannten und vielen deutschen Untersuchungen weitgehend ignoriert, deshalb „bleibt es meist beim Messen von Ergebnissen (Meinungen, Einstellungen, Wissen), deren biographische Entstehungsgeschichte unklar ist und die bestenfalls mit einigen unabhängigen Variablen korreliert werden" (ebd.).
Die Kritik an den Mängeln der erziehungswissenschaflichen Diskussion um das

„soziale Lernen“ sowie unsere Eingrenzung des Begriffs auf den Erwerb von Beziehungsdefinitionen haben deutlich gemacht, daß „soziales Lernen“ und damit die individual-psychologische Seite von pädagogischen Interaktionen nicht ohne die Mithilfe der Psychologie aufgeklärt werden können. Dazu muß zunächst einmal geprüft werden, ob und welche Antworten von der Psychologie, hier speziell: der Persönlichkeits- und Lerntheorie *erwartet* werden können. Konkret muß gefragt werden, ob traditionelle Persönlichkeitstheorien von ihrem *Gegenstandsverständnis* her überhaupt in der Lage sind, Persönlichkeitsentwicklung aus Interaktionserfahrungen und sozialen Beziehungsstrukturen zu erklären.

4.2. Die Aufgaben der Persönlichkeitstheorie und die soziale Natur von Persönlichkeitsmerkmalen

Persönlichkeitstheorien haben nach traditionellem psychologischem Selbstverständnis die Aufgabe, diejenigen „im“ Individuum liegenden stabilen Verhaltensursachen zu bestimmen, die beobachtbare inter-individuelle Unterschiede von Verhaltensweisen hervorrufen (Übersichten bei BALDWIN, 1974; BRANDSTÄTTER u.a., 1974; HALL u. LINDZEY, 1957; HOFSTÄTTER, 1971; LERSCH u. THOMAE, 1960; ROTH, 1974; SAHAKIAN, 1974). Für die angenommenen Eigenschaften oder Dispositionen gelten dabei in der Regel die Merkmale der Konsistenz, der Generalität, der Universalität und der (quasi-kausalen) Wirksamkeit (vgl. ULICH/MERTENS, 1973, S. 27–36). Wir können hier die Frage vernachlässigen, ob Dispositionen der Status von quasi-realen Entitäten zugeschrieben wird, oder ob man – erkenntnistheoretisch bescheidener – nur von „Konstrukten“ oder „Dimensionen“ spricht, die man durch Abstraktion von beobachtetem Verhalten gewonnen hat. Denn auch im zweiten Fall werden Dispositionen in der Theorie als erklärende Verhaltensbedingungen verwendet und damit quasi ontologisiert. Solche persönlichkeitstheoretischen Erklärungen von Verhaltensunterschieden sind natürlich nicht zweckfrei, denn Persönlichkeitspsychologie ist immer auch differenzielle Psychologie, die seit GALTON, BINET und W. STERN stets mit praktischen Fragen der Klassifikation von Individuen beschäftigt war. Wenn die Erklärung der inter-individuellen Variabilität von Verhalten etwa durch die Annahme unterschiedlicher dispositioneller Ausprägungsgrade also im Dienste praktischer (Klassifikations-)Interessen steht, so muß man schließen, daß die wissenschaftliche wie alltags-psychologische (vgl. LAUCKEN, 1974) Annahme von bestimmten Verhaltens*ursachen* zweckgebunden und insofern im Rahmen herrschender Paradigmen auch denknotwendig und unverzichtbar ist. Man kann also dem statischen Struktur-Modell der Persönlichkeit in seinen zahlreichen Varianten nur dann eine Alternative entgegensetzen, wenn man die paradigmatische Bedeutung, d.h. auch: gesellschaftliche Funktion jener Auffassungen analysiert.

Die Bedeutung von Eigenschafts-Vermutungen in naiven (impliziten) und wissenschaftlichen Persönlichkeitstheorien besteht darin, daß Be-Eigenschaftung im gesellschaftlichen Kontext sozialer Interaktionen eine Strategie der Komplexitätsreduktion (im Sinne LUHMANNs) darstellt. Probleme interpersoneller Beeinflussung sind immer auch Prognose-Probleme, und zum Zwecke der Prognose ist die Klassifikation von Verhaltensmöglichkeiten und die Angabe jeweils wahrscheinlicher Handlungen und Reaktionen notwendig (vgl. ULICH, 1974c, S. 448-451). Die in einer wissenschaftlichen Theorie vorgenommene dimensionsanalytische Erklärung inter-individueller Verhaltens-Variabilität hat im alltagspsychologischen Handeln ihre analogen Entsprechungen in bestimmten Strategien der Komplexitätsreduktion, die von der naiven Be-Eigenschaftung und Etikettierung bis zur test-psychologischen Klassifikation reichen.
Die Funktion von naiven wie wissenschaftlichen Persönlichkeitstheorien besteht in der Hilfe bei der Lösung aktueller Orientierungs-, Planungs-, Steuerungs- und Klassifikationsproblemen. Je nach gegebenen praktischen Fragestellungen (in der Schule, im Betrieb, in der psychologischen Beratung und Therapie usw.) werden bestimmte Eigenschaftsdimensionen als Entscheidungsgrundlagen herangezogen.
Die Bedeutung von Persönlichkeitstheorien liegt sowohl in ihrer *allgemeinen*, invarianzbehauptenden und damit Komplexitätsreduktion ermöglichenden Funktion, wie auch darin, Klassifikations-Entscheidungen und Vorhersagen in *Einzelfällen* zu ermöglichen.
Der Gesichtspunkt der Komplexitätsreduktion macht deutlich, daß die Organisation von Handlungstendenzen zu Systemen von Dispositionen stets im Zusammenhang mit *anderen* Mechanismen der Reduktion sozialer Komplexität gesehen werden muß. Zumindest *ein* anderer ebenso wichtiger Mechanismus der Komplexitätsreduktion ist die *Institutionalisierung* (von Interaktionsbeziehungen), also die gesellschaftlich organisierte und sanktionierte Festlegung und Einrichtung von Steuerungsmaßnahmen, Kommunikationswegen, sozialen Beziehungsmustern usw. (Auf einen weiteren Mechanismus zur Reduktion sozialer Komplexität, nämlich den der Norm-Setzung durch Konsens, gehen wir auf Grund seiner geringen faktischen Relevanz für pädagogische Interaktionen hier nicht ein. Mit Konsens-Bildung hängt ein vierter derartiger Mechanismus zusammen, nämlich „Vertrauen“, worauf ebenfalls LUHMANN, 1973, hingewiesen hat.) Komplexitäts-Reduktion durch die Be-Eigenschaftung und Komplexitäts-Reduktion durch Institutionalisierung sind zumindest in ihren Wirkungen nicht unabhängig voneinander, worauf vor allem die Forschungsrichtung des „Labeling“-Ansatzes aufmerksam gemacht hat (vgl. KECKEISEN, 1974; AHRENS, 1975; SCHUR, 1974). Wir werden im einzelnen noch zu zeigen versuchen, daß innerhalb von Institutionen Be-Eigenschaftung durch *denjenigen*, der mit der größeren „Definitions-Macht“ (vgl. KECKEISEN, a. a. O.), ausgestattet ist, stets ein Mechanismus sozialer Kontrolle ist.
Zusammengefaßt kann man also sagen, daß Persönlichkeitstheorien (aus der

Perspektive institutionalisierter pädagogischer Interaktion) wissenschaftlich begründete Bedingungen der Möglichkeit von Komplexitätsreduktion durch Klassifikation sind. Nach dieser globalen Aufgabenbestimmung erhebt sich nun freilich die Frage, ob die traditionellen Persönlichkeitstheorien derartige Erwartungen überhaupt erfüllen können. Außerdem müßte untersucht werden, in welche Richtung der beträchtliche Einfluß ging und noch geht, den statische Strukturmodelle der Persönlichkeit auf die wissenschaftliche und praktische Orientierung ganzer Generationen von Sozialwissenschaftlern (dazu KEUPP, 1974 u. 1975; STEINERT, 1972) haben. Solange man von gesellschaftlich-strukturellen, situativen und interaktionsspezifischen Stabilisierungsfaktoren weitgehend abstrahierte, konnte man Verhaltensweisen zwar klassifizieren, jedoch mit der regelmäßigen Konsequenz, Prognosen und Steuerungsmaßnahmen einschließlich therapeutischer Interventionen fast ausschließlich am einzelnen Individuum und „seinen" Problemen ansetzen zu müssen.

Inzwischen haben zahlreiche empirische Untersuchungen und theoretische Analysen die Fragwürdigkeit und geringe prognostische Relevanz des statischen Struktur-Modells der Persönlichkeit zu erweisen versucht (vgl. BALL, 1972; BIERBRAUER, 1974; GOLDFRIED/KENT, 1974; KEUPP, 1974; MISCHEL, 1973). Hinzu kommen bestimmte gesellschaftliche Interessen an der Effektivierung von Lehr-Lern-Prozessen, an effektiverer Resozialisierung und an der Bekämpfung und Prophylaxe von psychischen Störungen, die ein Abrücken von der personenzentrierten Sichtweise und dem psychischen Determinismus traditioneller Persönlichkeitsmodelle nahelegen. Denn wenn der Schluß von MISCHEL (1968, S. 37) richtig ist, daß „Verhaltensweisen, die oft als Indikatoren für stabile Persönlichkeitszüge angesehen wurden, sehr spezifisch sind und abhängig von den Einzelheiten der auslösenden Situation und dem Reaktionsmodus", dann kommen jene Verhaltensdeterminanten stärker ins Blickfeld, die in der Situation und in den Interaktionsbeziehungen liegen.

So zeigt z.B. eine kritische Analyse der industrie-psychologischen Führungsstil-Forschung (vgl. NEUBERGER, 1975), daß die geringe Übereinstimmung von Beurteilungen auf die Spezifität der jeweiligen dyadischen Beziehungen zurückzuführen ist: Der jeweilige Urteiler benennt nicht „objektive" Persönlichkeitsmerkmale, die der Beurteilte unabhängig vom Urteiler und der Urteilssituation hat, sondern der Urteiler kennzeichnet lediglich eine spezifische dyadische Beziehung zwischen sich und dem Beurteilten (wobei sogar noch offen ist, ob diese Beziehung real besteht bzw. so erlebt wird, oder ob sie bloß erhofft bzw. befürchtet, also „projiziert" wird).

Allein an diesen Untersuchungsergebnissen wird deutlich, daß man nicht bloß das Spektrum möglicher Einflußfaktoren um „soziale" oder „situationelle" Bedingungen erweitern muß, wenn man Persönlichkeitsentwicklung adäquat als interpersonellen Prozeß begreifen will; sondern es geht um eine Veränderung des den Theorien zugrundeliegenden Gegenstandsverständnisses selbst. Dieses Gegenstandsverständnis ist nicht nur inadäquat, sondern beruht auch, wie wir gleich sehen werden, auf gravierenden Denkfehlern. Wir entwickeln jetzt aus der Kritik an nicht-sozialen Persönlichkeitskonzeptionen schrittweise eine „interaktionistische“ Auffassung von Persönlichkeit. Dabei übernehmen wir die z. B. im „Labeling“-Ansatz (z. B. KECKEISEN, 1974) vertretene Auffassung, daß zwischen *Genese* und *Beurteilung* von Persönlichkeitsmerkmalen nicht strikt zu trennen ist, weil die Beurteilungssituation, die zugrundeliegende soziale Beziehungsstruktur, der Beurteilungszweck sowie die aktuelle Interaktion selbst die beobachteten Verhaltensweisen sowie die „erschlossenen“ Verhaltensdispositionen mit-konstituieren.

STEINERT (1972a u. b; 1973a u. b) hat darauf hingewiesen, daß das Gegenstandsverständnis traditioneller Persönlichkeits-Modelle auf einer zirkelhaften Argumentation beruht und letztlich die Reifikation sozialer Beziehungen zur Folge hat. „Ein Gutteil der Schwierigkeiten der Sozialwissenschaften mit Konzeptionen von Mechanismen, die Handeln determinieren, scheint uns daher zu rühren, daß die entsprechenden Begriffe (zur Bezeichnung intra-personaler Stabilität, D. U.) oft Reifikationen sozialer Relationen sind, d. h. Begriffe, die Phänomene der Interaktion bezeichnen und die unter Ausklammerung des einen Interaktionspartners, des Beobachters, *in* die andere Person verlegt werden“ (1972a, S. 9). Begriffe wie Konformität, Ehrlichkeit oder Leistungsmotivation stellen soziale Bewertungen bestimmter Verhaltensweisen dar, wobei die Bewertungen selbst Ausdruck ganz bestimmter situationsspezifischer Interaktionsbeziehungen sind, die diese Bewertungen erst erfordern bzw. ermöglichen (vgl. STEINERT, 1972b, S. 224). Unterschiede in der Macht, Situationen und Beziehungen zu definieren, konstituieren erst (ungleiche) Chancen der Be-Eigenschaftung. Die Reifikation besteht nun darin, daß man relationale Begriffe wie z. B. Leistungsmotivation in das einzelne Individuum hineinverlegt und zu einem Teil des psychischen „Apparates“ macht. Die Erklärung von Verhalten kann dann nicht mehr durch die Angabe derjenigen immer auch *interaktiven* Mechanismen erfolgen, die aktuelles Handeln permanent beeinflussen.

Am eben genannten Konzept der Leistungsmotivation kann man den Unterschied zwischen einer dispositions-orientierten und einer interaktionistischen Sichtweise von Verhaltenssteuerung demonstrieren. – Nach HECKHAUSEN (1975, S. 101) werden jene Person-Umwelt-Bezüge als leistungsthematisch bezeichnet, „bei denen Handlungen und Handlungsergebnisse auf einen Tüchtigkeitsmaßstab bezogen werden, den man für verbindlich hält, so daß am Ende letztlich Erfolg oder Mißerfolg steht“. Bis Leistungsmotivation im Sinne eines „Selbstbekräftigungs-Systems“ seine volle Funktionsfähigkeit erreicht, müssen vom Kind verschiedene kognitive und emotionale Dispositionen entwickelt werden, wie das Vermögen, zwischen Schwierigkeitsgraden von Tätigkeiten zu unterscheiden, Stolz und Freude über eine gelöste Aufgabe zu empfinden usw. (ebd.). „Leistung“ ist dabei jedes als Erfolg empfundene Ergebnis individueller Tätigkeit, wobei die

Bezugsnormen sozialer oder individueller Natur sein können. „Soziale Bezugsnormen beruhen auf dem Vergleich mit den Handlungsergebnissen anderer", individuelle Bezugsnormen auf dem „Vergleich mit eigenen früheren Handlungsergebnissen" (a.a.O., S. 102). Das Individuum konkurriert also entweder mit anderen oder mit sich selbst.

Es gibt keine einheitlichen Leistungsmaßstäbe, weil sich die konkreten Inhalte des Leistungsmotivs über Zeit und Raum hinweg ändern (a.a.O., S. 103 u. 108). Wenn Leistungsmotive *dennoch* psychologische „Universalien" und anthropologische „Grundbefindlichkeiten" sein sollen, die einer „ubiquitären menschlichen Grundsituation" entsprechen (S. 103), dann können die leistungsthematischen Normwerte selbst nur sehr formaler Art sein. Mit der fortschreitenden Automatisierung von Selbstverstärkung entsteht auch tatsächlich Leistungsverhalten „um seiner selbst willen" (HECKHAUSEN, 1972, S. 962). Motivation wird der Tendenz nach von Inhalten und Sinnfragen abgelöst: Der Schüler soll lernen „um des Lernens selbst willen" (1969, S. 225). Als möglicherweise ersten leistungsthematischen Normwert überhaupt nennt HECKHAUSEN (1972, S. 961) die Maxime: „Du mußt früher fertig werden als der andere". Da zumindest in der Genese der Leistungsmotivation die Entwicklung einer wettbewerbsorientierten sozialen Beziehung zu anderen (nach HECKHAUSEN) eine zentrale Rolle spielt, scheint die Annahme gerechtfertigt, daß es sich bei der „Leistungsmotivation" eigentlich um eine Sonderform *zwischenmenschlicher* Handlungsorientierung innerhalb bestimmter *sozialer Anforderungsstrukturen* handelt. Empirische Indikatoren dieser Handlungsorientierung wären dann bestimmte Sonderformen von Beziehungsdefinitionen: Andere Individuen werden entweder als Repräsentanten von „Gütemaßstäben" erlebt, gegenüber denen man sich in einem einseitigen Abhängigkeitsverhältnis befindet, oder als faktische bzw. potentielle Konkurrenten.

Da die Leistungsstandards, wie HECKHAUSEN selbst hervorhebt, inhaltlich *un*spezifisch sind, können eigentlich nicht Normen, sondern nur Beziehungsstrukturen gelernt bzw. „internalisiert" werden. Solche frühen Beziehungssysteme sind einmal die Abhängigkeitsbeziehungen zwischen Kind und Eltern und zum andern die frühen Vergleichssituationen und Konkurrenzbeziehungen zwischen den Geschwistern und innerhalb der peer-group. Zur „optimalen" Ausbildung der Leistungsmotivation müssen weniger Leistungsstandards und Belohnungssysteme anerkannt und übernommen werden, sondern Beziehungsdefinitionen, die auf bestimmte Interaktionserfahrungen zurückgehen.

Damit ist allerdings noch nichts über mögliche Interdependenzen zwischen Beziehungs-Definitionen (und damit immer auch Selbst-Definitionen!) ausgesagt, die unterschiedlicher Herkunft sind. Entsprechend den verschiedenen Bereichen, in denen Interaktionserfahrungen gemacht werden (Familie, peer-group, Schule usw.), können verschiedene Beziehungs-Definitionen entwickelt werden, die durchaus nicht kongruent sein müssen. So können z. B. schulische Interaktionser-

fahrungen in der Persönlichkeitsentwicklung dominant werden, sie können aber auch durch Erfahrungen aus anderen Bereichen neutralisiert oder kompensiert werden. Die Dominanz schulischer Interaktionserfahrungen könnte man z. B. daran erkennen, daß ein Kind auch in außerschulischen Interaktionssituationen vorwiegend wettbewerbs-orientiertes Verhalten zeigt (was seine Wurzeln natürlich ebenso gut in familiären Interaktionsformen haben kann).
Wenn solche Beziehungsdefinitionen dann später aktualisiert werden, so kommt darin die Bereitschaft zum Ausdruck, in bestimmten Abhängigkeits- und Konkurrenz-Situationen die jeweils angesonnenen Beziehungs-Definitionen zu akzeptieren. Einen wichtigen Beleg für eine derartige „interaktionistische" Interpretation von Leistungsmotivation finden wir bei einer genaueren Analyse der Bilder des projektiven thematischen Apperzeptionstests, mit dem auch HECKHAUSEN (z.B. 1963) Leistungsmotivation gemessen hat. Auf fast allen der Bilder sind *soziale* Situationen der Abhängigkeit oder des Wettbewerbs dargestellt. Wenn dieser Test überhaupt ein stabiles Persönlichkeitsmerkmal im Sinne dispositionsorientierter Persönlichkeitstheorien mißt, dann ist es die Fähigkeit, soziale Situationen entsprechend gelernter (oder auch *nicht* gelernter!) Situations- und Beziehungsdefinitionen adäquat *wahrzunehmen.* Diese Fähigkeit zur differenzierten sozialen Wahrnehmung ist freilich nur dann vorhanden, wenn die spezifische Qualität der auf den Bildern dargestellten sozialen Beziehungen richtig diagnostiziert wurde.
Nicht nur die Reaktion im projektiven Test, sondern natürlich auch das tatsächliche Leistungsverhalten sind somit Ergebnisse sozialer Lernprozesse: Über die Internalisierung von Beziehungsstrukturen entsteht das Leistungsmotiv als Beziehungsdefinition. Der Begriff der „Leistungsmotivation" erklärt zunächst gar nichts, sondern bezeichnet lediglich einen bestimmten Zustand der Interaktion oder die besondere Qualität einer sozialen Beziehung (vgl. KECKEISEN, 1974, S. 36; STEINERT, 1972b, S. 226). Entsprechend ist Leistungsmotivation als *individuelle* Eigenart das psychische Korrelat einer sozialen *Beziehung.*
Die Handlungen des Schülers in der Lehrer-Schüler-Interaktion haben natürlich immer auch den Aspekt der Fertigkeit: Der Schüler muß imstande sein, die Handlungen auch auszuführen (STEINERT, a.a.O., S. 225). Zugleich haben diese Handlungen auch einen normativen Aspekt: Sie können sozial sanktioniert werden. Der „Fähigkeits"-Aspekt wird jedoch nur deshalb und dadurch relevant, daß beim Interaktionspartner (hier: dem Lehrer) „eine bestimmte (normative) Forderung an das Verhalten des anderen besteht, deren Nichteinhalten als Mangel an Fähigkeit dazu erklärt (und häufig entschuldigt) werden kann" (ebd.). Die konkrete inhaltliche Bezeichnung von „Fähigkeiten" hängt also ab von den Anforderungen, die Interaktionspartner wechselseitig aneinander stellen. Be-Eigenschaftung ist determiniert durch die spezifische Interaktionsbeziehung, innerhalb der die Beurteilung aufgrund einer Aufgaben-Verteilung oder sonstigen Strukturierung erforderlich ist. „Eine Fähigkeit oder Fertigkeit ist kein psycholo-

gischer Begriff, sondern die Bezeichnung des Sachverhalts, daß ein bestimmtes Individuum eine bestimmte Leistung unter bestimmten Umständen hervorbringt, also eine Norm erfüllt" (ebd.). Welche Fähigkeiten oder Eigenschaften von wem mit welchen Konsequenzen benannt werden, hängt somit davon ab, welche aufgaben- und situationsspezifischen Interaktionsbeziehungen realisiert wurden. Verallgemeinernd gibt es also keine dem Verhalten selbst inhärenten Qualitäten, die eindeutig voneinander abgehoben werden könnten (Keupp, 1974, S. 127). Die Benennung von „Eigenschaften" ist weniger deskriptiv, als vielmehr askriptiv bzw. attributiv: Die Wahrnehmung bestimmter Verhaltensweisen ist eine Ordnungsleistung „sozialer Natur", die, im Falle eines diagnostischen Urteils, ein Klassifikationsproblem unter der Perspektive seiner Lösung in den Griff zu bekommen sucht (a.a.O., S. 129). Dieser pragmatisch-funktionale Aspekt der Be-Eigenschaftung ist bezogen „auf die Handlungsimperative von sozialen Institutionen, die den Definitionsspielraum für die Einordnung von zu bewältigenden Problemen wesentlich bestimmen" (ebd.). Persönlichkeitspsychologische Kategorien sind also „für den, der sie verwendet, *Handlungsanweisungen* und nicht notwendig Abbildungen von Wirklichkeit" (Katschnig u. Steinert, 1973, S. 105).

Die Benennung einer „Eigenschaft" oder genauer: derjenigen Merkmals-Dimension, innerhalb derer bestimmte Ausprägungsgrade bezeichnet werden, spiegelt also eher die sozialen Beziehungen zwischen Urteiler und Beurteilten wider, als die psychischen Eigenarten des Beurteilten. Vor dem Hintergrund dieser Einsicht erweisen sich „typische" persönlichkeitstheoretische Konstruktionen als zirkelhafte Schein-Erklärungen: „Aus einer Reihe von Verhaltensweisen einer Person wird ein Persönlichkeitszug abstrahiert. Jemand ist ehrlich, unverläßlich, fleißig oder schrullig .... Der abstrahierte Zug wird dann verwendet, um ein konkretes Verhalten zu erklären. Jemand hat in einer bestimmten Situation deshalb nicht gelogen, *weil* er ehrlich ist. Die Abstraktion wird zur Ursache (vgl. dazu auch Graumann, 1960, bes. S. 102 u. 148)" (Steinert, 1973a, S. 107). Unangenehme Folgen haben solche Schein-Erklärungen vor allem für den, auf den sie angewandt werden: Jemand stiehlt deshalb, *weil* er ein Verbrecher ist (ebd.). Im Eigenschaftsmodell der Persönlichkeit werden vor allem solche Eigenschaften abstrahiert, die sozial relevant sind, denn Persönlichkeitsbeschreibungen haben nicht nur die Funktion der eigenen momentanen Orientierung über eine Person, sondern sie dienen auch dazu, sich mit anderen über diese Person verständigen zu können: Persönlichkeitsbeschreibungen dienen der „Vorbereitung und Organisation von Handeln der ‚besprochenen' Person gegenüber und stellen damit einen der wirksamsten Mechanismen sozialer Kontrolle dar" (ebd.).

Die Bedeutung eines Persönlichkeitsurteils ergibt sich aus der Art seines Gebrauchs, was heißt: Es ist keine zweckfreie Persönlichkeitsbeurteilung und demzufolge auch keine wertfreie Persönlichkeits*theorie* denkbar, *weil* es keine wertfreien sozialen Beziehungen gibt. Eigenschaftsbezeichnungen sind jeweils

„typisch" für die soziale Beziehungsstruktur, innerhalb derer sie verwendet werden, was GERTH u. MILLS (1973, S. 160) für die Zuschreibung von Motiven so illustrieren: „Die Wahl eines Motivs, das einem Verhaltensmuster zugeschrieben wird, reflektiert die institutionelle Position des Handelnden und derer, die ihm Motive zuschreiben. So ist z.B. das Motivationsvokabular, das privilegierte Gruppen auf das Verhalten der Angehörigen von Minoritätsgruppen anwenden, verschieden von dem für Mitglieder von Gruppen hohen Prestiges. Für einen Antisemiten mag ‚Aggressivität' seitens eines jüdischen Kindes ‚Impertinenz' oder ‚Vordrängen' sein, während er dasselbe Verhalten bei einem nicht-jüdischen Kind ‚Unabhängigkeit' und ‚Initiative' nennen würde. So werden durch das Zuschreiben verschiedener Motive zu gleichen Handlungen Statusgrenzen aufrecht erhalten".
Analoges gilt für die Lehrer-Schüler-Beziehung: Hier wird die Asymmetrie der Interaktionsbeziehung u.a. dadurch aufrechterhalten, daß der Lehrer andere Eigenschaftsbegriffe zur Kennzeichnung der Schüler verwenden darf, als die Schüler für die Charakterisierung der Lehrer (Nicht-Reversibilität der Be-Eigenschaftung). „Der ‚Erfolg' oder die ‚Macht' eines Handelnden kann das Vokabular zur Beschreibung seiner (und anderer Leute) Persönlichkeit und seiner (und anderer Leute) Motive drastisch beeinflussen ... Ereignisse können entscheiden, welches von zwei Vokabularien benutzt wird" (ebd.). Die interaktions- und situationsspezifischen Anwendungsregeln sind also letztlich ebenso wichtig wie die in der Sprache vorgegebenen Eigenschaftsbegriffe, denn diese Regeln (z.B. Beziehungs- und Situationsdefinitionen) entscheiden über die inhaltliche Geltung ansonsten folgenloser Eigenschaftsbegriffe.
Als Ergebnis der bisherigen Überlegungen kann folgendes festgehalten werden: Während in traditionellen Persönlichkeitsauffassungen soziale Einflußprozesse zu Entitäten erstarren, denen dann derjenige Prozeß als Wirkung zugeschrieben wird, aus dem die Entitäten abstrahierend gewonnen wurden (z.B.: Leistungsmotiv verursacht Leistungsverhalten), sind in interaktionistischer Sichtweise die angeblich in uns wirkenden geheimen, notwendigerweise sogar substanzialisierten Kräfte, wie „Motive" und „Eigenschaften", in Wirklichkeit momenthafter Ausdruck erlebter Sozialbeziehungen, aufgezwungener und zur Gewohnheit gewordener Beziehungsdefinitionen. – Wir wollen nun im nächsten Abschnitt ein provisorisches Modell sozialen Lernens darstellen, in dessen Mittelpunkt die Internalisierung von sozialen Beziehungsmustern steht. Anschließend werden wir die persönlichkeitsspezifischen Determinanten und Lernprozesse in der Genese von Beziehungsdefinitionen weiter differenzieren.

4.3 Ein hypothetisches Modell sozialen Lernens

Im vorausgegangenen Abschnitt ist die Einsicht entwickelt worden, daß Interaktionssituationen keine formalen Randbedingungen von Lernprozessen sind, sondern daß die besondere Art der Interaktionsbeziehung zum einen den Erwerb spezifisch „sozialer“ Inhalte (z. B. Beziehungs-Definitionen) steuert und zum anderen auch scheinbar rein kognitive Lerninhalte in ihrer *Qualität* mitbestimmt. So hat z. B. ein *in* Konkurrenzsituationen und *für* das Bestehen in (künftigen) Konkurrenzsituationen erworbenes Wissen für das Individuum eine qualitativ andere, nämlich spezifisch instrumentelle Bedeutung, als etwa ein Wissen, das in weitgehend wettbewerbsfreien Lernsituationen zur Befriedigung individueller oder gemeinsamer Bedürfnisse angeeignet wird. Die enge wechselseitige Beziehung zwischen Beziehungs- und Inhaltsaspekt wird nicht nur von WATZLAWIK u. a. (1969), sondern auch von BERNSTEIN betont, der in einer neueren Arbeit (1974, S. 56) darauf hinweist, daß die Interaktionsbeziehungen zwischen Individuen *strukturelle* Beziehungen darstellen, durch deren Wesen spezifische Identitäten geschaffen werden.
Ähnliche, hier nicht im einzelnen zu explizierende Hinweise finden sich schon bei FREUD, MEAD und PARSONS. Sogar in PIAGETS Werk gibt es zahlreiche Stellen, wo er auf die Abhängigkeit der kognitiven Entwicklung von der Art sozialer Beziehungsstrukturen hinweist, ohne jedoch zu erklären, welche Sozialbeziehungen im einzelnen Grundlage für den Aufbau bestimmter kognitiver Schemata sind (vgl. KRAPPMANN, 1974, S. 18). Im Hinblick auf die FREUDsche Theorie ist auch an den Erweiterungsversuch LORENZERS zu erinnern, der den Gegenstand der Psychoanalyse bestimmt als „System der angeeigneten Interaktionsformen und d. h. der objektiv bedingten Strukturen der Vergesellschaftung im Subjekt“ (1972, S. 13). Die Aufgabe der Psychoanalyse sei es, Leidenserfahrungen *als* Interaktionserfahrungen aus den sie bedingenden, „objektiv“ gegebenen Interaktionsstrukturen zu rekonstruieren und zu korrigieren. FREUD und in seiner Folge PARSONS betonten, daß durch den Prozeß der „Identifikation“ nicht einzelne Personen gleichsam als Vorbilder verinnerlicht werden, sondern Beziehungssysteme zwischen Personen, die über Prozesse der kognitiven Repräsentation handlungsleitend werden. Inhaltlich noch recht unspezifisch kann man also die Entwicklung und Wirkungsweise von Motivationen (z. B. interpersonaler, normorientierter und leistungsthematischer Art) als „innerpsychische Reproduktion von Beziehungssystemen“ bezeichnen (KRAPPMANN, 1971, S. 31).
Die sozialisierende Bedeutung von Interaktionsbeziehungen liegt darin, daß soziale Erfahrungen aus früheren Interaktionssituationen als Handlungsorientierungen wirksam werden. Pädagogische Interaktionen sind interdependente Handlungs-Systeme, denen die Individuen kraft aktiver Teilnahme angehören, welche die Beziehungen der Personen untereinander bestimmen, und die als „internalisierte“ Beziehungsmuster in den Personen erscheinen. Wenn der

Aufbau von Handlungsorientierungen u.a. durch die Verinnerlichung von sozialen Beziehungsstrukturen geschieht, so müßte man, um die Frage nach den „Wirkungen" pädagogischer Interaktionen beantworten zu können, diese Handlungsorientierungen aus mehr oder weniger „typischen", weil in standardisierten Interaktionssituationen erworbenen, Interaktionserfahrungen rekonstruieren. Dies erfordert nicht nur eine Analyse der Genese und Struktur von Interaktionssituationen, sondern auch eine Untersuchung der implizierten individuellen Lernprozesse. Als Stichworte seien hierzu genannt: Entwicklung und Veränderung von Einstellungen und Erwartungen (z.B. „belief-value-matrices" und „cognitive maps"), die Ausbildung von Definitions-Gewohnheiten durch „Generalisierung", der Aufbau kognitiver Schemata durch Internalisierung von Handlungsstrukturen (sensu PIAGET), die Entwicklung von situationsbewältigenden Handlungsstrategien (sensu STEINERT, 1972a), die Konstituierung von „Identität" und der Ausbau identitäts-sichernder „Taktiken" (vgl. KRAPPMANN, 1971, u. WELLENDORF, 1973).
Schon diese willkürliche und unvollständige Aufzählung zeigt, wie heterogen und – unter dem Gesichtspunkt erkenntnisleitender Paradigmen – beinahe unvereinbar die theoretischen Ansätze sein können, mit Hilfe derer wir „soziales Lernen" als Verinnerlichung von Beziehungsstrukturen und Entwicklung von Beziehungs-Definitionen erfassen könnten. Wir wollen deshalb keinen integrativen Theorie-Ansatz wagen, sondern im folgenden Abschnitt nur einige Grundzüge eines kognitiv-interaktionistischen Persönlichkeitsmodells skizzieren, um die Richtung der Theorie-Entwicklung anzudeuten. Anschließend werden wir einige Aussagen über die involvierten Lernprozesse machen.
Zuvor sollen die wichtigsten der genannten Kategorien in einem hypothetischen Modell des Ablaufs der angesprochenen Vermittlungsprozesse miteinander verbunden werden (Abb. 9).
Die vorstehende Abbildung versucht, eine „längsschnittliche" mit einer „querschnittlichen" Betrachtungsweise zu verbinden. „*Längsschnittlich*" wird gezeigt, daß Interaktionsbeziehungen in ihrer spezifischen Ausformung immer *zugleich* von sozialstrukturellen und individuellen Determinanten abhängen, die ihrerseits in den verschiedenen Phasen der Sozialisation vielfältig miteinander verknüpft sind. Wenn die Interaktionsbeziehung aufgrund der genannten Bedingungen sowie bereits abgelaufener Interaktionen eine relative Stabilität erlangt hat, wird sie ihrerseits zu einer Determinante für weitere Interaktionen. Durch die Teilnahme an Interaktionsprozessen in vorstrukturierten Interaktionsbeziehungen erwerben die Individuen Interaktions-Erfahrungen, die Handlungen in künftigen Interaktionssituationen in spezifischer Weise motivieren und determinieren. Natürlich wirken die Interaktionserfahrungen jeweils auch auf direkt nachfolgende Interaktionen, wie diese Interaktionen ihrerseits dann wieder die Qualität und Stabilität der zugrundeliegenden Interaktions*beziehung* beeinflussen (im Sinne einer Rücksteuerung).

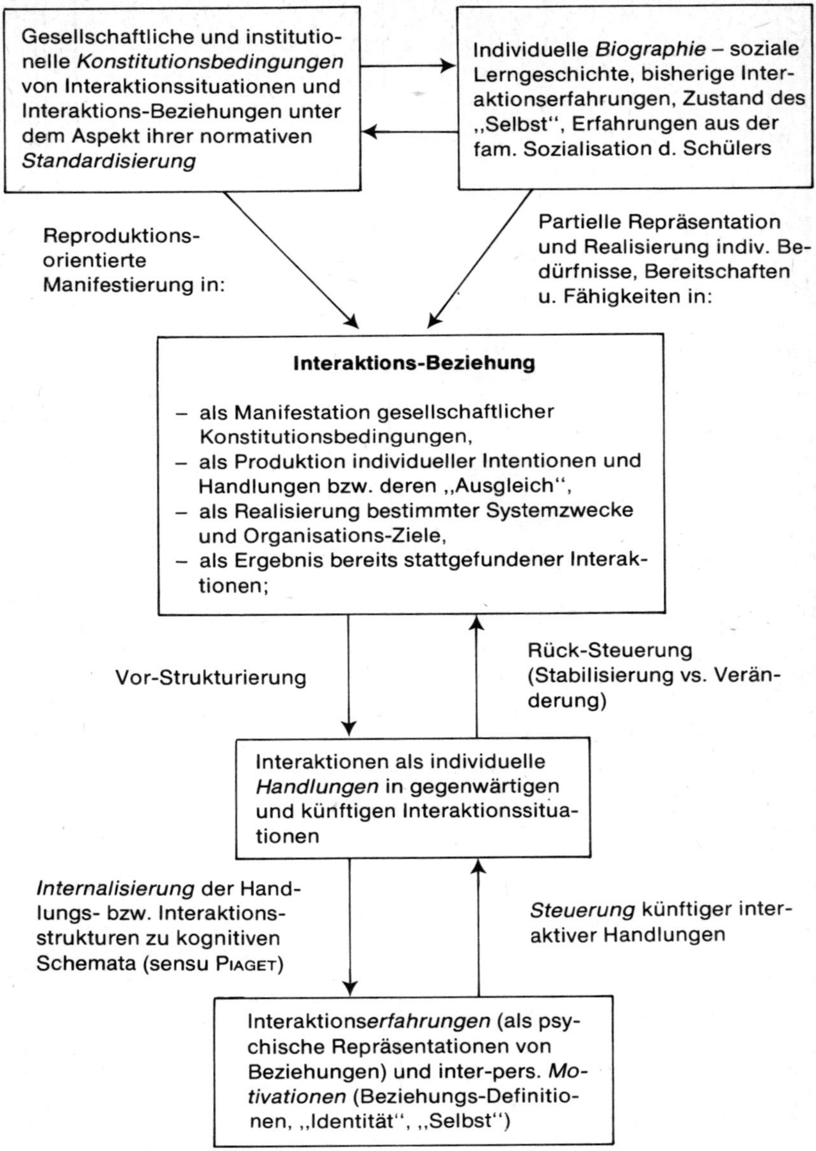

Abb. 9: Genese und Wirkung von Interaktions-Erfahrungen als Determinanten individuellen (inter-personellen) Handelns

Damit sind wir bei der „*querschnittlichen*“ Betrachtungsweise angelangt: Die Struktur einer einzelnen, gegebenen, aktuellen Handlungs-Sequenz enthält alle Elemente, die im genetischen Rekonstruktions-Versuch als Determinanten bzw. Produkte von Interaktionen aufgewiesen werden können. Querschnittlich gesehen sind die wichtigsten Bedingungen in kognitive Schemata eingegangen, die, durch bestimmte Handlungsimpulse aktualisiert, gegenwärtiges Verhalten im Sinne eines „Plans“ anleiten und zur Überprüfung einer Kongruenz zwischen Handlungsziel und -effekt verwendet werden (vgl. MILLER, GALANTER u. PRIBAM, 1973). In den kognitiven Schemata sind die Erfahrungen repräsentiert, die das einzelne Individuum mit denjenigen Umwelt-Determinanten und anderen Interaktionsteilnehmern gemacht hat, die dem eigenen Handeln, wenn auch nicht unveränderlich, vorgegeben sind. „Beziehungs-Definitionen“ sind dabei nicht als „habits“ zu verstehen, die auf Grund der Wahrnehmung bestimmter „Schlüsselreize“ (cues) zur schematischen Reproduktion einzelner eingeschliffener Verhaltensweisen führen; sondern Beziehungsdefinitionen sind, worauf noch näher eingegangen wird, „generative Regeln“, die stets eine Situationsanalyse voraussetzen und lediglich allgemeine Rahmenbedingungen für die Äußerung interpersoneller Verhaltensweisen darstellen. Zur Vorhersage interaktiven Handelns muß man also u. a. auch die „Situations-Definition“ des einzelnen Individuums kennen sowie seine Möglichkeiten, diese Definition auch gegen andere durchzusetzen.

Die Frage, welcher Art die zwischen den einzelnen Determinanten vermittelnden kausal(-logischen) Beziehungen jeweils sind, haben wir durch eine Beschriftung der einzelnen Pfeile wenigstens andeutungsweise zu beantworten versucht. Obwohl durch die Pfeile leicht der Eindruck einer uni-linearen Determination hervorgerufen werden kann, weisen die einzelnen Bezeichnungen („Manifestierung“, „Repräsentation“, „Steuerung“ usw.) auf tatsächlich höchst komplexe Prozesse hin, zu deren Verständnis jeweils eigene Theorien entwickelt werden müßten. So werden wir z.B. in Kap. 5 dieses Buches zeigen, wie schwer der Nachweis einer reproduktions-orientierten Manifestation struktureller gesellschaftlicher Bedingungen in schulischen Interaktionsverhältnissen zu erbringen ist. Den Problemen der sozialen Beeinflussung innerhalb von Interaktionsbeziehungen (die beiden mittleren Felder) widmen sich Theorien, die wir im 2. und 3. Kapitel behandelt haben.

Im Moment befinden wir uns auf der intra-personalen Ebene, auf der Fragen nach dem Zusammenhang zwischen interaktivem Handeln, Interaktions-Beziehungen und Interaktions-Erfahrungen thematisiert werden. Um diesen Fragenkreis weiter aufzuschlüsseln, werden wir im folgenden die Grundzüge eines Persönlichkeits-Modells entwickeln, das die soziale Determiniertheit des Verhaltens stärker als traditionelle Persönlichkeitstheorien berücksichtigt.

4.4 Grundzüge eines kognitiv-interaktionistischen Persönlichkeits-Modells

Aus einem veränderten Gegenstandsverständnis folgen andere Fragestellungen und Analyseeinheiten. Wenn man nach dem Zusammenhang zwischen Interaktionsstrukturen und Persönlichkeitsentwicklung fragt, so wird man Kategorien wie „Situation", „Regel" und „Norm" in die Analyse mit aufnehmen müssen. Nicht mehr das einzelne Individuum und die aus seinem Verhalten erschlossenen Dispositionen sind Gegenstand der Untersuchung, sondern diejenigen sozialen Situationen und Beziehungen, die die handlungsleitenden Regeln und Selbst-Regulierungsmechanismen der jeweiligen Interaktionspartner bedingen. Wir wollen im folgenden zunächst einige Annahmen formulieren, die ein kognitiv-interaktionistisches Persönlichkeitsmodell kennzeichnen sollen. Dann werden wir den Ansatz von MISCHEL kurz skizzieren, um schließlich das Konzept der „Situations-Definitionen" zu erläutern.

a) Allgemeine Annahmen

Ein sozio-genetisch orientiertes Prozeß-Modell der Persönlichkeit wird (u. a.) folgende Vorannahmen enthalten müssen:

1. Die Entwicklung stabiler Verhaltensmuster geschieht im wesentlichen als Aneignung sozial vermittelter Regeln. Wer über bestimmte Regeln verfügt, kann fast beliebig viele *neue* Handlungen produzieren. In Analogie zu CHOMSKY könnte man sagen: In den Regeln bzw. in besonderen Regeln, nämlich den Beziehungs-Definitionen, drückt sich die interpersonale *Kompetenz* des Individuums aus, die sich in bestimmten situations- und interaktions*spezifischen* Handlungen als *Performanz* aktualisiert. Im Gegensatz zur universalistischen Auffassung von CHOMSKY ist die Generierung interpersonaler Handlungen allerdings prinzipiell dadurch beschränkt, daß die der Kompetenz entsprechenden Regel-Systeme des Individuums immer auch Normen enthalten, die Ausdruck durchgesetzter oder jederzeit durchsetzbarer Interessen und Herrschaftsansprüche sind.
2. Die Aneignung von Regeln findet stets in Interaktionssituationen statt, weshalb Inhalt und Anwendungs-Modus der Regeln stets in gewisser Weise die Interaktions-Situation und die Interaktions-Beziehung widerspiegelt, die dem Regelerwerb zugrundeliegt. Der Erwerb grundlegender Handlungskompetenzen sowie die Übernahme einschränkender Deutungen und Regeln aus der sozialen Umwelt sind auch dann von der Qualität entsprechender Interaktionsbeziehungen geprägt, wenn eine Handlung als ein vereinzelter intentionaler Akt erscheint; denn auch in diesem Fall „kann das Individuum sein eigenes Handeln nur kontrollieren, wenn es mit sich selbst reflexiv in eine Beziehung

treten kann, die es seiner ursprünglichen Beteiligung an sozialen Interaktionen entnommen hat" (KRAPPMANN, 1974, S. 24).

3. Wenn also handlungsleitende Regeln in dieser Weise als – kognitiv transformierte – Produkte „internalisierter" Interaktionsbeziehungen aufzufassen sind, so reproduzieren alle Verhaltensweisen auf irgendeine Weise soziale Strukturen (a.a.O., S. 7; 13). Das Individuum bezieht sich im Denken und Handeln bewußt oder unbewußt auf Erwartungen und Verhaltensmuster anderer. In diesem Bereich sozial bezogenen Regelbewußtseins ist nun auch die Quelle *stabiler* Handlungsstrukturen zu suchen: Die Regelhaftigkeit individuellen und interpersonellen Verhaltens ist Produkt vergangener und gegenwärtiger Interaktionen „*mit der resultierenden sozialen Verpflichtung auf Konsistenz des Verhaltens*" (STEINERT, 1973a, S. 114; herv. D.U.). Das heißt also, daß die Stabilität von Verhalten nicht auf Eigenschaften „im" Individuum zurückgeht, sondern auf soziale Relationen, deren Wirksamkeit allerdings an die individuelle, erlebnismäßige kognitive Repräsentanz dieser Relationen gebunden ist, und seien diese bloß noch in der verdinglichten Form von „Verpflichtungen" bewußt.

4. „Persönlichkeit" kann also nicht, wie in der traditionellen Persönlichkeitspsychologie meist unterstellt (z.B. ROTH, 1974, S. 114), als Inbegriff der „im" Individuum liegenden inter-individuell differenzierenden Bedingungen des Verhaltens definiert werden, sondern dieser Begriff bezeichnet eine in spezifischen Interaktionserfahrungen und Handlungskompetenzen vorläufig „festgeschriebene" Möglichkeitsbedingungen individuellen Handelns. Eine kognitiv-interaktionistische Auffassung von „Persönlichkeit" (vgl. BALL, 1972; BANDURA, 1971; BIERBRAUER, 1974; MISCHEL, 1973) geht davon aus,

   a) daß Individuen sich an interaktions- und situationsspezifischen „Bedeutsamkeiten" orientieren (also nicht von Motiven „angetrieben" werden müssen);
   b) daß sie Situationen zu „definieren" versuchen, ihnen also nicht hilflos ausgeliefert sind, sondern Stellung nehmen können (einschließlich Selbst-Reflexion);
   c) daß Verhaltensweisen anderer nicht spiegelbildlich übernommen werden, sondern daß die Strukturen von Handlungen durch Abstraktion erkannt und in kognitiv repräsentierte Regeln transformiert werden, die ihrerseits weiterentwickelt werden, so daß – in der Anwendung auf neue Situationen – selbst-produzierte Handlungen möglich werden;
   d) daß Individuen die Perspektiven anderer zwar übernehmen können, daß sie durch die – erzwungene oder freiwillige – Teilnahme an Interaktionen auch Beziehungsdefinitionen im Sinne von Regeln entwickeln, daß aber prinzipiell die Möglichkeit zur „Um-Definition" von Beziehungen besteht. Diese Um-Definitionen mit z.B. der Konsequenz einer Veränderung des

Selbstbildes ist weniger eine Frage der Stabilität von „Eigenschaften", wie der Stabilität von Interaktionssituationen. Wenn diese Interaktionssituationen in der frühen Kindheit liegen, können sie freilich nicht mehr real, sondern nur noch auf therapeutischem Wege „um-definiert" werden.

Diese globalen Bestimmungen zusammenfassend wollen wir *Persönlichkeit* verstehen als ein den individuellen Stellungnahmen in den erlebten Beziehungen zur sozialen und materiellen Umwelt als Möglichkeitsbedingung zugrundeliegendes System von kognitiven Orientierungsmustern, konstruktiven Kompetenzen und Regulations-Mechanismen.

Im folgenden versuchen wir, diese Bezugssysteme und Kompetenzen etwas genauer zu charakterisieren. Dabei wird es auch um die wichtige Frage gehen, wie diese Kompetenzen und Regulations-Systeme entstehen.

b) Der Ansatz von MISCHEL

Es war vor allem MISCHEL (1968; 1973), der in einer Auseinandersetzung mit traditionellen eigenschafts-orientierten Persönlichkeitstheorien die auch empirisch fundierte Auffassung entwickelte, daß Handeln nur aufgrund einer Kenntnis der spezifischen Wechselwirkungen zwischen den sozialen und kognitiven Kompetenzen der Person einerseits und der Handlungs- und Interaktions-Situation andererseits erklärt werden kann. Im Mittelpunkt des Interesses stehen jene Prozesse, die zwischen den subjektiv erfaßten Bedeutungen von Situationen und den individuellen Handlungsorientierungen vermitteln. MISCHEL (1973, S. 275) postuliert aufgrund seiner Untersuchungen folgende Variablen als grundlegende analytische Einheiten einer Persönlichkeitstheorie:

a) *Konstruktive* Kompetenzen: Fähigkeiten, besondere Kognitionen und Handlungen selbsttätig zu planen und hervorzurufen; diese Fähigkeiten beziehen sich vor allem auf das Wissen und die *Handlungspotenzen*, weniger auf die Fertigkeiten eines Individuums.
b) Strategien der *Kategorisierung*, Verschlüsselung und Verarbeitung von Ereignissen, einschließlich der Einschätzung von anderen und sich selbst.
c) Situationsspezifische *Erwartungen* im Hinblick auf „Reiz"-Wirkungen und Handlungs-Resultate.
d) Verfügen über subjektive Reiz-*Valenzen*, von denen her sich bestimmte motivierende, positiv oder negativ besetzte Bedeutungen spezifischer, in einer Situation erlebter, „Reize" ergeben.
e) *Selbstregulations-Systeme* und *Pläne*: Regeln, die in bestimmten Situationen Handlungsziele und Verhaltens-Standards spezifizieren; antizipatorische Berücksichtigung der sanktionierenden Konsequenzen, die sich aus dem Erreichen oder Verfehlen dieser normativen Standards ergeben; Selbst-Instruktionen und kognitive Reiz-Transformationen, die nötig sind, um die für

die Zielerreichung erforderliche Selbstkontrolle zu erreichen; Organisations-Regeln (Pläne), die in der Form von hierarchisch geordneten Handlungsanweisungen die Abfolge und Kontrolle von Handlungssequenzen kognitiv vorstrukturieren, und zwar ohne Bezug auf äußere Unterstützung bzw. auch gegen äußere Behinderungen.

Nicht einzelne Reiz-Reaktions-Verbindungen sind also Inhalt von Lernprozessen, sondern komplexe Konstruktions- und Regelungssysteme, die dem Individuum erlauben, Hypothesen über die Folgen seines Handelns zu formulieren und sich so den wechselnden Umweltanforderungen anzupassen. Die Forschung sollte sich daher weniger um „konsistente" Eigenschaften kümmern, als um diejenigen kognitiven und sozialen Lernbedingungen und Aktivitäten des Individuums, die dem Eindruck konsistenten Verhaltens *zugrundeliegen.* Nicht, welche Eigenschaften die Person *hat*, ist interessant, sondern das, was die Person unter spezifischen Bedingungen selbst entwirft und gestaltet.
Es scheint, daß dieses Konzept von Persönlichkeit geeignet ist, individuelle Handlungen und Handlungsorientierungen als Produkte von Interaktionen begreiflich zu machen, und zwar wegen der Berücksichtigung situativer Arrangements, die von MISCHEL in ihrer subjektiven und zugleich interpersonellen Bedeutsamkeit untersucht werden. Das skizzierte Persönlichkeitskonzept setzt eine „Theorie über das Beziehungsgefüge zwischen der Wahrnehmung der sozialen Umwelt und dem daraus resultierenden Handeln voraus" (BIERBRAUER, 1974, S. 324). Notwendig ist eine „Identifikation der intervenierenden Prozesse, die zwischen der äußeren Realität und der subjektiven Realität des wahrnehmenden und handelnden Subjekts vermitteln" (ebd.; vgl. auch HACK u. a., 1972). Von daher müßte es dann möglich sein, zu analysieren, wie die Interaktionsbeziehungen sich im Bewußtsein und Verhalten des Individuums manifestieren. Da diese Fragen unter dem Aspekt der kognitiven Sozialisation (vgl. GOSLIN, 1969) zunehmend Berücksichtigung finden, ist es möglich, einige Überlegungen zum Problem der kognitiven Transformation und Repräsentation von (sozialen) Umwelt-„Reizen" anzustellen.
Um die Vermittlung zwischen der Auffassung von Umwelt und den daraus folgenden Handlungskonsequenzen verstehen zu können, muß man wissen, auf welche Weise Individuen Informationen aus ihrer Umwelt extrahieren und in generative Regelsysteme umsetzen bzw. Erwartungs- und Wert-Systeme daraus aufbauen. „Die von dem Individuum aufgenommene Information muß in eine kognitive Repräsentation integriert werden, in der sowohl sein Ich als auch die wahrgenommene Umwelt repräsentiert sind. Die notwendige Synthese zwischen wahrgenommener Umwelt und Icherfahrung setzt die Annahme eines kognitiven Konstruktionsprozesses voraus, in dessen Mittelpunkt einerseits die Prozesse der Informationsaufnahme, Koordination und Integration stehen und andererseits die Umsetzung der kognitiven Repräsentation in Verhaltenssequenzen" (BIERBRAU-

ER, a.a.O., S. 325). Nach MISCHEL spiegelt die „mentale Repräsentation von Umwelt und Person nicht nur die jeweils gegebenen Bedingungen wider, sondern das Individuum verfügt darüber hinaus über eine Reihe von kognitiven Kompetenzen, die es ihm je nach dem Grad seiner Anpassungsfähigkeiten erlauben, unterschiedliche Lösungsmuster in einer gegebenen Situation auszuwählen“ (ebd.; vgl. auch SEILER, 1973, sowie FREY und LANG, 1973).

Das Modell der kognitiven Transformation von Umweltreizen erfordert nun allerdings, Verhalten jeweils in bezug auf die gegebene konkrete Situation zu erforschen, und zwar unter dem Aspekt der je subjektiven Situationsauffassung. Hier gibt es eine interessante Konvergenz von Interessen, denn einige in der Tradition des Symbolischen Interaktionismus (hier besonders W. I. THOMAS') stehende Autoren betonen ebenfalls die Interdependenz von Handeln und situativen Bedingungen, die durch kognitive und evaluative Aktivitäten vermittelt wird. Eine dieser Aktivitäten ist die „Definition von Situationen“, im Sinne von MISCHEL eine „konstruktive Kompetenz“, die innerhalb von Plänen und Selbst-Regulations-Systemen subjektive Erwartungen schafft und Handlungen vorstrukturiert. Situationsdefinitionen werden zur Lösung aktueller Orientierungs- und Entscheidungsprobleme eingesetzt.

c) Zum Konzept der „Situations-Definition“

In neuerer Zeit wurde der Begriff der Situations-Definition vor allem von BALL (1972), BOHNSACK (1973, S. 8–39), MATTHES und SCHÜTZ (1973), MOLLENHAUER (1972) und STEINERT (1972b) re-aktiviert und zum Grundkonzept einer interaktionistischen Persönlichkeitstheorie gemacht. Wenn man den Stellenwert und die Verwendungsmöglichkeiten des Begriffes „Situations-Definition“ klären will, so muß man zunächst untersuchen, welche Rolle der Begriff „Situation“ in den Sozialwissenschaften bisher gespielt hat (vgl. auch WELLENDORF, 1973a, S. 19ff.).

In der Psychologie ist der Hinweis auf die situativen Determinanten des Verhaltens vor allem der Feld-Theorie LEWINS (1963) zu danken, der Umwelt als „psychologische“ Umwelt bestimmte, nämlich als die Situation, so wie sie für das Individuum existiert. Damit aber ist die Umwelt keine „außerhalb“ und unabhängig von den Bedürfnissen und Intentionen des Individuums existierende Größe mehr, sie wird „psychologisiert“. Die Umwelt ist immer schon Produkt der Interaktion des Individuums mit irgendeiner „objektiv“ gegebenen Welt (vgl. GRAUMANN, 1972, S. 1111ff.). Tatsächlich gibt es jedoch eine dem Individuum gegenüberstehende Umwelt, die insofern „objektiv“ ist, als sie eine Geschichte hat und als sich in ihr Interessen, Entscheidungen und Regelsysteme manifestieren, die dem einzelnen Individuum unabhängig von seinen Motiven und Fähigkeiten und häufig unbeeinflußbar als geschaffene Sachverhalte und Anforderungen entgegentreten, deren individuelle Urheber im Geschichtsprozeß kaum identifizierbar sind.

So definiert etwa DREITZEL (1968, S. 152) „Soziale Situation" als einen „raum-zeitlich strukturierten und von einem Horizont von Mitgegebenheiten begrenzten Komplex von objektiven Bestimmungen eines sozialen Beziehungsgefüges". Allerdings ist die „Objektivität" nicht nur in der Historizität und der überindividuellen Faktizität solcher Umweltfaktoren begründet, sondern sie wird stets auch durch das erkennende und agierende Verhalten der Subjekte mit-konstituiert. „Die Situation, in der sich ein Subjekt befindet, ist eine konkrete Einheit, die nicht ohne entstellende Abstraktion in objektive und subjektive Bestandteile zerlegt werden kann. ... Die objektivierten Gegebenheiten einer Situation sind nicht beschreibbar ohne Vergegenwärtigung des Verhaltens, das sich auf sie richtet und damit nicht nur sie in ihrer Objektivität, sondern auch die Situation im ganzen mitkonstituiert" (BAHRDT, 1958, S. 5). Ohne auf diese Probleme näher einzugehen meint OBIDITSCH (1974, S. 139) mit dem Begriff „soziale Situation" die „jeweils aktuelle mitmenschliche Konstellation oder die in einem bestimmten Augenblick gerade vorfindbaren mitmenschlichen Verhältnisse, in die man als unmittelbar Beteiligter verflochten bzw. mit denen man als Hinzukommender konfrontiert ist".

Das berühmte THOMAS-Theorem – Wenn die Menschen Situationen als real definieren, sind sie real in ihren Konsequenzen – betont, daß die Umwelt nur über individuelle Erfahrung reale Konsequenzen für unser Handeln hat, wobei über die „Adäquatheit" dieser Erfahrung allerdings noch nichts ausgesagt ist. Umweltfaktoren sind aber auch dann wirksam, wenn sie nicht oder „falsch" vom Individuum erkannt werden, oder anders gesagt: Nicht nur diejenigen Umweltfaktoren haben Einfluß auf das Verhalten, die in Situations-Definitionen repräsentiert sind. Trotz der Gefahr einer subjektiv-idealistischen Verzerrung individueller Umwelterfahrungen bleibt THOMAS das Verdienst, auf die Tatsache einer „dialektischen" Vermittlung von „objektiven" Gegebenheiten und subjektiven Bedeutungen hingewiesen zu haben. Auf welche Weise aber das Individuum zugleich Subjekt und Objekt seiner Verhältnisse sei (MOLLENHAUER, a.a.O., S. 128), läßt sich aus dem THOMAS-Theorem noch nicht folgern.

In enger Anlehnung an THOMAS versteht BALL (1972, S. 63) unter „Situations-Definition" die Summe der in einer gegebenen Situation vom Standpunkt des Handelnden aus aufgenommenen Informationen, die relevant und erforderlich sind, um sich und andere in einem Beziehungsgefüge so zu lokalisieren, daß man selbst bestimmte Handlungs- und Interaktions-Vorhaben verwirklichen kann. Natürlich bedeutet „Definieren" in diesem Zusammenhang nicht die bewußte und verbal explizierte Tätigkeit des begrifflichen Abgrenzens von Bedeutungen, sondern damit ist die bewußte oder unbewußte, beabsichtigte oder beiläufig vor sich gehende Strukturierung der Bedeutungs-Komponenten einer Situation gemäß den erworbenen kognitiven Schemata (einschließlich Beziehungs-Schemata) und gemäß aktueller Intentionen und Bedürfnisse gemeint (vgl. MOLLENHAUER, 1972, S. 123). In einer sehr weiten Fassung meint der Begriff der

Situations-Definition also all jene Vorgänge, die zwischen eintreffenden situativen Eindrücken, der selektiven Bedeutungszuschreibung, der Handlungsplanung und schließlich der Aktion vermitteln (WEINSTEIN, 1969, S. 755).

OBIDITSCH (a. a. O., S. 141) weist darauf hin, daß sich Situationsdefinitionen aus einer Reihe von „Leistungen" aufbauen, die *allgemein* die Anwendung erworbener Verhaltensmuster, die Um-Strukturierung gegebenen Materials, und, um mit PIAGET zu sprechen, „Akkomodation" und „Assimilation" beinhalten, und *speziell* u. a. folgende Leistungen: „Auffassen der vorgegebenen gefühlsbezogenen und funktionalen Abhängigkeiten sowie der vorhandenen Verhältnisse der Über- und Unterordnung; Begreifen der jeweils geltenden verhaltensleitenden Normen; Beurteilen der Situation im Blick auf eigene Verhaltensentscheidungen". In diesen Zusammenhang gehören auch die Untersuchungen FLAVELLS (1975), der Fähigkeiten der „Rollenübernahme" oder besser: Fähigkeiten zur Übernahme der „Perspektive" anderer untersuchte, wobei er auf theoretische Grundpositionen von MEAD und PIAGET aufbaute. „Gegenstand der Analyse FLAVELLS ist die elementare Fähigkeit eines Individuums, bestimmte Merkmale eines anderen Individuums zu verstehen, wahrzunehmen, daraus Verhaltensweisen des anderen in bestimmten Interaktionssituationen zu antizipieren und in die eigene Verhaltensstrategie einzuplanen" (KÖSTLIN-GLOGER, 1975, S. 10; dazu auch WALLER, 1973). Derartige individuelle Fähigkeiten gehören sicher mit zu den *Voraussetzungen*, Situationen definieren zu können, sie sind jedoch damit nicht identisch.

Der Anspruch, der mit dem symbolisch-interaktionistischen Begriff der Situations-Definition verbunden ist, geht über die Bezeichnung sozialer „Techniken" im Sinne von OBIDITSCH hinaus, denn es soll mit Hilfe dieses Begriffes generell untersucht werden, auf welche Weise vorgängige Erfahrung in Wechselwirkung mit den Faktoren der momentanen Situation das Handeln einer Person beeinflußt (vgl. CAZDEN, 1971, S. 275). Die konkrete Definition der Situation ist eine Funktion der Charakteristik der Situation, wie die Person sie aufgrund ihrer früheren Erfahrung wahrnimmt (ebd.). In diese Wahrnehmung gehen immer auch konstruktive Handlungen ein, da bestimmte Elemente selegiert und bewertet werden, und zwar entsprechend dem „Plan" und den Handlungs-Strategien, die ihrerseits die Funktion der konkreten Situations-Definition bestimmen. Situationsdefinitionen sind immer *zugleich* Aktualisierungen von vorgängigen Erfahrungen mit Situationen sowie bereits eingeübter Definitionsgewohnheiten *und* intentionale Akte der Auswahl, Bewertung und Integration momentaner situativer Elemente entsprechend aktueller Bedürfniszustände, Intentionen usw. In welchem Verhältnis die schematische Übertragung eingeschliffener Situations-Definitionen zu aktiv um-schaffenden Aneignungsprozessen steht, ist u. a. eine Frage gegebener Macht-Konstellationen. Situationen zu definieren heißt ja immer auch, eigene und fremde Handlungsmöglichkeiten zu bestimmen, zu kanalisieren,

zu beschneiden; und die Möglichkeiten und „Rechte“ dazu sind in der Regel ungleich verteilt, besonders in institutionalisierten Interaktionssituationen.
Obwohl die Voraussetzungen und Formen derjenigen Prozesse, die Situations-Definitionen ausmachen, theoretisch noch sehr unzureichend und empirisch nur punktuell geklärt sind, kann kein Zweifel daran bestehen, daß kognitive Vorgänge des angedeuteten Komplexitätsgrades nicht nur Produkte von bestimmten Lernprozessen (und damit „Persönlichkeitsvariablen“), sondern auch ihrerseits wieder Bedingungen nachfolgenden Verhaltens sind. Unter diesem Gesichtspunkt sind Situations-Definitionen selbstproduzierte, generative Handlungs-Regeln, die auf teils repetitive, teils konstruktive Weise für die situations- und interaktions-spezifische Adäquatheit des Verhaltens und darüber hinaus für *Konsistenz* des Handelns sorgen. Allerdings meint diese Konsistenz weniger die Wiederholbarkeit bestimmter Verhaltensmuster, sondern sie bezieht sich auf die Folgerichtigkeit und Stabilität der sequentiellen Beziehungen zwischen Elementen von Handlungsplänen (vgl. MILLER, GALANTER u. PRIBRAM, 1973).
Damit sind wir nun bei der wichtigen Frage angelangt, ob mit dem Konzept „Situations-Definition“ auf der individual-psychologischen Ebene verhaltensstabilisierende Faktoren erfaßt werden können, die im Gegensatz zu traditionellen persönlichkeitspsychologischen Konstrukten den einerseits genetischen und andererseits kausal-determinierenden Bezug auf Interaktionssituationen und Interaktionsbeziehungen noch enthält.
Eine stabilisierende Funktion kommt Situations-Definitionen zumindest insofern zu, als sie dem Individuum die Möglichkeit geben, Situationen nach verhältnismäßig konstanten kognitiven Schemata (PIAGET) und sozialen Beziehungs-Schemata (KOHLBERG) zu entschlüsseln und zu strukturieren. Die in den Schemata ausgedrückten Informationen und Erwartungen sind deshalb verhältnismäßig konstant, weil sie in der Regel auf wiederholte vergleichbare Erfahrungen zurückgehen, die zur Ausbildung konstanter Definitionsgewohnheiten geführt haben. Wenn ein Individuum in ähnlich strukturierten oder regelmäßig wiederkehrenden Situationen vergleichbare interpersonale Erfahrungen gemacht hat, dann wird es künftige Situationen analog zu früheren Situationen interpretieren. Es entstehen Definitions-Gewohnheiten, in denen allerdings dann Elemente reaktiver Anpassung überwiegen können, wenn die habituelle Erwartung besteht, sich gegen andere nicht durchsetzen zu können. „Das Problem der interpersonellen Kontrolle, d.h. der wechselseitigen Beeinflussung der Interaktionspartner, kann so formuliert werden als die Frage nach der erfolgreichen Beeinflussung der Situationsdefinitionen des jeweils anderen“ (MOLLENHAUER, a.a.O., S. 124). Die subjektiven Gewohnheiten des Definierens von Situationen sind immer auch Ausdruck „objekiver“ Konventionen des Definierens, die in institutionell vorgeprägten sozialen Machtbeziehungen verankert sind.
Wenn man die stabilisierende Funktion von Situations-Definitionen in den Mittelpunkt des Interesses stellt, dann ergibt sich eine besondere Sichtweise des

Sozialisationsprozesses: Der Sozialisationsprozeß ist dann nämlich „eine Reihe von Situationen, in denen das Definieren und die entsprechenden Taktiken gelernt werden, samt der möglichen Handlungskonsequenzen, d.h. generalisiert und auf andere mögliche Situationen übertragen werden" (MOLLENHAUER, a.a.O., S. 130). Diese Auffassung von Sozialisation führt uns zurück zu unserer Ausgangsfrage. Wir hatten soziales Lernen bestimmt als „Internalisierung von Beziehungsstrukturen zur Ausbildung von Beziehungsdefinitionen" und dann gefragt, mit Hilfe welchen Persönlichkeits-Modells und welcher Lernprozesse wir die soziale Genese solcher Beziehungsdefinitionen verstehen können. Nach einer Skizzierung des „Cognitive Social Learning"-Ansatzes von MISCHEL haben wir nun mit dem Begriff der „Situations-Definition" ein Konzept darzulegen versucht, das uns den Weg zur Analyse von Beziehungs-Definitionen und deren sozialer Genese aufzeigen könnte. Im folgenden Abschnitt werden wir das Problem der involvierten Lernprozesse weiterdiskutieren, indem wir das Konzept der „Internalisierung" in den bisherigen Argumentationszusammenhang einzubauen versuchen.

4.5 „Internalisierung" als zentraler Lernprozeß

Wir hatten oben bereits darauf hingewiesen, daß in fast allen Sozialisationstheorien die Verinnerlichung von sozialen Beziehungs-Verhältnissen als ein zentraler Lernprozeß angesehen wird. Und zwar werden nicht inhaltlich-spezifische Motive, Einstellungen usw. internalisiert, sondern es entsteht durch das Akzeptieren von Beziehungen eine generalisierte Bereitschaft, sich in sozialen Verhältnissen auf eine bestimmte Art und Weise zu verhalten. So entwickelt sich etwa in der psychoanalytischen Theorie das Über-Ich weniger durch Verinnerlichung z.B. der Kastrations-Drohung, sondern das Kind lernt, sich in einem hierarchischen Beziehungsgefüge entsprechend seinem eigenen „Ort" und seiner (geringen) Macht-Mittel zu verhalten. Natürlich lernt das Kind dabei immer auch, ganz bestimmte Erwartungen zu erfüllen, aber ebenso entscheidend für den Aufbau generalisierter Verhaltensbereitschaften ist die soziale Beziehung. Die Beziehung bestimmt nämlich erst die Ebene und die Modi kommunikativer Verständigung, von denen her Intentionen und Inhalte ihren *praktischen* Sinn in *gegebenen* Handlungskontexten erhalten (vgl. WUNDERLICH, 1972, S. 117). Beziehungsmuster werden von denjenigen, die faktisch oder bloß virtuell an Interaktionen beteiligt sind, als kognitive und normative *Bezugssysteme* des eigenen Handelns erfahren. Soweit sich „soziale Kontrolle" in Beziehungssystemen manifestiert, kann also auf interaktivem Wege Fremd-Kontrolle in Selbst-Kontrolle transformiert werden.

Kann das Konzept der Internalisierung nun über die Konstatierung dieses Sachverhalts hinaus jene *Prozesse* erklären, die der Transformation von Fremd-Kontrolle in Selbst-Kontrolle zugrundeliegen? Wenn „Internalisierung" nicht bloß eine eingängige Metapher sein soll, müssen wir erklären können, auf welche Weise sich der Heranwachsende bestimmte Normen, die ihm als verbindliche Erwartungen angetragen werden, als Handlungsregeln zu eigen macht.

In lerntheoretisch orientierten Arbeiten (vgl. ARONFREED, 1971; FEND, 1973, S. 23–38; HOFFMANN, 1964, 1966, 1970) ist „Internalisierung" ein hypothetischer Prozeß, der verständlich machen soll, warum Heranwachsende von „äußerer" Kontrolle allmählich immer unabhängiger werden (und sich dennoch norm-konform verhalten). Im Individuum entstehen „interne Monitore", die viele Funktionen übernehmen, die ursprünglich externe Kontrollinstanzen hatten (ARONFREED, a.a.O., S 263). Diese Monitore seien, ganz im Sinne FREUDS, Instanzen einer antizipatorischen bewertenden Kontrolle von Handlungskonsequenzen im Hinblick auf bestimmte normative Standards.

Im Vergleich zur bloßen Imitation setzt Internalisierung also voraus, daß die *Bedeutung* einer Handlung erkannt, bewertet und in handlungsleitende kognitive Schemata umgesetzt wird. Mit der Normkonformität wird durch diese Monitore zugleich die *Stabilität* des Verhaltens garantiert. Was die zugrundeliegenden Lernvorgänge angeht, so spricht ARONFREED (ebd.) recht vage von affektiven und kognitiven „Mechanismen", die soziales Lernen in die individuelle Fähigkeit zur internalisierten Verhaltenskontrolle „übersetzen". Die „Transformation" sozialer Erfahrung müsse nicht immer mit komplexen Modellen kognitiver Repräsentantion erklärt werden, sondern man könnte dazu auch einfache Vorgänge der Konditionierung und des direkten Trainings der kognitiven Umsetzung sozialer Informationen untersuchen (a.a.O., S. 264).

Das Internalisierungs-Konzept versucht zu erklären, auf welche Weise soziale Erfahrung handlungsleitend wird, also z. B. durch die Ausbildung von Regel- und Kontroll-Systemen. Und diese Frage ist identisch mit unserem Problem der „Wirkung" pädagogischer Interaktionen. Mit Hilfe des Internalisierungs-Konzeptes können wir nun behaupten, daß die wiederholte soziale Erfahrung in und von Interaktionsbeziehungen dazu führt, daß Erziehungsmaßnahmen, Sanktionen, Erwartungen usw. gar nicht mehr explizit ausgeführt bzw. geäußert werden müssen, weil sie im Innern der Person selbst wirksam werden können (vgl. SCHIEFELE, 1974, S. 125f.). Pädagogische Interaktionen wirken also dadurch, daß die durch sie transportierten Bedeutungen, Erwartungen, Normen usw. durch soziale Erfahrung, den Aufbau eines Selbst, die Entwicklung von Identität usw. verinnerlicht werden. „Aber damit ist ein (vermutetes) Geschehen nur beschrieben"; Internalisierung ist selbst ein Prozeß, der erklärt werden muß (ebd.). Wir wollen daher im folgenden die Prozesse, die bei der Verhaltensstabilisierung durch Transformation sozialer Erfahrung in Regel-Systeme eine Rolle spielen können, unter zwei Aspekten etwas näher analysieren.

a) Internalisierung als kognitive Transformation von Handlungsstrukturen

Diese vor allem auf PIAGET zurückgehende Auffassung korrigiert zunächst das primitive „Trichter-Modell" von Sozialisation, nach dem Erziehung vor allem als Prägung und Kanalisierung sozial erwünschter Verhaltensweisen zu verstehen sei (vgl. zum folgenden auch STEINER, 1974). In Wirklichkeit setzt sich das Individuum immer auch aktiv mit seiner Umwelt und den zugemuteten Erwartungen auseinander. Regeln werden dadurch angeeignet, daß man regelgeleitete Handlungen *ausführt*, ohne die Regeln schon gleich oder immer selbst erkennen zu können. Regeln werden nicht einfach passiv übernommen, sondern der Heranwachsende eignet sich normierende Umweltbedingungen durch aktive Beteiligung, nämlich durch Handeln und konstruktives Umformen an.

Nicht einmal Erwachsene, die sich als Modelle für die Kinder in relativer Übereinstimmung mit bestimmten Normen- oder Regelsystemen verhalten, verfügen immer über *explizite* Ausformulierungen dieser abstrakten Inhalte; auch das Kind, das die Regeln übernimmt, kann sie nicht explizieren (vgl. FRÖHLICH/WELLEK, 1972, S. 670ff.). „Was geschieht, ist offenbar folgendes: Das Kind verarbeitet das, was es am Verhalten der erwachsenen Mitglieder der Gesellschaft wahrnimmt, in einer solchen Weise, daß es die *impliziten Regelsysteme* aus dem Verhalten der Erwachsenen herauslöst. ... Was jedes Kind einer ganz bestimmten Altersstufe herauslösend aufnimmt, ist eine Funktion sowohl seiner *individuellen Erfahrung* (idiosyncratic experience) als auch der momentanen *intellektuellen Möglichkeiten*. Die dem Kind vertrauten Regelsysteme erfahren mit seiner Entwicklung Veränderungen und müssen letztlich nicht einfache Reproduktionen derjenigen Regeln sein, die in der Gesellschaft gerade vorherrschen" (BROWN, 1965, zit. n. FRÖHLICH/WELLEK, a. a. O.). Die Heranwachsenden entwickeln also durch aktiven Umgang mit anderen Menschen kognitive Schemata, die zu immer komplexeren, ihrerseits *generativen* Regel-Systemen aufgebaut werden.

Grundlage der Ausbildung stabiler Handlungsmuster ist also immer die *Beobachtung* fremder und die (probeweise) Ausführung eigener Handlungen. „Als intervenierender Prozeß der Genese von Verhaltenserwartungen wäre demnach die Transformation beobachteter Verhaltensmuster bzw. entsprechender Beobachtungsresiduen in antizipatorische kognitive Schemata anzunehmen" (WALLER, 1973, S. 233). Regeln sind weniger aufgezwungene Normen, als abstrahierte und kognitiv repräsentierte Handlungsstrukturen. Die elementarste Form der dabei wirksamen Transformationsprozesse wird unter dem Stichwort des „imitativen Verhaltens" von PIAGET (1951) selbst beschrieben (nach WALLER, a. a. O.). Auf der frühesten Stufe der kognitiven Entwicklung werden beobachtete Verhaltensmuster in einfache Nachahmungsschemata transformiert; diese Schemata sind noch anschaulich repräsentiert, so daß das Kind eine Reihe von bildhaften Modellen oder Handlungsabläufen innerlich imitieren, nachvollziehen oder antizipieren kann. Verhaltenserwartungen (Regeln) stellen also in ihrer einfachsten Form nichts anderes dar als die „mentale Aktivierung" der Residuen beobachteter Verhaltensmuster und erfahrener Interaktionsstrukturen (WALLER, S. 234); daher ist die „repräsentative Imitation" (PIAGET) die Grundlage für die Ausbildung auch komplexerer Regel-Systeme.

Die weitere Entwicklung läßt sich möglicherweise mit PIAGETs Modell der hierarchischen Transformation objektbezogener Erfahrungsinhalte in Verbindung mit der Theorie des Beobachtungs- und Imitationslernens (vgl. ARONFREED, a.a.O.) erklären. „Davon ausgehend ist anzunehmen, daß die anschaulich repräsentierten Verhaltensmuster im weiteren Verlauf der Entwicklung zunächst symbolisch transformiert und in einem folgenden Entwicklungsschritt durch Operationen wie Klassifikation, Konzeptbildung etc. quasi-operativ in Form einer Hierarchie von Verhaltensmodellen strukturiert werden. Letztere sind in bezug auf reale und hypothetische Interaktionssituationen in Form von Rollen und Verhaltenserwartungen aktualisierbar" (WALLER, S. 234).

Im Hinblick auf den für uns wichtigen Begriff der Beziehungs-Definition ist also wichtig, daß die Struktur beobachteter oder auch nur diffus erlebter Sozialbeziehungen kognitiv transformierbar und repräsentierbar ist, wobei allerdings über die Art der Informationsverarbeitungsprozesse noch wenig Klarheit besteht (vgl. BALDWIN, 1971; KOHLBERG, 1971). In Ergänzung zu PIAGETs Auffassungen sind im Hinblick auf Beziehungs-Definitionen allerdings auch *normative* Strukturschemata anzunehmen, „die auf einer formalen Rekonstruktion der Pragmatik interpersonaler Beziehungen basieren" (WALLER, ebd.) und künftiges interpersonales Handeln anleiten. – „Internalisierung" ist also in der dargestellten Sichtweise ein Prozeß nachvollziehender, verstehender, konstruktiver kognitiver Organisation und Strukturierung, der die Ausbildung generativer Handlungs-Regeln zur Folge hat. Auf Grund eines interpersonal vermittelnden Schematisierungsprozesses entsteht Einsicht in Regel-Systeme, die zum Teil selbst-produziert sind.

Von einer ganz anderen Richtung, nämlich von der behavioristischen Lerntheorie her, kommen Autoren des „Social Learning Approach" zu ähnlichen Auffassungen. Zahlreiche Experimente zum Beobachtungs-Lernen (vgl. BANDURA, 1971, S. 33ff.) haben ergeben, daß die Effektivität des Lernens dann am höchsten ist, wenn die Versuchspersonen aus dem Verhalten der Modelle Handlungsstrukturen *abstrahierten* und *Regeln* entwickelten, mit Hilfe derer sie ähnliche Verhaltensmuster selbsttätig generieren konnten (a.a.O., S. 34). Grundlage für die Entwicklung derartiger handlungs-produzierender Regeln (response-generative rules) ist wie bei PIAGET die Beobachtung. Wie dort haben diese Regeln eine verhaltensstabilisierende Funktion, da sie zu Verhaltensweisen führen, die denen der Modelle auch in solchen (neuen) Situationen entsprechen, in denen das Verhalten der Modelle selbst gar nicht beobachtet wurde. Die Generalisierung ist also höher, wenn Regeln ausgebildet werden, als wenn nach dem Kontiguitäts- bzw. Verstärkungsprinzip (z.B. shaping) gelernt wird (was nicht heißt, daß bei der Entwicklung von Regeln Verstärkung *keine* Rolle spielt).

Wie beim Sprach-Lernen erfaßt das Kind beim Lernen anderer komplexer, z.B.

sozialer Verhaltensweisen, durch Beobachtung nicht nur konkrete Merkmale, sondern auch allgemeine Eigenheiten von Verhalten; durch konstruktive Abstraktionsprozesse kann das Kind ganze Regel-Sätze entwickeln, die es zur Erzeugung einer fast unbegrenzten Zahl konkreter neuer Verhaltensweisen befähigen (BANDURA, a.a.O.). Die Regel-Sätze machen die Handlungs-*Kompetenz* des Individuums aus, in Analogie zur Sprach-Kompetenz (ebd.). Grundlegende Handlungsregeln, die BANDURA auch verhaltensleitende Prinzipien oder „Prototypen" nennt, werden durch kognitive Prozesse allerdings nur dann aus dem modellhaften Verhalten anderer Personen extrahiert, wenn bestimmte günstige Bedingungen dafür gegeben sind (BANDURA, S. 35). Diese Bedingungen wurden untersucht anhand der Entwicklung des moralischen Urteils, des Aufschubs von Bedürfnisbefriedigung, der Stile von informationssuchendem Verhalten usw. (a.a.O., S. 37). In diesem Zusammenhang wird ausdrücklich auf das PIAGETsche Prinzip der „Konservation" hingewiesen, das die Stabilisierung von Reaktionsmustern trotz wechselnder Umweltbedingungen erklären soll.
Innerhalb des „Social Learning Approach" (vgl. auch BANDURA/WALTERS, 1963; ROTTER u.a. 1972) hat sich die Auffassung durchgesetzt, daß Verhalten eher durch symbolische Repräsentation angeleitet als durch Verstärkung geformt wird (BANDURA, a.a.O., S. 39). Verhalten wird durch zentrale integrative Mechanismen gelernt und organisiert. Dazu müßten im einzelnen die Prozesse geklärt werden, durch die Informationen verschlüsselt und kognitiv repräsentiert werden sowie die Art und Weise, in der diese Repräsentationen aktuelles Handeln anleiten. Wir wollen diese Diskussion hier verlassen (vgl. BALDWIN, 1971 u. KOHLBERG, 1971) und uns in Erinnerung rufen, daß wir vor allem die Internalisierung von Beziehungsstrukturen und die entsprechende Entwicklung von Beziehungs-Definitionen klären wollen. Diese Beziehungs-Definitionen sind nun sicher Regel im Sinne der eben dargelegten Auffassungen von PIAGET und BANDURA: Sie sind kognitive Repräsentationen von Sozialbeziehungen einschließlich der in diesen manifestierten Handlungs*intentionen.* Unter dem Gesichtspunkt *pädagogischer* Interaktionen sind diese Beziehungsdefinitionen immer zugleich Repräsentationen sozialer Kontrolle bzw. derjenigen Interaktionsstrukturen, die zur Verwirklichung der Kontrolle eingerichtet wurden. Wir wollen deshalb im folgenden Internalisierung für unsere Fragestellung inhaltlich weiter präzisieren, indem wir den Aspekt der *Macht* wieder ins Spiel bringen.

b) Internalisierung als Anerkennung von Machtordnungen

Mit Hilfe einer Arbeit von POPITZ (1973) können wir die Verinnerlichung von Fremdkontrolle zur Selbstkontrolle verstehen als den Prozeß einer inneren Anerkennung einer Machtordnung durch die weniger Mächtigen. Damit ist etwas ausgesagt über die *Inhalte* der Beziehungs-Definitionen, die Produkt pädagogischer Interaktionen sind, aber auch über die Art der Vermittlung bzw. Entwicklung dieser Regeln. POPITZ leistet insofern einen Beitrag zur Frage der

Internalisierung, als er nicht nur die Übermacht der Mächtigeren und den Zwang zur Unterwerfung bei den Schwächeren beschreibt, sondern auch erläutert, warum und wie die Anerkennung der Machtordnung sich vollzieht. Diesen Prozeß der Anerkennung muß man sich ergänzend als einen Prozeß kognitiver Strukturierung denken, der zum Teil auch darin besteht, daß kognitive Dissonanzen aufgelöst werden. Natürlich ist die Anerkennung von Machtordnungen nicht völlig identisch mit der Entwicklung von Beziehungs-Definitionen, aber sie ist davon ein wichtiger, u. U. vorauslaufender Teil-Prozeß.
Ausgangspunkt der Überlegungen ist die „in allen Sozialverhältnissen als Interdependenz des Verhaltens angelegte Abhängigkeit" zwischen den Interaktionspartnern" (POPITZ, a. a. O., S. 150), die als eine Machtbeziehung beschrieben werden kann. Da die Schüler zum Leben in der Schule keine Alternative haben, müssen sie die Schule als Lebensraum allmählich akzeptieren, wenn sie nicht unlösbare Identitätsprobleme heraufbeschwören wollen. Die Gegenwehr wird erlahmen oder sich nur noch sporadisch Luft machen. Eine wichtige Voraussetzung für die Übernahme der zugemuteten Beziehungs-Definitionen ist also die Lösung des Identitätsproblems. Die Schüler beginnen die Legitimität der Machtordnung (und damit der Beziehungs-Definitionen) allmählich anzuerkennen, „weil sie sich selbst anerkennen" (S. 149). „Das Widerstreben gegen einen permanenten übermächtigen Zwang stellt schließlich nicht diesen, sondern sich selbst in Frage. Damit sind die Voraussetzungen für eine Art Kehre gegeben: Der dauernd Erniedrigte rechtfertigt seine Fügsamkeit, indem er sie in Freiwilligkeit uminterpretiert, und er rechtfertigt diese Freiwilligkeit durch die Verbindlichkeit der Ordnung, in die er sich fügt. ... Damit ist die Selbstanerkennung der Unterworfenen vollzogen: Wer sich so unterwirft, wird nicht mehr permanent unterworfen" (ebd.).
Internalisierung wird somit zur Grundlage der Identitätsbildung, wobei man hier die Frage ausklammern muß, inwieweit von der familiären Sozialisation her derartige Prozesse der Anerkennung schon vorbereitet wurden („Anspruch und Hinnahme der Machtverhältnisse wiederholen vertraute Modelle", S. 148). Auch in der Schulklasse kann „die gegenseitige Bestätigung innerhalb der Gruppe der Machtunterworfenen – die Anerkennung der Unterwerfung des anderen – für die Herausbildung sozialer Gewißheiten Bedeutung erhalten. Man kann sogar annehmen, daß diese Selbstanerkennung der Machtunterworfenen ihrerseits eine Suggestivwirkung auf die Legitimationsgewißheit der Privilegierten ausübt" (ebd.). So wirkt die Identitätsbildung gleichzeitig verstärkend auf diejenige Interaktionsbeziehung, die – als Machtbeziehung – der Identitätsbildung selbst zugrundeliegt.
Natürlich hängt der Grad der Unterwerfung und die daraus folgende spezifische Identitätsbildung von der Ausgeprägtheit des hierarchischen Gefälles, dem Grad der Irreversibilität von sozialen Beziehungen und Unterschieden im Führungsstil ab. Nicht nur die Persönlichkeits-Dimension „Dominanz-Unterwerfung" wird

von den in der Schulklasse herrschenden Machtverhältnissen affiziert, sondern es bestehen auch spezifischere Beziehungen zwischen „sozialen Anforderungsstrukuren, deren Repräsentation in interpersonalen Kontrollstrategien und individuellen Steuerungsformen des Verhaltens" (FEND, 1973, S. 137). Von diesen Beziehungen ist auch die Fähigkeit zu Situations- und Beziehungs-Definitionen betroffen. Denn autoritäre Systeme implizieren eine „Restriktion durchschaubarer und kognitiv einsichtiger Regelsysteme. Kognitive Zusammenhänge werden durch soziale Machtzusammenhänge ersetzt und kurzgeschlossen. Je mehr Macht eine Person hat, desto weniger ist sie genötigt, ihre Forderungen zu begründen. Diese Forderungen müssen nicht aus einem Regelsystem deduziert werden, ihre Berechtigung wird global einem Positionsinhaber zugeschrieben. Autoritarismus reduziert somit kognitive Elaboration" (FEND, a.a.O., S. 136).

Warum wird aber die Machtordnung anerkannt? POPITZ zeigt, daß nicht allein Furcht vor Sanktionen der Grund ist. Denn dann könnte man nicht von „Internalisierung" sprechen. Internalisiert ist eine Machtordnung erst dann, wenn zugleich an ihre Legitimität geglaubt wird. „Das Machtsystem wird anerkannt werden, wenn es über längere Zeit Ordnung bietet, genauer: wenn Dauer und Ordnung eine für die Bewußtseinsbildung tragende Bedeutung erhalten können. Ordnung bieten, das soll hier zunächst heißen: ‚Ordnungssicherheit' bieten" (S. 143). Die in den Schülern durch Informations-Vorenthaltung geschaffene Orientierungslosigkeit kann durch die „Ordnung" der Beziehungsstruktur kompensiert werden. Auch für die Unterdrückten erhalten die bestehenden Verhältnisse „– als Bestandhaben der Verhältnisse – einen *Ordnungswert*" (S. 144). Die Entlastungsfunktion der Ordnung muß natürlich immer relativ zu den bestehenden Orientierungs- und Verhaltensmöglichkeiten gesehen werden.

Sobald die Entlastungsfunktion der Ordnung subjektiv gewiß erscheint, werden in die bestehende Ordnung Interessen und Anpassungshandlungen investiert. Damit wird zugleich der Orientierungswert der Ordnung erhalten und der eigene Stellenwert bzw. die eigene Identität gefestigt. Die Anpassungen sind quasi die „Kosten", um den Nutzen der Orientierungsfähigkeit bzw. des Wohlverhaltens zu erlangen. „So wie jeder daran interessiert ist, den Ertrag (Nutzen) seiner Handlungen (Kosten) nicht zu verlieren, so wird er auch am Bestehen der Ordnung interessiert sein, in die er seine Handlungen eingezahlt hat. Seine Investitionen vermehren sich mit der schieren Dauer dieser Ordnung. So entsteht ein weiterer Ordnungswert: der jeweilige Investitionswert der jeweiligen Ordnung, der Wert des Anlagevermögens, das die konformen Handlungen der Beteiligten innerhalb dieser Ordnung anhäufen" (S. 144). Mit dieser Analogie kann man nicht nur die Tatsache veranschaulichen, daß repressive Strukturen und Disziplinmaßnahmen von den Betroffenen internalisiert, d.h. hingenommen *und* als notwendig bzw. richtig anerkannt werden. Sondern man kann auch besser verstehen, warum „soziale Aufsteiger" häufig ein besonders rigides und konservatives Normenverständnis haben: Sie verteidigen die bestehende Ordnung intensiver als andere, weil sie mehr Anpassungsleistung investieren mußten. Es gilt nun noch zu klären, ob die Anerkennung der Ordnung (als Internalisierung des Ordnungswertes) Modell-Charakter für späteres (soziales) Handeln hat, oder anders gesagt: inwieweit dieses Verhalten generalisierbare Tendenzen schafft. POPITZ (S. 145) meint, daß über die Anerkennung des Ordnungswertes das gesamte System anerkannt wird. Für die Schule heißt das, daß über die Anerkennung des Orientierungswertes interpersonaler Beziehungen nicht nur innerschulische Hierarchie- und Konkurrenz-Verhältnisse anerkannt werden, sondern auch deren gesellschaftliche Bedingungen bzw. Äquivalente. Während jedoch der Ordnungswert der bestehenden Ordnung als alltägliche Erfahrung evident ist, gehen seine Bedingungen – die bestehende Machtordnung und deren gesellschaftlichen Voraussetzungen – unreflektiert und oft unerkannt in diese Erfahrung mit ein. „Durchzusetzen bleibt nicht die Anerkennung dieser Bedingungen selbst, sondern ihre Deutung und Bedeutung“ (S. 146), das heißt für die Schule: Solange der Ordnungswert der Ordnung anerkannt wird, solange also Beziehungsstrukturen legitimiert erscheinen, braucht man die Anerkennung der diese Strukturen begründenden gesellschaftlichen Verhältnisse nicht mehr gesondert erzwingen, weil die entwickelten Beziehungsdefinitionen für das System bereits hinreichend funktional sind.

Zusammengefaßt stellt sich „Internalisierung“ unter dem Gesichtspunkt der Anerkennung von Machtverhältnissen also folgendermaßen dar:

1. Die „Ordnung“ und insbesondere die soziale Beziehungsstruktur werden zunächst als Zwang empfunden.
2. Aufgrund von Orientierungslosigkeit und aus Mangel an Alternativen wird der Ordnung allmählich eine Entlastungs- und Orientierungsfunktion zugeschrieben; sie wird als „sinnvoll“, als Ordnungssicherheit erlebt.
3. Einzelne Ereignisse, Beziehungen und Handlungen werden innerhalb dieser schein-legitimierten Ordnung als sinnvoll oder notwendig interpretiert; auch das Konkurrenzverhältnis zu den Mitschülern kann ein derartiges, als sinnvoll gedeutetes Element der Ordnung sein.
4. Das äußere Bezugssystem sozialer Orientierung und Selbstdefinition ist zur inneren Handlungsperspektive geworden.

An dieser Stelle drängt sich nun natürlich die Frage nach der gesellschaftlichen Funktionalität dieses Prozesses der „Internalisierung“ auf. Mit der Analyse von POPITZ haben wir bereits eine Brücke geschlagen von der individualpsychologischen Ebene der Wirkungen von Interaktionen zur gesamtgesellschaftlichen Ebene, der die Prinzipien der genannten „Ordnung“ entstammen. Die Frage nach der Bedeutung einer subjektiven Ordnungssicherheit, die u. a. auf der Anerkennung von Machtverhältnissen beruht, hängt unmittelbar mit der Funktionsbestimmung pädagogischer Interaktionen zusammen, denn die Ordnungssicherheit ist ja Bestandteil einer Identität, die Ergebnis von Interaktionen ist. Wir wollen deshalb im nächsten Kapitel untersuchen, auf welche Weise die Frage nach der gesamtgesellschaftlichen Funktionalität pädagogischer Interaktionen beantwortet wurde.

5. Gesellschaftliche Funktionen von pädagogischen Interaktionen

Ausgangspunkt der Überlegungen in diesem Kapitel ist die Annahme, daß die Kenntnis der Funktionen von pädagogischen Interaktionen zur Gegenstandsanalyse insofern wesentliches beitragen kann, als man von den Funktionen auf die Struktur der Interaktionsprozesse, ihre Zielrichtung sowie ihre Wirkungen rückschließen kann. Mit einer bestimmten gegebenen Organisationsform pädagogischer Interaktionen kann man nicht beliebig viele Funktionen erfüllen. Mit dem Konzept der Funktion ist nun endgültig jener Bereich der interpersonalen Beeinflussungsprozesse verlassen, der Gegenstand von Kapitel 2 und 3 war. Denn mit „Funktion" meint man diejenigen *Leistungen* eines gesellschaftlichen Teil-Systems, die man aufgrund gesellschaftlicher Zwecksetzungen erwarten und nachweisen kann. Die Wirkung pädagogischer Interaktionen wird also unter einer ganz bestimmten Perspektive beurteilt, die weder den Rekurs auf individualpsychologische Begriffe noch die Verselbständigung interaktionistischer Kategorien zuläßt. – Andererseits muß natürlich erst geprüft werden, ob und inwieweit die Frage nach den gesellschaftlichen Funktionen von pädagogischen Interaktionen überhaupt Antworten erbringt, die über Bedingungen und Wirkungen dieser Interaktionen mehr und wesentlicheres aussagen als individual-psychologische und interaktionistische Ansätze.

In diesem Kapitel wollen wir also untersuchen, auf welche Weise und mit welchem Ergebnis nach der gesellschaftlichen Bedeutung pädagogischer Interaktionen gefragt wird. Dabei werden wir uns in zweierlei Hinsicht beschränken. Und zwar wollen wir erstens, entsprechend dem allgemeinen Ziel des Buches, nicht reale gesellschaftliche Bedeutungen und Auswirkungen untersuchen, sondern Fragestellungen und Theorieansätze besprechen, die sich um eine Erfassung und Systematisierung dieser gesellschaftlichen Funktionen bemühen. Diese Fragerichtungen werden wir zweitens einengen auf eine gegenwärtig besonders typisch erscheinende Untersuchungsstrategie, die man, auf Grund ihrer Affinität zu bestimmten Entwicklungen in der amerikanischen Soziologie (z. B. PARSONS, 1964; HARTMANN, 1973) strukturell-funktional oder kürzer, wenn auch schlagwortartig, „funktionalistisch" nennen kann. Als Prototyp für eine derartige Fragerichtung soll uns eine neuere Arbeit von FEND (1974) gelten. Entsprechend dieser Zielrichtung des Kapitels wollen wir in Kap. 5.1 vor allem die Frage diskutieren, auf welche Weise und mit welchem Erfolg es funktionalistische

Analysen unternehmen, gesellschaftliche Bedingungen und Wirkungen von Interaktionen innerhalb schulischer Sozialisationsprozesse aufzuklären. Zunächst müssen also Ziel und Vorgehensweisen von Funktionsanalysen wenigstens grob geklärt werden. Denn werden wir den Gegenstand dieser Funktionsanalysen, also schulische Sozialisationsprozesse, unter dem Gesichtspunkt gesamtgesellschaftlicher „Systemerhaltung" analysieren. Anschließend wenden wir uns einigen Ergebnissen der skizzierten Funktionsanalysen zu, die wir anhand von FEND (1974) diskutieren wollen.
Während die bisher genannten Kapitel-Abschnitte generelle Beantwortungsstrategien bzw. Lösungen der Frage nach den Beiträgen schulischer Sozialisationsprozesse für die Reproduktion der Gesellschaft diskutierten, soll dann in Kap. 5.2 nach dem entsprechenden Beitrag der Organisation, der Struktur und der Verlaufsformen von *Interaktionen*, also Prozessen auf mikro-sozialer Ebene, gefragt werden. Auch hier werden wir eine globale Lösungsstrategie vorstellen und analysieren, die neuerdings mit dem Schlagwort „Heimlicher Lehrplan" (vgl. b:e 5/73 u. 9/74; ZINNECKER, 1975) gekennzeichnet wird. Die Theoretiker des „Heimlichen Lehrplans" beanspruchen, die sozialisierende (d.h. hier: anpassende, systemstabilisierende) Funktion von konkreten Interaktionsprozessen erfassen zu können.
Im Kapitel 5.3 werden wir dann einige Probleme der dargestellten Funktionsanalysen diskutieren. Interessanterweise verwenden sowohl neo-positivistisch orientierte wie auch marxistisch begründete Funktions-Analysen deduktive Denk-Modelle, die die Funktionalität schulischer Sozialisationsprozesse und Interaktionen aus einer vorausgesetzten Gesellschaftstheorie scheinbar zwingend abzuleiten erlauben. Trotz gravierender inhaltlicher Unterschiede – im einen Fall geht man von einem pluralistischen Gleichgewichtsmodell von Gesellschaft aus, im anderen Fall vom antagonistischen Klassencharakter der Gesellschaft – sind in beiden Analyse-Strategien analoge Denkfehler festzustellen, die vor allem aus dem Unvermögen resultieren, gesellschaftliche *Zielsetzungen* und tatsächlich hervorgerufene *Wirkungen* zu unterscheiden. Fast alle Funktionsanalysen gehen von der Unterstellung aus, daß sich implizite oder explizite Ziele schulischer Sozialisation quasi „naturwüchsig" erfüllen: Die systemerhaltende Effektivität schulischer Sozialisationsprozesse ergibt sich „automatisch" aus der *unterstellten* Zweckdienlichkeit dieser Prozesse („teleologischer Irrtum"). Der weitgehende Verzicht auf eingehendere empirische Verlaufs- und Wirkungsanalysen beruht zum Teil auf der Vermutung, daß mit der Bestimmung von Funktionen bereits wesentliche *inhaltliche* Prozeß-Merkmale von schulischer Sozialisation und Interaktionen erfaßt wurden. Man erfährt deshalb in der Regel wenig darüber, *wie* sich die behauptete Funktionalität herstellt, sondern nur, *daß* sie erreicht wird.
Diese thesenhaft vorweggenommene Kritik soll die im folgenden vorgenommene Einengung der Fragestellung und den Stellenwert der einzelnen Punkte deutlicher machen. Wichtig sind die genannten Funktionsanalysen im Kontext dieses Buches

vor allem deshalb, weil sie explizit davon ausgehen, daß pädagogisches (interaktives) Handeln gesellschaftlich und sozial induziert ist. Zumindest vom eigenen Anspruch her geht es in diesen Analysen darum, die Nahtstellen der Vermittlung zwischen

1. Regelbestimmung und Regel-Durchsetzung (makro-sozialer Bereich),
2. Regel-Anwendung und Regel-Geltung (mikro-sozialer Bereich) und
3. Regel-Internalisierung und Regel-Bewußtsein (individual-psychischer Bereich) aufzuzeigen.

Diese, von uns innerhalb einer Theorie pädagogischer Interaktionen als wesentlich erachtete Vermittlungsaufgabe schließt die Unterscheidung stabiler und veränderbarer Interaktionsbedingungen innerhalb des gesellschaftlichen Konstitutionszusammenhangs ein, der in seiner historischen Formbestimmtheit analysiert werden müßte.

5.1 Gesellschaftliche Funktionen schulischer Sozialisation

Wir beginnen nun mit einer Skizze der funktionsanalytischen Vorgehensweise, um dann die gesellschaftlichen Funktionen schulischer *Sozialisation* darstellen zu können, deren Bestimmung Voraussetzung ist für die Analyse der Funktionen pädagogischer *Interaktionen.*

5.1.1 Ziel und Vorgehensweise von Funktionsanalysen

Mit Hilfe des Funktions-Begriffes sollen innerhalb eines gesellschaftlichen Systems die im Hinblick auf bestimmte (universelle) Systemzwecke erwünschten bzw. *erwartbaren Leistungen* von Teil-Systemen oder System-Prozessen spezifiziert werden. Dabei bezeichnet der Begriff „Gesellschaft" einen „Gesamtzusammenhang sozialen Handelns und Verhaltens, der sich im Austausch und Zusammenwirken arbeitsteiliger Tätigkeiten der Menschen konstituiert" (TJADEN, 1974, S. 237). Gesellschaft bildet sich durch den realen, durch Herrschaft und Arbeitsteilung vermittelten Handlungszusammenhang, den Individuen auf Grund bestimmter Strukturprinzipien untereinander haben, einschließlich bestimmter Gemeinsamkeiten des Denkens, Fühlens und Urteilens. Von „Gesellschaft" kann man also überall da sprechen, wo eine größere Anzahl von Menschen eine größere Anzahl von Dingen, Ereignissen und Problemen in ähnlicher Weise auffaßt, bewertet und behandelt. Übereinstimmung muß vor allem herrschen über die Verteilung von Macht und Einfluß, über das politische System und dessen Legitimität, über die Verteilung von Gütern, die Verteilung von Arbeit und nicht zuletzt über Art und Umfang der für notwendig erachteten gesellschaftlichen Reproduktionsprozesse, zu denen, wie wir sehen werden, eben auch „Sozialisation" gehört.

Theorien der Gesellschaft unterscheiden sich vor allem im Hinblick auf die Antworten, die auf die Frage nach den gesellschafts-konstituierenden, regulierenden, stabilisierenden, systemerhaltenden Prozesse und Strukturen gegeben werden: Die normativ wirkende Übereinstimmung über „Werte", Verteilungsmechanismen und Sanktionen kann auf freiwillige, rationale Einigung der Beteiligten *oder* auf Zwang und Gewaltanwendung zurückgeführt werden, in der strukturelle Antagonismen und Konfliktpotentiale zum Ausdruck kommen. Für unsere Zwecke mag es vorläufig genügen, festzuhalten, daß sich im Begriff Gesellschaft die wechselseitige Abhängigkeit von Menschen ausdrückt, die zur Befriedigung ihrer Bedürfnisse auf Zusammenleben angewiesen sind, die zum Zweck der Bedürfnisbefriedigung gemeinsame Aufgaben arbeitsteilig erfüllen und Regeln aufstellen. Vom einzelnen Individuum aus gesehen ist Gesellschaft die Gesamtheit von symbolisch und innerpsychisch repräsentierten (und insofern individuelle Betroffenheit erzeugenden) sozialen Bezugsgruppen, Institutionen und sanktionierten Zielperspektiven („Werten"), an denen sich das Individuum notwendigerweise orientiert, wenn es denkt und handelt.

Im Gegensatz zu marxistischen Gesellschaftstheorien, welche die Bestimmung und Durchsetzung von Regeln als eine gewaltsame Auseinandersetzung zwischen verschiedenen sozialen Klassen begreifen, betont die von PARSONS (1951) begründete strukturell-funktionale Theorie Prozesse der Selbstregulierung, die aufgrund immanenter Gesetzmäßigkeiten von Gesellschaften ablaufen. Ein gesellschaftliches System tendiere zur Erhaltung bzw. Wiederherstellung eines Gleichgewichts, das Ausdruck gesamtgesellschaftlicher Stabilisierungs- und Integrationsprozesse ist. Entsprechend richtet sich das Erkenntnisinteresse vor allem auf jene Faktoren, die Stabilität erzeugen und erhalten (vgl. MAYNTZ, 1972). Dabei dient der Begriff der Funktion als „Wegweiser und Ordnungskonzept bei der Suche nach den Voraussetzungen eines hypothetisch gemeinten Zustandes gleichgewichtiger Integration" (MAYNTZ, S. 838). Nach einer frühen Formulierung von PARSONS (1945, S. 48) ist es Aufgabe des Funktionsbegriffes, dynamische Faktoren und Prozesse innerhalb eines gesellschaftlichen Systems im Hinblick auf deren systemerhaltenden Beiträge zu gewichten. So werden Beziehungen der Arbeitsteilung, der Kooperation und Konkurrenz sowie Positionsgliederungen, die Ergebnis von Herrschaft und Arbeitsteilung sind, partiell durch die Funktionen oder Dysfunktionen definiert, die ihnen innerhalb des sozialen Systems zugewiesen werden.

Wird aber nicht auf Grund dieses Erkenntnisinteresses mögliche gesellschaftliche Realität normativ zur „Objektivität" umgedeutet, vor der sich individuelle (z. B. erzieherische) Handlungen als systemerhaltende Beiträge erst legitimieren müssen? Dieser Gefahr kann dadurch entgegengewirkt werden, daß man nicht nur die erforderlichen Integrationsprozesse kategorial benennt, sondern faktische Stabilitäten und Integrationsprozesse auch empirisch erforscht. Um Hypothesenbildung im empirisch-analytischen Sinne zu ermöglichen, ist es allerdings notwendig,

„1. den Typ des Sozialsystems, über den Aussagen gemacht werden sollen, genau festzulegen,
2. den Zustand des Systems, für den Selbsterhaltungstendenzen angenommen werden, operational zu definieren,
3. die funktionalen Erfordernisse dieses Zustandes zu identifizieren und
4. genau zu spezifizieren, welche alternativen sozialen Prozesse und Bedingungen diese Erfordernisse zu erfüllen vermögen“ (RÜSCHEMEYER, 1964, S. 20).

Bisher ist offen, inwieweit diese Forderungen überhaupt erfüllt werden können, und ob von der empirischen Analyse faktischer Stabilisierungsvorgänge möglicherweise eine einschränkende und korrigierende Wirkung auf die globale Fragerichtung des strukturellen Funktionalismus ausgehen kann. Denn empirische Analysen allein geben weder Kriterien für die Bestimmung relevanter Systemprobleme noch Maßstäbe für die Abschätzung des Erfolgs von Lösungsversuchen an die Hand. Wir wollen deshalb im nächsten Abschnitt das Zusammenspiel zwischen normativ-kategorialen Festlegungen und empirisch-analytischer Forschungsstrategie etwas genauer analysieren, und zwar anhand der hier vor allem interessierenden gesamtgesellschaftlichen Problemlösungsstrategie „Sozialisation“.

5.1.2 Schulische Sozialisation als „systemerhaltender Prozess“

„Unabhängig von der historischen Formbestimmtheit von Gesellschaftssystemen lassen sich Probleme der Erhaltung und Entwicklung von Gesellschaft formulieren, welche für menschliche Vergesellschaftung überhaupt charakteristisch sind. Solche Probleme betreffen insbesondere die Dimensionen der Organisation und Regulierung der gesellschaftlichen Praxis der Menschen. Als arbeitsteilige Tätigkeit, welche sich dinglicher wie gedanklicher Entwicklungsmittel bedient, bedarf gesellschaftliche Praxis der Integration durch relativ konstante Strukturen und Produktionsverhältnisse“ (TJADEN, 1974, S. 239). Eine wesentliche Bedingung stabiler gesellschaftlicher Verhältnisse bzw. gesellschaftlicher Reproduktion wird also in relativ konstanten Produktionsverhältnissen gesehen, deren Erhaltung in marxistischer Sicht zum grundlegendsten Systemproblem gegenwärtiger entwickelter Gesellschaften geworden ist. Demgegenüber kennt PARSONS bekanntlich vier Systemprobleme (Integration, Umwelt-Anpassung, Zielerreichung, Strukturerhaltung und Spannungsbewältigung), welchen ubiquitäre Verbreitung und zeitlose Relevanz zugesprochen wird. Ausgangspunkt für die Formulierung derartiger allgemeiner Systemprobleme ist die Frage, wie soziales Zusammenleben überhaupt möglich ist, d.h. auch: erfolgreich realisiert werden kann. Eine Bedingung dafür ist sicherlich, daß die Reproduktion wesentlicher (gesellschaftlicher) Lebensbedingungen gesichert wird. Und ein wichtiger Vorgang innerhalb gesellschaftlicher Reproduktionsprozesse ist die Ausrichtung der Systemmitglieder auf allgemein akzeptierte Ziele. Diese Herstellung und Sicherung von Konsensus geschieht nach PARSONS durch die beiden systemerhaltenden Prozesse der „Sozialisation" und „sozialen Kontrolle".

Dem Sozialisationsprozeß wird also die Aufgabe zugewiesen, ganz bestimmte Probleme der Reproduktion, nämlich die „generationsbedingten Reproduktionsprobleme der Gesellschaft" zu lösen (FEND, 1974, S. 11). Diese Probleme ergeben sich daraus, „daß sich soziale Systeme über Zeiträume, die länger sind als die Lebensspanne eines Individuums, nur dadurch erhalten können, daß bei den jeweiligen Trägern dieser sozialen Systeme die für die Konstitution dieses Systems notwendigen Merkmale gewährleistet sind" (S. 12). Die Erhaltung gegebener sozialer Systeme erfordert, „daß die nachfolgende Generation im Prozeß ihres Heranwachsens in einer Weise beeinflußt wird, daß die dabei gelernten Verhaltensweisen, Orientierungen und Qualifikationen zu einer Erhaltung des sozialen Systems beitragen" (ebd.). Sozialisation wird ein bestimmter Sinn unterstellt, der mit „Funktion" gleichgesetzt wird: nämlich der instrumentalen Bedeutung für „die Aufrechterhaltung oder Veränderung eines gegebenen Zustands" (S. 24). Die zunächst überraschende Formulierung „Aufrechterhaltung *oder* Veränderung" findet sich auch in anderen Definitionsversuchen von FEND: „Die Sozialisationsforschung untersucht, wie im gesellschaftlichen Prozeß der Reproduktion das Individuum als soziales Wesen entsteht und welche Rückwirkungen dieser Prozeß auf die Bewahrung oder Veränderung der Gesellschaft und ihrer Subgruppen hat" (S. 13).

Konkrete Erscheinungsformen im Sozialisationsbereich werden als „Problemlösungen für Systemprobleme" interpretiert (S. 26), und zwar nicht nur für die Gesellschaft, sondern auch für das Individuum. Dahinter steckt die bereits angedeutete Auffassung von Grunderfordernissen, die in *jeder* Gesellschaft erfüllt werden müssen. „Der erste Komplex von Erfordernissen bezieht sich direkt auf das physische Überleben, auf Ernährung, auf Schutz vor den Gefahren der Natur. Damit die Gesellschaft dieses Ziel erreicht, müssen ihre Mitglieder bestimmte Fähigkeiten ... erwerben" (S. 26). Individuelles Überleben wird identisch mit gesellschaftlichem Überleben. „Gesellschaftliches Zusammenleben macht eine Arbeitsteilung notwendig, die wiederum erfordert, daß einzelne Mitglieder ihre Rollen auszuüben in der Lage sind und sich gegenseitig auf die Ausübung komplementärer Rollen verlassen können. Diese Kompetenzen und gemeinsamen Orientierungen werden im Prozeß der Sozialisation erworben" (S. 13). Der Sozialisationsprozeß löst also z.B. Probleme, die sich in einer Gesellschaft aus der

Notwendigkeit zu gemeinsamen Zielorientierungen und zur Arbeitsteilung ergeben (S. 27f.).

Die Argumentationslinie, die der funktionalistischen Bestimmung von Sozialisation zugrundeliegt, läßt sich folgendermaßen verdeutlichen: Zunächst bezeichnet ja der Begriff „Sozialisation" weder einen in der Wirklichkeit deutlich abgrenzbaren Vorgang, noch ist damit eine bestimmte Theorie angesprochen. Vielmehr meint dieses Konzept ein Interessengebiet interdisziplinärer Bemühungen, die sich alle auf jenen Prozeß richten, der plausiblerweise angenommen wird, um das Zustandekommen von sozial vermittelter (und sozial wirksamer) Orientierungs- und Verhaltenssicherheit erklären zu können. Diese Sicherheit beruht auf der Fähigkeit, Handlungsalternativen im Hinblick auf eigene Intentionen, die Bedürfnisse anderer sowie situative Anforderungen soweit zu klären und zu reduzieren, daß eigene Handlungen geplant und koordiniert durchgeführt werden können. Nun setzt eine funktionalistische Analyse von Sub-Systemen oder Prozessen „immer ein theoretisches Modell über das Funktionieren eines Systems voraus, wobei dieses System sollwert-reguliert ist" (FEND, a.a.O., S. 198). Innerhalb einer derartigen hypothetisch-heuristischen Konstruktion gesellschaftlicher Wirklichkeit kommt dem Sozialisationsprozeß *Denknotwendigkeit* zu: a) Von der Notwendigkeit zur Systemerhaltung wird auf die Existenz systemstabilisierender (oder systemadaptierender) Prozesse geschlossen; b) entsprechend wird von der Notwendigkeit der generationsbedingten Reproduktion auf die Existenz des Sozialisationsprozesses geschlossen.

Mit dem Begriff „Sozialisation" wird also die Erfüllung (nicht allein der Versuch) von Grunderfordernissen bezeichnet, die angeblich in jeder Gesellschaft und für jedes Individuum gelten (S. 26f.). „Sozialisation" ist ein idealtypischer Begriff, der theoretische Relevanz allerdings erst dann gewinnt, wenn über empirisch begründete Zuordnungsregeln „Grunderfordernisse" und „Leistungen" inhaltlich spezifiziert werden.

Dies beansprucht nun FEND für den funktionalen Zusammenhang zwischen „Gesellschaft" (Grunderfordernisse) und „Schule" (Leistungen) zu tun. In strukturell-funktionaler Tradition versucht er zu zeigen, daß und inwieweit Funktionsanalysen schulischer Sozialisationsprozese eine Erklärung für die Existenz, Stabilität und Perpetuierung gesamtgesellschaftlicher Systemzustände liefern. Mit Hilfe des Konzeptes der Sozialisation wird die Schule innerhalb gesellschaftlicher Zweckzusammenhänge als systemerhaltende Institution identifiziert. Die Schule leistet insoweit Beiträge zur Systemerhaltung, als in ihr Sozialisationsprozesse stattfinden: „Schulen sind Institutionen der gesellschaftlich kontrollierten und veranstalteten Sozialisation" (S. 7). Betrachten wir also im nächsten Abschnitt die Ergebnisse seiner Funktionsanalyse.

5.1.3 Funktionen schulischer Sozialisation

Gegenstand der Untersuchung von FEND ist der „funktionale Zusammenhang zwischen Schulsystem und Gesellschaft" (S. 199). FEND möchte in einer soziologisch orientierten Darstellung die „Effekte der schulischen Beeinflussung für schulexterne Bereiche" identifizieren (S. 197), und zwar unter der allgemeinen Fragestellung: „Welchen Beitrag leistet das Schulsystem zum Funktionieren der gesamten Gesellschaft'" (S. 180)? Ähnlich hatte schon BREZINKA (1971, S. 34f.) das Ziel der Erziehungswissenschaft bestimmt: „Das zentrale Problem der Erziehungswissenschaft ist der Beitrag, den das erzieherische und erziehungspolitische Handeln zur Verwirklichung von Erziehungszielen leisten kann". Und (S. 31): „Es gibt überhaupt nur deswegen erzieherische Handlungen und Erziehungseinrichtungen, weil man erwartet, daß sie die geeigneten Mittel sind, um bestimmte Ziele, d.h. als wertvoll angesehene Zustände der zu erziehenden Persönlichkeiten, erreichen zu können". Nun kann sicher kein Zweifel daran bestehen, daß Schulen „soziale Teilsysteme (sind), die zweckhaft auf die Erreichung spezifischer Ziele gerichtet sind" (HOLSTEIN, 1972, S. 35). Ob aber zur Institutionalisierung von Erziehung und Unterricht immer auch die „Realisierung des aufgenommenen Zwecks durch Organisation und ihre Stabilisierung durch amtliche Administration" gehört (ebd., S. 12), darf prinzipiell bezweifelt werden. Zweck und Effekt von schulischer Sozialisation müssen ebenso auseinandergehalten werden, wie Prozeß und Wirkung.

Jede Funktionsanalyse enthält jedoch zumindest implizit die Unterstellung oder Erwartung, „daß eine Institution einen Beitrag zur Lösung von Problemen des übergeordneten Systems leistet" (FEND, a.a.O., S. 197). In schulexternen Bereichen ergäben sich bestimmte Systemprobleme, zu deren Lösung bestimmte Beiträge von der Schule erwartet werden (S. 66). Diese Beiträge bzw. Leistungen werden als „Funktionen" verstanden, nämlich als „solche Beiträge zu einem definierten sozialen System, die zu dessen ‚Handlungsfähigkeit' notwendig sind" (ebd.). Das Schulsystem stehe in einer „instrumentalen Beziehung" insbesondere zum „Produktionsbereich, zur Sozialstruktur und zum politischen Bereich" (S. 62). Diesen Bereichen werden die drei Funktionen „Qualifikation", „Selektion" und „Legitimation" zugeordnet. Damit sei „kritische Aufklärung" darüber gegeben, „unter welchen externen Systemerfordernissen Schulsysteme heute stehen" (S. 32f., 65).

Institutionen wie die Schule werden also als „Problemlösungsstrategien" (S. 23, 66, 68) innerhalb eines mehr oder weniger geschlossenen, zweckrational organisierten gesellschaftlichen Systems aufgefaßt. Dies weist auf den teleologischen Charakter von Funktionsanalysen hin: Sie gehen vom „spezifischen Charakter sozialer Phänomene als zielgerichteter Phänomene aus" (S. 24); soziale Systeme werden als „zielgerichtete Einheiten" verstanden (S. 25). Damit ist stets die Gefahr eines „teleologischen Irrtums" gegeben: Das zu Beweisende, nämlich

die Funktionalität von Teilsystemen oder Systemzuständen, wird aufgrund der unterstellten Zielgerichtetheit von Systemen als bereits erwiesen angesehen. FEND erkennt die Gefahr, daß die Funktionsanalyse die konkrete Analyse von Kontroll- und Vermittlungsmechanismen ersetzen kann (S. 29, 203). „Eine funktionale Beziehung kommt nicht deshalb zustande, weil diese finale Beziehung vorliegt, sondern weil sie durch eine Reihe von sozialen Kontrollen und psychischen Mechanismen aktiv angestrebt wird" (S. 30). Aus gesellschaftlichen Zielen wie „Qualifikation" und „Legitimation" allein ergeben sich noch keine (funktionalen) Sozialisationsprozesse: „Solche finden erst statt, wenn ein Arrangement getroffen wird, das auf Lern- und Entwicklungsgesetze des Individuums als eines lernfähigen Organismus Bezug nimmt" (S. 31f.).
Zur Beantwortung seiner zentralen Frage nach den Leistungen des Schulsystems für die Gesellschaft faßt FEND (S. 67f.) nun die „Reproduktionsfunktionen des Schulsystems" in einem Schema zusammen (vgl. Abb. 10).
In drei schulexternen Bereichen tauchen also spezifische Systemprobleme auf, die durch bestimmte Leistungen des Schulsystems gelöst werden:

a) Im Schulsystem werden durch Lehre und Unterricht allgemeine berufliche Qualifikationen vermittelt (Sozialisationseffekt), wodurch sich für den schulexternen Produktionsbereich eine Qualifikationsfunktion der Schule ergibt.
b) Im Schulsystem wird durch Prüfungen und Berechtigungen ein bestimmter qualitativer Schulabschluß determiniert (Sozialisationseffekt), wodurch sich für die schulexterne Sozialstruktur eine Selektionsfunktion der Schule ergibt.
c) Im Schulsystem werden durch bestimmte Rollenerwartungen bestimmte politische Orientierungen entwickelt (Sozialisationseffekt), wodurch sich für den schulexternen Bereich „Politisches System" eine Integrationsfunktion der Schule ergibt.

Es besteht also eine doppelte Zweck-Mittel-Relation: Sozialisation ist sowohl Ziel und Zweck, nämlich im Hinblick auf schul*interne* Prozesse wie „Unterricht", als auch Funktion und Mittel, nämlich im Hinblick auf schul*externe* Bereiche wie das „politische System". Außerdem sind die Beziehungen zwischen Schulsystem und schulexternen Bereichen natürlich wechselseitig: Das politische System ist in den Rollenerwartungen der Lehrer bereits enthalten; das Selektionssystem der Gesellschaft ist im schulischen Selektionssystem repräsentiert (u.a. über die familiäre Sozialisation), und „Gesellschaft" ist natürlich auch durch die Institution definiert, so daß die ganze Gegenüberstellung höchst problematisch wird. Auf andere Probleme der zusammenfassenden Darstellung kann hier nicht eingegangen werden. So erscheint z.B. auch die Aufspaltung pädagogischer Interaktionen und Interaktionsstrukturen in „Unterricht", „Prüfungen" und „Rollenerwartungen" als fragwürdig. Die sozialisierende Leistung der Schule kann doch nur darin liegen, daß sie in Modell-Situationen interaktiven Lernens integrierte Erwartungsmuster entwickelt, die sich wegen der wechselseitigen

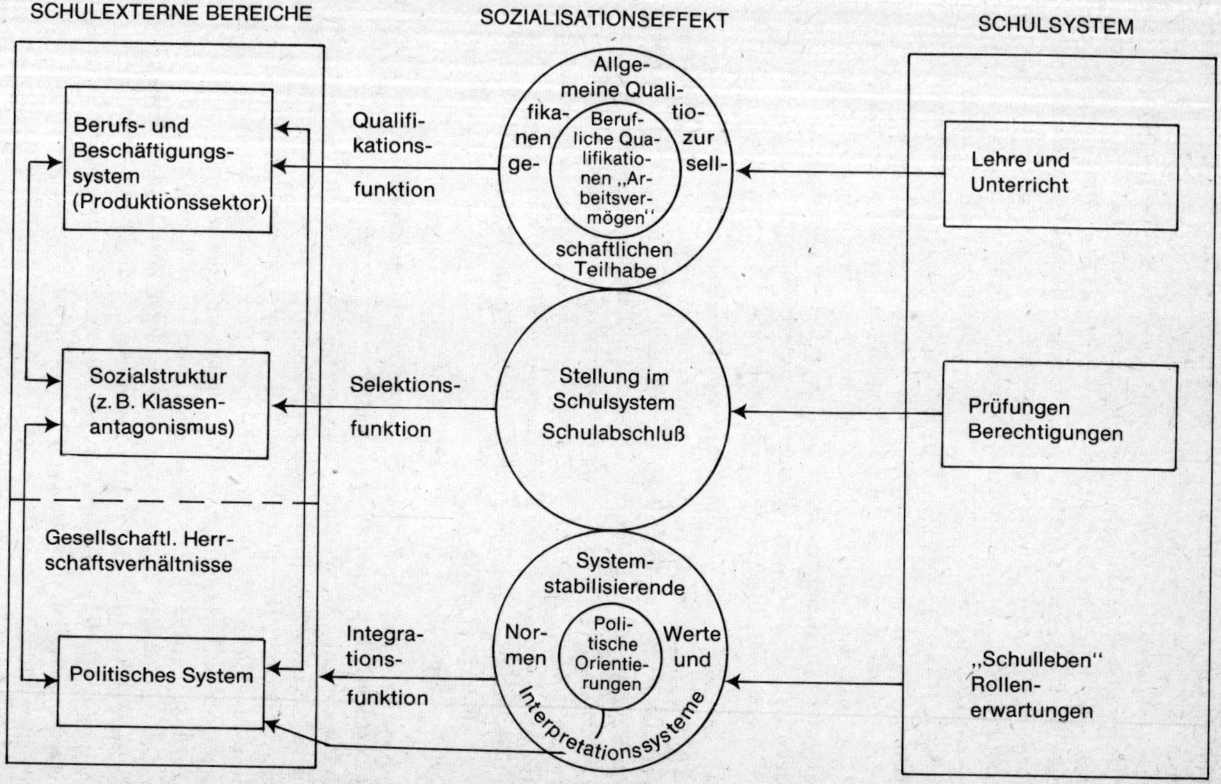

Abb. 10: Reproduktionsfunktionen des Schulsystems (nach FEND, 1974, S. 67)

Abhängigkeit kognitiver, sozialer und motivationaler Komponenten nicht mehr getrennt auf „Unterricht" *oder* „Rollenerwartungen" zurückführen lassen.

Betrachten wir nun die funktionalistische Vorgehensweise exemplarisch anhand der Legitimationsfunktion. „Die Legitimationsfunktion hat eine übergeordnete Bedeutung (gegenüber der Qualifikations- und Selektionsfunktion), da sie u. a. die Rechtfertigung schulischer Qualifizierungs- und Ausleseprozesse liefert. Als Kernpunkte dieser Rechtfertigung dienen die Ideologien der Leistungsgesellschaft und der Chancengleichheit. Da die Schule soziale Ungleichheiten produziert, muß sie diese Ungleicheiten rechtfertigen" (S. 196). Hier stellt sich nicht nur die Frage, ob wirklich die *Schule* die Ungleichheiten produziert, sondern man möchte auch wissen, wie in einer derartigen Schule die „subjektiven" oder personalen Funktionen der Sozialisation erfüllt werden, wie beispielsweise „Autonomie" und die Fähigkeit zum „solidarischen Handeln" (S. 197). FEND präzisiert die Integrationsfunktion der Schule nämlich so: „Es geht bei dieser Aufgabe bzw. bei diesen Konsequenzen schulischer Beeinflussung darum, daß in Schülern solche Bewußtseinslagen und Interessen formiert werden, die sie in eine bestimmte Beziehung zum politischen System der Gesellschaft bzw. zu deren umfassenden Herrschaftsstruktur bringen ... Die Integrationsleistung des Schulsystems besteht somit primär in der Vermittlung von Legitimationen für bestehende politische und soziale Verhältnisse" (S. 182). Zentral ist bei der Integrationsfunktion die „Reproduktion politischer Herrschaftsverhältnisse über den Aufbau des Glaubens an deren Legitimität bei den Heranwachsenden" (S. 188).

Wird hier nicht etwas als Ursache genommen, was selbst nur Symptomcharakter beanspruchen darf? „Schule" erscheint nicht nur als der verlängerte Arm von Herrschaftsinteressen, sondern schulische Sozialisationsprozesse sind die unmittelbare Manifestation dieser Herrschaftsinteressen. Macht die funktionalistische Betrachtungsweise somit Sozialisation zur Ursache für die Erhaltung des status quo? Ist „Sozialisation" im Hinblick auf die Erhaltung des Systems ein erklärendes Konzept? Es gibt tatsächlich einige Stellen in dem Buch von FEND, die eine Verwechslung von Mittel-Zweck und Ursache-Wirkungs-Zusammenhängen nahelegen könnten (vgl. zur Kritik ULICH, 1974e, S. 623f.).

Wir stellen nun die Auseinandersetzung mit dem funktionsanalytischen Ansatz zurück und fragen endlich nach der Rolle und Funktion von *Interaktionen* innerhalb schulischer Sozialisation. Die Skizzierung schulischer Sozialisationsprozesse bzw. deren gesellschaftlicher Funktionen sollte das Umfeld aufzeigen, innerhalb dessen erst sinnvoll nach der gesellschaftlichen Funktion pädagogischer Interaktionen gefragt werden kann: Interaktionen in der Schulklasse interessieren nur soweit, wie sie *als* Sozialisationsvorgänge begriffen werden können.

5.2 Gesellschaftliche Funktionen pädagogischer Interaktionen: Zur Theorie des „Heimlichen Lehrplans"

Die zuletzt zitierten Äußerungen von FEND über die Legitimationsfunktion schulischer Sozialisation – die man unter erweitertem Gesichtspunkt auch als „Integrations-Funktion" bezeichnet – machen den Stellenwert *interpersonaler Prozesse* innerhalb schulischer Sozialisation deutlich. Nur eine Analyse pädagogischer Interaktionen kann nämlich Antwort geben auf die Frage, *wie* sozialisiert wird, auf welche Weise also „in Schülern solche Bewußtseinslagen und Interessen formiert werden, die sie in eine bestimmte Beziehung zum politischen System der Gesellschaft bzw. zu deren umfassenden Herrschaftsstruktur bringen" (FEND). Es ist nun in neuerer Zeit unter dem Stichwort „Heimlicher Lehrplan" (vgl. vor allem b:e 5/73 u. 9/74) ein theoretischer Ansatz reaktiviert bzw weiterentwickelt worden, der die Frage nach der gesellschaftlichen Funktionalität von pädagogischen Interaktionen dadurch zu beantworten versucht, daß er das *Verhältnis von latentem sozialem Lernen im Unterricht und der gesellschaftlichen Verwertung der dabei erworbenen Verhaltensweisen* analysiert (vgl. TILLMANN, 1974, S. 37). BERNFELDS These, daß die Schule *als* Institution spezifische *erzieherische* Aufgaben erfüllt, wird dahingehend expliziert, daß die institutionelle Organisation des Unterrichts und die dieser entsprechende soziale Beziehungsstruktur (einschließlich aktueller Interaktionen) Vehikel und Medium von Normierungs-, Prägungs- und Anpassungsprozessen sei, die gesellschaftlich erwünschte individuelle Verhaltensbereitschaft wie Konformitäts- und Konkurrenz-Orientierung erzeugen sollen. Der „Heimliche Lehrplan" wird also als Regulativ pädagogischer Interaktionen in der Schule verstanden und ist insofern ein wesentliches Instrument schulischer Sozialisation. In dieser Funktion ist der „Heimliche Lehrplan" in jüngerer Zeit Gegenstand polit-ökonomischer Analysen geworden, die über die kultur-anthropologische Schulkritik eines JACKSON oder HENRY (s.u.) wenigstens dem Anspruch nach weit hinausgehen.

5.2.1 Zum Begriff „Heimlicher Lehrplan"

Die gesamtgesellschaftliche Funktionalität schulischer Interaktionsprozesse ergibt sich in der Theorie des „Heimlichen Lehrplans" daraus, daß sich die in Interaktionen erzeugten normkonformen Verhaltensdispositionen später als Arbeitstugenden und politische Loyalitätshaltungen auswirken. Die Theorie beansprucht, „schulische Erscheinungsformen als Funktion der Beziehungen zwischen Ausbildungs- und Arbeitsprozeß" begreiflich zu machen (SCHOLZ, 1974, S. 68). Auch hier wird also, ähnlich wie in der oben kurz vorgestellten Funktionsanalyse, ein systematischer Zusammenhang zwischen Gesamtgesellschaft bzw. „herrschenden Mächten" und gesellschaftlichen Teil-Systemen wie der Institution Schule angenommen: Jedes Gesellschaftssystem muß Lernen und

Qualifizierung einerseits und Arbeitstätigkeit (Produktion im weitesten Sinne) andererseits so aufeinander beziehen, daß damit politischen und ökonomischen Erfordernissen optimal entsprochen wird. Entscheidend an der Idee vom „Heimlichen Lehrplan" ist nicht nur der für uns hier wichtige Gesichtspunkt, daß Verhaltenskonformität (auch) auf der Beziehungsebene („Beziehungsaspekt" der Interaktion bei WATZLAWIK) erzeugt wird; sondern ebenso wichtig ist die Annahme, daß Unterricht ein Lernfeld für angepaßtes Sozialverhalten auch in *außerschulischen* Situationen darstellt. Die Frage nach der gesellschaftlichen Funktionalität kann man erst dann beantworten, wenn man nachweist, daß schulische Interaktions-Situationen *Modell*-Situationen sozialen Lernens sind, in denen „Definitions-Gewohnheiten" (vgl. Kap. 4) erworben werden, die alles spätere Verhalten in sozialen Dominanz-, Abhängigkeits- und Wettbewerbs-Situationen steuern.

Überdauernde Bereitschaften, soziale Beziehungen auch in neuen Situationen in einer bestimmten Weise zu definieren, entstehen aufgrund meist unbemerkt ablaufender sozialer Lernprozesse, die durch die besondere Struktur der Interaktionsform „Schulunterricht" (Lehrer–Schüler sowie Schüler–Schüler) vorgeprägt werden. Die sozialen Formen, innerhalb derer und durch die Kinder lernen, sind unter dem Aspekt schulischer Integrations-Funktionen fast wichtiger als die Inhalte, die vermittelt werden. Es geht in der Theorie des „Heimlichen Lehrplans" *nicht* um das Verhältnis „geplanter Unterricht" und „tatsächlich verlaufende Unterrichtsprozesse", da die den heimlichen Lehrplan tragenden institutionellen Organisationsformen von Unterricht und Interaktion zwar nicht immer subjektiv-intentional beabsichtigt sind, aber dennoch zweckgerichtet geschaffen und eingesetzt werden. Ebensowenig ist mit dem Begriff „Heimlicher Lehrplan" eine Residual-Kategorie von pädagogischen Einflußnahmen gemeint, die „unbeabsichtigte Nebenwirkungen", nicht geplante Lernergebnisse usw. erzeugen.

Sondern der Begriff „Heimlicher Lehrplan" meint die gezielte, aber von den Beteiligten oft nicht bemerkte *Standardisierung und Normierung zwischenmenschlicher Beziehungen und Interaktionen zu einer Modell-Situation für den Erwerb interpersonaler Orientierungen.* Im Gegensatz oder besser: in Ergänzung zum „offiziellen" Lehrplan, der die Vermittlung von Kenntnissen und Techniken steuert, ist der heimliche Lehrplan für die Entwicklung von sozialer Verhaltenskonformität verantwortlich. Verhaltenskonformität entsteht dadurch, daß aufgezwungene Beziehungs- und Situationsdefinitionen durch Internalisierung erlebter Macht- und Konkurrenzverhältnisse anerkannt und in späteren sozialen Situationen re-aktiviert werden. Unter dem Gesichtspunkt der Macht bewirkt der „Heimliche Lehrplan" insofern „*politische* Sozialisation", als das Ausüben und Erleiden einer Macht gelernt wird, deren Quellen und Wirkungen in der Gesellschaftsstruktur bzw. in der Un-Gleichverteilung gesellschaftlichen Einflusses (auch auf die Schule) zu suchen sind.

Auf diesen spezifischen Modell-Charakter schulischer Interaktionssituationen hat schon MÜLLER (1969, S. 80) hingewiesen: „Was immer in Schulen über Politik, politische Mitverantwortung und verantwortliche Mitbeteiligung geredet wird, wichtig und bedeutsam ist für den Schüler, auf welche Weise die in der Schule tätigen Erwachsenen mit ihrer Macht umgehen. Der Erzieher wird vom Jugendlichen immer auch als Repräsentant überindividueller Macht und Autorität erlebt werden. Die Art und Weise, wie er mit seinen ‚Zöglingen' umgeht, wird sich als prägend auf die Einstellung des ‚Zöglings' zu den Machthabern einerseits und zu den Machtlosen andererseits auswirken". Von hier aus ist dann wieder die Frage nach der gesellschaftlichen Funktion zu stellen: Auf welche Weise trägt die Internalisierung von *inner*-schulischen Machtstrukturen und Interaktionsbeziehungen zur Legitimierung und Stabilisierung *außer*-schulischer Macht-Verhältnisse bei?
Bevor wir die Aussagen der bisher im Mittelpunkt der Betrachtung stehenden eher polit-ökonomisch argumentierenden Theorie des „Heimlichen Lehrplans" schematisch zusammenfassen und diskutieren, müssen wir auf einige kulturanthropologische und phänomenologische Beiträge zum selben Problem kurz eingehen (vgl. zur historischen Entwicklung ZINNECKER, 1974).

5.2.2 Kulturanthropologische und phänomenologische Aussagen zum „Heimlichen Lehrplan"

Die Kulturanthropologen JACKSON (b:e 5/73) und HENRY (ebd.) erforschten die Lebenswelt des Schülers durch langjährige teilnehmende Beobachtungen. Gegenstand der Untersuchungen war die Prägung „typischer Sozialcharaktere" durch die Schule. Die Bedürfnisse des Kindes werden entsprechend den institutionellen Anforderungen der Schule „modelliert" (HENRY, a. a. O.). Der Begriff „Heimlicher Lehrplan" bezeichnet jene Interaktionssituationen und -strukturen, die beim Schüler soziale Verhaltenskonformität erzwingbar und erlernbar machen. So meint z. B. HENRY, daß es in den ersten Schuljahren weniger darum geht, Lesen, Schreiben und Rechnen zu lernen, als darum, *Definitionen* zu erwerben, die sich auf die eigene Rolle und das Verhalten zu Lehrer und Mitschülern beziehen. Nach HENRY lautet das Lernziel des heimlichen Lehrplans: „institutionelle Erwartungen erfüllen". Zu den „Leistungen" des heimlichen Lehrplans gehören: Unterdrückung spontaner Bedürfnisäußerungen und Einfälle, Einordnung in die Gruppe, Unterordnung unter die Zwecke der Institution und Verinnerlichung von Geboten. Der heimliche Lehrplan ist der „Grundkurs in den sozialen Regeln, Regelungen und Routinen", den man durchlaufen muß, wenn man den Weg durch die Institution Schule erfolgreich abschließen will.
In dieser Sicht ist die Schule verantwortlich für die globale Erzeugung von sozialer Verhaltenskonformität mittels vorstrukturierter Interaktionssituationen. Inhalt-

lich können sich nur bestimmte interpersonale Orientierungen entwickeln: in der vertikalen (Lehrer-Schüler-)Dimension Konformität, in der horizontalen (Schüler-Schüler-)Dimension ist es Wettbewerbshaltung. Diese Thesen werden von JACKSON und HENRY mit zahlreichen Fallbeispielen illustriert. Die Bedeutung von „guter Führung", von Sauberkeit, Ordentlichkeit und Pünktlichkeit wird durch Beispiele belegt. So weist JACKSON (a.a.O., S. 22) darauf hin, daß der Zorn eines Lehrers weniger durch das geistige Unvermögen eines Schülers als durch eine Verletzung von Regeln und Ritualen hervorgerufen wird. HENRY zeigt, auf welche Weise allein aufgrund der Struktur von Interaktionssituationen der Schüler einen beträchtlichen Teil seines eigenen Handelns als Konkurrenz-Verhalten einüben lernt. Die Schule verleihe dem Kind eine Identität, mit der sich „arbeiten" läßt: Angst vor dem Erfolg der Konkurrenten sei die erwünschte Lernhaltung (a.a.O., S. 24). Die Fähigkeit zum Lesen, Schreiben und Rechnen sei immer auch die Fähigkeit, sich einzuordnen und gegen andere zu behaupten, vor dem Lehrer Angst zu haben und ihn zugleich als Modell zu akzeptieren usw. Konkurrenzorientierung – als Produkt typischer sozialer Beziehungen zwischen den Schülern – wird von HENRY (S. 26) bestimmt als das „bewußte Erfolgsstreben auf Kosten anderer".

Schon bei den Kulturanthropologen zeichnet sich allerdings die Gefahr ab, daß das Konzept vom „Heimlichen Lehrplan" zum Vehikel einer letztlich sterilen Entlarvungsstrategie werden kann, die als „Total"-Kritik weder *widersprüchliche* Einflüsse innerhalb schulischer Sozialisation erfassen, noch *konkrete* Interaktionsprozesse und deren *tatsächliche* Wirkungen beschreiben kann. „Aus dem berechtigten Anspruch, die umfassende Prägungsfunktion von Schule nachzuweisen, entwickelt sich leicht das Bild einer lückenlosen Erziehungsgesellschaft" (ZINNECKER, 1974, S. 34). Trotz dieses globalen Ansatzes greift die Schulkritik der Kulturanthropologen zumindest insofern zu kurz, als der heimliche Lehrplan sicher nicht nur der internen Reibungslosigkeit und Stabilisierung der Schule als Institution dient. Man kann den heimlichen Lehrplan nicht aus den „immanenten organisationssoziologischen Bedingungen des Schulsystems erklären" (ZINNEKKER, a.a.O., S. 32). Die gesellschaftliche Funktionalität des heimlichen Lehrplans bzw. seiner Wirkungen wird nur sehr undifferenziert angegeben, wie diese Autoren überhaupt eher induktiv-illustrativ verfahren, wenn sie ihre Thesen entwickeln.

In ähnlich formaler und zugleich illustrativer Weise wie die Kulturanthropologen, allerdings ohne explizite Bezugnahme auf den heimlichen Lehrplan, analysiert RUMPF (1971) die Beziehungen zwischen „Verwaltungsorganisation" und „Lernorganisation", wobei erstere die bürokratische Organisation der Schule ist und letztere jene Interaktions- und Lernsituationen umfaßt, die unmittelbar der Vermittlung von Normen, Erwartungen und kognitiven Inhalten dienen. Ähnlich wie BERNFELD stellt RUMPF (S. 149, Anm. 11) fest: „Die soziale Struktur der Institution ist ein unmittelbar lernrelevanter Faktor". Die Verwaltungsorganisa-

tion wirke nicht nur auf die äußeren Bedingungen der Lernprozesse und Interaktionsvorgänge ein, sondern präge auch das Bewußtsein der in der Lernorganisation Tätigen: „Die Normen sind derart in das Bewußtsein der mit Schule Befaßten eingewandert, daß sie das als unumstößliche Naturtatsache zu betrachten neigen, was doch Produkt bestimmter Interpretations- und Wertmuster ist" (S. 142). Die Verwaltungsorganisation „präformiert und strukturiert das Bewußtsein der in der Lernorganisation Tätigen; Züge der Verwaltungsorganisation werden so in bestimmten Metamorphosen in der Lernorganisation wieder auftauchen" (S. 143).
Während RUMPF vor allem die Übertragung bürokratischer Prinzipien wie Hierarchie, Neutralität, Zweckgerichtetheit u. ä. auf die interaktive Organisation von Lernprozessen kritisiert, bezieht sich WELLENDORF (1973), wie wir oben bereits sahen, ähnlich wie HENRY auf die *gleichzeitige* Wirksamkeit inhaltlicher und beziehungs-struktureller Momente in pädagogischen Interaktionen. „Die Analyse verschiedener schulischer Leistungsrituale wie bestimmter Sportfeste, Prüfungen oder Klassenarbeiten hat gezeigt, daß instrumentelles Handeln ..., durch das ein praktisches (material faßbares) Resultat hervorgebracht werden soll, zugleich der rituellen Darstellung gemeinsamer Intentionen, Gefühle und Orientierungen dienen kann" (S. 143, FN 177). Die von WELLENDORF beschriebenen Interaktionsrituale sind insofern Bestandteile des heimlichen Lehrplans, als in ihnen erzwungene Solidarität und erzwungene Zustimmung zu bestimmten Strukturprinzipien pädagogischer Interaktionen sowie Unterschiede in Macht, Rang und Funktion als „notwendig", „sinnvoll" und „selbstverständlich" dargestellt werden. Die Darstellung von Hierarchien, Unterschieden und Konsensus ist Voraussetzung für eine Internalisierung der durch interaktive Handlungen aktualisierten Beziehungsstrukturen. In ritualisierten Interaktionsformen werden genau jene Interaktionserfahrungen gemacht, die den Sinn der jeweiligen Rituale „aufbewahren und lebensgeschichtlich transponieren". Durch institutionalisierte Rituale wird der Zwangscharakter schulischer Verhaltenserwartungen, Normen und Reglements verstärkt", denn die Macht des Rituals, an dem teilzunehmen jeder gezwungen ist, „ist nicht weniger real als die Macht eines Befehls" (S. 145). Rituale haben die doppelte Funktion, „die Bedürfnisse der Interaktionspartner sozial verbindlich zu interpretieren und das bestehende System zu rechtfertigen und gegen Enttäuschungen abzusichern" (S. 101).
Auch diese phänomenologische Analyse WELLENDORFS bleibt noch hinter den Ansprüchen der neuerdings wiederbelebten polit-ökonomisch begründeten Schulkritik zurück. Während WELLENDORF im Stile der Kulturanthropologen die allgemeine Unterdrückung der Schüler in der Schule beklagt und nach Möglichkeiten der Identitäts-Entwicklung bzw. -Behauptung Ausschau hält, versuchen die zuletzt genannten Theorie-Ansätze die Funktionalität dieser Unterdrückung in der gegenwärtigen Gesellschaft zu erweisen; Schulkritik wird zur Gesellschaftskritik erweitert. Diese Perspektivenerweiterung führt allerdings dazu, daß

die Analyse *konkreter* Unterrichtsprozesse noch mehr in den Hintergrund tritt, denn die gesellschaftskritische Theorie des „Heimlichen Lehrplans“ ist vor allem an der „systemerhaltenden gesellschaftlichen Gesamtfunktion des Schulsystems“ interessiert (ZINNECKER, a.a.O., S. 29).

5.2.3 Polit-ökonomisch begründete Funktionsanalysen

Die gesellschaftliche Funktionalität des *konkreten* Geschehens in der Schule wird zunächst weder bezweifelt noch durch empirische Forschung nachgewiesen, sondern sie wird deduktiv aus einer unterstellten Funktionalität des gesamten Bildungsbereichs für den ökonomischen Sektor abgeleitet. Diese zuletzt genannte Funktionalität wird ihrerseits aus einer kaum explizierten, aber wohl im eigenen Selbstverständnis marxistischen Gesellschaftstheorie „abgeleitet“. In diesem Deduktionszusammenhang wird dann häufig an der uns vor allem interessierenden Nahtstelle ein „unvermittelter Zusammenhang zwischen gesellschaftlicher Funktion (oder Auftrag) der Schule und den sozialen Prägungsvorgängen in den einzelnen Klassenzimmern konstruiert“ (ZINNECKER, S. 33).
Um die behauptete Funktionalität der Interaktionsprozesse zu begründen, müssen im einzelnen folgende Fragen beantwortet werden (vgl. TILLMANN, a.a.O.):

1. Wenn schulische Interaktionssituationen Modellsituationen *außer*schulischer Interaktions- und Arbeitssituationen sind – worin ist die *Strukturähnlichkeit* der Lern- und Lebenssituationen begründet, auf welche Weise werden schulische Interaktionssituationen zu Modell-Situationen mit Transfer-Wirkung gemacht? Welche spezifischen institutionellen Bedingungen prägen diese modellhaften unterrichtlichen Erfahrungsfelder? Als strukturähnliche Merkmale werden genannt: Abhängigkeitsbeziehungen; Macht- und Kompetenzgefälle; fremdbestimmte Konkurrenzbeziehungen.
2. Welche Sozialisations*effekte* werden durch die für die Schulklasse typischen Interaktionsformen bewirkt? Hier wird vor allem auf Konformitätsorientierung und Konkurrenzorientierung hingewiesen.
3. Welche gesamtgesellschaftliche *Funktion* haben die so produzierten Verhaltensweisen? Stichwortartig lauten die Antworten so (TILLMANN, S. 40): „Die Erfahrung der hierarchischen und erzwungenen Kommunikation im Unterricht ... und ... die Erfahrung der leistungs- und konkurrenzorientierten Kommunikation im Unterricht befördern Verhaltensdispositionen der Schüler, die sich sowohl als kapitalkonforme Arbeitstugenden als auch als Beitrag zur politischen Loyalisierung auswirken“.

Auch hier werden, wie in der oben skizzierten Analyse schulischer Sozialisationsprozesse, die Aufgaben der Qualifikation und Integration hervorgehoben, ebenfalls ohne auf mögliche Widersprüche zwischen und innerhalb dieser

Aufgaben sowie auf „ungeplante" Sozialisationseffekte einzugehen. Vor einer differenzierenden Diskussion wollen wir die Annahmen der polit-ökonomisch begründeten Theorie des heimlichen Lehrplans in einem Schema zusammenfassen (vg. Abb. 11).

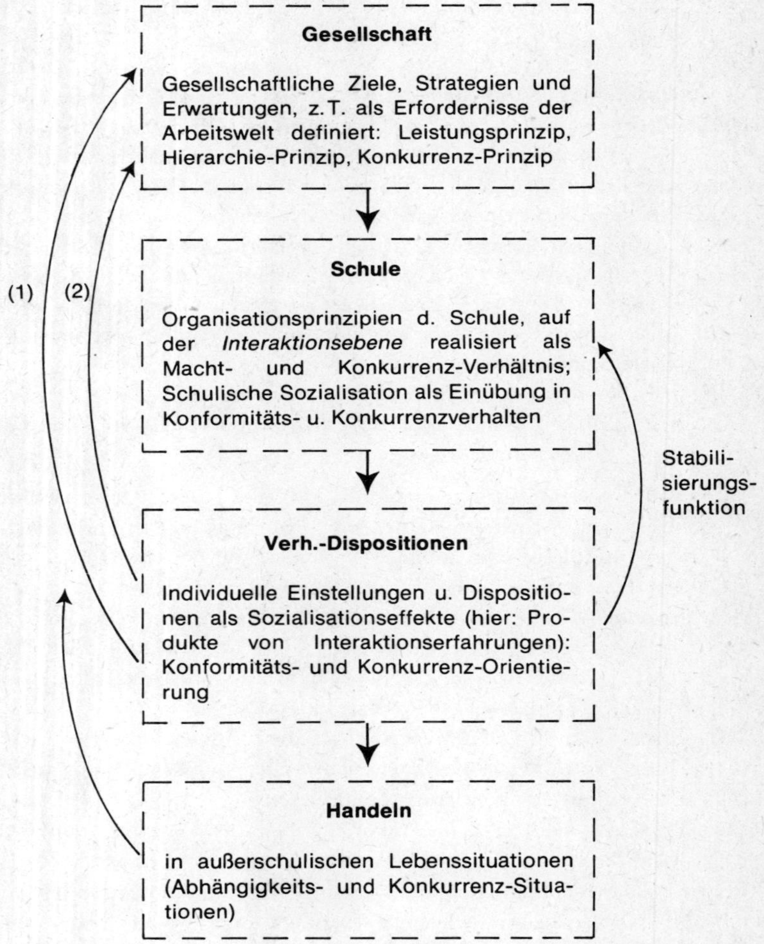

(1) = *Legitimationsfunktion* der in der Schule erworbenen Verhaltensdispositionen für das gesamtgesellschaftliche System (Loyalitätssicherung)
(2) = (mittelbare) *Qualifikationsfunktion* von Verhaltensdispositionen für das System („Arbeitstugenden")

Abb. 11: Die Wirkungsweise des „Heimlichen Lehrplans" (aus gesellschaftskritischer Sicht)

Es ergibt sich zusammenfassend folgende Bestimmung des heimlichen Lehrplans: Mit diesem Begriff werden gewisse gesellschaftliche Ziele, organisatorische Strategien und Erwartungen bezeichnet, die bestimmten Strukturprinzipien schulischer Interaktionssituationen zugrundeliegen und sich in ihnen manifestieren. Die Schule habe Lehr-Lernprozesse entsprechend ihrem gesellschaftlichen Auftrag so zu organisieren, daß dadurch einerseits die klassenspezifische Reproduktion der Gesellschaft wirksam durchgesetzt und andererseits ebenso wirksam verschleiert werden kann. Denn aufgrund der historischen Entwicklung des politischen Systems (einschließlich der tendenziellen Aufgeklärtheit individuellen Bewußtseins) kann hinter die Demokratie- und Emanzipationsforderungen breiter Schichten nicht mehr zurückgegangen werden, ohne die Glaubwürdigkeit tragender Rechtfertigungslehren und damit die Loyalität zum System allzu sehr aufs Spiel zu setzen. Daher müssen Zweck, Vermittlungsebene und selektive Wirkung von schulischer Sozialisation verheimlicht und die Ziele der Sozialisation (hier insbesondere: der Interaktionen) hinter dem Rücken der Beteiligten verwirklicht werden. Die Notwendigkeit zur Verheimlichung ergibt sich aus dem Interesse an der Sicherung von „Klassenherrschaft", oder anders gesagt: *Die Heimlichkeit des heimlichen Lehrplans ist für seinen Erfolg konstitutiv.*
Die Reduktion der Schule zum „Herrschaftsinstrument der Bourgoisie", also die Annahme einer umfassenden Prägungsfunktion der Schule, die ausschließlich im Dienst einer unmittelbaren Sicherung bürgerlicher Klassenherrschaft stehe, ist z.B. von ZINNECKER (a.a.O., gegen BERNFELD, BECK und indirekt auch gegen TILLMANN) und auch von ROLFF (1974) zurückgewiesen bzw. erheblich differenziert worden. Denn unter anderem bringt diese Annahme ihre Verfechter in einen Zirkel, der fast identisch ist mit dem „teleologischen Irrtum", den wir bei der strukturell-funktionalen Analyse von FEND feststellen können (s.u.). Auf Grund der unterstellten *Zielgerichtetheit* des gegenwärtigen Herrschaftssystems kommt der Schule – als Sub-System – systemerhaltende Funktion mit immanenter Zwangsläufigkeit, also „per definitionem" zu. Weiterhin muß die Annahme eines linear-deterministischen Zusammenhangs zwischen „Gesellschaft" und „Schule" unterstellen (vgl. ZINNECKER, a.a.O., S. 36),

1. daß die herrschenden Schichten Schulorganisationen und Lehrpläne unmittelbar, direkt und zielsicher manipulieren können,
2. daß sowohl die Mittel zur Durchsetzung der Sozialisationsziele wie auch die Mittel zur Verheimlichung der Ziele und ihrer Durchsetzung durchweg tauglich sind, daß
3. die Betroffenen sich nicht wehren können oder wollen und daß schließlich
4. unerwünschte oder widersprüchliche Wirkungen nicht vorkommen.

Aufgrund der tendenziell zirkelhaften und undifferenzierten Argumentationsweise der gesellschaftskritischen Theoretiker des „Heimlichen Lehrplans" ergibt

sich schließlich ein höchst unerwünschtes und sicher unbeabsichtigtes Bild schulischer Interaktion und Sozialisation: Das Geschehen in der Schule erscheint als ein quasi-naturwüchsiger Prozeß, da man seine Bedingungen, Erscheinungsformen und Wirkungsweisen in ihrer historisch und politisch bedingten Konkretion und Veränderbarkeit nicht erfassen, sondern nur einem schematisierenden Deduktions-Mechanismus unterwerfen kann. Selbst wenn die Aufgabenstellung der Schule durch die Gesellschaft zutreffend diagnostiziert würde, folgt aus dieser Zweckbestimmung noch nicht zwangsläufig auch die Erfüllung der Aufgaben. Man müßte also Sozialisationsziele und Effekte schulischer Beeinflussung auseinanderhalten und empirisch zu identifizieren versuchen.
Aus dem bisher Gesagten ist deutlich geworden, daß die Frage nach den konkreten Erscheinungsformen pädagogischer Interaktionen, nach dem *Wie* interpersonaler Beeinflussungsprozesse, nur recht tangential beantwortet wird, wenn man pädagogische Interaktionen vorweg und nahezu irreversibel in bestimmte Zweck-Mittel-Zusammenhänge eingespannt sieht. Umgekehrt kann aber die Nichtbeachtung real gegebener Funktionszusammenhänge, Zwänge und Erwartungen dazu führen, daß man entscheidende Bestimmungsstücke dieser Interaktionsprozesse übersieht. Wir wollen deshalb im folgenden versuchen, die Frage nach den Funktionen pädagogischer Interaktionen durch eine Fortführung der bisherigen kritischen Diskussion weiter zu verfolgen.

5.3 Über einige Probleme strukturell-funktionaler und polit-ökonomisch begründeter Funktionsanalysen

Erinnern wir uns zunächst an den Ausgangspunkt der Überlegungen dieses Kapitels: Unter dem Stichwort „Gesellschaftliche Funktionen pädagogischer Interaktionen" hatten wir an einige mit dieser Frage befaßte Theorien die Erwartung gerichtet, daß nun endlich die historischen und gesellschaftlichen Konstitutionszusammenhänge von sozial induziertem pädagogischem Handeln aufgeklärt werden. Vom eigenen Anspruch her könnten sowohl strukturell-funktionale wie auch polit-ökonomisch begründete Gesellschaftstheorien Aussagen über die „Nahtstellen" zwischen gesamtgesellschaftlicher Regel-Bestimmung, mikro-sozialer Regelanwendung und individualpsychischer Regel-Internalisierung machen. Dazu wäre es notwendig gewesen, auf makro-sozialer Ebene Bedingungen für die Durchsetzung von Regeln und Organisationsstrukturen im Hinblick auf die Gestaltung pädagogischer Interakionssituationen differenziert und historisch-rekonstruierend aufzuweisen.
Genau diese prognostische Differenzierung gesellschaftlicher Interaktionsbedingungen scheint aber bisher nur in Ansätzen gelungen zu sein. Eine Unterscheidung relativ stabiler von relativ variablen strukturellen Bedingungen ist bisher kaum möglich, da in der „Ableitung" der Organisations- und Interaktionsstruk-

turen aus gesellschaftlichen Bedingungen und Strukturprinzipien allzu schematisch vorgegangen wird. Aufgrund des vor allem bei FEND nachweisbaren „teleologischen Irrtums“ und aufgrund der in polit-ökonomisch begründeten Analysen tendenziell enthaltenen Überschätzung der „systemerhaltenden“ Rolle der Schule funktionieren die skizzierten Funktionsanalysen, wenn man ihren *prognostischen* Wert untersucht, nach dem Prinzip von „self fullfilling prophecies“: Das zu beweisende, nämlich die systemfunktionale Rolle von Interaktion und Sozialisation, wird regelmäßig „aufgefunden“ und dementsprechend als grundsätzlich erwartbar oder mit immanenter Zwangsläufigkeit eintreffend suggeriert.
Diese zunächst sehr über-generalisierend anmutende These wollen wir im folgenden zu differenzieren versuchen. Dabei wenden wir uns zunächst wieder dem Versuch von FEND zu und analysieren dann analoge Probleme in den eher gesellschaftskritisch orientierten Ansätzen.

5.3.1 Der „teleologische Irrtum“ in strukturell-funktionalen Analysen

FEND (a. a. O., S. 7) geht davon aus, daß sich nur von einem gesellschaftstheoretischen und historisch orientierten Ansatz her der Stellenwert schulischer Sozialisation bestimmen läßt. Nun kann man die *externen* Funktionen, die schul*interne* Vorgänge haben, sicher nur dann untersuchen, wenn man diese schulischen Prozesse in ihrer empirisch-konkreten Erscheinungsform kennt. Eine Funktionsanalyse tendiert allerdings dazu, vor allem festzustellen, *ob* zwischen Schule und Gesellschaft die vorweg unterstellte instrumentale Beziehung vorhanden ist, und weniger, *wie* diese Beziehung zustandekommt (vgl. FEND, S. 62f.). Schulinterne Prozesse und Strukturen erscheinen denn bei FEND auch nur sehr peripher und vage unter den Stichworten „Lehre und Unterricht, Prüfungen, Berechtigungen, ‚Schulleben‘, ‚Rollenerwartungen‘“ (S. 67), obwohl doch die Leistung dieser Ereignisse und Prozesse unter dem Gesichtspunkt der „Systemerhaltung“ untersucht werden soll. Mit diesem Verzicht auf die Analyse angeblich systemerhaltender Faktoren ist die Möglichkeit zum „teleologischen Irrtum“ bereits grundgelegt, denn die Behauptung einer System-Funktionalität läßt sich kaum widerlegen, wenn das Geschehen in der Schule nur in vagen Vorstellungen bekannt ist.
Natürlich ist das Schulsystem eingerichtet worden, um damit bestimmte Zwecke zu erreichen. Aus diesen Zielsetzungen, selbst wenn sie eindeutig, bekannt und prinzipiell durchsetzbar wären, kann man jedoch nicht den Schluß ziehen, daß die angestrebten Ziele im Schulalltag auch adäquat realisiert werden. Der „teleologische Irrtum“ besteht nun darin, daß etwas vorausgesetzt wird, was eigentlich erst zu beweisen wäre: daß nämlich das konkrete Geschehen in der Schule von entscheidendem Einfluß auf die Verteilung, Aufrechterhaltung und Verteidigung

von politischer Herrschaft ist. Die zirkelhafte Beweisführung, die dem „teleologischen Irrtum" folgt und diesen quasi nachträglich sanktioniert, geschieht z. B. bei FEND dadurch, daß er bloße Mittel-Zweck-Relationen als Ursache-Wirkungs-Zusammenhänge ausgibt (vgl. ULICH, 1974 e, S. 623 ff.). Funktionale Zweck-Mittel-Relationen werden entweder vorweg oder ex post facto in Ursache-Wirkungs-Beziehungen umgedeutet.

Die Beziehung „Vermittlung von Gehorsam (Mittel) – Systemstabilisierung (Zweck)" erscheint als die kausale Relation „Sozialisationsprozeß (Ursache) – Systemstabilisierung (Wirkung)". Erst dann aber, wenn gezeigt worden ist, auf welche Weise die Zweckdienlichkeit schulischer Lehr-Lern-Prozesse für „Systemerhaltung" von „der" Gesellschaft im einzelnen durchgesetzt und erzwungen wird, kann man daran gehen, das Gewicht einzelner innerschulischer Faktoren in diesem Prozeß der Systemerhaltung zu erforschen. Mit dieser Einschränkung soll keineswegs *generell* die Annahme bestritten werden, daß in der Schule Qualifikationen und Überzeugungen erworben werden, die „systemfunktional" sind. Nur kann man schon allein aus logischen Gründen die *Existenz* des Schulsystems in seinen konkreten Erscheinungsformen nicht aus den von ihm erbrachten „Leistungen" erklären, wie umgekehrt gegenwärtige gesellschaftliche Zustände auch nicht „kausal" auf angebliche oder tatsächliche Leistungen des Schulsystems zurückgeführt werden können (vgl. auch GRODDECK, 1974).

Warum ist die Verwechslung von funktionaler und kausaler Analyse so folgenreich? Weil ein bestimmter Erkenntnisanspruch und Erkenntnisse vorgetäuscht werden, die sich einerseits vom methodischen Vorgehen her nicht rechtfertigen lassen (FEND gibt nur ganz wenige Beispiele tatsächlicher Bedingungsanalysen), und die andererseits Fragen als bereits beantwortet erscheinen lassen, die in ihren Konsequenzen noch gar nicht übersehen werden. Es müßten vor allem folgende Aspekte genauer auseinandergehalten und präzisiert werden:

a) Erfüllt die Schule die ihr von FEND unterstellten Aufgaben tatsächlich?
b) Welche Prämissen müssen als gegeben unterstellt werden, damit man die angegebenen Leistungen von der Schule erwarten kann?
c) Handelt es sich bei diesen Prämissen um solche aus der marxistischen Gesellschaftsanalyse, aus der „Systemtheorie" (welcher?) oder aus beiden?
d) Wie genau werden in theoretischen Annahmen die empirischen Bedingungen beschrieben, unter denen man die genannten Leistungen der Schule beobachten kann?
e) Die Existenz der beschriebenen Leistungen einmal vorausgesetzt – wie sind diese zu beurteilen, welche Konsequenzen ergeben sich daraus für die wissenschaftliche Erforschung und Gestaltung schulischer Sozialisationsprozesse?

Die Frage nach den möglichen oder tatsächlichen gesellschaftlichen Funktionen pädagogischer Interaktionen haben wir – auf den Stand der Forschung und

Theorienbildung bezogen – vielleicht zu früh gestellt, denn wir werden im folgenden sehen, daß auch polit-ökonomisch begründete Analysen zu zirkelhaften Argumentationen neigen, wenn es um die Bestimmung der Leistungen der Schule für die Gesellschaft geht. Bisher scheint der Stellenwert pädagogischer Interaktionen meist in Analogie zu den angeblichen Leistungen des *gesamten* Schulsystems bestimmt zu werden.

5.3.2 Die Überschätzung der Schule in polit-ökonomisch begründeten Funktionsanalysen

Innerhalb der deduktiven Vorgehensweise einiger polit-ökonomisch begründeter Funktionsanalysen schulischer Sozialisation kommt der systemerhaltenden Rolle der Schule ein hoher Grad von Denknotwendigkeit zu. Die Argumentationslinie kann man, stark vergröbernd, etwa so wiedergeben:

1. Die bestehende Gesellschaft hat aufgrund der historischen Entwicklung der Produktionsverhältnisse usw. die Merkmale a, b, c usw. (ist z.B. eine Klassengesellschaft).
2. Aufgrund der historisch erweisbaren Tendenz herrschender Gruppen, sich an der Macht zu halten, werden zur Aufrechterhaltung und Stabilisierung bestehender Strukturen Institutionen geschaffen, die, wie die Schule, systemerhaltende Aufgaben erfüllen müssen.
3. Wenn die Schule die ihr zugeschriebenen Aufgaben *nicht* erfüllen würde, dann wäre die Systemerhaltung gefährdet.
4. Diese Gefährdung würden herrschende Gruppen nicht hinnehmen, sie würden vielmehr die Aufgabenerfüllung *erzwingen.*
5. Aus den Tatsachen, daß die in Punkt 1 genannten Merkmale der Gesellschaft (immer noch) bestehen und daß es herrschende Gruppen gibt, die in ihrem eigenen Interesse die systemerhaltende Funktionserfüllung der Schule erzwingen *müssen*, ergibt sich der Schluß, *daß* die Schule tatsächlich die von ihr erwarteten Aufgaben erfüllt.

Innerhalb eines solch einfachen Modells, das z.B. bei Beck (1974) in fast reiner Form zugrundeliegt, kann man keine sehr differenzierten Antworten auf Fragen erwarten wie: Welche Struktur haben pädagogische Interaktionen? Wie wirken sie? Wer richtet Interaktionssituationen ein? Unter welchen Bedingungen können sie verändert werden? – Die Unterscheidung system-erhaltender und system-verändernder Elemente ist auf mikro-sozialer Ebene fast unmöglich, weil schon auf der Ebene gesamtgesellschaftlicher Prozesse und Strukturen das Differenzierungsvermögen durch die Faszination vor der „Allmacht des Kapitals" eingeschränkt ist (vgl. Ortmann, 1973). Entsprechend folgen einige zeitgenössische

Autoren der Neigung BERNFELDS, die Sozialisationsfunktion der Schule in der gegenwärtigen Gesellschaft allzu sehr „auf die unmittelbare Sicherung der bürgerlichen Klassenherrschaft einzuschränken" (ZINNECKER, 1974, S. 36). Konkretes Unterrichtsgeschehen wird ausgeblendet, wie sich ja schon BERNFELD wenig für die zentrale Frage interessierte, *wie* durch den heimlichen Lehrplan eine letztlich *widersprüchliche* Persönlichkeitsstruktur geformt wird (ebd.). Analog dazu wird von BERNFELD die Bedeutung individueller Selbständigkeit, die das „sozialisierte" Gesellschaftsmitglied tendenziell und faktisch neben dem Disziplinmoment auszeichnet, in der Funktionsbestimmung der Schule unterschätzt (ebd.). Es entsteht letztlich eine der „Verschwörertheorie" ähnliche Total-Kritik von Gesellschaft und Schule, die Bedingungen, Formen und Wirkungen gesellschaftlicher Reproduktion nicht mehr soweit präzisieren kann, daß z.B. empirische Überprüfungen und Prognosen möglich wären. Wenn aber Herrschaftsansprüche und -strukturen ent-historisiert und damit ent-materialisiert werden, wenn Herrschaft nicht an konkreten Interessen, Entscheidungen, Einflüssen und Institutionen festgemacht wird, dann erscheint (systemerhaltende) schulische Sozialisation als ein geradezu naturwüchsiger Prozeß bzw. als ein denknotwendiger, logisch folgerichtiger Ausfluß des „Grundwiderspruchs".

Entsprechend schwer tun sich die Theoretiker des „Heimlichen Lehrplans", die Nahtstellen zwischen makro- und mikro-sozialen Strukturen einerseits und individualpsychischer Persönlichkeitsentwicklung andererseits zu bestimmen. Natürlich versucht man, die persönlichkeitsprägenden Funktionen des Ausbildungssystems gesellschaftstheoretisch „abzuleiten". Dieser Versuch beschränkt sich aber entweder „auf die Analyse der immanenten sozialen Logik, die die Schule als quasi totale Institution und als komplexe Bürokratie stabil hält, und leitet aus diesem sich selbst genügenden System den heimlichen Lehrplan ab (wie die Kulturanthropologen, D.U.), oder man konstruiert einen unvermittelten Zusammenhang zwischen gesellschaftlicher Funktion (oder Auftrag) von Schule und den sozialen Prägungsvorgängen in den einzelnen Klassenzimmern" (ZINNECKER, a.a.O., S. 33).

Soweit die Funktionalität schulischer Interaktionen durch den Aufweis eines Zusammenhangs zwischen Schule und *Arbeitswelt* dargestellt werden soll, kommt man über blasse Analogien nicht hinaus: Bilder aus der Arbeitswelt werden erst nachträglich, nachdem man sich über Schulunterricht klar zu werden versucht hat, nach ihrer Ähnlichkeit mit entsprechenden Schulsituationen, ausgewählt (SCHOLZ, 1974, S. 69, gegen BECK). „Der Zusammenhang zwischen Schule und Arbeitswelt wird postuliert, aber nicht bewiesen"; es werden kaum Kriterien für eine Analyse der Schule entwickelt; der Qualifikationsbegriff wird, u.a. auf Grund einer geschichtslosen Betrachtungsweise, kaum geklärt (ebd.). Freilich wäre die konkrete Erscheinungsform einer bestimmten Gesellschaft einschließlich wichtiger inhaltlicher Bestimmungen (Verteilungsstrukturen und -mechanismen, Herrschaft usw.) durch den Aufweis historischer Konstitutionsbedingungen immer noch nicht hinreichend erfaßt oder gar erklärt. Hinzukommen muß eine (auch empirische) Analyse der Schwierigkeiten und Widersprüche, die der historisch erwartbaren und evtl. „struktur-gesetzlich" begründbaren Realisierung von Herrschaftsansprüchen und entsprechenden Sozialisationsaufgaben unter *je gegebenen* Bedingungen entgegenstehen.

Ein erster Schritt zur Überwindung der gegenwärtig zu registrierenden Schwierigkeiten einiger gesellschaftstheoretischer Ansätze ist die Erkenntnis der beschränkten Leistungsfähigkeit „staatlicher Planungsaktivitäten im Sozialisations- und Erziehungssystem westlicher Gesellschaften", von denen bisher ein sehr unrealistisches Bild entworfen wurde (HURRELMANN, 1974, S. 27). Zum einen wird suggeriert, „die staatlichen Eingriffe im Erziehungsbereich stellten eine nahezu perfekt funktionierende Reaktionsbildung auf gesellschaftliche Bedingungen dar, die durch den kapitalistischen Produktions- und Verwertungsprozeß je schon gesetzt sind", und zum anderen werden „die staatlichen Lenkungsversuche ... als in ihrer Effektivität und in ihrem Erfolg voll realisierbar oder bereits realisiert hingestellt" (ebd.). Tatsächlich ist aber aus mehreren Gründen (vgl. OFFE, 1972) in westlichen Industrienationen bisher „noch keine umfassende und effektive Globalplanung des Erziehungs- und Ausbildungssektors als Bestandteil des Infrastrukturbereichs zustandegekommen", und zwar sowohl im Hinblick auf die Qualifikations- wie auf die Legitimations- oder Integrationsaufgaben der Schule (HURRELMANN, a.a.O., S. 28).

Die Vorstellung einer „deterministisch-direkten Umsetzung ökonomischer Prozesse und Klassenstrukturen in das Ausbildungssystem" kann die beobachtbaren Versuche staatlicher Bildungspolitik kaum hinreichend erfassen, wie überhaupt die für schulische Sozialisations- und Selektionspozesse relevanten gesellschaftlichen Entwicklungstendenzen einer weiteren Klärung bedürfen (vgl. COMBE, 1975; ROLFF u.a., 1974). Daß sich aus gesamtgesellschaftlichen Funktionsbestimmungen des Bildungssystems wenig Anhaltspunkte für eine nähere Bestimmung der in der Schule ablaufenden *Interaktionsprozesse* ergeben, liegt auch daran, daß bisher kaum ein übergreifender theoretischer Bezugsrahmen formuliert wurde, innerhalb dessen man Aussagen über „gesetzmäßige" Zusammenhänge zwischen Ausbildungs- und Beschäftigungssystem hätte formulieren können (vgl. COMBE, ebd.). Es bleibt oft nicht viel mehr übrig als die recht unsystematische Vermutung, „daß das Bildungssystem grundsätzlich nicht ohne Bezug auf die spätere berufliche Verwendung seiner Absolventen zu sehen ist" (COMBE, a.a.O., S. 32).

Die Behauptung eines engen Zusammenhanges zwischen Produktions- und Sozialisationsbereichen enthüllt sich also bei näherem Hinsehen als eine „kategoriale Vorentscheidung", die „gerade in spätkapitalistischen Gesellschaften die herrschaftssichernden und damit stabilisierenden Leistungen des allgemeinbildenden Schulwesens systematisch nicht erfassen kann. Darüber hinaus lassen sich von dieser theoretischen Perspektive kaum relevante Aussagen über das – ja gerade pädagogisch interessante – schulische institutionalisierte Kommunikations- und Interaktionsgeflecht (Sozialisation) gewinnen" (GRODDECK, 1974, S. 259). Erziehungswissenschaft droht zum Anwendungsfall politischer Ökonomie zu schrumpfen, womit jene ihren Gegenstand verlieren und den *pädagogischen* Handlungszusammenhang tendenziell sich selbst überlassen würde (MOLLENHAUER, 1972, S. 13). „Zur Deduktion aus der politischen Theorie genötigt, strukturiert sich das pädagogische Handlungsfeld allzu leicht im Sinne einer normativen Indoktrination oder es verliert überhaupt an Relevanz zugunsten einer Kritik, die erst ‚oberhalb' der pädagogischen Institutionen ansetzt: bei den Verwertungsproblemen des Kapitalismus" (ebd.).

Genau dieses Interesse an „Verwertungsproblemen" scheint ja die Frage nach den gesamtgesellschaftlichen Funktionen schulischer Interaktion und Sozialisation vor allem generiert zu haben. Besteht dann aber nicht die Gefahr, „daß die Analyse von ‚Funktionen' pädagogischer Ereignisse, um Eindeutigkeit im Sinne des materialistischen Erkenntnisinteresses herzustellen, Alternativen und Funktionsambivalenzen ignoriert, d.h. die Komplexität der Wirklichkeit reduziert?" (a.a.O., S. 175). Relevanzkriterien müssen auch durch die Analyse des Erziehungsgeschehens selbst gewonnen oder zumindest gesichert werden, da dies Erziehungsgeschehen nicht restlos in seiner ökonomisch-strukturellen Formbestimmtheit aufgeht (ebd.).

5.3.3 Schwierigkeiten und Widersprüche schulischer Sozialisation – Ansätze zu differenzierteren Analysen

Dieser Warnung MOLLENHAUERS vor einer Verschiebung im Objektbereich der Erziehungswissenschaft, nämlich hin zu solchen Untersuchungsgegenständen, deren Bezug zur „ökonomischen Basis" unmittelbar plausibel ist (a.a.O., S. 176), darf freilich ihrerseits nicht übersehen, daß von marxistischer Seite die Schwierigkeiten einer Analyse der „Nahtstellen" zwischen makro-sozialen Strukturen und Persönlichkeitsprägung zum Teil viel deutlicher gesehen werden, als von analog orientierten Erziehungswissenschaftlern. Die Ansprüche sind entsprechend bescheidener. „Zu den weithin ungelösten Problemen der Theorie der Gesellschaft gehören durchaus solche Bereiche des Bezuges von gesamtgesellschaftlichen Strukturen und Prozessen zu mikrosozialen Beziehungen. Doch bedarf auch die Konzeption der gesamtgesellschaftlichen Verhältnisse und Entwicklungen der weiteren Ausarbeitung" (TJADEN, 1974, S. 240).

Das Programm einer Beschreibung der „Sphäre gesellschaftlicher Gesetzmäßigkeiten" und „sozialer Regelmäßigkeiten" (Interaktionen) sowie deren Zusammenhang muß enthalten: „Erstens die Ausarbeitung der sachlichen und zeitlichen Konkretisierungen strukturell-genetischer Grundverhältnisse des Praxiszusammenhangs einer Gesellschaftsformation; etwa des Systems der Lohnarbeit und

Kapitalverwertung im allgemeinen und den Nachweis der formationsspezifischen funktional-strukturellen Erscheinungen und kausal-genetischen Hervorbringungen dieser Struktur; zweitens die Ausarbeitung der systematischen Formen der Realisierung eben dieser Grundstruktur durch soziale Handlungen und Verhaltensakte, die mehr oder minder organisierten Positions- und Rollensystemen entsprechen und dabei sowohl Erscheinung als auch Verwirklichung der konstitutiven Produktionsverhältnisse sind, welche wie die empirischen Aktivitäten selbst nur ein Moment des gesellschaftlichen Praxiszusammenhangs darstellen" (TJADEN, 1973, S. 68ff.).

„Gesellschaftliche Verhältnisse sind nicht an sich gegeben, sondern werden wesentlich durch regelmäßige Sozialaktivitäten realisiert. ... Weil regelmäßige Sozialaktivität, insbesondere organisatorisches Handeln und Verhalten, wesentlich als gesellschaftlich geformte und gerichtete Sozialaktivität gelten muß, impliziert das Auftreten empirischer Regelmäßigkeiten in der Sphäre sozialen Handelns und Verhaltens nicht nur die Setzung von gesellschaftlichen Bedingungen solcher Regelmäßigkeit, sondern auch die mögliche Vorgängigkeit individueller Neigungen zu ihrem Gegenteil" (a.a.O., S. 69). Damit wird nicht nur einer allzu „naturwüchsigen" Deutung des Zusammenhangs zwischen makro- und mikro-sozialen Prozessen entgegengewirkt, sondern es wird auch die Möglichkeit individueller Gegenwehr bzw. die Möglichkeit von Innovation in die Perspektive mit einbezogen.

Gleichzeitig muß das Spektrum methodischer Zugangswege erweitert werden, denn „gesellschaftstheoretische und empirisch-generalisierende Sozialwissenschaft sind notwendig aufeinander verwiesen, wenn auch nicht bruchlos und unverändert miteinander zu verkoppeln. Einerseits bedarf die Theorie sozialökonomischer Vergesellschaftung der Ausarbeitung von Annahmen und Aussagen über die konkrete Realisierung der grundlegenden ökonomischen Funktionen durch soziale Aktivität. Andererseits bedarf die Theorie sozialer Systeme der Ausarbeitung von Annahmen und Aussagen über die konkrete Konstituierung erfahrbarer sozialer Interaktionen durch vorgängige Vergesellschaftung menschlicher Praxis" (a.a.O., S. 70). „Die Differenzierung von Dimensionen und Aspekten sozialökonomischer Gesellschaftsformationen und von Formen und Arten ihrer empirischen Realisierung in Forschungsbereiche historisch-materialistisch begründeter erfahrungswissenschaftlicher Disziplinen stellt allerdings ein noch wenig diskutiertes Problem dar" (a.a.O., S. 72).

Angesichts dieser Schwierigkeit verwundert nicht, daß der „konkrete empirisch zu führende Nachweis von Modus und Chance der Vermittlung von klassengebundenen Interessen mit der Struktur und Funktion des Bildungssystems" noch aussteht (STEINKAMP, 1974, S. 192). „Im einzelnen wäre zu zeigen, a) auf welche Weise und b) an welche bildungspolitischen Entscheidungen, vorbereitenden oder sanktionierenden Adressaten (Beiräte, Mitglieder der Ministerialbürokratie, parlamentarische Ausschüsse, Parlamentsmitglieder etc.) sich (z.B.) die Unternehmerverbände mit ihren Vorstellungen und Interessen wenden, und c), ob diese Einflußnahmen tatsächlich Wirkungen auf Inhalt und Organisation des Bildungssystems nach sich ziehen" (ebd.). Eine solcherart differenzierte Analyse würde unweigerlich zu der Erkenntnis kommen, daß die der Schule gestellten Aufgaben untereinander und in sich widersprüchlich sind, weshalb man eine linear-deterministische Abhängigkeit schulischer Sozialisation von „Kapitalinteressen", wie sie manchen Theoretikern offenbar vorschwebt, gar nicht erwarten kann.

ROLFF (1974) hat diese Widersprüche für die Hauptfunktionen der Schule – Qualifikation und Integration – genannt und darauf hingewiesen, daß „sich die gesamtgesellschaftlich bedingte Widersprüchlichkeit des Ausbildungssektors in der internen Struktur pädagogischer Institutionen widerspiegeln" müßte, da pädagogische Institutionen gesellschaftliche Einrichtungen sind (S. 322). So sind beispielsweise die Propagierung eines „sozialintegrativen Führungsstil" und manche Veränderungen der starren Organisations- und Interaktionsstrukturen in der Schule auf Reformbestrebungen zurückzuführen, deren Intention und Reichweite jeweils bestimmt werden durch die in sich widersprüchliche Integrationsaufgabe der Schule. „Einerseits müssen die pädagogischen Institutionen gemäß den im Zuge der Bildungsreform immer stärker werdenden Gleichheitsforderungen zunehmend Chancengleichheit versprechen, um die Massenloyalität zu sichern; andererseits kann eine Gesellschaft, deren Grundstrukturen durch Ungleichheit (von Besitz, Macht, Einkommen, ‚Lebenschancen' usw.) gekennzeichnet ist, keine materiale Chancengleichheit gewähren" (S. 320).

Analog dazu ist innerhalb der Institution Schule der Widerspruch zwischen dem Ziel der „Mündigmachung" des Schülers und der weitgehenden Aufrechterhaltung repressiver Interaktionsstrukturen zu erklären, der durch „sozialintegrativen Führungsstil" überbrückt werden soll. Dabei wird übersehen, daß schon die Aufgaben des Lehrers – Unterricht und Erziehung *vs.* Selektion – widersprüchlich angelegt sind, und daß das in der Schule aufgrund immanenter institutioneller Widersprüche herrschende Konfliktpotential nur durch eine Veränderung der Aufgaben der Schule (und nicht durch verbesserte Führungstechniken) beseitigt werden könnte. Die Art der Behandlung des Konfliktpotentials „bestimmt wesentlich die Qualität des Sozialisationsprozesses in pädagogischen Interaktionen" und entscheidet darüber, inwieweit auch solche Sozialisationseffekte produziert werden, die über den „Verwertungszusammenhang" hinausweisen (ROLFF, a.a.O.).

Anstelle einer quasi linearen Determination der Schule durch „die" Gesellschaft, wie sie in dem zusammenfassenden Schema von FEND (S. 202) nahegelegt wurde, muß schulische Sozialisation nun als ein komplexer Vermittlungszusammenhang begriffen werden, dessen Lernergebnisse auf gesamtgesellschaftliche Strukturen und Widersprüche auch dann *zurückwirken* können, wenn sie über den „Verwertungszusammenhang" hinausweisen. Ohne diese Möglichkeit ausdrücklich einzubeziehen, hat ROLFF (a.a.O., S. 321) ein Schema entworfen, das

„Sozialisationseffekte“ aus der Widersprüchlichkeit der gesellschaftlichen Aufgaben der Schule, der Widerspiegelung der Widersprüche und der Lösung der dadurch erzeugten Antagonismen innerhalb der Schule begreiflich macht. In der Sichtweise ROLFFs stellt sich die Schule weniger als „totale Institution“ (GOFFMAN) dar, sondern als eine Einrichtung, die Spielräume für Innovationen enthält. Denn die immanente Widersprüchlichkeit schulischer Sozialisationsaufgaben und die Konflikthaftigkeit des unterrichtlichen und interaktiven Geschehens in der Schule zwingen Lehrer wie Schüler ständig zu Entscheidungen, die niemals ganz adäquat sein können, weil sie meist situationsspezifische (Schein-) Lösungen von Problemen darstellen, die in der Struktur der Institution und nicht zuletzt in der Lehrerrolle selbst liegen.
Auch wenn man die These ORTMANNs (1973, S. 50ff.), daß aus Widersprüchen zwangsläufig Handlungsspielräume resultieren, deren Einschränkung neue Widersprüche und damit neue Spielräume usf. hervorrufen würde, für unzureichend begründet hält, kann man die Rolle des *Lehrers* und das Lehrerbewußtsein keinesfalls, wie in manchen Interpretationen des heimlichen Lehrplans, auf bloße Durchgangsstationen deterministischer Kausalketten reduzieren. Da vom Lehrer in der Theorie des heimlichen Lehrplans kaum die Rede ist, muß man annehmen, daß er sich wohl bruchlos in den gesellschaftlichen Herrschaftsapparat eingliedert. Dazu ist zu sagen, daß die Rolle der beruflichen Sozialisation des Lehrers noch nicht eindeutig genug geklärt ist, obwohl die Integrationswirkung besonders der ersten Berufsjahre bereits untersucht worden ist, die einige positive Effekte des Hochschulstudiums – pädagogische Aufgeschlossenheit, Liberalität, Innovationsbereitschaft, rationale und wissenschaftliche Handlungsorientierung – unwirksam zu machen scheint (vgl. CLOETTA u.a., 1973, u. HÄNSEL, 1975, KOCH, 1972). Andererseits werden an den Lehrer divergierende Erwartungen gestellt, so daß man die zu Beginn der Berufspraxis wieder zunehmende konservative Orientierung auch als situationsspezifische Notlösung im Sinne einer Beseitigung von „kognitiver Dissonanz“ ansehen kann (vgl. KOCH, a.a.O.).
Im Zusammenhang mit der beruflichen Sozialisation von Lehrern ist nun auch die Frage zu stellen, welche *praktischen* Effekte die Entlarvung des heimlichen Lehrplans oder allgemeiner: der Ziele und Verfahren schulischer Sozialisation (als Reproduktionsprozeß) haben kann. Im eigenen Selbstverständnis wird die Entlarvungsstrategie als Aufklärung verstanden, die nicht nur Bewußtseinsprozesse, sondern letztlich revolutionäre Veränderungen der Gesellschaft in Gang bringen soll (so z.B. bei BECK, 1974). Den Erfordernissen einer praxisorientierten Lehrerausbildung können die Annahmen zum heimlichen Lehrplan sicher kaum genügen, weil sich aus ihnen allein weder konkrete Möglichkeiten „systemverändernder“ Praxis noch neues Wissen und Können für *pädagogische* Praxis ergeben. Es ist im Gegenteil zu befürchten, daß die Intention der Desillusionierung vorläufig vor allem zur Resignation führt. Der künftige Lehrer kann Schule gar nicht mehr als Erfahrungs- und Handlungsfeld begreifen, das zu studieren sich

überhaupt lohnt. Diese Resignation kann die Entwicklung *jeglicher* berufsbezogenen Identität verhindern.

Desillussionierung reicht nicht aus, um in Lehrerbildung und Schulunterricht handlungsleitende und innovative Perspektiven zu entwickeln (vgl. auch ORTMANN, a.a.O.). *Ein* Weg, wissenschaftlich begründete und zugleich handlungsleitende Aufklärung zu betreiben, liegt in einer Veränderung des Theorie-Praxis-Verhältnisses durch eine Neuorganisation der Forschung. Um die Verbindung zwischen Theorie und Praxis möglichst eng zu gestalten, muß die Forschungspraxis so organisiert werden, daß der Lehrer-Student durch Erkundungen der Schulwirklichkeit und wissenschaftliche Reflexion begründete Strategien für das Umgehen mit Problemen der späteren Berufspraxis entwickeln kann. Erkenntnisse über die Schulwirklichkeit werden also nicht (nur) durch die deduktiv-funktionalistische Ableitung von Annahmen aus einer sozio-ökonomischen begründeten Gesellschaftstheorie gewonnen, sondern (auch) durch Erfahrungssammlung auf der Grundlage persönlicher Betroffenheit, nämlich in schulpädagogischen Erkundungen und in Handlungsforschungsprojekten (vgl. BERNDT u.a., 1972; HÄNDLE, 1974; HEINZE u.a., 1975).

Das Verhältnis des erkennenden Subjekts zur erfahrbaren Wirklichkeit kann nur in Handlungsforschungsprojekten praxisbezogen problematisiert werden. Die Erweiterung von Erkenntnissen steht so von vorneherein in Handlungs- und Veränderungsperspektiven. In derartigen Projekten könnte man zahlreiche Annahmen z.B. zum heimlichen Lehrplan empirisch untersuchen, wie etwa die Frage, auf welche Weise schulische Lern- und Interaktionssituationen standardisiert sind und insofern zu vergleichbaren sozialen Erfahrungen bei den Beteiligten führen. Der Praxisbezug einer derartigen Untersuchung wäre dadurch herzustellen, daß man den Modellcharakter der Schulsituationen für außerschulische Lebenssituationen aufzuzeigen versucht und sich selbst die *eigene Rolle* in diesem Vermittlungsprozeß bewußt macht (vgl. KRUG, 1973). In konkreten Unterrichtsprojekten könnte man mit den Schülern gemeinsam verschiedene Interaktionssituationen herausgreifen, die impliziten sozialen Lernprozesse in diesen Situationen deutlich machen, ähnlich strukturierte außerschulische Situationen identifizieren und die mögliche Funktionalität der in der Schule erworbenen Haltungen für diese Lebenssituationen prüfen.

Solchen Versuchen, durch meta-kommunikative Vorgehensweisen („Unterricht über Unterricht“) z.B. Strukturen des heimlichen Lehrplans aufzudecken und zugleich zu verändern, sind allerdings Grenzen gesetzt (vgl. BÖNSCH, 1974; HÄNDLE, 1974; HEINZE-PRAUSE/HEINZE, 1974b; JUNGBLUT, 1974; KRUG, 1975), die zum einen im Spiel-Charakter derartiger Kommunikationen und zum anderen in Barrieren liegen, die von der bisherigen Sozialisation her das Problematisieren von „Selbstverständlichkeiten“ wie Machtunterschieden und asymmetrischen Kommunikationsstrukturen erschweren. Meta-Kommunikation setzt u.a. „Rollendistanz“ voraus, und Rollendistanz ist nicht allein eine Sache des

guten Willens und in der Schule erst recht kein „strukturelles Erfordernis", wie neuere Sozialisations-Theorien (vgl. KRAPPMANN, 1971; WELLENDORF, 1973) glauben machen wollen. Sondern die Distanzierung von zugemuteten Verpflichtungen setzt ihrerseits eine zumindest teilweise Veränderung des situationellen und normativen *gemeinsamen* Handlungskontextes *voraus.*
Wenn also mit Meta-Kommunikation vor allem die Thematisierung von *Rollenzwängen* gemeint ist, so scheint nun an dieser Stelle endlich eine Diskussion des Rollen-Ansatzes selbst dringend geboten. Denn sowohl in der Rolle des „Sozialisators" wie auch in der Rolle des „Sozialisanden", also der des Lehrers und des Schülers, sind doch wohl diejenigen gesellschaftlich entschiedenen und institutionell geregelten Verpflichtungen und Erwartungen festgelegt, *deren Erfüllung erst die Funktionalität schulischer Sozialisation ausmacht* (zum Verhältnis von „Rolle" und „Funktion" vgl. PETER, 1973, S. 82 f.). Der Begriff der Rolle scheint genau die Nahtstelle zwischen den drei wichtigsten Vermittlungsebenen der Sozialisation (makro- und mikro-soziale sowie individualpsychische) zu bezeichnen. Leider erlaubt jedoch der gegenwärtige Stand der Diskussion um das Rollenkonzept keine eindeutigen Aussagen über die uns hier interessierenden Sachverhalte. Wir werden daher die Frage, ob und inwieweit man mit Hilfe von Rollentheorien das Problem der gesellschaftlichen Funktionalität pädagogischer Interaktionen klären kann, vor allem unter wissenschaftstheoretischem Gesichtspunkt behandeln.

5.4 Das Konzept der „Rolle" als analytisch-theoretischer Versuch der Vermittlung zwischen „Individuum" und „Gesellschaft"

Die immanente Problematik des Rollenbegriffes bzw. einzelner Rollentheorien muß gesehen werden, wenn man versucht, das Rollenkonzept als Untersuchungsansatz für die Analyse der Berufssituation und des Handelns von Lehrern zu verwenden (vgl. dazu BACKMAN/SECORD, 1972, Kap. 6; BETZEN/NIPKOW, 1971, Teil I; COMBE, 1971; GRACE, 1973; GUSKIN/GUSKIN, 1973, 1. Kap.; HÄNSEL, 1974; KLOSE, 1971; KUCKARTZ, 1974; NAVE-HERTZ, 1973; RÖSEL, 1974; ULICH, 1971, Kap 7; ULICH/MERTENS, 1973, Kap. 2).
GUSKIN und GUSKIN (a. a. O., S. 13–15) erwarten von „der" Rollentheorie, daß sie die „Handlungsweise einer Person aus ihrer sozialen Position und den Verpflichtungen und Privilegien, die mit dieser Position verbunden sind", ableiten, also verständlich machen kann. „Man kann das Verhalten einer Person dann als Rollenverhalten identifizieren, wenn man nachweist, daß sich die meisten Personen in der gleichen Position und Situation in sehr ähnlicher Art und Weise verhalten und daß sich die betreffende Person in verschiedenen Situationen unterschiedlich verhält". Hier wird Rolle ganz deutlich zu einer Residualkategorie, der all diejenigen stabilisierenden Einflüsse zugeordnet werden, die nicht „in"

der Person selbst liegen. Diese Stabilisierungsfaktoren stammen noch dazu aus sehr unterschiedlichen Quellen, wie die folgende additive Charakterisierung von „Lehrerrolle“ zeigt (ebd.):

„1. Lehrerverhalten als Ergebnis dessen, was andere (Gesellschaft, Kollegen, Schulbehörde) von Lehrern fordern und/oder
2. Verhalten, das aus den Ansichten eines Lehrers darüber resultiert, was ein Lehrer tun solle, und/oder
3. das Verhalten, das die meisten Lehrer normalerweise in bestimmten Situationen (wie z. B. im Unterricht) an den Tag legen“.

Diese Aufführungen von GUSKIN und GUSKIN sollen genügen, um die Rezipierung und Anwendung des Rollenbegriffes in der Erziehungswissenschaft zu illustrieren. Wir versuchen nun eine prinzipiellere Auseinandersetzung mit dem Rollen-Ansatz, weil dies uns gegenwärtig wichtiger scheint, als lediglich die Versuche, pädagogische Interaktionen mit Hilfe des Rollen-Konzepts zu analysieren, zu resümieren. Die folgenden Ausführungen schließen teilweise an Kapitel 4 an.

Der immer noch anhaltende Streit um den Rollen-Begriff lebt hauptsächlich davon, daß die Kontrahenten das jeweils gegnerische Konzept zur *Wirklichkeits*deutung hypostasieren und dann die daraus extrapolierten Prämissen als anthropologische und sozialphilosophische *Wesens*aussagen kritisieren (Lit.-Hinw. b. ULICH/MERTENS, 1973, S. 39, u. JOAS, 1973). Zumindest *eine* Voraussetzung für ein derartiges gezieltes Aneinander-Vorbeireden ist die mangelhafte Berücksichtigung des wissenschaftstheoretischen Status und der – wissenschaftshistorisch begründbaren – Eingebundenheit der jeweiligen Konzepte in teilweise erheblich voneinander divergierende Theorien gesellschaftlichen und individuellen Handelns, die ihrerseits in unterschiedlichen Paradigmen begründet sind. So kann man gegenwärtig mindestens sechs unterschiedliche Interpretationen des Rollen-Konzeptes unterscheiden, die sich allerdings gegenseitig nicht immer ausschließen, sondern oft überschneiden:

a) ein *normativistischer*, stabilitätsorientierter Ansatz, der den Konsens über „Werte“ und die Komplementarität von Bedürfnissen und Normen zu konstituierenden Bedingungen jeder Gesellschaft erhebt (PARSONS, 1951, und zum Teil MERTON, 1968);
b) ein *gesellschaftsanalytischer*, eher konflikt-orientierter Ansatz (z. B. POPITZ, 1967; CLAESSENS, 1968), der die konstituierenden Merkmale Herrschaft, Arbeitsteilung, Chancen-Zuteilung und die damit zusammenhängenden Normierungs- und Differenzierungsprozesse betont;
c) ein *intersubjektivistischer* Ansatz, der die Konstituierung von Bedeutungen und Normen in Interaktionsprozesse verlegt (z. B. MEAD, 1973) und mit dem

Rollenbegriff die – Interaktionen erst ermöglichende – Reziprozität von Perspektiven betont;

d) ein *anthropologischer* Ansatz, der in deutscher kulturkritischer Tradition von einem Gegensatz zwischen „Individuum“ und „Gesellschaft“ ausgeht (vgl. DAHRENDORF, 1965; TENBRUCK, 1961);

e) ein *subjektiv-idealistischer* Ansatz, in dessen Mittelpunkt die Anstrengungen des Individuums stehen, als *einzelner* sich vor dem Zugriff gesellschaftlicher Mächte zu bewahren und „Identität“ zu finden (vgl. HABERMAS, 1968, u. KRAPPMANN, 1971 a, auch DREITZEL, 1972);

f) ein *sozialpsychologischer*, empirisch-analytischer Ansatz, in dessen Mittelpunkt Begriffe wie Interaktion, Erwartung und Konformität stehen (vgl. SADER, 1969, auch BACKMAN/SECORD, 1972; GUSKIN/GUSKIN, 1973; WALLER, 1973).

Zusammengenommen versuchen diese Ansätze mit einer je spezifischen Fragestellung die von uns so oft betonten „Nahtstellen“ zu analysieren. Versuchen wir deshalb, zunächst ohne Berücksichtigung der unterschiedlichen Erklärungsansprüche und jeweiligen Reichweite der einzelnen Theorien, die Bedeutung des Rollen-Konzeptes auf jeder der von uns unterschiedenen drei Analyse-Ebenen zu präzisieren, damit die „vermittelnde“ Funktion dieses Begriffs deutlich wird. Die folgende Unterteilung akzentuiert also einen jeweils spezifischen Aspekt des Rollenbegriffs und damit auch eine spezifische Rollen-„Theorie“:

1. Auf *makro-sozialer* Ebene bezeichnet man mit Rollen gesamtgesellschaftlich *durchgesetzte Regeln*, die die Erfüllung von solchen Aufgaben anleiten und sichern, die aus irgendwelchen Gründen als „notwendig“ (im Sinne von systemerhaltend) angesehen werden. Eine dieser Aufgaben ist auf gesamtgesellschaftlicher Ebene natürlich Sozialisation, nämlich der Prozeß, durch den durchgesetzte Regeln an Heranwachsende vermittelt werden. Die Vermittlung sowie die Kontrolle der Einhaltung der Regeln geschieht in Institutionen, deren Zweckbestimmung und Überwachung ebenfalls gesamtgesellschaftlich geregelt ist.
2. Die *mikro-soziale* Ebene der Rollen-Definition wird durch das Geflecht der durch Herrschaft und Arbeitsteilung hervorgebrachten Positionen konstituiert. Rollen sind nur in bezug auf vorgegebene Positionen und in Relation zu korrespondierenden Positionen sinnvoll zu definieren. Auf dieser inter-personalen Ebene sind Rollen abstrakte idealtypische *Beziehungsmuster*, die konkrete Interaktionen unter dem Gesichtspunkt einer optimalen Aufgabenerfüllung normieren und vorstrukturieren.
3. Auf *individualpsychologischer* Ebene erscheinen Rollen als *Erwartungen* (gegenüber sich und anderen), die, da ein Leben außerhalb sozialer Bezüge nicht denkbar ist, trotz ihres potentiellen oder faktischen Zwangscharakters als

generelle Möglichkeitsbedingungen individuellen Handelns angesehen werden müssen. Diese Erwartungen können dem einzelnen im Sinne einer sozialen Komplexitäts-Reduktion (LUHMANN) als Orientierungshilfe dienen und die Handlungsplanung erleichtern. Freilich werden Rollenerwartungen zugleich auch als „Verpflichtungen" erlebt, woraus sich deren tendenziell repressiver Charakter ergibt. Unter individualpsychologischem Gesichtspunkt sind Rollen-Erwartungen „subjektive Korrelate einer sozial vermittelten Handlungsorientierung zur Regelung sozialer Beziehungen" (WALLER, 1973a, S. 214).

JOAS (1973, S. 66) kommt in seiner systematischen Analyse vorliegender Theorieansätze zu einer Definition, die die genannten drei Vermittlungsebenen zu berücksichtigen scheint. Rollen sind nämlich „intersubjektiv gültige Handlungsregeln, die sich in der Interaktion als reziproke Erwartungen ausdrücken (und aus diesen entstehen), welche – als gewissermaßen antizipierte Wahrnehmungen – die Form von entlastenden Typisierungsschemata annehmen müssen. Die Weite des betroffenen Handlungszusammenhangs, die Starrheit gegenüber einer Abweichung von der Regel und die Ausbreitung auf eine die Gültigkeit der Regel stützende Gemeinschaft sind dabei unterschiedlich". Nun entstehen allerdings die als „Rollen" bezeichneten Handlungsregeln sicher selten in Interaktionszusammenhängen, wenn sie auch in solchen vermittelt und internalisiert werden. Auch im Konzept der „Gemeinschaft", welche die Gültigkeit der Regel „stützt", kommt ein interaktionistisches Verständnis von Rolle zum Vorschein, das strukturellen Faktoren jenseits von Interaktionssituationen zu wenig Raum gibt. Dennoch bleibt der Hinweis wichtig, daß mit Hilfe von Rollen-Definitionen und Rollen-Interpretationen Verhaltensgeneralisierung und Verhaltensselektion erleichtert werden können. Wenn man allerdings Rollen vor allem unter dem Gesichtspunkt der Komplexitätsreduktion analysiert und bewertet, dann tritt eine weitere, heute oft hervorgehobene Begriffsbestimmung stark in den Hintergrund: daß nämlich „Rolle" auch die *strukturelle* Differenz von individuellem Bedürfnispotential und gesellschaftlich-selektiven Befriedigungschancen bezeichnet und damit über den Bereich bloß kognitiver sozialer Orientierung hinausweist. Den historischen und systematischen Zusammenhang zwischen

1. *Regeln*, die aufgrund etablierter Herrschaft durchgesetzt oder zumindest jederzeit durchsetzbar sind,
2. institutionalisierten *Beziehungsmustern* und
3. individuellen *Erwartungen*

kann man nur willkürlich an irgendeiner Stelle aufbrechen, um eine spezifische Fragestellung zu verfolgen.

Bevor man – was notwendig und legitim ist – spezifische Fragestellungen zu entwickeln versucht, ist es wichtig, sich über den potentiellen Erklärungswert von

Rollentheorien prinzipiell klar zu werden. Rollentheorien müßten von ihrem Anspruch her offenbar vor allem *stabilisierende* Einflußfaktoren präzisieren können, und zwar sowohl im Hinblick auf interpersonale Beziehungen wie im Hinblick auf Selbst-Definitionen (innerhalb sozialer Relationen). Rollentheorien müßten diejenigen Merkmale regelmäßigen sozialen Handelns erklären und vorhersagen können, die sich aus dem Innehaben einer „Position" ergeben, wobei natürlich jene Strukturen und Prozesse, die der Position selbst zugrundeliegen, auch aufgeklärt werden müssen. Vorschriften und Erwartungen müssen unter dem Gesichtspunkt ihrer handlungsleitenden und verhaltensstabilisierenden Funktion als *generalisierte Situationsdeutungen* begriffen werden, die nicht nur, analog dem strukturellen Merkmal „Position", genetisch, d. h. sozialisationstheoretisch und individuell-biographisch rekonstruierbar sein müssen, sondern deren Verhältnis zu entsprechenden (oder *nicht*-entsprechenden!) Bedürfnisdispositionen geklärt werden muß. Denn letztlich nützt eine Rollentheorie wenig, die nur Aussagen über die Stabilisierungsfunktion struktureller Einflußfaktoren, aber nicht über die Wahrscheinlichkeit von deren *Wirksamkeit* macht.
Es müßte also eine „Supertheorie" entwickelt werden, die sowohl die Durchsetzbarkeit von Regeln aus einer Gesellschaftstheorie schlüssig ableitet, wie auch das Maß und die Wirkung des individuellen Leidensdruck zu bestimmen erlaubt, der aus der Konfrontation von Rollendruck und Bedürfnissen resultiert. Eine derartige globale Theorie entwickeln zu wollen, wäre nicht nur äußerst kühn, sondern man muß sich auch fragen, ob mit dem Rollenbegriff überhaupt der geeignete zentrale Kristallisationspunkt einer derartigen Theorie gewählt wäre.
Gegen den Rollen-Begriff können gewichtige wissenschaftstheoretische Einwände gemacht werden, die für fast alle theorie-spezifischen Verwendungen dieses Begriffes gelten. Und zwar ist das Rollenkonzept im wesentlichen ein Ergebnis von „Verdinglichung", oder wie STEINERT sagt, einer „Reifikation sozialer Relationen" (STEINERT/FALK, 1973, S. 24). Diese Reifikation geschieht in einer zirkelhaften Argumentation: Eine konkrete Abfolge von Handlungen wird abstrakt nach einem bestimmten Gesichtspunkt zusammengefaßt und zugleich bewertet, um dann die Handlungen selbst auf den durch Abstraktion gewonnenen Oberbegriff kausal-genetisch zurückzuführen. Für den Erklärungsbegriff „Rolle" heißt das: Das durch Abstraktion und Bewertung gewonnene Verhaltensmerkmal „Konformität" wird unter der Hand – als „Rolle" – zur Ursache oder Bedingung des beobachteten konformen Verhaltens. Das Merkmal der Verhaltenskonformität oder besser: das aus Interaktionen abstrahierte Merkmal „Komplementarität" der Handlungen und Einstellungen wird zu einer eigenen Entität, der diejenigen Handlungen, von denen es abstrahiert worden ist, als „Wirkungen" zugeschrieben werden (vgl. STEINERT/FALK, a. a. O., S. 21).
Dies wird ganz deutlich, wenn man bedenkt, daß Rollen nach allgemeiner Übereinstimmung Normen sind, die unser Verhalten „leiten" oder gar „determinieren". Obwohl aus Handlungs-*Prozessen* abstrahiert, gewinnen normative

Rollenerwartungen quasi ein Eigenleben, das die konkrete, wenn auch oft nur schwer zu rekonstruierende Abfolge von Situationen, Entscheidungen und Handlungen, durch die Regeln durchgesetzt und aufrechterhalten werden, verdeckt. Rollen sind eigentlich nicht viel mehr als „Erfindungen" des Sozialwissenschaftlers, der Interaktions-Situationen und -Prozesse untersucht und die dabei „entdeckten" Merkmale der Stabilität zu Ursachen reifiziert und gleichzeitig *Prozesse* der Situations-Definition und des Kampfes um diese übersieht.
Wenn man dem Rollenkonzept aufgrund der Einsicht in den zirkelhaften Argumentationsgang seinen kausal-analytischen Erklärungsanspruch nimmt, dann ist „Rolle" nur noch die Bezeichnung eines abstrakten idealtypischen Beziehungsmusters (STEINERT/FALK, a. a. O., S. 26). Der Begriff sagt dann z. B. in seiner strukturell-funktionalen Fassung etwas aus über Beziehungen zwischen Menschen, wie sie unter dem Gesichtspunkt einer *optimalen* System-Integration zu *erwarten* sind. Also kann mit dem Rollenbegriff kein konkreter sozialer Sachverhalt gemeint sein, sondern lediglich eine abstrakte Relation, ein Verhältnis, das (in der Theorie) die Menschen unter der hypothetischen Voraussetzung eingehen, daß es eindeutige Ziele und Wege der „Systemerhaltung" und Konsens darüber gebe. Wir haben bereits oben anhand der Forderungen von RÜSCHEMEYER gezeigt, wie schwer es ist, von den idealtypischen Konstrukten der strukturell-funktionalen Theorie wie hier dem Rollen-Begriff zur empirischen Erforschung der nur heuristisch abgegrenzten Sachverhalte zu kommen. Es sind derzeit keine Kriterien denkbar, die es erlauben würden, angeblich *rollen*spezifische von situations-, persönlichkeits-, aufgaben- oder interaktionsspezifischen Einflußfaktoren des Verhaltens zu unterscheiden.
Sollte man sich jedoch darauf versteifen, „Rollen" weiterhin als Erklärungsbegriffe für soziales Handeln zu verwenden, so müßte man sich auch mit der Frage beschäftigen, auf welche Weise diese „Rollen" überhaupt *handlungs*relevant werden. Im Rückgriff auf einige Ausführungen des 4. Kapitels kann man darauf die folgende Antwort geben: Die zunächst in der Familie als „Rollen" vorgegebenen und vom Kind erfahrbaren sozialen Beziehungsstrukturen werden internalisiert und zu Beziehungs-Definitionen entwickelt, die dann als kognitive Repräsentanten jener früh erfahrenen Beziehungsstrukturen nicht nur aktuelles Verhalten steuern, sondern auch das Bezugssystem für die Erfahrung und Integration neuer sozialer („Rollen"-)Beziehungen abgeben.

Literaturverzeichnis

Ahlborn, H.-U.: Kommunikation und Lernprozesse. Zur Praxis pädagogischer Beeinflussung. Stuttgart 1975.

Ahrens, St.: Außenseiter und Agent. Stuttgart 1975.

Albert, H.: Theorie und Prognose in den Sozialwissenschaften. In: Topitsch, E. (Hrsg.), Logik der Sozialwissenschaften. Köln [4]1967, S. 126–143.

Allport, G. W.: The historical background of modern social psychology. In: Lindzey, G. u. Aronson, E. (Hrsg.), Handbook of Social Psychology. Reading (Mass.), [2]1968, Bd. I., S. 1–80.

Apel, K.-O.: Die erkenntnisanthropologische Funktion der Kommunikationsgemeinschaft und die Grundlagen der Hermeneutik. In: Moser, S. (Hrsg.), Information und Kommunikation. München-Wien 1968, S. 163–171.

Apel, K.-O.: Szientismus oder transzendentale Hermeneutik? In: Bubner, R. (Hrsg.), Hermeneutik u. Dialektik. Tübingen 1970, Bd. I.

Archibald, P.: Symbolic interaction theory. A critical review and reformulation. Z. f. Soz. 1, 1972, H. 3, S. 193–208.

Arbeitsgruppe Bielefelder Soziologen: Alltagswissen, Interaktion und gesellschaftliche Wirklichkeit (2 Bde.). Reinbek 1973.

Argyle, M.: Soziale Interaktion. Köln 1972.

Aronfreed, J.: Conduct and conscience. The socialization of internalized control over behavior. New York 1968.

Aronfreed, J.: The concept of internalization. In: Goslin, D. A. (Hrsg.), Handbook of socialization theory and research. Chicago [2]1971, S. 263–323.

Asch, S. E.: Studies of independence and conformity: A minority of one against a unanimous majority. Psychological Monographs 70, 1956, Nr. 9 (whole No. 416).

Baacke, D.: Kommunikation zwischen Zwang und Freiheit. Ansätze zu einer pädagogischen Kommunikationstheorie. In: Glaser, H. (Hrsg.), Kybernetikon. München 1971, S. 38–87.

Baacke, D.: Kommunikation als System und Kompetenz. Neue Sammlung 11, H. 6, 1971 u. 12, H. 1, 1972.

Baacke, D.: Aspekte einer Vermittlung von Kommunikations- und Erziehungswissenschaft. In: Hoffmann, D. u. Tütken, H. (Hrsg.), Realistische Erziehungswissenschaft. Hannover 1972.

Baacke, D.: Kommunikation und Kompetenz. Grundlegung einer Didaktik der Kommunikation und ihrer Medien. München 1973.

Bachmair, G.: Unterrichtsanalyse. Weinheim 1974.

Backman, C. W. u. Secord, P. F.: Sozialpsychologie der Schule. Weinheim 1972 ([2]1973).

Badura, B. u. Gloy, K. (Hrsg.): Soziologie der Kommunikation. Stuttgart-Bad Cannstatt 1972.

Bahrdt, H. P.: Industriebürokratie. Stuttgart 1958.

BAKER, J. P. u. CHRIST, J. L.: Lehrererwartungen – Ein Literaturbericht. In: ELASHOFF, J. D. u. SNOW, R. E. (Hrsg.), Pygmalion auf dem Prüfstand. München 1972, S. 66–84.

BALDWIN, A. L.: A cognitive theory of socialization. In: GOSLIN, D. A. (Hrsg.), Handbook of socialization theory and research. Chicago 1969 ([2]1971).

BALDWIN, A. L.: Theorien primärer Sozialisationsprozesse. Weinheim 1974 (amerik. 1967).

BALES, R. F.: Interaction process analysis: A method for the study of small groups. Chicago 1950.

BALL, D. W.: ‚The definition of situation': Some theoretical and methodological consequences of taking W. I. Thomas seriously. J. Theory Soc. Behavior 2, 1, 1972, S. 61–82.

BANDURA, A.: Analysis of modeling processes. In: BANDURA, A. (Hrsg.), Psychological modeling: Conflicting theories. Chicago 1971.

BANDURA, A. u. WALTERS, R. H.: Social learning and personality development. New York 1963.

BANY, M. A. u. JOHNSON, L. V.: Classroom group behavior: Group dynamics in education. New York 1964.

BARTELS, K.: Pädagogischer Bezug. In: SPECK, J. u. WEHLE, G. (Hrsg.), Handbuch pädagogischer Grundbegriffe. Bd. II. München 1970.

BECK, G.: Soziales Lernen in der Grundschule. Die Deutsche Schule 1975, H. 2.

BECK, J.: Lernen in der Klassenschule. Hamburg 1974.

BECKER, H.: Social interaction. In: GOULD, J. u. KOLB, W. L. (Hrsg.), A dictionary of the social sciences. London 1964, S. 657f.

BELSCHNER, W.: Schulprobleme: Schwierigkeiten in der Beziehung zwischen Lehrer und Schüler. In: BELSCHNER, W., u. a., Verhaltenstherapie in Erziehung und Unterricht. Stuttgart 1973.

BEN-DAVID, J. u. COLLINS, R.: Soziale Faktoren im Ursprung einer neuen Wissenschaft: der Fall der Psychologie. In: WEINGART, P. (Hrsg.), Wissenschaftssoziologie 2 – Determinanten wissenschaftlicher Entwicklung. Frankfurt 1974.

BERGER, P. L. u. LUCKMANN, TH.: Die gesellschaftliche Konstruktion der Wirklichkeit. Frankfurt 1970.

BERNDT, E.-B. u. a.: Erziehung der Erzieher. Das Bremer Reform-Modell. Reinbek 1972.

BERNFELD, S.: Sisyphos oder die Grenzen der Erziehung. Frankfurt 1967 (zuerst Leipzig 1925).

BERNFELD, S.: Die Schulgemeinde und ihre Funktion im Klassenkampf. In: Ders., Antiautoritäre Erziehung und Psychoanalyse. Bd. 2. Darmstadt 1969 (zuerst Berlin 1928).

BERNSTEIN, B.: Klassifikation und Vermittlungsrahmen im schulischen Lernprozeß. Z. f. Päd. 17, 1971, H. 2, S. 145ff.

BERNSTEIN, B.: Soziologie und Soziologie der Erziehung: Einige kurze Anmerkungen. In: HURRELMANN, K. (Hrsg.), Soziologie der Erziehung. Weinheim 1974, S. 47–62.

BETZEN, K. u. NIPKOW, K. E.: Der Lehrer in Schule und Gesellschaft. München 1971.

BIDDLE, B. J. u. THOMAS, E. J. (Hrsg.): Role theory, concepts and research. New York 1966.

BIDWELL, CH. E.: The social psychology of teaching. In: TRAVERS, R. M. W. (Hrsg.), Second handbook of research on teaching. Chicago 1973, S. 413–449.

BIERBRAUER, G.: Soziale Schicht und Verhaltensstörungen. In: KEUPP, H. (Hrsg.), Verhaltensstörungen und Sozialstruktur. München 1974.

BIERSTEDT, R.: Eine Analyse sozialer Macht. In: MÜHLFELD, C. u. SCHMID, M. (Hrsg.), Soziologische Theorie. Hamburg 1974, S. 380–391.

BILDEN, H.: Zur Kritik sozialisationstheoretischer Konzepte bei Habermas. Unv. Diss., München 1975.

BINTIG, A. u. a.: Kritische Einführung in die Sozialpsychologie. Weinheim 1976.

BLANKERTZ, H.: Theorien und Modelle der Didaktik. München [6]1972.

Blau, P. M.: Exchange and power in social life. New York 1964.

Blau, P. M.: Social exchange. In: Sills, D. L. (Hrsg.), International Encyclopedia of the Social Sciences. Bd. VII. New York 1968, S. 452–457.

Blumer, H.: Der methodologische Standort des Symbolischen Interaktionismus. In: Arbeitsgruppe Bielefelder Soziologen (Hrsg.), Alltagswissen, Interaktion und gesellschafliche Wirklichkeit. Hamburg 1973, S. 80–146.

Bönsch, M.: Unterricht als Vermittlungsprozeß und Reflektion des Vermittlungsprozesses. Die Deutsche Schule 1974, H. 4, S. 298–304.

Bohnsack, R.: Handlungskompetenz und Jugendkriminalität. Neuwied-Berlin 1973.

Bollnow, O. F.: Existenzphilosophie und Pädagogik. Stuttgart 1959.

Bollnow, O. F.: Empirische Wissenschaft und Hermeneutische Pädagogik. Z. f. Päd. 17, 1971.

Boocock, S. S.: Toward a sociology of learning: A selective review of existing research. Sociology of education 39, 1966, S. 1–45.

Bott, H.: Ein Versöhnungsversuch zwischen historisch-materialistischer Gesellschaftsanalyse und bürgerlicher Pädagogik. In: Erziehung und Klassenkampf 12, 1973, H. 3, S. 63–70.

Brandstätter, H., Schuler, H. u. Stocker-Kraichgauer, G.: Psychologie der Person. Stuttgart 1974.

Brezinka, W.: Von der Pädagogik zur Erziehungswissenschaft. Weinheim 1971 (1. Aufl.).

Bronfenbrenner, U.: A theoretical perspective for research on human development. In: Dreitzel, H. P. (Hrsg.), Childhood and socialization. New York 1973, S. 337–363.

Brophy, J. E. u. Good, Th. L.: Teacher-Student Relationships. Causes and consequences. New York 1974 (deutsch: Die Lehrer-Schüler-Interaktion. Herausgegeben von D. Ulich. München 1976).

Brown, R.: Social psychology. New York-London 1965.

Brüggen, G.: Möglichkeiten und Grenzen der Soziometrie. Ein Beitrag zur Gruppendynamik der Schulklasse. Neuwied-Berlin 1974.

Bruder, K.-J.: Taylorisierung des Unterrichts. Zur Kritik der Instruktionspsychologie. Kursbuch 24, 1971, S. 113–130.

Brumlik, M.: Der symbolische Interaktionismus und seine pädagogische Bedeutung. Frankfurt 1973.

Brusten, M. u. Hurrelmann, K.: Abweichendes Verhalten in der Schule. Eine Untersuchung zu Prozessen der Stigmatisierung. München 1973.

Bühl, W.: Einführung in die Wissenschaftssoziologie. München 1974.

Campbell, E.: The internalization of moral norms. Sociometry 27, 1964, S. 394–412.

Cartwright, D. u. Zander, A.: Power and influence in groups: Introduction. In: Dies. (Hrsg.), Group dynamics. Research and theory ³1968, S. 215–235.

Cazden, C. G.: Die Situation. In: Klein, W. u. Wunderlich, D. (Hrsg.), Aspekte der Soziolinguistik. Frankfurt 1971.

Chomsky, N.: Aspekte der Syntax-Theorie. Frankfurt 1969.

Cicourel, A.: The acquisition of social structure: Towards a developmental sociology of language and meaning. In: Ders., Cognitive Sociology. Hamondsworth 1973.

Cicourel, A. u. a.: Language use and school performance. New York 1974.

Claessens, D.: Rolle und Macht. München 1968 (²1970).

Cloetta, B. u. a.: Berufsrelevante Einstellungen als Ziele der Lehrerausbildung. Z. f. Päd. 1973, 19, S. 919–941.

Cohen, A. K.: Abweichung und Kontrolle. München 1968 (³1972).

Combe, A.: Kritik der Lehrerrolle. Gesellschaftliche Voraussetzungen und soziale Folgen des Lehrerbewußtseins. München 1971.

COMBE, A.: Wohin treibt die Bildungspolitik? betrifft: erziehung 1975, Heft 3.

COMTE, A.: Soziologie. 3 Bde. Jena 1923.

COOLEY, C. H.: Human Nature and the social order. New York 1964 (zuerst: New York 1902).

COTTRELL, L. S.: Interpersonal interaction and the development of the self. In: GOSLIN, D. A. (Hrsg.), Handbook of socialization theory and research. Chicago ²1971, S. 543–570.

DAHEIM, H.: Die Rolle von Interessengruppen und Berufsverbänden bei Reformen im Bildungssystem. In: FREY, K. u. BLÄNSDORF, K. (Hrsg.), Integriertes Curriculum Naturwissenschaft der Sekundarstufe I. Weinheim 1974.

DAHL, R. A.: Macht und Einfluß. In: MÜHLFELD, C. u. SCHMID, M. (Hrsg.), Soziologische Theorie. Hamburg 1974, S. 361–379.

DAHRENDORF, R.: Homo sociologicus. Köln-Opladen ⁵1965.

DAVIS, K. u. MOORE, W. E.: Einige Prinzipien der sozialen Schichtung. In: HARTMANN, H. (Hrsg.), Moderne amerikanische Soziologie. Stuttgart ²1973, S. 394–410.

DENZIN, N. K.: Rules of conduct and the study of deviant behavior: Some notes on the social relationship. In: DOUGLAS, J. D. (Hrsg.), Deviance and respectability: The social construction of moral meanings. New York-London 1970, S. 120–159.

DICK, F.: Wenn p dann q. Widersprüche des nomothetischen Gesetzesbegriffes der empirisch-analytischen Sozialwissenschaften und dessen doppelte ideologische Funktion. Theorie und Kritik 1. Gießen 1972.

DIEDERICH, W. (Hrsg.): Theorien der Wissenschaftsgeschichte. Beiträge zur diachronischen Wissenschaftstheorie. Frankfurt 1974.

DREITZEL, H. P.: Die gesellschaftlichen Leiden und das Leiden an der Gesellschaft. Vorstudien zu einer Pathologie des Rollenverhaltens. Stuttgart 1968.

DREITZEL, H. P.: Soziale Rolle und politische Emanzipation. Das Argument 14, 1972, H. 1/2, S. 110–129.

DUNKIN, M. u. BIDDLE, B.: The study of teaching. New York 1974.

EBELTOFT, A.: Kommunikation und Zusammenabeit in der Schule. Weinheim 1974.

EICHHORN, I. W. u.a. (Hrsg.): Wörterbuch der marxistisch-leninistischen Soziologie. Köln-Opladen 1969 (²1971).

EICHLER, W.: Zur Psychologie der kommunikativen Interaktion und ihrer Relevanz für die Sprachdidaktik. Die Schulwarte 27, 1974, H. 6, S. 58–78.

ELASHOFF, J. D. u. SNOW, R. E.: Pygmalion auf dem Prüfstand. Hrsg. und eingeleitet von F. ACHTENHAGEN. München 1972.

EMERSON, R. M.: Power-dependence relations. American sociological review 27, 1962, S. 31–41.

ERLEMEIER, N.: Zur Frage der Wirkungen von Lehrererwartungen auf das Schülerverhalten. Z. f. Päd. 19, 1973, 4, S. 537–552.

FALK, G. u. STEINERT, H.: Über den Soziologen als Konstrukteur von Wirklichkeit, das Wesen der sozialen Realität, die Definition sozialer Situationen und die Strategien ihrer Bewältigung. In: STEINERT, H. (Hrsg.), Symbolische Interaktion. Stuttgart 1973.

FEND, H.: Schulorganisation als Makroorganisation von Lernprozessen. In: MESSNER, R. u. RUMPF, H. (Hrsg.), Didaktische Impulse. Wien 1971, S. 197–237.

FEND, H.: Konformität und Selbstbestimmung. Weinheim ²1973.

FEND, H.: Gesellschaftliche Bedingungen schulischer Sozialisation. Weinheim 1974.

FEND, H. u.a.: Latente Lernprozesse in der Schule. Weinheim 1976.

FINGERLE, K.: Funktionen und Probleme der Schule. Didaktische und systemtheoretische Beiträge zu einer Theorie der Schule. München 1973.

FITTKAU, B. u.a. (Hrsg.): Kommunikations- und Verhaltenstraining für Erziehung, Unterricht und Ausbildung. Pullach-München 1974.

FLANDERS, N. A.: Künftige Entwicklungen bei der Analyse der verbalen Kommunikation in der Klasse. Programmiertes Lernen, Unterrichtstechnologie und Unterrichtsforschung 8, 1971, S. 133–148.

FLANDERS, N. A. u. SIMON, A.: Teacher Effectiveness. In: EBEL, R. L. (Hrsg.), Encyclopedia of educational research. New York [4]1969, S. 1423–1434.

FLAVELL, J. u.a.: Rollenübernahme und Kommunikation bei Kindern. Weinheim 1975.

FLECHSIG, K.-H. u.a.: Die Steuerung und Steigerung der Lernleistung durch die Schule. In: ROTH, H. (Hrsg.), Begabung und Lernen. Stuttgart [4]1969.

FOLLETT, M. P.: Dynamic administration. (Hrsg. METCALF, H. C. u. URWICK, L.) New York 1942.

FRENCH, J. R. P. jr. u. RAVEN, B. H.: The bases of social power. In: CARTWRIGHT, D. u. ZANDER, A. (Hrsg.): Group dynamics – Research and Theory. New York [3]1968, S. 259–269.

FREY, H.-P.: Vorteile und Risiken komplexer Modelle als Bezugsrahmen für die Sozialisationsforschung. Soziale Welt 26, 1975, H. 1. S. 31–44.

FREY, K. u. LANG, M. (Hrsg.): Kognitionspsychologie und naturwissenschaftlicher Unterricht. Bern-Stuttgart 1973.

FRICKE, R.: Zusammenhänge zwischen Lehrerverhalten und Schülerleistung. Ein methodenkritischer Beitrag zur empirischen Unterrichtsforschung. Unv. Manuskript, Braunschweig 1975.

FRITZ, J. u.a.: Interaktionspädagogik. Methoden und Modelle. München 1975.

FRÖHLICH, D. u. WELLEK, ST.: Der begrifflich-theoretische Hintergrund der Sozialisationsforschung. In: GRAUMANN, C. F. (Hrsg.), Hdb. d. Psychol. VII/2 (Sozialpsychologie). Göttingen 1972, S. 661–714.

GADAMER, H. G.: Wahrheit und Methode. Grundzüge einer philosophischen Hermeneutik. Tübingen [2]1965.

GAGE, N. L.: Paradigms for research on teaching. In: Ders. (Hrsg.), Handbook of research on teaching. Chicago 1963, S. 94–141.

GAMM, H.-J.: Kritische Schule. München 1970.

GERNER, B.: Der Lehrer – Verhalten und Wirkung. Darmstadt 1972.

GERTH, H. u. MILLS, C. W.: Person und Gesellschaft. Die Psychologie sozialer Institutionen. Frankfurt 1970 (amerik. 1953).

GERTH, H. u. MILLS, C. W.: Motivvokabulare. In: STEINERT, H. (Hrsg.), Symbolische Interaktion. Stuttgart 1973, S. 156–161.

GETZELS, J. W.: A social psychology of education. In: LINDZEY, G. u. ARONSON, E. (Hrsg.), The handbook of social psychology, 2. Aufl., Bd. V. Reading/Mass., 1969, S. 459–537.

GIESEN, B. u. SCHMID, M. (Hrsg.): Theorie, Handeln und Geschichte. Erklärungsprobleme in den Sozialwissenschaften. Hamburg 1975.

GIFFIN, K. u. PATTON, B. R.: Fundamentals of interpersonal communication. New York 1971.

GIFFIN, K. u. PATTON, B. R. (Hrsg.): Basic readings in interpersonal communication. New York 1971.

GLIDEWELL, J. C., KANTOR, M. B., SMITH, L. M. u. STRINGER, L. A.: Socialization and social structure in the classroom. In: HOFFMAN/HOFFMAN (Hrsg.), Review of child development research. Bd. II. New York 1966, S. 221–256.

GOFFMAN, E.: Wir spielen alle Theater. München 1969.

GOFFMAN, E.: Verhalten in sozialen Situationen. Strukturen und Regeln der Interaktion im öffentlichen Raum. Gütersloh 1971.

GOFFMAN, E.: Asyle. Über die soziale Situation psychiatrischer Patienten und anderer Insassen. Frankfurt 1973.

GOLD, V. u. a.: Kinder spielen Konflikte. Neuwied-Berlin 1973.

GOLDFRIED, M. R. u. KENT, R. N.: Herkömmliche gegenüber verhaltenstheoretischer Persönlichkeitsdiagnostik: ein Vergleich methodischer und theoretischer Voraussetzungen. In: SCHULTE, D. (Hrsg.), Diagnostik in der Verhaltenstherapie. München 1974.

GOLDIAMOND, I.: Motivation – some ways and means. In: Technoloy and innovation in education. Hrsg.: Aerospace Education Foundation. New York 1968, S. 6–16.

GORDON, I. J.: Studying the child in the school. New York 1966.

GOSLIN, D. A. (Hrsg.): Handbook of socialization theory and research. Chicago 1969 ([2]1971).

GOULDNER, A. W.: The coming crisis of western sociology. London 1970.

GRACE, G. R.: Der Lehrer im Rollenkonflikt. Düsseldorf 1973.

GRAUMANN, C. F.: Eigenschaften als Problem der Persönlichkeitsforschung. In: THOMAE, H. u. LERSCH, PH. (Hrsg.), Handbuch der Psychologie Bd. IV (Persönlichkeitspsychologie). Göttingen 1960, S. 81–155.

GRAUMANN, C. F.: Sozialpsychologie: Ort, Gegenstand und Aufgabe. In: Ders. (Hrsg.), Handbuch der Psychologie, Bd. VII/1, 1969, S. 3–80.

GRAUMANN, C. F.: Interaktion und Kommunikation. In: Ders. (Hrsg.), Handb. d. Psychologie Bd. VII/2 (Sozialpsychologie). Göttingen 1972, S. 1109–1262.

GRELL, J.: Techniken des Lehrerverhaltens. Weinheim 1974.

GRODDECK, N.: Schule und Spätkapitalismus. Die Deutsche Schule 1974, H. 4, S. 259–275.

GROSS, P.: Reflexion, Spontaneität und Interaktion. Zur Diskussion soziologischer Handlungstheorien. Stuttgart-Bad Cannstatt 1972.

GRUND, D., NEITZEL, G. u. OTTO, H.: Besprechung von MOLLENHAUERS „Theorien zum Erziehungsprozeß“. Z. f. Päd. 20, 1, 1974, S. 166ff.

GRUPPENPÄDAGOGIK – GRUPPENDYNAMIK: Schriftenreihe der International society for group activity in education. Hrsg. E. MEYER. Heidelberg 1972ff.

GUSKIN, A. E. u. GUSKIN, S. L.: Sozialpsychologie in Schule und Unterricht. Ulm 1973.

HABERMAS, J.: Zur Logik der Sozialwissenschaften. Tübingen 1967.

HABERMAS, J.: Thesen zur Theorie der Sozialisation (Manuskript). Frankfurt 1968 (jetzt in: Ders., Kultur und Kritik, Frankfurt 1973, S. 118–194).

HABERMAS, J.: Erkenntnis und Interesse. Frankfurt 1968a.

HABERMAS, J.: Vorbereitende Bemerkungen zu einer Theorie der kommunikativen Kompetenz. In: HABERMAS, J. u. LUHMANN, N.: Theorie der Gesellschaft oder Sozialtechnologie? Frankfurt 1971, S. 101–141.

HABERMAS, J.: Wahrheitstheorien. In: Wirklichkeit und Reflexion. Festschrift f. Walter Schulz. Pfullingen 1973, S. 211-265.

HACK, L. u. a.: Klassenlage und Interessenorientierung. Z. v. Soz. 1, 1972, S. 15–30.

HÄNDLE, CHR.: Erkundungen zum Unterricht – Bericht aus einem Handlungsforschungsprojekt. betrifft: erziehung 7, 1974, H. 9, S. 51–56.

HÄNSEL, D.: Die Widersprüchlichkeit der Lehrerrolle. In: ROLFF, H.-G. u. a., Strategisches Lernen in der Gesamtschule. Hamburg 1974, S. 226–255.

HÄNSEL, D.: Die Anpassung des Lehrers. Zur Sozialisation in der Berufspraxis. Weinheim 1975.

HALBFAS, H.: Soziales Lernen im schulischen Konkurrenzsystem. In: HALBFAS, H., MAURER, F. u. POPP, W. (Hrsg.), Lernen und soziale Erfahrung. Stuttgart 1974, S. 188–201.

HALBFAS, H., MAURER, F. u. POPP, W.: Lernen und soziale Erfahrung. Stuttgart 1974.

HALL, C. S. u. LINDZEY, G.: Theories of personality. New York 1957.

HALLER, H.-D.: Zur Integration sozialer und kognitiver Lernprozesse. In: HALBFAS, H., MAURER, F. u. POPP, W. (Hrsg.), Entwicklung der Lernfähigkeit. Stuttgart 1972, S. 145–166.

HANKE, B., MANDL, H. u. PRELL, S.: Soziale Interaktion im Unterricht. Darstellung und Anwendung des Interaktionsanalyse-Systems von N. A. FLANDERS. München 1973 (^{2}1974).

HARGREAVES, D. H.: Interpersonale Beziehungen und das soziale System der Schule. In: MORRIS, J. F. u. LUNZER, E. A. (Hrsg.), Das Lernen in der Schule. Stuttgart 1972, S. 266–293.

HARTMANN, H. (Hrsg.): Moderne Amerikanische Soziologie. Stuttgart ^{2}1973.

HAUG, F.: Eine Rollentheorie im revolutionären Kostüm? Das Argument 14, 1972, 1/2, 130–136.

HECKHAUSEN, H.: Furcht und Hoffnung in der Leistungsmotivation. Meisenheim 1963.

HECKHAUSEN, H.: Allgemeine Psychologie in Experimenten. Göttingen 1969.

HECKHAUSEN, H.: Förderung der Lernmotivierung und der intellektuellen Tüchtigkeiten. In: ROTH, H. (Hrsg.), Begabung und Lernen. Stuttgart ^{4}1969 a, S. 193–228.

HECKHAUSEN, H.: Die Interaktion der Sozialisationsvariablen in der Genese des Leistungsmotivs. In: GRAUMANN, C. F. (Hrsg.), Handbuch der Psychologie, Bd. VII/2 (Sozialpsychologie). Göttingen 1972, S. 955–1019.

HECKHAUSEN, H.: Leistungsprinzip und Chancengleichheit. In: ROTH, H. u. FRIEDRICH, D. (Hrsg.), Bildungsforschung, Bd. 1. Stuttgart 1975, S. 101–152.

HECKMANN, F.: Können die Hypothesen der Einstellungsänderungstheorie zur Erklärung von Sozialisationsprozessen beitragen? In: WALTER, H. (Hrsg.), Sozialisationsforschung, Bd. I. Stuttgart-Bad Cannstatt 1973.

HEIDEGGER, M.: Sein und Zeit. Tübingen ^{9}1960.

HEILHECKER, P. u. a.: Zur Entwicklung sozialer Beziehungen bei jüngeren Schulkindern. Berlin (Ost) 1975.

HEINZE, TH. u. a.: Handlungsforschung im pädagogischen Feld. München 1975.

HEINZE-PRAUSE, R. u. HEINZE, TH.: Soziale Interaktion in der Schulklasse. Westermanns Pädagogische Monatsbeiträge 26, 1974 a, H. 5, S. 265–274.

HEINZE-PRAUSE, R. u. HEINZE, TH.: Unterrichtsforschung als Unterricht. Hauptschulprojekt: Schülertaktiken im Unterricht. betrifft: erziehung 7, 1974 b, H. 10, S. 48–53.

HELBING, B.: Zwischenmenschliche Beziehungen – Voraussetzung und Medium der Erziehung. In: Westermanns Päd. Monatsbeiträge 26, 1974, H. 5, S. 275–283.

HEMPEL, C. G.: The Logic of functional analysis. In: GROSS, L. (Hrsg.), Symposium on sociological theory. New York 1959.

HENRY, J.: Attitude organization in elementary school classrooms. American J. Orthopsychiatry 27, 1957, S. 117–133.

HENRY, J.: Culture against man. New York 1965.

HENRY, J.: Der erlebte Alptraum. betrifft: erziehung 6, 1973, H. 5, S. 23–26.

HENRY, N. B. (Hrsg.): The dynamics of instructional groups. Chicago 1960.

HERRMANN, THEO (Hrsg.): Psychologie der Erziehungsstile. Göttingen 1966.

HIEBSCH, H.: Methodologische Fragen der Gruppenuntersuchungen. In: VORWERG, M. (Hrsg.), Die Struktur des Kollektivs in sozialpsychologischer Sicht. Berlin (Ost) 1970.

HIELSCHER, H.: Das Lehrerverhalten als Lernbarriere für Unterprivilegierte. Beispiel: Identifikationslernen. In: HIELSCHER, H. (Hrsg.), Die Schule als Ort sozialer Selektion. Heidelberg 1972.

HILGARD, E. R. u. ATKINSON, R. C.: Introduction to Psychology. New York ^{4}1967.

HIMMELWEIT, H. u. SWIFT, B.: A model for the understanding of school as a socializing agent. In: MUSSEN, P. H. u. a. (Hrsg.), Trends and issues in the development of psychology. New York 1969, S. 154-181.

HOFFMAN, M. L. u. HOFFMAN, L. W. (Hrsg.): Review of child development research. Bd. I u. II. New York 1964, 1966.

HOFFMAN, M. L.: Moral development. In: MUSSEN, P. H. (Hrsg.), Carmichaels Manual of child psychology. New York 1970, S. 261-359.

HOFSTÄTTER, P. R.: Sozialpsychologie. Berlin 1956.

HOFSTÄTTER, P. R.: Gruppendynamik. Hamburg/Reinbek 1968.

HOFSTÄTTER, P. R.: Differentielle Psychologie. Stuttgart 1971.

HOLM, K.: Zum Begriff der Macht. KZSS 21, 1969, S. 269–288.

HOLLAND, J. G. u. SKINNER, B. F.: Analyse des Verhaltens. München 1971.

HOLSTEIN, H.: Die Schule als Institution. Ratingen 1972.

HOLZER, H.: Kommunikationssoziologie. Reinbek 1973.

HOLZKAMP, K.: Verborgene anthropologische Voraussetzungen der allgemeinen Psychologie. In: Ders., Kritische Psychologie. Frankfurt 1972.

HOLZKAMP, K.: Wissenschaftstheoretische Grundlagen kritisch-emanzipatorischer Psychologie. In: ULICH, D. (Hrsg.), Theorie und Methode der Erziehungswissenschaft. Weinheim 1972a (^{2}1974), S. 431–478.

HOMANS, C. G.: Theorie der sozialen Gruppe. Köln-Opladen 1960 (amerik. 1950).

HOMANS, C. G.: Fundamental social processes. In: SMELSER, N. J. (Hrsg.), Sociology: An introduction. New York 1967.

HOMANS, C. G.: Elementarformen sozialen Verhaltens. Köln-Opladen 1968 (amerik. 1961).

HOMANS, C. G.: Soziales Verhalten als Austausch. In: HARTMANN, H. (Hrsg.), Moderne amerikanische Soziologie. Stuttgart ^{2}1973. (Auszug aus: Ders., Social behavior as exchange. AJS 63, 1958, S. 597–606.)

HOMFELDT, H. G.: Stigma und Schule. Abweichendes Verhalten bei Lehrern und Schülern. Düsseldorf 1974.

HORN, K. (Hrsg.): Gruppendynamik und der ‚subjektive Faktor'. Frankfurt 1972.

HÜBNER, H. u. RAUH, CHR.: Soziale Faktoren des Unterrichtsprozesses. In: INGENKAMP, K. u. PAREY, E. (Hrsg.), Hdb. d. Unterrichtsforschung, Bd. II. Weinheim 1970.

HÜLST, D., TJADEN, K. H. u. TJADEN-STEINHAUER, M.: Methodenfragen der Gesellschaftsanalyse. Frankfurt 1973.

HÜLST, D.: Regelmäßigkeit und Erfahrung. Zum Problem sozialwissenschaftlicher Theoriekonstruktion. In: HÜLST, D. u.a., Methodenfragen der Gesellschaftsanalyse. Frankfurt 1973.

HUMMELL, H. J.: Psychologische Ansätze zu einer Theorie sozialen Verhaltens. In: KÖNIG, R. (Hrsg.), Hdb. d. emp. Sozialforschung, Bd. 2. Stuttgart 1969, S. 1157–1277.

HURRELMANN, K.: Ansätze zu einer Theorie gesellschaftlich organisierter Sozialisation. In: Ders., Soziologie der Erziehung. Weinheim 1974, S. 13–46.

HURRELMANN, K. (Hrsg.): Soziologie der Erziehung. Weinheim 1974a.

HURRELMANN, K.: Erziehungssystem und Gesellschaft. Reinbek 1975.

HUSSERL, E.: Ideen zu einer reinen Phänomenologie und phänomenologischen Philosophie. Erstes Buch: Allgemeine Einführung in die reine Phänomenologie. Husserliana Bd. III, Den Haag 1952 (zuerst Halle a.d. Saale 1913).

IMMISCH, P. u. RÖSSNER, L.: Verhaltenskorrektur in Lerngruppen. Einführung für Pädagogen. München-Stuttgart 1975.

IPFLING, H.-J.: Pädagogisches Verhältnis. Stichwort in: Ders. (Hrsg.), Grundbegriffe der pädagogischen Fachsprache. München 1974, S. 217–221.

IRLE, M.: Macht und Entscheidung in Organisationen. Frankfurt 1971.

IRLE, M.: Lehrbuch der Sozialpsychologie. Bern-Stuttgart 1975.

JACKSON, PH. W.: Life in classrooms. New York 1968.

Jackson, Ph. W.: Was macht die Schule? Die Lebenswelt des Schülers. betrifft: erziehung 6, 1973, H. 5, S. 18–22.

Jahnke, J.: Interpersonale Wahrnehmung. Stuttgart 1975.

Joas, H.: Die gegenwärtige Lage der soziologischen Rollentheorie. Frankfurt 1973.

Jones, E. E. u. Gerard, H. B.: Foundations of social psychology. New York 1967.

Jungblut, G.: Gestörte Kommunikation oder: Hilft die Interaktionsanalyse der Veränderung von Unterricht? Päd. Extra 1974, H. 8.

Kaminski, G.: Verhaltenstheorie und Verhaltensmodifikation. Stuttgart 1970.

Kassner, P.: Die Gesamtschule – ein Ort sozialen Lernens? Die Deutsche Schule 66, 1974, S. 401–413.

Katsching, H. u. Steinert, H.: Über die soziale Konstruktion der Psychopathie. In: Strotzka, H. (Hrsg.), Neurose, Charakter, soziale Umwelt. München 1973, S. 104–118.

Keckeisen, W.: Die gesellschaftliche Definition abweichenden Verhaltens. Perspektiven und Grenzen des labeling approach. München 1974.

Keil, H.: Grundschulpraktikum 1970. Auswertungen und Bemerkungen. In: Halbfas, H., Maurer, F. u. Popp, W. (Hrsg.), Entwicklung der Lernfähigkeit. Stuttgart 1972, S. 7–31.

Keim, W.: Soziales Lernen zwischen ‚angstfreier Erziehung' und ‚politischer Sozialisation' – Vorüberlegungen zu einer Didaktik des Sozialen Lernens in der Gesamtschule. In: Ders. (Hrsg.), Gesamtschule. Hamburg 1973.

Keim, W.: Soziales Lernen in der Gesamtschule. Verwendung des Begriffes ‚Soziales Lernen' in der gegenwärtigen pädagogischen Diskussion. Neue Unterrichtspraxis 6, 1973a, H. 3, S. 176–180.

Kessel, W.: Probleme der Lehrer-Schüler-Beziehungen. Psychologische Beiträge 10, 1969, 1–143.

Kessel, W., Knauer, K. u. Schröder, H. (Hrsg.): Sozialpsychologische Probleme der Schulklasse. Berlin (Ost) 1975.

Keupp, H.: Psychische Störungen als abweichendes Verhalten. München 1972.

Keupp, H.: Modellvorstellungen von Verhaltensstörungen: „Medizinisches Modell" und mögliche Alternativen. In: Kraiker, Chr. (Hrsg.), Handbuch der Verhaltenstherapie. München 1974, S. 117–148.

Keupp, H.: Der Widerspruch zwischen Präventionsgedanken und „medizinischem Modell" in der Schulberatung. Gruppendynamik 1975, H. 6, S. 415–436.

Keupp, H. u. Bergold, J. B.: Probleme der Macht in der Psychotherapie unter spezieller Berücksichtigung der Verhaltenstherapie. In: Bachmann, C. H. (Hrsg.), Psychoanalyse und Verhaltenstherapie. Frankfurt 1972, S. 105–140.

Kieslich, R. u. Klages, H. (Hrsg.): Soziale Interaktion in der Gesamtschule. Hannover 1975.

Klafki, W.: Zu Peter Roeders „Bemerkungen …". Die Deutsche Schule 53, 1961, S. 582 ff.

Klafki, W.: Das pädagogische Verhältnis. In: Klafki, W. u. a., Funkkolleg Erziehungswissenschaft. Bd. I, 1970, S. 55–91.

Klose, P.: Das Rollenkonzept als Untersuchungsansatz für die Berufssituation des Lehrers. Kölner Z. Soz. u. Soz.-Psych. 1971, 1.

Kluge, N.: Pädagogisches Verhältnis und Erziehungswirklichkeit. Kritische Überlegungen zur Theorie des pädagogischen Bezuges. Essen 1972.

Kluge, N.: Einleitung. In: Ders. (Hrsg.), Das pädagogische Verhältnis. Darmstadt 1973, S. VII–XXXI.

Koch, J. J.: Lehrerstudium und Beruf. Ulm 1972.

Kochan, D. C.: Sprachdidaktik und kommunikative Kompetenz. betrifft: erziehung 6, H. 10, 1973.

Köstlin-Gloger, G.: Einleitung zu: Flavell, J. u. a., Rollenübernahme und Kommunikation bei Kindern. Weinheim 1975, S. 9–35.

Kohlberg, L.: Stage and sequence: The cognitive-developmental approach to socialization. In: Goslin, D. A. (Hrsg.), Handbook of socialization theory and research. Chicago 1969 (^{2}1971).

Kohlberg, L.: Zur kognitiven Entwicklung des Kindes. Frankfurt 1974.

Krantz, D. L.: Schools and systems: The mutual isolation of operant and non-operant psychology as a case study. Journal of the history of the behavioral sciences 1972, 8.

Krappmann, L.: Neuere Rollenkonzepte als Erklärungsmöglichkeiten für Sozialisationsprozesse. betrifft: erziehung 1971, 7, S. 27–34.

Krappmann, L.: Soziologische Dimensionen der Identität. Strukturelle Bedingungen für die Teilnahme an Interaktionsprozessen. Stuttgart 1971 a.

Krappmann, L.: Die Entstehung der Lernfähigkeit im Interaktionssystem der Familie und ihre Förderung in der Schule. In: Halbfas, H., Maurer, F. u. Popp, W. (Hrsg.), Entwicklung der Lernfähigkeit. Stuttgart 1972.

Krappmann, L.: Interaktion und Lernen. In: McCall, G. u. Simmons, J. L., Identität und Interaktion. Düsseldorf 1974, S. 7–29.

Krech, D., Crutchfield, R. S. u. Ballachey, E. L.: Individual in society. New York 1962.

Kreckel, R.: Soziologische Erkenntnis und Geschichte. Opladen 1972.

Kron, F. W. (Hrsg.): Das erzieherische Verhältnis. Bad Heilbrunn 1970.

Kron, W.: Theorie des erzieherischen Verhältnisses. Bad Heilbrunn 1971.

Krug, M.: Chancen und Möglichkeiten eines meta-kommunikativen Aufarbeitens von Interaktionssituationen im schulischen Unterricht. Unv. Manuskript, Institut für Pädagogik. München 1973.

Krug, M.: Versuch einer unterrichtspraktischen Konkretisierung des theoretischen Konzepts von Metakommunikation über schulischen Unterricht und Kritik dieses Versuchs. Unv. Manuskript, Institut für Pädagogik. München 1975.

Kuckartz, W.: Rollentheorie und Rollenspiel. Die Deutsche Schule 66/1, 1974, S. 7–21.

Kuhn, Th. S.: Die Struktur wissenschaftlicher Revolutionen. Frankfurt 1967.

Kuhn, Th. S.: Postskript (zur Analyse der Struktur wissenschaftlicher Revolutionen). In: Weingart, P. (Hrsg.), Wissenschaftssoziologie I – Wissenschaftliche Entwicklung als sozialer Prozeß. Frankfurt 1973 (amerik. 1969).

Laing, R. D., Philipson, H. u. Lee, A. R.: Interpersonelle Wahrnehmung. Frankfurt 1971.

Lakatos, I. u. Musgrave, A. (Hrsg.): Kritik und Erkenntnisfortschritt. Braunschweig 1974.

Langeveld, M. J.: Einführung in die Pädagogik. Stuttgart 1951.

Laucken, U.: Naive Verhaltenstheorie. Stuttgart 1974.

Lay, R.: Grundzüge einer komplexen Wissenschaftstheorie, Bd. II. Frankfurt 1973.

Lenk, H.: Erklärung, Prognose, Planung. Freiburg 1972.

Lersch, Ph. u. Thomae, H. (Hrsg.): Handbuch der Psychologie IV: Persönlichkeitsforschung und Persönlichkeitstheorie. Göttingen 1960.

Lewin, K.: Feldtheorie in den Sozialwissenschaften. Stuttgart 1963 (amerik. 1951).

Lewin, K.: Die Lösung sozialer Konflikte. Bad Nauheim ^{3}1968 (amerik. 1948).

Liegle, L.: Kommunikation und Kooperation im Sozialisationsprozeß. Z. f. Päd. 18/6, 1972, S. 871–893.

Lindgren, H. C.: Einführung in die Sozialpsychologie. Weinheim 1973.

Lochner, R.: Das Soziogramm in der Schulklasse. Z. pädagog. Psych. 28, 1927, S. 177–205.

Lohmann, Chr. u. Prose, F.: Organisation und Interaktion in der Schule. Möglichkeiten und Grenzen des Diskurses. Köln 1975.

LORENZER, A.: Sprachzerstörung und Rekonstruktion. Frankfurt 1970.

LORENZER, A.: Zur Begründung einer materialistischen Sozialisationstheorie. Frankfurt 1972.

LORENZER, A.: Über den Gegenstand der Psychoanalyse oder Sprache und Interaktion. Frankfurt 1973.

LUHMANN, N.: Funktionen und Folgen formaler Organisation. Berlin 1964.

LUHMANN, N.: Soziologische Aufklärung. Köln-Opladen 1970.

LUHMANN, N.: Einfache Sozialsysteme. Z. Soz., 1972, H. 1, S. 51–65.

LUHMANN, N.: Vertrauen. Ein Mechanismus der Reduktion sozialer Komplexität. Stuttgart ²1973.

LUHMANN, N.: Macht. Stuttgart 1975.

LUKESCH, H.: Erziehungsstile. Pädagogische und psychologische Konzepte. Stuttgart 1975.

LUTHE, H. O.: Interpersonale Kommunikation und Beeinflussung. Stuttgart 1968.

MALEWSKI, A.: Verhalten und Interaktion: Die Theorie des Verhaltens und das Problem der sozialwissenschaftlichen Integration. Tübingen 1967 (poln. 1964).

MALINOWSKI, P. u. MÜNCH, U.: Soziale Kontrolle. Neuwied 1975.

MANN, L.: Sozialpsychologie. Weinheim 1972.

MANNHEIM, K.: Mensch und Gesellschaft im Zeitalter des Umbaus. Berlin ²1967.

MARX, K.: Das Kapital. Kritik der politischen Ökonomie, Bd. 1. Berlin ⁹1960.

MARX, K.: Zur Kritik der politischen Ökonomie. Erstes Heft. Berlin ⁴1963.

MARX, K.: Die Frühschriften. Herausgegeben v. S. LANDSHUT. Stuttgart 1964.

MARZAHN, CHR.: Phänomenologie der Erziehung (Besprechung von MOLLENHAUERS „Theorien zum Erziehungsprozeß"). betrifft: erziehung 7, 1974, H. 5, S. 70–71.

MATTHES, J. u. SCHÜTZE, F.: Alltagswissen, Interaktion und gesellschaftliche Wirklichkeit. In: MATTHES, J. u.a., Alltagswissen, Interaktion und gesellschaftliche Wirklichkeit. Hamburg 1973.

MAYNTZ, R.: Strukturell-funktionale Theorie. Stichwort in: BERNSDORF, W. (Hrsg.), Wörterbuch der Soziologie. Frankfurt 1972, Bd. III, S. 836–839.

MCCALL, G. u. SIMMONS, J. L.: Identität und Interaktion. Düsseldorf 1974.

MEAD, G. H.: Geist, Identität und Gesellschaft. Frankfurt 1973 (zuerst Chicago 1934).

MEILI, R. u. ROHRACHER, H. (Hrsg.): Lehrbuch der experimentellen Psychologie. Bern-Stuttgart ²1968.

MERTENS, W.: Erziehung zur Konfiktfähigkeit. Vernachlässigte Dimensionen der Sozialisationsforschung. München 1974.

MERTENS, W.: Sozialpsychologie des Experiments. Hamburg 1975.

MERTON, R. K.: Social theory and social structure. New York 1968.

MERTON, R. K.: Der Rollen-Set: Probleme der soziologischen Theorie. In: HARTMANN, H. (Hrsg.), Moderne amerikanische Soziologie. Stuttgart ²1973, S. 316–333.

METZGER, W.: Psychologie. Darmstadt ³1963.

MILES, M. B. u. CHARTERS, W. W. jr. (Hrsg.): Learning in social settings. Boston 1970.

MILLER, G. A., GALANTER, E. u. PRIBRAM, K. H.: Strategien des Handelns. Stuttgart 1973.

MILLER, N. E.: Liberalization of basic S-R concepts: Extensions to conflict behavior, motivation and social learning. In: KOCH, S. (Hrsg.), Psychology: The study of a science. Bd. I, 2. New York 1959, S. 196–292.

MISCHEL, W.: Personality and assessment. New York 1968.

MISCHEL, W.: Toward a cognitive social learning reconceptualization of personality. Psychological Review 80, 1973, H. 4, S. 252–283.

MOLLENHAUER, K.: Erziehung und Emanzipation. München ³1970.

MOLLENHAUER, K.: Theorien zum Erziehungsprozeß. München 1972.

MORRISON, A. u. MCINTYRE, E. (Hrsg.): Social psychology of teaching. Harmondsworth/ Middlesex 1972.
MÜLLER, A.: Erklären oder Verstehen? Zur dialektischen Begründung der Sozialwissenschaften. Starnberg 1976.
MÜLLER, C. W.: Die Stellung des Schülers an unseren Schulen. In: FÜRSTENAU, P. u. a., Zur Theorie der Schule. Weinheim 1969.
MUELLER, E. F. u. THOMAS, A.: Einführung in die Sozialpsychologie. Göttingen 1974.
MULLINS, N. C.: Theories and theory groups in contemporary american sociology. New York 1973.

NASCHOLD, F.: Schulreform als Gesellschaftskonflikt. Frankfurt 1974.
NAVE-HERZ, R.: Der Lehrer im Spannungsfeld antagonistischer Funktionen. Die Deutsche Schule 65, 1973, S. 387–393.
NEEL, A. F.: Handbuch der psychologischen Theorien. München 1974.
NEUBERGER, O.: Experimentelle Untersuchungen von Führungsstilen. In: Gruppendynamik 1972/2, 192–219.
NEUBERGER, O.: Führungsverhalten und Führungserfolg. Unv. Habil.-Schrift. München 1975.
NICKEL, H.: Erziehungsstile und Probleme der sozialen Interaktion von Lehrern und Schülern. In: ULSHÖFER, R. u. REBEL, K. (Hrsg.), Gymnasium und Sozialwissenschaften. Heidelberg 1968.
NICKEL, H.: Beiträge zur Psychologie des Lehrerverhaltens. München 1974.
NOHL, H.: Pädagogik aus dreißig Jahren. Fankfurt/M. 1949.
NOHL, H.: Erziehergestalten. Göttingen 1958.
NOHL, H.: Die pädagogische Bewegung in Deutschland und ihre Theorie. Frankfurt ^{6}1963.
NOLTE, H. u. STAEUBLE, I.: Zur Kritik der Sozialpsychologie. München 1972.
NUTHALL, G. u. SNOOK, I.: Contemporary models of teaching. In: TRAVERS, R. M. W. (Hrsg.), Second handbook of research on teaching. Chicago 1973, S. 47–76.

OBIDITSCH, F.: Unterrichtliches Training sozialer Fertigkeiten. In: HALBFAS, H., MAURER, F. u. POPP, W. (Hrsg.), Lernen und soziale Erfahrung. Stuttgart 1974, S. 137–155.
ÖHLSCHLÄGER, G.: Einige Unterschiede zwischen Naturgesetzen und sozialen Regeln. In: HERINGER, H. J. (Hrsg.), Seminar: Der Regelbegriff in der praktischen Semantik. Frankfurt 1974, S. 88–110.
OFFE, C.: Strukturprobleme des kapitalistischen Staates. Frankfurt 1972.
OLSON, PH. u. DALEY, C.: The education of the „individual". In: OLSON, PH. (Hrsg.), America as a mass society. New York 1963.
OPP, K.-D.: Methodologie der Sozialwissenschaften. Hamburg 1970.
ORTMANN, H.: Politische Ökonomie und Pädagogik. Erziehung und Klassenkampf 1973, H. 9, S. 39–54.

PÄDAGOGISCHE KOMMUNIKATION: Themenheft von „Bildung und Erziehung", Heft 2, 26. Jg., 1973.
PÄDAGOGISCHE INSTITUTIONEN UND SOZIALISATION: Dokumentation einer Arbeitstagung der Deutschen Gesellschaft für Erziehungswissenschaft (Salzburg, April 1974). Neue Sammlung 14 (1974), H. 4.
PARSONS, T.: The present position and prospects of systematic theory in sociology. In: GURVITCH, G. u. MOORE, W. E. (Hrsg.), Twentieth century sociology. New York 1945.
PARSONS, T.: The social system. Glencoe 1951.
PARSONS, T.: On the concept of influence. Pub. Op. Quart. 27, 1963, S. 37–62.

PARSONS, T.: Die jüngsten Entwicklungen in der strukturell-funktionalen Theorie. Köln Z. Soz. Sozialpsychol. 16, 1964, S. 30–49.
PARSONS, T. u. SHILS, E. A. (Hrsg.): Toward a general theory of action. Cambridge/Mass. 1951.
PARSONS, T. u. BALES, R. F.: Prinzipien des Aktionssystems. In: HARTMANN, H. (Hrsg.), Moderne amerikanische Soziologie. Stuttgart ²1973, S. 362–368.
PASCHEN, H.: Erlebte Kommunikation. Modelltheoretische und pädagogische Überlegungen zur Raumstruktur pädagogischer Kommunikationen. Bildung und Erziehung 24, 1971, S. 129–146.
PASCHEN, H. u. THIELE, J.: Bemerkungen zur Axiomatik und Metatheorie pädagogischer Kommunikation. Bildung und Erziehung 24, 1971, S. 264–272.
PEIRCE, CH.: Schriften II (Hrsg. K. O. APEL). Frankfurt 1970.
PETER, H.-U.: Die Schule als soziale Organisation. Weinheim 1973.
PETERS, O.: Soziale Interaktion in der Schulklasse. In: INGENKAMP, K. u. PAREY, E. (Hrsg.), Handbuch der Unterrichtsforschung, Bd. II. Weinheim 1970.
PETERSEN, P.: Führungslehre des Unterrichts. Langensalza 1937.
PIAGET, J.: Play, dreams and imitation in childhood. London 1951 (zit. in WALLER, 1973; jetzt: Ges. Werke, Bd. 5).
PIAGET, J.: Erkenntnistheorie der Wissenschaften vom Menschen. Frankfurt 1972.
PIAGET, J.: Der Strukturalismus. Olten 1973.
PIAGET, J.: Gesammelte Werke, Bd. 1–10. Stuttgart 1975.
PIONTKOWSKI, U.: Interaktion und Wahrnehmung in Unterrichtsgruppen. Münster 1974.
POPITZ, H.: Der Begriff der sozialen Rolle als Element der soziologischen Theorie. Recht u. Staat 331/332, Tübingen 1967.
POPITZ, H.: Prozesse der Machtbildung. In: STEINERT, H. (Hrsg.), Symbolische Interaktion. Stuttgart 1973, S. 139–150.
POPPER, K. R.: Das Elend des Historizismus. Tübingen 1965.
PRESSEL, A.: Sozialisation. In: BECK, J. u. a., Erziehung in der Klassengesellschaft. München 1970.
PREUSS-LAUSITZ, U.: Politisches Lernen. Zur Kritik der sog. „politischen Sozialisation". In: B-E-Redaktion (Hrsg.), Politische Bildung – Politische Sozialisation. Weinheim 1973, S. 66–93.
PRIESEMANN, G.: Kommunikation als pädagogisches Problem. Die Höhere Schule 21, 1968, S. 191–196.
PRIESEMANN, G.: Zur Theorie der Unterrichtssprache. Düsseldorf 1971.

RAVEN, B. H.: Social influences and power. In: STEINER, I. D. u. FISHBEIN, M. (Hrsg.), Current studies in social psychology. New York 1965.
RAVEN, B. H. u. KRUGLANSKY, A. W.: Conflict and power. In: SWINGLE, P. (Hrsg.), The structure of conflict. New York 1970.
REIMANN, H.: Kommunikationssysteme. Umrisse einer Soziologie der Vermittlungs- und Mitteilungsprozesse. Tübingen 1968.
REINHARDT, S.: Zum Professionalisierungsprozeß des Lehrers. Überlegungen zur Lehrer-Schüler-Interaktion und ihrer Sozialisation. Frankfurt 1972.
RÖSEL, M.: Was heißt „Lehrerrolle"? Neue Sammlung 14/1, 1974, S. 34–52.
ROHR, CHR. (Hrsg.): Verhaltensänderung. Psychologische Theorien der Veränderung menschlichen Verhaltens. München 1972.
ROLFF, H. G.: Sozialisation und Auslese durch die Schule. Gesellschaft und Erziehung Bd. VII. Heidelberg ⁵1972.
ROLFF, H. G.: Politökonomischer Rahmen der Analyse von Sozialisationsprozessen in pädagogischen Institutionen. Neue Sammlung 1974, H. 4, S. 319–322.

ROLFF, H. G. u. TILLMANN, K. J.: Strategisches Lernen durch gesellschaftsverändernde Praxis. In: ROLFF, H. G. u. a., Strategisches Lernen in der Gesamtschule. Reinbek 1974.
ROSE, A. M. (Hrsg.): Human behavior and social process: An interactionistic approach. Boston 1962.
ROSE, A. M.: Systematische Zusammenfassung der Theorie der symbolischen Interaktion. In: HARTMANN, H. (Hrsg.), Moderne amerikanische Soziologie. Stuttgart ^{2}1973, S. 264-282.
ROST, D. H., GRUNOW, P. u. OECHSLE, D. (Hrsg.): Pädagogische Verhaltensmodifikation. Weinheim 1975.
ROTH, E.: Persönlichkeitspsychologie. Stuttgart ^{4}1974.
ROTH, L. u. PETRAT, G. (Hrsg.): Unterrichtsanalysen in der Diskussion. Hannover 1974.
ROTTER, J. B., CHANCE, J. E. u. PHARES, E. J.: Applications of a social learning theory of personality. New York 1972.
RUBINSTEIN, S. L.: Prinzipien und Wege der Entwicklung der Psychologie. Berlin (Ost) 1963.
RÜSCHEMEYER, D.: Interaktion (und soziale Beziehung). In: BERNSDORF, W. (Hrsg.), Wörterbuch der Soziologie. Stuttgart 1959, S. 479–487.
RÜSCHEMEYER, D.: Vorwort zu: PARSONS, T., Beiträge zur soziologischen Theorie. Neuwied 1964.
RUMPF, H.: Schuladministration und Lernorganisation. Vorschläge zur theoretischen Strukturierung eines ungeklärten Verhältnisses. Die Deutsche Schule 63, 1971, S. 134–151.
RUMPF, H.: Scheinklarheiten. Sondierungen von Schule und Unterrichtsforschung. Braunschweig 1971 a.

SADER, M.: Rollentheorie. In: GRAUMANN, C. F. (Hrsg.), Handbuch der Psychologie, Bd. VII/1 (Sozialpsychologie). Göttingen 1969, S. 204–231.
SAHAKIAN, W. S. (Hrsg.): Psychology of personality: Readings in theory. Chicago ^{2}1974.
SCHÄFER, K.-H. u. SCHALLER, K.: Kritische Erziehungswissenschaft und Kommunikative Didaktik. Heidelberg 1971 (^{2}1973).
SCHAEFFER, B. u. LAMBROU, U.: Schüler organisieren ihren Unterricht selbst. betrifft: erziehung 5, 1972, 11, S. 28–34.
SCHIEFELE, H.: Lernmotivation und Motivlernen. München 1974.
SCHNEIDER, D. J.: Implicit personality theory: A review. Psychol. Bull. 79, 1973, S. 294–302.
SCHOLZ, G.: Schwein ist Schwein (Rezension von BECK, Lernen in der Klassenschule). betrifft: erziehung 7, 1974, H. 12, S. 68–69.
SCHREINER, G.: Was kann in der Schule im Bereiche des sozialen Lernens erreicht werden? Die Deutsche Schule 1975, H. 2.
SCHÜTZ, A.: Der sinnhafte Aufbau der sozialen Welt. Wien 1960 (zuerst 1932).
SCHULZ, W., TESCHNER, W. P. u. VOIGT, J.: Verhalten im Unterricht. Seine Erfassung durch Beobachtungsverfahren. In: INGENKAMP/PAREY (Hrsg.), Handbuch der Unterrichtsforschung. Weinheim 1970, Bd. I.
SCHUR, E. M.: Abweichende Verhalten und soziale Kontrolle. Frankfurt 1974.
SCHUSSER, G.: Lehrererwartungen. München 1972.
SECORD, P. F. u. BACKMAN, C. W.: Social Psychology. New York 1964.
SEIFFERT, H.: Erziehungswissenschaft im Umriß. Stuttgart-Berlin 1969 (1. Aufl.).
SEILER, B. (Hrsg.): Kognitive Strukturiertheit. Stuttgart 1973.
SHERIF, M.: An outline of social psychology. New York 1948.
SHERIF, M.: Social Psychology: Interdisciplinary problems and trends. In: KOCH, S. (Hrsg.), Psychology: The study of a science. Bd. 6. New York 1963, S. 30–93.

SIEGRIST, J.: Das Consensus-Modell. Studien zur Interaktionstheorie und zur kognitiven Sozialisation. Stuttgart 1970.

SINGER, K.: Die Übertragung in der Schüler-Lehrer-Beziehung. Welt der Schule (Ausgabe Hauptschule) 25, 1972, S. 121–129.

SKINNER, B. F.: Science and human behavior. New York 1953.

SKINNER, B. F.: Verbal behavior. New York 1957.

SMITH, L. M. u. HUDGINS, B. B.: Pädagogische Psychologie. Stuttgart 1971.

STAPF, K.-H., HERRMANN, TH., STAPF, A. u. STÄCKER, K. H.: Psychologie des elterlichen Erziehungsstils. Bern-Stuttgart 1972.

STEINER, G.: Kognitive Strukturen und ihre psychische Realität. Z. f. Päd. 20, 1, 1974, S. 7–19.

STEINERT, H.: Die Strategien sozialen Handelns. München 1972a.

STEINERT, H.: Über die Reifikation sozialer Relationen und die Strategien sozialen Verhaltens. Gruppendynamik 3, 1972b, S. 223–234.

STEINERT, H.: Über Objektivität, Reifikation und die Ansätze einer reflexiven Sozialwissenschaft. In: WALTER, H., Sozialisationsforschung, Bd. I. Stuttgart-Bad Cannstatt 1973a, S. 103–117.

STEINERT, H. (Hrsg.): Symbolische Interaktion. Stuttgart 1973b.

STEINKAMP, G.: Analyse und Kritik des Leistungsprinzips im Ausbildungs- und Berufssystem industrieller Gesellschaften. In: HURRELMANN, K. (Hrsg.), Soziologie der Erziehung. Weinheim 1974, S. 159–211.

STENDENBACH, F. J.: Soziale Interaktion und Lernprozesse. Köln ^{2}1967.

STRASSER, S.: Phänomenologie und Erfahrungswissenschaft vom Menschen. Berlin 1964.

STRYKER, S.: Die Theorie des symbolischen Interaktionismus: Eine Darstellung und einige Vorschläge für die vergleichende Familienforschung. In: LÜSCHEN, G. u. LUPRI, E. (Hrsg.), Soziologie der Familie. Sonderheft 14 d. Köln. Z. Soz. Sozialpsych. Opladen 1970.

TAUSCH, R. u. TAUSCH, A.: Erziehungspsychologie. Göttingen ^{5}1970.

TENBRUCK, F. H.: Zur deutschen Rezeption der Rollentheorie. Köln. Z. Soz. Soz.-Psychol. 13, 1961, S. 1–40.

TENT, L.: Brauchen wir eine axiomatische Theorie der sozialen Interaktion? In: HERRMANN, TH. (Hrsg.), Psychologie der Erziehungsstile. Göttingen 1966, S. 212–220.

THIBAUT, J. W. u. KELLY, H. H.: The social psychology of groups. New York 1959.

THIEHLE, J.: Nichtverbale Kommunikation als Gegenstand pädagogischer Forschung. Z. f. Päd. 18, 1972, H. 5, S. 735–740.

THOM, A.: Zum Begriff ‚Wissenschaftliche Revolution' und zu den gesellschaftlichen Grundlagen revolutionärer Wandlungen in der Wissenschaftsentwicklung. In: Wiss. Z. d. Karl-Marx-Univ. Leipzig, Gesellsch. u. Sprachwiss. Reihe 20, 1971, S. 463–471 (zit. n. KEUPP, 1974).

THOMAS, W. I.: Person und Sozialverhalten. Neuwied-Berlin 1965.

THOMAS, H. u. THOMAS, FR.: Funktionale Veränderung der Schule und ihre Bedeutung für den Lehrer. In: BETZEN, K. u. NIPKOW, K. E. (Hrsg.), Der Lehrer in Schule und Gesellschaft. München 1971.

TILLMANN, K.-J.: Soziale Erfahrungen im Schulunterricht. betrifft: erziehung 7, 1974, H. 9, S. 37–42.

TJADEN, K. H.: Zur Kritik eines funktional-strukturellen Entwurfs sozialer Systeme. In: Kölner Zeitschrift für Soziologie und Sozialpsych. 21 (1969), S. 752–769.

TJADEN, K. H.: Soziale Systeme und gesellschaftliche Totalität. Probleme der Konstruktion eines Gegenstandsbereichs sozialwissenschaftlicher Erkenntnis. In: HÜLST, D. u.a., Methodenfragen der Gesellschaftsanalyse. Frankfurt 1973.

TJADEN, K. H.: Gesellschaft. Stichwort in: WULF, CHR. (Hrsg.), Wörterbuch zur Erziehung. München 1974.

TOULMIN, S.: Voraussicht und Verstehen. Ein Versuch über die Ziele der Wissenschaft. Frankfurt 1968 (engl. 1961).

TRAXEL, W.: Über Gegenstand und Methode der Psychologie. Bern-Stuttgart 1968.

TURNER, R.: Role-taking: Process versus conformity. In: ROSE, A. M. (Hrsg.), Human behavior and social process: An interactionistic approach. Boston 1962, S. 20–40.

ULICH, D.: Gruppendynamik in der Schulklasse. München 1971 (5. Aufl. 1975).

ULICH, D.: Probleme und Möglichkeiten erziehungswissenschaftlicher Theorienbildung. In: Ders. (Hrsg.), Theorie und Methode der Erziehungswissenschaft. Weinheim 1972 (2. Aufl. 1974).

ULICH, D.: Wissenschaftsmodell und Gesellschaftsbild. Z. f. Päd. 18, 1972, H. 3, S. 397–418 (1972a).

ULICH, D.: Soziale Beziehungen und Probleme der Macht in pädagogischen Interaktionen. In: HALBFAS, H., MAURER, F. u. POPP, W. (Hrsg.), Lernen und soziale Erfahrung. Stuttgart 1974a, S. 110–136.

ULICH, D.: Die Dimension der ‚Macht' in der Lehrer-Schüler-Interaktion. Pädagogische Welt 28, 1974b, H. 3, S. 130–137.

ULICH, D.: Zur Logik der Sozialisationsforschung. Z. f. Päd. 20, 1974c, H. 3, S. 447–460.

ULICH, D.: Interaktion und soziale Erfahrung. In: Ders., Gruppendynamik in der Schulklasse (10. ergänzendes Kapitel), S. 95–107. München 1974d (4., durchgesehene u. erweiterte Auflage).

ULICH, D.: Was leistet die Schule für die Gesellschaft? Probleme einer funktionalistischen Analyse schulischer Sozialisationsprozesse. Z. f. Päd. 20, 1974e, S. 615–628.

ULICH, D.: Zur Brauchbarkeit des Sozialisations-Konzeptes. In: HURRELMANN, K. (Hrsg.), Sozialisation und Lebenslauf. Reinbek 1976.

ULICH, D. u. MERTENS, W.: Urteile über Schüler. Zur Sozialpsychologie pädagogischer Diagnostik. Weinheim 1973 (3. Auflage 1976).

WALLER, M.: Zur Kritik der rollentheoretischen Orientierung der psychologischen Sozialisationsforschung. In: WALTER, H. (Hrsg.), Sozialisationsforschung, Bd. I. Stuttgart-Bad Cannstatt 1973.

WATSON, J. B.: Psychology as the behaviorist views it. In: DENNIS, W. (Hrsg.), Readings in the history of psychology. New York 1948 (zuerst in Psychol. Rev. 22, 1913).

WATZLAWIK, P., BEAVIN, J. H. u. JACKSON, D. D.: Menschliche Kommunikation. Bern-Stuttgart 1969.

WEBER, E.: Erziehungsstile. Donauwörth 1970 (^{4}1973).

WEBER, M.: Wirtschaft und Gesellschaft. Tübingen ^{4}1956.

WEBER, M.: Soziologische Grundbegriffe (Sonderdruck aus „Wirtschaft und Gesellschaft"). Tübingen ^{2}1966.

WEBER, M.: Gesammelte Schriften zur Wissenschaftslehre. Tübingen ^{3}1968.

WEINERT, F. E.: Erziehungsstile in ihrer Abhängigkeit von der individuellen Eigenart des Erziehers. In: HERRMANN, TH. (Hrsg.), Psychologie der Erziehungsstile. Göttingen 1966, S. 95–109.

WEINERT, F. E.: Schule und Beruf als institutionelle Sozialisationsbedingungen. In: GRAUMANN, C. F. (Hrsg.), Hdb. d. Psychol. Bd. VII/2 (Sozialpsychologie). Göttingen 1972, S. 825–885.

WEINGART, P.: Wissenschaftsforschung und wissenschaftssoziologische Analyse. In: Ders. (Hrsg.), Wissenschaftssoziologie I – Wissenschaftliche Entwicklung als sozialer Prozeß. Frankfurt 1973.

WEINGART, P. (Hrsg.): Wissenschaftssoziologie 2 – Wissenschaftliche Entwicklung als sozialer Prozess. Frankfurt 1974.

WEINSTEIN, E. A.: The development of interpersonal competence. In: GOSLIN, D. A. (Hrsg.), Handbook of socialization theory and research. Chicago 1969 ([2]1971), S. 753ff.

WEISS, C.: Pädagogische Soziologie IV: Soziologie und Sozialpsychologie der Schulklasse. Bad Heilbrunn [5]1967 ([6]1970).

WELLENDORF, F.: Ansätze zur erziehungswissenschaftlichen Theorienbildung in der BRD. In: GOLDSCHMIDT, D. u.a., Erziehungswissenschaft als Gesellschaftswissenschaft. Heidelberg 1969.

WELLENDORF, F.: Schulische Sozialisation und Identität. Zur Sozialpsychologie der Schule als Institution. Weinheim 1973a.

WELLENDORF, F.: Soziale Konflikte in der Schule. Funkkolleg „Päd. Psychologie", Sendemanuskript der 17. Kollegstunde. 1973b.

WELLENDORF, F.: Konfliktpotentiale in der Schule. In: HOFER, M. u. WEINERT, F. (Hrsg.), Pädagogische Psychologie II (Lernen u. Instruktion). Frankfurt 1973c.

WELLENDORF, F.: Soziale Konflikte in der Schule. In: Funkkolleg Pädagogische Psychologie, Studienbegleitbrief 7. Weinheim 1973d, S. 72–95.

WINCKELMANN, J.: Idealtypus. In: BERNSDORF, W. (Hrsg.), Wörterbuch der Soziologie. Frankfurt 1972, Bd. 2, S. 351–354.

WINNEFELD, F.: Pädagogischer Kontakt und pädagogisches Feld. München-Basel 1957.

WILSON, TH. P.: Theorien der Interaktion und Modelle soziologischer Erklärung. In: Arbeitsgruppe Bielefelder Soziologen (Hrsg.), Alltagswissen, Interaktion und gesellschaftliche Wirklichkeit. Hamburg 1973, S. 54–79.

WUNDERLICH, D.: Sprechakte. In: MAAS, U. u. WUNDERLICH, D., Pragmatik und sprachliches Handeln. Frankfurt 1972 ([3]1974), S. 69–188.

XOCHELLIS, P.: Erziehung am Wendepunkt? Grundstrukturen des pädagogischen Bezugs in heutiger Sicht. München 1974.

YEE, A. J. (Hrsg.): Social interaction in educational settings. New York 1971.

ZAND, D. E. u. JACK, R. G.: Vertrauen – Regelung der Abhängigkeit von anderen. Gruppendynamik 4/5 1973 (Themaheft).

ZEHRFELD, K. u. ZINNECKER, J.: Acht Minuten heimlicher Lehrplan bei Herrn TAUSCH. betrifft: erziehung 6, 1973, H. 5, S. 33–40.

ZENKE, K. G.: Pädagogik – kritische Instanz der Bildungspolitik? München 1972.

ZINNECKER, J.: Die Parteilichkeit der Unterrichtsforschung. betrifft: erziehung 7, 1974, H. 9, S. 26–36.

ZINNECKER, J. (Hrsg.): Der heimliche Lehrplan. Weinheim 1976.